Ingo Gabriel · Heinz Ladener · Hrsg.

Vom Altbau zum Effizienzhaus

Modernisieren und energetisch sanieren
Planung, Baupraxis, KfW-Standards,
EnEV 2014/2016

Mit Beiträgen von
Ulf Brannies, Martin Endhardt, Michael Felkner,
Ingo Gabriel, Karen Gabriel, Herbert Hanser,
Dieter Herz, Heinz Ladener, Florian Lichtblau,
Martin Sambale, Karl Viridén, Werkgruppe Freiburg

Staufen bei Freiburg

Wichtiger Hinweis

Die Konstruktionen und Anwendungsempfehlungen in diesem Buch wurden nach bestem Wissen zusammengestellt, eine Gewähr für die Richtigkeit wird jedoch nicht übernommen. Infolgedessen lassen sich für die praktische Umsetzung des hier Dargestellten keine Haftungsansprüche gegen AutorInnen oder Verlag ableiten.

Bibliografische Information der Deutschen Nationalbibliothek

Die Deutsche Nationalbibliothek verzeichnet diese Publikation in der Deutschen Nationalbibliografie; detaillierte bibliografische Daten sind im Internet über http://dnb.d-nb.de abrufbar.

Dank

Allen, die zum Gelingen dieses Buches beigetragen haben, möchten wir an dieser Stelle danken, insbesondere

- den AutorInnen Ulf Brannies, Martin Endhardt, Michael Felkner, Karen Gabriel, Herbert Hanser, Dieter Herz, Martin Klima, Florian Lichtblau, Martin Sambale, Karl Viridén und der Werkgruppe Freiburg sowie Maria Feldhaus und Martin Klima für ihre Beiträge zu früheren Auflagen dieses Buches,
- Philip Alexander Scholz für die Bearbeitung und Gestaltung vieler Konstruktions- und Schemazeichnungen,
- Martin Mohrmann für die Korrektur von Kapitel 6,
- sowie allen, die das Projekt durch Informationen, Hinweise und Material unterstützt haben.

im Januar 2018

die Herausgeber: Ingo Gabriel und Heinz Ladener

ISBN der 1.- 4. Auflage 1998-2004:   3-922964-64-8
ISBN der 5. Auflage 2006:   978-3-936896-23-7
ISBN der 6. u. 7. Auflage 2008:   978-3-936896-32-9
ISBN der 9. Auflage 2010:   978-3-936896-46-6
ISBN d. 11. bis 13. Aufl. 2014/18:   978-3-936896-75-6

1. Auflage 1997
6. überarbeitete und verbesserte Auflage 2008
9. verbesserte Auflage 2010
11. vollständig überarbeitete und neu gestaltete Auflage 2014
13. verbesserte Auflage 2018

ISBN: 9783-936896-75-6

© ökobuch Verlag, Staufen bei Freiburg 1997, 2008, 2010, 2018
www.oekobuch.de

Alle Rechte der Verbreitung, auch durch Funk, Fernsehen, fotomechanische Wiedergabe, Tonträger jeder Art, EDV-Speicherung und auszugsweisen Nachdruck, sowie die Rechte der Übersetzung sind vorbehalten.

Druck: aprinta GmbH, Wemding

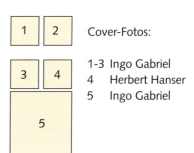

Cover-Fotos:

1-3 Ingo Gabriel
4 Herbert Hanser
5 Ingo Gabriel

Inhalt

1	**Gebäudesanierung – Motive und Ziele**	**5**
	Ingo Gabriel	
	Gründlich nachdenken	5
	Sanieren müssen Sie sowieso	6
	Motivation und Handlungsschritte	8
	Sorgfältig abwägen	8
	Kriterien beim Hauskauf	9
	Selber Handanlegen	10
	Sie brauchen Unterstüzung	11
2	**Von der Wunschliste zur Auftragsvergabe**	**12**
	Ingo Gabriel	
	Bestandsaufnahme	12
	Die Wunschliste: Was soll erneuert werden?	14
	Finanzierung und Förderung	15
	Entwurfsplanung	16
	Energetische Zielsetzungen	16
	• Beispiel einer Sanierungsplanung	17
	Planung von neuen Installationen	18
	Detailplanung	20
	Planen in Arbeitsschritten	21
	Einholen von Angeboten	22
	Dokumentation der Arbeiten	22
3	**Die energietechnischen Maßnahmen**	**23**
	Heinz Ladener, Ingo Gabriel	
3.1	Behaglichkeit und Wärmeschutz	23
3.2	Baustandards – Vom Bestand zum Passivhaus	26
3.3	Anforderungen der Energieeinsparverordnung EnEV	30
	Die EnEV-Anforderungen bei der Altbaumodernisierung	33
	Sonstige Anforderungen	35
	Der Energieausweis	37
3.4	Die Haustypologie als Wegweiser	38
3.5	Welche Einsparungen sind erreichbar?	41
	2 Beispiele:	
	1. Sanierung eines Wohnhauses aus den 1950er Jahren mit Anbau *Werkgruppe Freiburg*	43
	2. Sanierung eines Reihenendhauses aus den 1970er Jahren *Herbert Hanser*	46
4	**Die Dämmmaßnahmen in der Übersicht**	**49**
	Ingo Gabriel, Heinz Ladener	
	Wärmebrücken	49
	Luftdichtheit	51
	Dämmstoff-Übersicht	53
5	**Außenwände und Fassaden**	**56**
	Ingo Gabriel	
5.1	Außendämmung	58
5.1.1	Hinterlüftete Fassade (Vorhangfassaden)	58
5.1.2	Das Wärmedämmverbundsystem (WDVS)	61
5.1.3	Nachträgliche Verklinkerung / Herstellung von Verblendmauerwerk	63
5.2	Verfüllen der Luftschicht bei zweischaligem Mauerwerk	64
5.3	Innendämmung	66
	Fachwerkwände	69
5.4	Perimeterdämmung / Außendämmung von Kellerwänden	69
5.5	Sonderbauteile bei Außenwänden	70
	3 Beispiele:	
	3. Sanierung und Umnutzung eines Allgäuer Bauernhauses *Michael Felkner*	72
	4. Sanierung eines Wohnhauses aus den 1960er Jahren *Werkgruppe Freiburg*	77
	5. Superschlanke Wärmedämmung durch Vakuum-Isolations-Panele *Florian Lichtblau*	80
6	**Dächer**	**82**
	Ingo Gabriel	
6.1	Geneigte Dächer	82
	Kriterien Bestandsanalyse	82
	Ziele und Möglichkeiten	83
	Grundsatzentscheidungen	85
	1. Dämmung von außen	85
	2. Dämmung von innen	88
	3. Dachgauben	89
6.2	Flachdächer	90
	Ziele und Möglichkeiten	90
	1. Erneuerung der Dachabdichtung	91
	2. Zusätzliche Dämmung von unten	92
	3. Vom Kaltdach zum Warmdach	93
7	**Decken, Fußböden und Innenwände zu unbeheizten Räumen und gegen Erdreich**	**94**
	Ingo Gabriel	
7.1	Kellerdecken	94
	1. Dämmung unter der Kellerdecke	94
	2. Dämmung auf der Decke	96
	3. Dämmung zwischen Holzbalken	96
7.2	Fußböden gegen Erdreich	97
	1. Dämmung bei fehlender Bodenplatte	97
	2. Dämmung auf der Bodenplatte	98
7.3	Decken zu unbeheizten Dachgeschossen	99
	1. Dämmung unter der Decke	100
	2. Dämmung zwischen Holzbalken	100
	3. Dämmung auf der Decke	101
7.4	Wände zu unbeheizten Räumen	102
8	**Fenster**	**103**
	Ingo Gabriel, Karen Gabriel	
8.1	Fensteröffnungen und -gestaltung	104
8.2	Bestandteile des Fensters	105
8.3	Energiebilanz	109

8.4	Einbau von Fenstern	111
8.5	Sanierung vorhandener Fenster	113
8.6	Temporäre Schutzmaßnahmen	114
8.7	Entscheidungskriterien und Kosten	117
8.8	Glasanbauten und Wintergärten	118

2 Beispiele:

6. Sanierung eines denkmalgeschützten Oldenburger Bürgerhauses auf Effizienzhaus-Niveau 121
Ulf Brannies

7. Passivhaus auf historischem Fundament 124
Martin Endhardt

9   Übersicht der haustechnischen Maßnahmen   127
Heinz Ladener, Ingo Gabriel

10   Heizung   130
Ingo Gabriel

10.1	Bestandsaufnahme	131
10.2	Brennstoffauswahl	132
10.3	Wärmeerzeugung – alte und neue Heiztechniken	137
10.4	Abgasanlagen	143
10.5	Wärmeverteilung	145
10.6	Wärmeübertragung	147
10.7	Heizungsregelung	150
10.8	Wartung	151

3 Beispiele:

8. Beinahe-Passivhaus-Standard bei der Sanierung eines Mehrfamilienhauses *Karl Viridén* 152

9. Sanierung eines denkmalgeschützten Bürgerhauses *Dieter Herz* 155

10. Sanierung eines Wohn- und Geschäftshauses zum Passivhaus *Martin Sambale* 158

11   Lüftung   162
Ingo Gabriel

11.1	Luftqualität	162
11.2	Lüftungskonzept	164
11.3	Systeme der Wohnungslüftung	164
11.4	Planung und Auslegung	167

12   Sanitärinstallationen   174
Ingo Gabriel

12.1	Warmwasserbereitung	175
12.2	Solaranlagen zur Trinkwassererwärmung	177
12.3	Leitungserneuerung	179

13   Elektroinstallationen   183
Ingo Gabriel

13.1	Netze erneuern	183
13.2	Stromverbrauch und Sparpotentiale	185
13.3	Fotovoltaik-Anlagen	187

1 Beispiel

11. Sanierung eines Wohnhauses in Oldenburg
Karen Gabriel 191

14	Die AutorInnen	194
15	Herstelleranschriften	194
16	Literatur	196
17	Stichwortverzeichnis	196

1 Gebäudesanierung – Motive und Ziele

Gründlich nachdenken

Sie haben sich endlich entschieden, ein gebrauchtes Haus zu kaufen, vielleicht gerade eins geerbt oder wohnen seit Jahren in einem, in dem Sie täglich mit Ausstattung und Geschmack der Vergangenheit konfrontiert werden. Und natürlich haben Sie dieses Buch gekauft, weil Sie wissen, dass

- der Energiepreis steigt,
- die gesetzlichen Auflagen (EnEV) strenger werden,
- die KfW zinsgünstige Darlehen und Zuschüsse für energetische Sanierungen vergibt und
- der Zustand des Gebäudes nicht so ganz Ihren Vorstellungen entspricht.

Bevor Sie jetzt vorschnell sehr viel Geld in die Hand nehmen, sollten Sie diese für lange Zeit letzte Gelegenheit nutzen, um noch einmal gründlich darüber nachzudenken, wie sich Ihre persönlichen Wünsche und Nachhaltigkeitsziele verwirklichen lassen. Lohnt es sich z.B. wirklich, das sauer verdiente Geld in eine alte Bude zu versenken?

Und was heißt eigentlich *lohnen*? Was wollen Sie mit dem Ersparten, Ihrer Lebenszeit und diesem Gemäuer anfangen? Warum machen Sie das jetzt? Um Energie zu sparen und damit hoffentlich auch Geld? Wollen Sie den Wert Ihrer Immobilie verbessern, um Ihren Erben etwas zu hinterlassen oder um sich einfach etwas zu gönnen?

Sie haben sich bestimmt auch gefragt, welchen Stellenwert der *Faktor Zeit* bei all diesen Überlegungen hat:

- Für welchen Zeitraum sanieren Sie jetzt?
- Wie lange müssen Sie dafür arbeiten?
- Wie viel Lebenszeit werden Sie in diesem Haus verbringen?
- Wie lange brauchen Sie den vorhandenen Platz noch zum Wohnen?
- Wird das Gebäude auch später seinen Wert behalten?
- Ist der Standort auch in 20 Jahren noch attraktiv?
- Sind die Gebäudestruktur und das Nutzungsprofil zukunftsfähig?
- Wie wird sich der demographische Wandel auf den Wert auswirken?

Wenn Sie nach Beantwortung dieser Fragen immer noch sanieren wollen, gehen Sie bitte systematisch und sehr sorgfältig vor.

Unser Lebensstil hat sich in den letzten dreißig Jahren grundlegend verändert. Wohnen ist, vor allem im Eigentumsbereich, über die Phase „Hauptsache warm und trocken" längst hinweg, der Wohnflächenverbrauch liegt im Bundesdurchschnitt bei nahezu 50 m²/Person, so hoch wie nie zuvor. Es ist aber nicht nur die Wohnfläche, auch die Standards der Ausstattung – Fußböden, Fliesen, Sanitärobjekte und Armaturen – sowie der gestalterischen Elemente – vom Erker über Fenstersprossen zum aufwendigen Treppendetail – erreichen nie gekannte Dimensionen. Man kann sich kaum mehr vorstellen, wie noch vor zwei Generationen gewohnt wurde. Da gerade solche Gebäude zur Sanierung anstehen, die 30 Jahre oder älter sind, ist eine Auseinandersetzung mit der Vergangenheit bisweilen recht lohnenswert. Dazu gehören auch die Fragen: Was brauche ich wirklich? Was brauche ich eigentlich nicht? Und ist die energetische Ertüchtigung die einzige nachhaltige Investitionsmöglichkeit in das Gebäude?

Man sollte nicht darüber hinwegsehen: Private Immobilien sind mittlerweile ein Konsumgut, welches durch Abnutzung, technische Innovationen, aber auch durch Veränderung von Lebensstil und Geschmack an Wert verliert. Andererseits kostet die energetische Gebäudesanierung viel Geld. Es gibt sehr unterschiedliche Meinungen darüber, ob diese wirtschaftlich ist oder nicht. Allgemein und endgültig lässt sich diese Frage wohl auch nicht beantworten; wir wissen einfach nicht, wie sich die Energiepreise in Zukunft entwickeln werden, sondern können nur spekulieren. Wir wissen, dass die Erdöl- und Erdgasreserven zu Neige gehen und infolge der weltweit steigenden Nachfrage zwangsläufig teurer werden. Wir wissen aber auch, dass die regenerativen Energien günstiger werden.

Insofern könnte man es als Zeitverschwendung betrachten, die Wirtschaftlichkeit energetischer Verbesserungsmaßnahmen allzu sehr in den Vordergrund zu stellen. Das machen Sie doch bei den übrigen Ausgaben des täglichen Lebens auch nicht. Oder haben Sie sich schon einmal die Mühe gemacht, auszurechnen, was es kostet, eine Stunde auf dem Sofa zu sitzen, Ihre eigene dezentrale Mülldeponie im Keller vorzuhalten, oder das Gästezimmer 300 Tage im Jahr leer stehen zu lassen. Wenn man alle Einzelteile eines Gebäudes genauso penetrant rechnerisch bewerten würde wie die betriebswirtschaftliche Amortisation energiesparender Maßnahmen, dann sollte man fairerweise zugeben, dass jeder einzelne vorgehaltene Quadratmeter des Gebäudes bei einer Finanzierungsdauer von 25 Jahren je nach Ausstattung ca. 4.000 bis 6.000 € kostet.

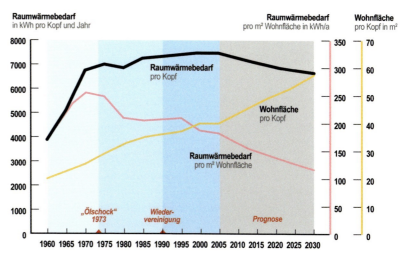

1.1 Wohnflächenverbrauch und Energieverbrauch von 1960 - 2030. Quelle: Wuppertal-Institut 2006

Was kostet eine Stunde ...?							
Gegenstand	Spez. Nutzung	Anschaffung	Haltbarkeit	laufende Kosten	tägl. Nutzung	Jahresnutzung	Kosten pro Std.
		€	Jahre	€/a	Stunden	Stunden	€/h
Autofahren (Golf)	15000 km/a	28.000	10	4000	0,83	250	27,20
Bundesbahn (Bahncard 50)	15000 km/a	244	1	1300	1	188	8,23
Fahrradfahren	3000 km/a	1.200	10	100	1	200	1,10
Sofa	1 h/Tag	2.000	8	20	1	300	0,90
Gästezimmer	2 Tage/Mon.	18.000	30	500	1,9	570	1,93
Einbauküche	3 h/Tag	12.000	20	150	2	600	1,25
Abendkleid	3 Abende/a	800	5	25	0,11	40	4,63
Urlaubsreise	4 Wochen/a	3.000	1	0	1,87	672	4,46
Wärmedämmung, 120 m² 12 cm WDVS	3600 h/a	14.400	30	-566	10	3600	-0,02
Solaranlage (6 m² therm.)	1500 h/a	5.000	25	-156	4,11	1.500	0,03
Solaranlage (5 kW$_p$ PV)	1500 h/a	7.500	25	-650	4,11	1.500	-0,23

Tabelle 1.1
Vergleich der Anschaffungskosten und spezifische Kosten/Stunde für verschiedene Konsumgüter, Fortbewegungsarten und Energietechnologien.

Damit lässt sich auch die Frage: „Rechnet sich das?" einfach beantworten: Nichts an einem Gebäude ist wirtschaftlich, alles kostet Geld; entscheidend ist, wie viel mir eine Sache wert ist! Niemand, der baut, umbaut oder saniert, würde zugeben, dass er/sie sich einen hohen energetischen Standard nicht leisten will; verbreitet ist die Aussage, es sich nicht leisten zu können oder dass es sich eben nicht rechnet.

Im Klartext: Geld ist in der Regel genug vorhanden, es stellt sich lediglich die Frage, wohin es fließen soll. Für 10.000 € bekommt man beispielsweise:

- eine solide Solaranlage für Warmwasser und Heizungsunterstützung oder
- eine halbwegs passable Einbauküche,
- 120 m² Parkettfußboden,
- 3 mittelprächtige Urlaubsreisen,
- 1 neuen VW*up* oder einen gebrauchten Golf,
- gerade einmal 120 € Zinsen jährlich zum Verjubeln.

Insofern bietet die anstehende Sanierung eines Altbaus eine gute Gelegenheit, die eigenen Maßstäbe zu überprüfen; denn das Grundbedürfnis Wohnen ist bereits befriedigt und das soziale Wohnumfeld klar definiert. Es lassen sich also für die Zukunft neue Weichenstellungen vollziehen: zum Niedrigenergiehaus oder zur Schnickschnackbude.

Nutzen Sie die Chancen der Investition: Alle Voraussetzungen für eine energetische Sanierung sind vorhanden; alle in diesem Buch beschriebenen energiesparenden Techniken sind seit Jahren erprobt und die KfW stellt zinsgünstige Kredite und Tilgungszuschüsse in Aussicht.

Nutzen Sie die energetische Modernisierung jedoch nicht einseitig nur zur Senkung der Verbrauchskosten, sondern auch zur Komfortverbesserung und zur Werterhaltung des Gebäudes.

Sanieren müssen Sie sowieso

Es ist naiv, zu glauben, man würde heute noch für die Ewigkeit bauen. Wenn das in der Vergangenheit der Fall gewesen sein sollte, würden Sie dieses Buch heute nicht brauchen. Auch wenn die Wahrnehmung von langjährigen Hausbesitzern hinsichtlich des Alters von Bauteilen oder technischen Ausstattungen etwas eingeschränkt ist („die Heizung haben wir vor Kurzem doch noch erneuert" – tatsächlich war das aber 1988, also vor 25 Jahren) und die subjektive Wertschätzung des Gebäudes über dem tatsächlichen Wert liegt, gibt es bei jedem Gebäude Sanierungsanlässe, bei denen in der Regel ein umfangreiches Maßnahmenpaket zusammenkommt. Dabei ist es unerheblich, ob die feuchte Wand, die heruntergekommene Fassade, die hohen Heizkosten oder einfach nur ein Besitzerwechsel der Auslöser für Sanierungsaktivitäten ist.

So gibt es in den meisten Fällen genügend Gründe, bei einer ohnehin anstehenden Sanierung eines älteren Hauses auch energetische Verbesserungen durchzuführen. Andererseits sollten Sie die Maßnahmen aber nicht nur unter energetischen Gesichtspunkten planen. Eine Sanierung macht nur dann Sinn, wenn optische Verbesserungen, Komfortsteigerung und energetische Effekte miteinander verbunden werden, etwa in der Art wie in Tabelle 1.3 skizziert.

Entscheidend für den Einzelnen ist das individuelle Abwägen dieser Aspekte. Zur Entscheidungsfindung empfiehlt es sich, eine Prioritätenliste aufzustellen, die vor allem auf folgende Fragen eingeht:

- Welche Ziele verfolgt die gesamte Sanierung?
- Stehen die energetischen Maßnahmen im Vordergrund oder sind sie selbstverständliches Beiwerk?
- Wie viel Geld will ich ausgeben, wie viel Zeit will ich mir nehmen, wie viel Dreck ertrage ich?
- Worüber freue ich mich anschließend am meisten?

Über diese Aspekte sollte man im Vorfeld besonders sorgfältig nachdenken, alles andere führt zu Enttäuschungen und Reibungsverlusten während der Bauphase.

Dann geht es weiter:

- *Was ist mir wichtig, was ist mir das wert?* Gefragt ist eine ehrliche Abwägung zwischen Wohnkomfort und Energieaspekten: falsche Koketterie mit dem Energiebewußtsein und die Frustration, sich dafür kein neues Sofa leisten oder nicht mehr in Urlaub fahren zu können, führt auf Dauer eher zu Magengeschwüren und hängenden Mundwinkeln.
- *Welche Bauteile des Hauses müssen ohnehin erneuert werden (z.B. neue Fußböden, neue Dacheindeckung)?* Alle ohnehin fälligen Maßnahmen sollten auf kompromisslos hohem Niveau ausgeführt werden. Bei der Fenstererneuerung macht es kaum einen Kostenunterschied, ob der U-Wert der Scheibe 1,1 oder 0,6 W/m²K beträgt. Rahmenkonstruktion, Ein- und Ausbau sowie die Nebenarbeiten bestimmen bis zu 90% der Kosten. Wenn das Dach abgedeckt wird, ist es unerheblich, ob man zur Verstärkung der Dämmung den Sparren um 6 oder 12 cm aufdoppelt.

- *Welche Ausbaumöglichkeiten sollen für die Zukunft geschaffen werden?*
  Es ist ratsam, Möglichkeiten zur Veränderung offen zu halten, insbesondere bei der technischen Gebäudeausrüstung (z.B. zukünftige regenerative Energiegewinnung). Aber auch organisatorische Veränderungen, wie das spätere Abteilen einer Einliegerwohnung (wenn die Kinder aus dem Haus sind), sollten entwurflich, baukonstruktiv und installationstechnisch vorgedacht werden.

- *Welche Veränderungen bei der künftigen Nutzung sind zu erwarten?*
  Man baut und saniert heute für wesentlich kürzere Zeiträume; die Lebensverhältnisse und Bedürfnisse ändern sich schneller als man denkt.

- *Wann steht die nächste Sanierung an?*
  Eine schrittweise Vorgehensweise empfiehlt sich, wenn man sich finanziell und nervlich nicht überstrapazieren will. Manche Maßnahme hat auch noch drei bis fünf Jahre Zeit, aber spätestens in zwanzig Jahren wird wieder abgerissen, entsorgt und verbessert...

- *Welche Wertverbesserung wird durch eine Maßnahme erzielt?*
  Die energetische Verbesserung der Gebäudehülle sollte stets mit einer Verbesserung von Raumklima und Tageslicht einhergehen und den Gesamteindruck des Gebäudes verbessern. Dann ist die Werterhaltung garantiert.

Zu bedenken ist auch, dass nicht jede energetische Verbesserung zu einer Komfortverbesserung führt:

- Eine zusätzliche Wanddämmung schafft tiefere Leibungen und reduziert dadurch den Lichteinfall durch die Fenster.
- Wärmeschutzverglasungen haben gegenüber der einfachen Isolierverglasung eine geringere Lichtdurchlässigkeit und bringen folglich einen Helligkeitsverlust im Raum.
- Eine Innendämmung reduziert die Wohnfläche.
- Eine Untersparrendämmung reduziert die Stehhöhe im Dachgeschoss.

Sanierungsaspekte und -maßnahmen	
Anlass	Maßnahmen
Erhaltung	Periodische Erneuerung wie Heizkessel, Dachrinnen; Malerarbeiten, z.B. Fenster, Fassade
Schadensbeseitigung	Feuchtigkeits- und Alterungsschäden
Rückbau	Entrümpelung, Abbruch, Entsorgung
Strukturverbesserung	Optimierung des Grundrisses, Verbesserung der Bausubstanz
Strukturveränderung	Umnutzung, horizontale und vertikale Trennung oder Verbindung
Energetische Verbesserung der Gebäudehülle	Außenwand, Fenster, Dach, Sohle, Kellerdecke
Verbesserung des Wohnkomforts	Tageslichtverbesserung, warme Oberflächen und Verbesserung des Raumklimas
Erneuern/Gestalten der Oberflächen	innere Oberflächen (Fußböden, Decken, Wände), äußere Oberflächen (Fassaden)
Anpassung der Haustechnik	Erneuerung der Hausanschlüsse, Aktualisierung d. Sicherheitsstandards Erneuerung der Wärmeversorgung, Umstellung des Energieträgers Einbinden regenerativer Energien
Komfortverbesserung der Haustechnik	Standardverbesserung: Heizung, Sanitär, Elektro; Optionen für neue Technologien
Nebenleistungen	Baustelleneinrichtung, Gerüst, Materialtransport/-lagerung, Sicherungs- und Reinigungsmaßnahmen

Tabelle 1.2
Sanierungsfaktoren und Maßnahmen. Die Anlässe für eine energetische Sanierung sind vielfältig, der Mehraufwand für die Energieeinsparung macht oft nur einen kleineren Teil der gesamten Sanierungskosten aus.

Tabelle 1.3:
Sanierungsmaßnahmen, die sowohl der Komfortverbesserung als auch der Energieverbrauchsreduzierung dienen.

Maßnahme	Komfortverbesserung	Energetische Verbesserung
Größere Fenster und bessere Verglasung	Lichtgewinn, Außenraumbezüge, höhere Oberflächentemperaturen, geringere Konvektionsanteile	Bis zu 15%, höhere passive Solargewinne, geringerer Stromverbrauch durch höhere Tageslichtausbeute
Fassadenerneuerung	Trockenlegung der Wände durch Taupunktverschiebung, höhere Oberflächentemperatur	bis 20% weniger Transmissionswärmeverluste
Dacherneuerung, Dachausbau	zusätzlicher, preisgünstiger Wohnraum, geringere Überhitzung im Sommer	bis 20% weniger Transmissionswärmeverluste
Neue Fußböden	Trittschalldämmung, warme Füße	bis ca. 5% weniger Transmissionswärmeverluste
Thermische Solaranlage	Freude über solar erwärmtes Wasser	bis 70% des Warmwassers, bis 30% des gesamten Wärmeverbrauchs
Photovoltaikanlage	hohe Einspeisevergütung in den nächsten 20 Jahren	bis zu 100% Deckung des eigenen Stromverbrauchs im Netzverbund
Erneuerung der Heizungsanlage	bedarfsgerechte Steuerbarkeit, ruhigeres Gewissen	Brennwerttechnik: bis zu 20% weniger Energieverbrauch gegenüber Altanlage
kontrollierte Lüftung	bessere Raumluftqualität (Feuchte, CO_2), Pollen- und Feinstaubfilter, Verhinderung von Schimmelbildung	bis zu 30% des Gesamtwärmeverbrauchs

Kernfragen	
Was will ich?	Wunschliste des Bauherrn Energie- und Komfortstandards Werterhaltung und –verbesserung
Was muss ich?	Gefährdungen vermeiden (z.B. Feuchtigkeit, Standsicherheit, Schädlinge), bautechnische Vorschriften beachten (EnEV, ELT, Brandschutz)
Was darf ich?	Baurecht, EnEV, DIN/EN-Vorschriften Brand- und Schallschutz Rücksichtnahme auf Bewohner und Nachbarschaft
Was kann ich?	Budget, Finanzierung, Förderung (z.B.KfW) und steuerliche Anreize, Eigenleistung (Know-how, Ausstattung, Zeit, Nerven)

Tabelle 1.4
Kernfragen bei der energetischen Gebäudesanierung.

Sorgfältig abwägen

Eine Schwierigkeit bei jeder Modernisierung besteht darin, dass man eine Vielzahl komplexer Grundsatz- und Detailentscheidungen treffen muss. Man möchte alles verbessern, die Mittel sind jedoch begrenzt. Versuchen Sie, Ihre eigenen Kriterien und Wertmaßstäbe anzusetzen, holen Sie Informationen ein und trainieren Sie, diese im Zusammenhang zu bewerten.

Versuchen sie sich klar zu machen, welche Folgeentscheidungen mit jeder Einzelentscheidung verbunden sind. Sie werden sich vielleicht doch von dem einen oder anderen Bauteil trennen, welches noch einen materiellen und ideellen Wert darstellt, weil es noch funktioniert oder weil es Ihr Großvater eigenhändig eingebaut hat; schließlich passt es überhaupt nicht zu Ihren anderen Modernisierungsideen.

Stellen Sie eine Prioritätenliste auf und führen sie eine Kladde während der Planungsphase. Überprüfen Sie am Ende eines jeden Entscheidungsprozesses, ob die Entscheidung noch etwas mit Ihren ursprünglichen Wünschen und Absichten zu tun hat. Wenn nicht, warum nicht?

Versuchen Sie, einen klaren Kopf zu behalten, und versuchen Sie, einen roten Faden in Ihre Entscheidungen zu bekommen.

Beispiel 1: *Kunststoff-Fenster, welche man eigentlich nicht leiden kann*

Was macht man mit einem an sich funktionstüchtigen Kunststofffenster, welches mit einem normalen Zweischeibenisolierglas ausgestattet ist? Reißt man das Fenster heraus oder wechselt man nur die Verglasung? Streng energetisch betrachtet genügt in der Regel die Auswechselung der Glasscheiben, zumal auch der Primärenergie- und Entsorgungsaufwand für die (alten oder neuen) Fensterrahmen und die Flügel berücksichtigt werden müssen. Gleichzeitig sollte jedoch überlegt werden, ob sich hier nicht die Gelegenheit bietet, die Fensteröffnungen größer zu gestalten (z.B. durch Herausnahme der Brüstungen oder durch Entfernen alter undichter Rolladenkästen). Denn schließ-

---

Exkurs: Motivation und Handlungsschritte

Eigentlich geht es Ihnen doch gut in Ihrem Haus - und trotzdem. Entweder Sie *wollen* etwas daran tun,

- weil Ihnen alles nicht mehr gut genug ist,
- weil Ihre Gasrechnung Sie herausfordert,
- weil Sie Lust auf ein Niedrigenergiehaus haben
- oder weil Sie einfach mal wieder Hand anlegen wollen;

oder Sie *müssen* etwas tun,

- weil es hier oder dort im Haus leckt, gammelt, knarrt,
- weil die Installationen vorne und hinten nicht reichen,
- weil der Schornsteinfeger Ihnen ständig mit dem Hinweis in den Ohren liegt, dass Ihre Schadstoffschleuder im Keller dringend ausgewechselt werden müsste.

Oder von beidem ein bisschen! Schließlich muss Ihr zuteilungsreifer Bausparvertrag verbraten werden. Oder Ihre Erbschaft muss unter die Leute. Vielleicht zahlen Sie ja auch zuviel Steuern oder Ihre Kinder liegen Ihnen ständig mit Energiespartips in den Ohren.

Nun haben Sie sich grundsätzlich entschieden, etwas zu tun, oder entscheiden sich spätestens, wenn Sie dieses Buch durchgelesen haben. Sie haben eine Finanzierungszusage von Ihrer Bank, Ihre Familie und die Nachbarn sind bereits schonend auf bevorstehende Drecklawinen und erhöhte Lärmpegel vorbereitet worden und Ihr Nervenkostüm ist stabil ...

Womit anfangen ?
Zunächst überlegen Sie definitiv, wieviel Geld Sie insgesamt für Ihre Sanierungsmaßnahme ausgeben wollen. Dann können Sie die Eckpfeiler des Endzustandes festlegen:

1. *Welchen Charakter soll Ihr saniertes Haus bekommen?*
- demonstrativ energiegewinnend,
- unauffällig energiesparend,
- einfach nur schicker und nebenher auch noch mit verbesserter Energie- und Schadstoffbilanz.

2. *Welche Standards und Werte sollen in Ihrem sanierten Haus zum Tragen kommen?*
- Rückbesinnung auf die Vergangenheit (die konnten ja sowieso alles besser),
- Einbau erprobter, zeitgemäßer Technologien (da weiß man, was man hat),
- neue und experimentelle Technologien (es war schon immer etwas teurer, einen besonderen Geschmack zu haben).

3. *Welche Rolle wollen Sie dabei spielen?*
- Am Besten soll alles schnell gehen, und Sie wollen keinen Stress.
- Sie wollten immer schon mal wieder zur Handkreissäge greifen, in der Glaswolle kuscheln und auf dem Gerüst rumturnen.
- Endlich können Sie auf der nächsten Party über Ihr ausgeprägtes Umweltbewußtsein und Ihre neuesten technologischen Highlights referieren.

4. *Sie suchen einen geeigneten Architekten/in, und zwar möglichst jemanden,*
- der/die nachgewiesenermaßen praktische Erfahrung mit energetischen Sanierungen hat,
- von dem/der Sie wissen, dass er/sie sorgfältig mit Ihrem Geld umgeht,
- der/die sich nicht zu schade ist, Selbstbauer anzuleiten,
- der/die Glauben und Wissen voneinander unterscheiden kann.

5. *Sie stellen die Rahmenbedingungen zusammen, legen Prioritäten fest, definieren die maximalen Kosten, stellen einen Zeitplan auf*
... und legen dann einfach los!

1.2
Sanierung einer Scheune: Grundsätzlich kann jedes Gebäude energetisch saniert und attraktiver gestaltet werden. Das trifft vor Allem für solche Bauten zu, deren Fassaden nicht erhaltungswürdig sind und die insgesamt nur über eine geringe Gestaltungsqualität verfügen. Hier ist die Hemmschwelle besonders niedrig, massiv in die Substanz einzugreifen. Allerdings stellt sich bei manchen Gebäuden auch die Frage, ob nicht ein Abriss und Neuaufbau die wirtschaftlichere Variante darstellt.

lich bringt mehr Tageslicht auch mehr Energiegewinn und weniger Stromverbrauch für künstliches Licht.

Beispiel 2: *Arbeitszimmer in Nordlage*
Bei einer solchen komplexen Betrachtungsweise, wie sie hier vorgeschlagen wird, können auch große Nordfenster bei optimaler Glas- und Rahmenwahl im Arbeitszimmer die Energiebilanz des Hauses verbessern. Spätestens wenn der reduzierte Primärenergieverbrauch für die elektrische Energie des künstlichen Lichtes mit berücksichtigt wird, gibt es keine Zweifel mehr.

Beispiel 3: *Dämmung eines noch funktionsfähigen, nicht wärmegedämmten Daches*
Wie soll ein funktionsfähiges, nicht wärmegedämmtes Dach behandelt werden, dessen Dachpfannen mit Zementmörtel verfugt sind?
- Reißt man die alte Eindeckung herunter und doppelt die Sparren von außen auf, um eine dickere Wärmedämmung zwischen den Hölzern unterzubringen?
- Oder bastelt man die Wärmedämmung von innen zwischen die Sparren und doppelt von innen eine zweite Dämmschicht auf?

Beispiel 4: *Eine funktionsfähige zweischalige Wand mit Luftschicht und ohne bzw. mit geringer Wärmedämmung*
- Reißt man die Vormauerschale ab, dämmt den heutigen Standards entsprechend und baut anschließend eine neue Fassade davor?
- Versucht man, die Luftschicht mit Dämmstoff zu füllen und nimmt dabei den nicht ganz so guten Dämmwert in Kauf, kann dafür aber die bestehende Fassade erhalten und kompensiert das Manko durch die Wahl einer extrem energiesparenden Verglasung?

Die Fragen in den vier Beispielen machen wohl hinreichend deutlich, dass es *die* richtige, für alle Situationen passende Lösung nicht gibt. Es gehört zu einer guten Planung, die Vielzahl der Möglichkeiten von Fall zu Fall neu zu überdenken und eigene Prioritäten zu setzen.

Selbst Hand anlegen

Wer daran denkt, einen Teil der Sanierungsarbeiten selbst auszuführen, sollte sich für alle anfallenden Arbeiten jeweils folgende Fragen stellen:

- *Kann und will ich diese Arbeit selbst ausführen, oder vergebe ich sie an eine Firma?*

Machen Sie nie etwas selbst, was Maschinen schneller bewerkstelligen! Am Ende ruiniert man dabei möglicherweise die Gesundheit, weil man kein Training hat oder weil die Feierabendarbeit zur Überforderung führte. Und planen Sie genügend Zeit ein: Sie sind auch nicht mehr so gut in Form wie vor zehn Jahren; Sie benötigen z.B. auch Zeit für Materialbeschaffung und Arbeitsvorbereitungen. Die meisten Arbeiten macht man am Besten zu zweit, man braucht immer noch eine Hand zum Festhalten, und es wird

Exkurs: Kriterien beim Hauskauf

Für diejenigen, die noch keine Hausbesitzer sind, fängt die energietechnische Sanierung bereits beim Hauskauf an. Die entscheidende Frage lautet: Was kann und will ich fürs Wohnen ausgeben? Dazu gibt es viele Detailfragen und Nebenaspekte:

- Was erfahren Sie von Ihrem Vorbesitzer? Was ist bereits verändert worden, wieviel Energie wurde bisher verbraucht und bei welchem Komfortstandard?
- Welcher energetischen Standard wird angestrebt, welche finanziellen Mittel sind vorhanden? Was muss ich alles abreißen, um den Niedrigenergiehausstandard zu erreichen?
- Wie sind die relevanten Hüllenbauteile (Außenwand, Dach, Fenster) zu beurteilen? Welchen Wert haben z.B. intakte, isolierverglaste Kunststofffenster aus den 70er Jahren, die aufgrund ihrer unglücklichen Rahmen- und Flügelproportionen gar nicht so recht zum Gebäude passen mögen?
- Welche zusätzlichen Entfernungen sind bei dem neuen Wohnsitz regelmäßig zurückzulegen bzw. wie hoch ist der zukünftige Gesamtenergiebedarf (für Haus + Auto + Urlaub etc.)?
- Welche Häuser lassen sich am problemlosesten sanieren? Die Frage ist einfach beantworten: Es sind die Gebäude, die zwischen den dreißiger und den fünfziger Jahren gebaut wurden. In dieser Zeit – es handelt sich dabei ausschließlich um Massivbauten – wurde diszipliniert geplant und gebaut, der Massenwohnungsbau erlebte seine erste Blüte. Die begrenzten technischen Möglichkeiten zwangen zu einer Baudisziplin, die aus dem Mangel an Kapital und Baustofftechnologien zu erklären ist. Klare Grundrisse und Baustrukturen waren ebenso selbstverständlich wie die Schnörkellosigkeit im Detail. Dies alles kommt einer energetischen Sanierung heute entgegen. Es gibt wenig historisch Wertvolles aus dieser Zeit, von dem man sich nicht trennen könnte, die Grundstrukturen sind so schlicht, dass man sie problemlos verändern, ergänzen, erweitern kann. Und die Hemmschwelle, zu Flex und Vorschlaghammer zu greifen, ist relativ niedrig, da die Mehrzahl der Bau- und Ausstattungselemente entweder nicht mehr heutigen Standards genügt (Fenster) bzw. abgenutzt (Fußböden) oder technisch völlig veraltet (Heizung) sind.
- Oder das andere Extrem: Welche Häuser lassen sich am schwierigsten sanieren? Vieles, was nach 1970 gebaut worden ist, hat noch einen hohen individuellen Gebrauchswert. Was macht man mit zweischaligem Mauerwerk, das schlecht gedämmt ist, aber über ein völlig intaktes Verblendmauerwerk verfügt? Was tun mit Kunststofffenstern, die, zwar ein wenig angegilbt, weitere 25 Jahre problemlos überstehen? Was tun mit Dächern, die man freiwillig nicht abdeckt, um die Dämmung vielleicht von 10 auf 20 cm zu erhöhen? Gleichzeitig wurden in dieser Zeit die Grundrisse, Tragkonstruktionen und Installationsführungen undisziplinierter (man könnte auch *individueller* sagen), der Einsatz technisch besserer, aber gesundheitlich bedenklicherer Bau- und Bauhilfsstoffe (Kleber, Schäume, Anstriche etc.) erreichte seinen Höhepunkt. Alles war machbar, Sondermüll kein Thema. Um bei einem solchen Gebäude wirksame energetische Verbesserungen vornehmen zu können, müssen Bauteile entsorgt werden, die noch über Jahre funktionsfähig wären und die beim Kauf mitbezahlt worden sind. Das fördert nicht gerade die Bereitschaft zur energetischen Sanierung.

Der Preis gebrauchter Häuser regelt sich allein über den Marktwert. Dieser wird durch folgende Faktoren bestimmt:

- Größe und Lage des Grundstückes, bauliches und soziales Umfeld, Anbindung an Verkehrssysteme. Dies sind die einzigen Gegebenheiten, die man nicht verändern kann. Daher verdienen sie besondere Beachtung und sind das wichtigste Entscheidungskriterium. Je höher der Anteil des Grundstückes am Kaufpreis, desto sicherer die Investition. Achten Sie auf den Verkehrslärm, sehen Sie sich das Grundstück zu den Hauptverkehrszeiten an.
- Größe und Ausstattung, Gestaltung und Zustand des Gebäudes. Die energetische Qualität ist dabei von ziemlich untergeordneter Bedeutung; in der Bewertung der räumlichen, konstruktiven und gestalterischen Elemente unterliegt Vieles dem persönlichen Geschmack und individueller Wertschätzung. Aber keine Angst vor Scheußlichkeiten: An jedem Gebäude lassen sich mit vergleichsweise wenig Aufwand (gemessen an der Gesamtinvestition) Geschmackskorrekturen (Fenster und Fassade) mit hoher energetischer Relevanz vornehmen. Je schlechter der optische Eindruck eines Gebäudes, desto geringer sein Marktwert und umso besser ist es geeignet für eine energetische Sanierung. Trotzdem: spielen Sie wenigstens gedanklich einmal durch, ob Abriss und Neubau eine Alternative zur Komplettsanierung darstellen.
- Das allgemeine Preis- und Zinsniveau. Grundsätzlich gilt: Je niedriger die Zinsen sind, desto höher sind die Immobilienpreise. Auch wenn man wenig Einfluss auf die Marktentwicklung hat, so kann doch wenigstens durch sorgfältige Finanzierung die nach Ablauf der Darlehenslaufzeit gezahlte Gesamtsumme (Kaufpreis + Summe aller Zinsen) entscheidend beeinflusst werden.
- Die Jahreszeit. Kaufen Sie nie im Sommer! Kaufen sie zwischen im November und März bei Regenwetter! Die Kaufentscheidung eines privat genutzten Wohnhauses ist weitestgehend von Emotionen bestimmt. Daher ist die Besichtigung einer Immobilie im Sommer immer mit der Gefahr verbunden, dass ein Altbau viel versöhnlicher, aber vor Allem die Gärten viel verlockender erscheinen als im Winter. Somit verlagert sich die Aufmerksamkeit. Die Sonne steht hoch, man nimmt potenzielle winterliche Verschattungen nicht wahr. Die Fenster sind offen und man nimmt unangenehme Gerüche (wie z.B. Schimmel) nicht so intensiv bzw. gar nicht wahr. Eine intensive Bepflanzung des Hauses überdeckt bisweilen den schlechten Zustand der Fassade. Auch ist der Grundwasserspiegel im Sommer wesentlich niedriger als im Winter, evtl. Feuchtigkeitsprobleme treten dann wohlmöglich gar nicht zu Tage. Wenn Sie sich an einem nasskalten Wintertag mit gutem Gefühl für eine Immobilie entscheiden, dann können Sie kaum etwas falsch machen.

Fazit: In guter Lage kann man bei trockener Rohbausubstanz und schlichtem Ausbauzustand wenig falsch machen!

auch nicht zu langweilig. Und sind Sie bitte geduldig mit Ihrer Frau, sie ist es viel häufiger mit Ihnen.

- *Welche Hilfsmittel benötige ich beim Selbermachen?*
Elektrische Kleinwerkzeuge und -geräte sind preisgünstig, amortisieren sich bereits bei einem Bau und lassen sich später weiternutzen; ausgesprochene Billiggeräte überleben einen rauhen Bauprozess allerdings in den seltensten Fällen.

- *Welche Erfolgserlebnisse lassen sich vorweisen?*
Am besten eignen sich die Arbeiten zum Selbermachen, die man anschließend auch sieht. An der selbstgeschraubten Holzfassade erfreut man sich noch jahrelang. Sinnvoll ist auch die Übernahme zeitaufwendiger Dämm- und Abdichtungsarbeiten, sofern sie unter Anleitung eines erfahrenen Architekten erfolgen.

Sie brauchen Unterstützung

Auch wenn Sie glauben, Sie können Vieles allein entscheiden, und obendrein den einen oder anderen guten Handwerker an der Hand haben, auf die Mitwirkung eines guten Architekten sollten Sie nicht verzichten. Am besten ist es, wenn dieser sich noch als Energieberater qualifiziert hat. Auch wenn Sie meinen, Ihre Baustelle selber organisieren zu können, ist architektonische Hilfe für die konzeptionelle Planungsphase auf jeden Fall sinnvoll. Denn nur durch ein überzeugendes Gestaltungs- und Gesamtkonzept wird Ihre Immobilie auch eine (Wohn-) Wertsteigerung erzielen.

Nehmen Sie sich Zeit. Sobald Sie sich über den wesentlichen Umfang der Arbeiten im Klaren sind, stellen Sie mit dem Architekten einen Maßnahmenkatalog sowie einen Zeitplan auf. Wenn man Arbeiten mit entsprechendem zeitlichen Vorlauf an die Handwerker vergibt, lassen sich Umfang und Dauer der Bauarbeiten zumindest auf zwei bis drei Wochen genau bestimmen.

Je sorgfältiger Sie geplant haben, desto verbindlicher lassen sich Ausführungsmodalitäten regeln. Legen Sie alle Arbeiten an der Gebäudehülle möglichst in das Sommerhalbjahr. Bei Kälte und mit klammen Fingern gehen gerade Arbeiten, die sorgfältig ausgeführt werden müssen, wie das Anarbeiten von Folien, Ausbilden von Details etc. nur schwer von der Hand. Entscheiden Sie zügig, aber lassen Sie sich nicht drängen.

Merke:
Die meisten chaotischen Baustellen und vor allem Kostenüberschreitungen sind das Ergebnis schlechter Planung.

1.3
Simulation innen/außen: Mit einer Bildbearbeitung lassen sich die zu erwartenden räumlichen und gestalterischen Qualitäten nach der Sanierung simulieren. Das gehört heute zum Standardprogramm eines guten Architekten.

2 Von der Bestandsaufnahme zur Auftragsvergabe

Jede Baumaßnahme, gleichgültig ob Neubau oder Umbau und/oder Modernisierung eines vorhandenen Gebäudes, geschieht mit dem Ziel der individuellen Wohnwertverbesserung. Darunter versteht jeder etwas anderes, aber in der Regel wird die Verbesserung der räumlichen Qualitäten im Vordergrund stehen. Diese werden sowohl durch Größe, Proportionen, Oberflächen, innere Erschließung als auch durch die Bezüge zum Tageslicht und zu den Außenräumen definiert.

Umfangreiche räumliche und energetische Sanierungen erfordern komplexere Planungs- und Ausführungsprozesse als ein vergleichbarer Neubau, aus dem Blickwinkel der Nutzer lässt sich ein Altbau jedoch planerisch einfacher bearbeiten. Dieser scheinbare Widerspruch muss erklärt werden.

Beim Altbau sind in der Regel klare Vorgaben vorhanden:

- Grundstück einschließlich Baum- und Grünbestand sind im Wesentlichen definiert, die räumlichen und sozialen Abgrenzungen zur Nachbarschaft sind in der Regel geklärt.
- Der Baukörper ist hinsichtlich seiner Lage auf dem Grundstück, seiner Größe, räumlichen und konstruktiven Ordnungsprinzipien definiert.
- Räume und Raumbezüge sind vorhanden, man kann sich eher vorstellen, wie ein größeres Fenster oder ein Türdurchbruch wirkt, welche Veränderungen der Raum in seiner Nutzung und an visuellem Komfort erfährt.
- Aufgrund vorhandener Wohnerfahrungen mit den baulichen Gegebenheiten lassen sich die Anforderungen und Wünsche klarer definieren.
- Eine sorgfältige Gesamtplanung vorausgesetzt, kann die Sanierung auch in einzelnen, zeitlich versetzten Bauabschnitten entsprechend dem verfügbaren Budget erfolgen, da in der Regel die Gebrauchsfähigkeit des nur teilsanierten Gebäudes nicht beeinträchtigt ist.

Zur verantwortungsvollen Planung gehört aber auch die kritische Einschätzung des Know-how von Planern und Handwerkern. Beide Berufsgruppen neigen zur Selbstüberschätzung („… alles kein Problem"). Umso wichtiger ist es, nur solche Konstruktionen zu planen, deren rechtssichere und kostensichere Ausführung auch gewährleistet werden kann: Vereinfachen von Regelaufbauten und Anschlussdetails, klare Trennung der Gewerke und Verantwortlichkeiten bei den Schnittstellen. Begrenzender Faktor für manche anspruchsvolle Detaillösung kann auch die Verfügbarkeit qualifizierter Handwerker sein.

Bestandsaufnahme

Die Kosten einer Altbaumodernisierung gelten deswegen als schwer kalkulierbar, weil man zu Beginn der Sanierungsplanung oft nicht weiß, was einen erwartet: Reißt man die Wand raus, kommt die Decke möglicherweise gleich mit herunter; irgendwo liegen bestimmt noch Wasserleitungen, Elektrokabel etc.

Tabelle 2.1

Lebensdauer von Konstruktion und Technik: Die Nutzungsdauer von Einzelbauteilen hängt sehr stark von Qualität, dauerhaftem Schutz vor Feuchtigkeit sowie Wartung und Pflege der technischen Einrichtungen ab. In der Regel werden die Bauteile aber weit vorher erneuert, da sie dem Anspruch an Effizienz, Komfort oder Gestaltung nicht mehr genügen.

2.1-2.4: Bei der Bestandsaufnahme sind die Qualitäten von Räumen und Schäden der Konstruktion nüchtern zu erfassen und zu analysieren.

Typische Nutzungsdauer von Hausbauteilen		
	Bauteil	Lebensdauer
Rohbau	Fundamente	> 50 Jahre
	Mauerwerk	> 50 Jahre
	Betondecken	> 50 Jahre
	Dachstuhl	> 50 Jahre
	Dacheindeckung geneigt	> 30 Jahre
	Dacheindeckung flach	30 Jahre
Ausbau	Holzfenster	> 20 Jahre
	Putz	> 30 Jahre
	Leichtwände	> 50 Jahre
	Dachrinnen	> 20 Jahre
	Wärmedämmung	> 30 Jahre
	Elastische Fugen	5 - 10 Jahre
Technik	Elektro-/Heizungs-/Sanitärinstallation	> 25 Jahre
	Solaranlagen	> 20 Jahre
	Heizkessel, Heizkörper	15 - 25 Jahre
	Sanitärobjekte/-armaturen	15 - 25 Jahre
Oberflächen	Holzfensteranstriche	5 - 10 Jahre
	Fassadenanstriche	5 - 20 Jahre
	Tapeten	10 -15 Jahre
	Fußböden	5 - 20 Jahre
	Fliesen	> 30 Jahre

Allerdings lässt sich das Risiko weitestgehend minimieren, wenn man vor Beginn der Planung eine sorgfältige Bestandsaufnahme durchführt. Diese Vorleistung kostet erfahrungsgemäß Geld, insbesondere, wenn neue Bestandspläne erstellt werden müssen und mühselig die Logik des Tragwerkes sowie der Leitungsführung nachvollzogen werden muss. Aber es lohnt sich in der Regel, diese Mühen auf sich zu nehmen:

- Umfassende baukonstruktive und -physikalische Kenntnisse über den Baubestand erleichtern die Planung wesentlich und helfen, unangenehme Überraschungen zu vermeiden.
- Nur mit aussagekräftigen Planunterlagen lassen sich nachvollziehbare Massenermittlungen und Leistungsverzeichnisse erstellen, ohne die die Kosten nicht vernünftig kalkuliert werden können.
- Nach der Modernisierung wird das Gebäude noch komplexer: aufwendigere, mehrschalige Hüllkonstruktionen, anspruchsvollere Haustechnik und ein Mehrfaches an Kabeln und Rohrleitungen, die teilweise unkonventionell verlegt werden müssen.

Welche Informationen sollte eine Bestandsaufnahme bieten?
- Grundrisse /Schnitte, Ansichten, M 1:50
- Detailschnitte M 1:10
- Bauteilbezogene Materialbeschreibungen (z.B. Wand-, Decken-, Dachaufbauten)
- Fotodokumentation

Bauteilbeschreibung mit Bewertung	
Statische Belastbarkeit	Tragende Außenwand, einschalig, 24 cm Hochlochziegel, beidseitig geputzt
Energetische Qualität	U-Wert: 1,3 W/m²K, Wandgewicht 500 kg/m²
Allgemeiner Zustand	horizontale Sperre im Sockelbereich vorhanden, grundsätzliche Funktionsfähigkeit gewährleistet
Oberflächen außen	Putz ohne durchgängige Festigkeit, Rissbildung sowie stellenweise abbröckelnd, Anstrich beschädigt, teilweise veralgt
Oberfläche innen	Tapete, an den Schlafzimmeraußenecken punktueller Schimmelbefall, keine Rissbildung

Tabelle 2.2: Konstruktions- und Ausstattungsbeschreibung einer Außenwand

Glaubt man, auf eine aufwendige Bestandsaufnahme verzichten zu können, entwickeln sich alle nachträglichen Erkenntnisse über den maroden Zustand eines Gebäudes zu unangenehmen Überraschungen, wenn die Arbeiten über Nachträge oder im Stundenlohn abgerechnet werden. Man kann es einem Unternehmer nicht verdenken, wenn er bei aller Freude über den Zuschlag im Verlauf der Arbeiten das Gefühl bekommt, er sei nur deshalb zum Zuge gekommen, weil seine Preise zu niedrig waren. Mit den ohne Auftragsdruck kalkulierten Nachträgen lässt sich dann doch noch der erwünschte Gewinn erzielen.

Bauteilbeschreibung und Energiegutachten
Tabelle 2.2 gibt ein Beispiel für eine Bauteilbeschreibung mit Bewertungsraster, in diesem Fall für eine Außenwand.

Aufgrund einer solchen Analyse der Einzelbauteile (Wand, Dach, Fenster, Sohle etc.) lässt sich in Verbindung mit den jeweiligen Flächenanteilen der Energieverbrauch hochrechnen.

Wird eine solche Diagnose in Form eines Energiegutachtens nach den Richtlinien des Bundes zur Förderung der sogenannten *Vor-Ort-Beratung* durchgeführt, so wird diese öffentlich bezuschusst (siehe z.B. im Internet unter: www.bafa.de). Welche Aussagen einer solchen Diagnose zu entnehmen sind, zeigt Tabelle 2.3. Allerdings ist es bei der überwiegenden Zahl der Sanierungsvorhaben ohnehin eindeutig, dass saniert werden muss. Dabei ist es dann von untergeordneter Bedeutung, ob das Gebäude vorher 250 oder 350 kWh/m² verbraucht hat. Entscheidend ist der Standard, der *nach* der Sanierung erzielt wird.

Ergebnisse einer Vor-Ort-Beratung	
Objektbeschreibung Allgemeine Daten	Haustyp, Standort, Baujahr, Bezugsfläche, beheiztes Volumen,
Bauteilbeschreibung	Flächen, U-Werte und Aufbau der relevanten hüllbildenden Außenbauteile
Heizung und Warmwasserbereitung	Kesselart, Leistung, Baujahr, Brennstoff, Dämmung, Ausstattung, Abgas und Bereitschaftsverluste, Wirkungsgrade
Energiebilanz	rechnerische Ermittlung und graphische Darstellung in Form eines Tortendiagrammes
Maßnahmenkatalog	Beschreibung der sinnvollen Energiesparmaßnahmen und einer CO_2-optimierten Wärmeversorgung
Wirtschaftlichkeitsbetrachtung	Vergleich der Investitionskosten mit den eingesparten Heizkosten, rechnerische Amortisation
CO_2-Minderung	rechnerische Ermittlung der CO_2-Minderung der vorgeschlagenen Maßnahmen
Fördermaßnahmen	Hinweis auf allgemeine und besondere (z.B. regionale oder kommunale) Fördermaßnahmen

Tabelle 2.3: Inhalte und Ergebnisse einer Vor-Ort-Beratung

Ursachen für Abweichungen zwischen berechnetem und tatsächlichem Energieverbrauch	
Der tatsächliche Verbrauch liegt **niedriger** als der errechnete	Die rechnerischen Normtemperaturen werden im Alltagsbereich unterschritten (unterschiedliche Nutzergewohnheiten).
	Der Zeitraum, in dem die Heizung im Betrieb ist, ist kürzer (z.B. in Übergangszeiten) oder ein Teil der Räume wird nicht beheizt.
	Die passiven Solargewinne sind tatsächlich höher als die Normwerte.
	Die internen Wärmequellen (Abwärme von Nutzern, Licht und Elektrogeräten) sind höher als der Normwert.
Der tatsächliche Verbrauch liegt **höher** als der errechnete	Der Anteil der Wärmebrücken ist zu gering angesetzt worden.
	Die Rechenwerte der Außenbauteile sind (z.B. aufgrund einer dauerhaften Durchfeuchtung der Wände) zu niedrig angesetzt.
	Die Anlagenverluste sind höher als rechnerisch erfasst.
	Die Luftwechselrate liegt höher als berechnet, der Fugenanteil ist höher als angenommen.
	Die Normtemperaturen werden im Alltagsgebrauch überschritten.
	Die Betriebsdauer des Heizsystems ist länger als der Normwert.
	Hohe Lüftungswärmeverluste infolge mangelhafter Luftdichtigkeit

Tabelle 2.4: Ursachen für Abweichungen zwischen tatsächlichem und berechnetem Energieverbrauch

2.4
Umfassende Kenntnisse über den Bauzustand erleichtern die Planung. Eine endoskopische Untersuchung von Hohlräumen in Wand, Dach und Decke bieten Aufschluss über die tatsächlich ausgeführten Konstruktionen.

2.5
Beim Freilegen von Konstruktionen erlebt man bisweilen Überraschungen: tragende Elemente sind anders ausgeführt oder dimensioniert worden als angenommen.

Energiebilanz als Indikator

Bei allem Respekt vor Verbrauchsberechnungen und Energiebilanzen erscheint ein Vergleich des errechneten Heizenergiebedarfes mit dem tatsächlichen Energieverbrauch (ersichtlich aus den letzten Gas- oder Ölabrechnungen) angebracht. In der Praxis ergeben sich Abweichungen zwischen tatsächlichem und berechnetem Verbrauch überwiegend aus dem individuell sehr unterschiedlichen Heiz- und Wohnverhalten.

Zahlreiche Untersuchungen belegen, dass bei gleicher Bauqualität der Verbrauch zwischen einem sparsamen und einem großzügigen Umgang mit Heizenergie um mehr als 200% abweichen kann.

Tabelle 2.4 stellt die Ursachen der Differenzen zwischen berechnetem und tatsächlichem Verbrauch dar. Der tatsächliche Energieverbrauch schwankt aber auch bei gleichem Nutzerverhalten aufgrund von jährlichen Wetterschwankungen um bis zu 30%.

Über die Bauteilberechnungen und das zugrunde gelegte Nutzungsprofil hinaus können weitere Kontrolluntersuchungen (Tab. 2.5) vorgenommen werden, um Schwachstellen und Ursachen für größere Abweichungen auf die Spur zu kommen. Geeignet sind diese Analysen auch und vor allem als qualitätssichernde Maßnahmen während der Bauausführung bzw. nach Beendigung der energetischen Sanierung.

Bestandsaufnahme Heizung

Die Überprüfung von Heizanlage und Wärmeverteilung erfolgt in der Regel durch eine Sichtprüfung unter Heranziehung der jährlichen Messprotokolle des Schornsteinfegers (sind seiner jährlichen Rechnung beigeheftet). Bauart, Leistung und Baujahr sind dem Hinweisschild auf jedem Heizkessel zu entnehmen. Die EnEV schreibt schon seit Jahren eine Erneuerung aller vor 1978 eingebauten Kessel vor.

Tabelle 2.5:
Untersuchungsmethoden zur Ermittlung von Bauteileigenschaften und Fehlern in der Bausubstanz bzw. der baulichen Ausführung.

Verluste durch das Rohrleitungssystem müssen bereits seit 2006 durch Wärmedämmung der Heizleitungen minimiert werden, was in der Praxis aber nur selten erfolgt ist: Es darf sich kein einziges Heizrohr außerhalb der gedämmten Hülle wärmer anfühlen als seine Umgebung. Auch ein warmer Heizungsraum ist ein Zeichen für einen schlechten Anlagenwirkungsgrad, schlecht gedämmte Rohre und Warmwasserspeicher. Grundsätzlich sollten alle Heizkessel, die älter als 20 Jahre sind, erneuert werden. Auch wenn Ihr Schornsteinfeger feststellt, dass die Abgaswerte im zulässigen Toleranzbereich liegen: die Energieeffizienz moderner Heizkessel durch bessere Verbrennung und lastangepasstes Modulieren amortisiert sich schon in wenigen Jahren. Das gilt vor Allem dann, wenn die nachträgliche Dämmung der Gebäudehülle nicht möglich ist oder erst später vorgenommen werden soll.

Die Wunschliste

Was muss und was soll erneuert werden?
Für die energetische Sanierung eines Altbaus gibt es verschiedene Anlässe. Zum einen ist sie eine positive Begleiterscheinung bei ohnehin anstehender Schadensbeseitigung sowie bei Umbau- und/oder Erweiterungsmaßnahmen; zum anderen kann es aber durchaus erwünscht oder sogar notwendig sein, die Baustruktur ohne Eingriffe in die Bausubstanz energetisch zu verbessern und zu ergänzen, z.B. durch Wärmedämmmaßnahmen, durch eine Solaranlage etc. Ausschlaggebend für die Qualität der Planung ist es, die Entscheidungsspielräume zwischen Notwendigkeiten, Wünschen und Sachzwängen zu erkennen bzw. auszuloten. Man sollte sich nichts vormachen: ein großer Teil der Sanierungskosten dient weniger oder gar nicht der energetischen Verbesserung und fällt ohnehin irgendwann an.

Methoden zur Fehlersuche in der Bausubstanz bzw. der baulichen Ausführung	
Methode	**Ergebnis**
Oberflächentemperaturmessung	durch Messung der Oberflächentemperatur mittels Kontaktfühler lässt sich der U-Wert eines Bauteiles exakt ermitteln (das Problem ist häufig die nicht ausreichende Genauigkeit von Fühler und Messgerät)
Feuchtigkeitsmessung	insbesondere im Sockelbereich des Gebäudes liefert die Messung der Oberflächen-Materialfeuchte ggf. einen Hinweis auf unzureichende Sperrschichten im Mauerwerk bzw. Kondensatbildung aufgrund fehlender Dämmung in Verbindung mit hoher Luftfeuchte
Thermographie	anschauliche Methode, um die unterschiedlichen Wärmeabstrahlungen einer Fläche photographisch festzuhalten, z.B. bei fehlender Dämmung und Wärmebrücken oder zur Ortung schlecht gedämmter Heizungs- und Warmwasserrohren, sowie Aufspüren von Leckagen bei Rohrleitungen
Blower-Door-Test	bewährte Methode, um mittels Druckdifferenzmessung die Wärmeverluste und potentielle Konvektionsschäden durch unkontrollierte Fugenlüftung zu ermitteln (vor allem nach der Sanierung)
Endoskopie	einfach Methode, um den Zustand von Hohlräumen im Mauerwerk und in Decken zu analysieren, Bauschuttreste (Wärmebrücken) zu lokalisieren

Als Einstieg empfiehlt es sich, eine möglichst umfangreiche Wunschliste zu formulieren und diese zu systematisieren, z.B. nach:

- Wünsche an das Nutzungskonzept
- Wünsche an den Wohnkomfort
- Wünsche an die energetischen Standards
- Wünsche an den Geldbeutel

Wenn die grundlegenden Wünsche zusammengestellt sind, definieren Sie minimale und maximale Ziele in den einzelnen Kategorien, setzen Prioritäten und überprüfen dann, ob und wie sich diese mit der vorhandenen Bausubstanz in Einklang bringen lassen:

- Welche Bauteile müssen, sollen oder könnten erhalten bzw. erneuert werden?
- Wie sind die statische Qualität und die Haltbarkeit zu bewerten?
- Wie ist die energetische Qualität zu beurteilen?
- Was sagt der Denkmalschutz bzw. welche Verhandlungsspielräume sind vorhanden?
- Welche energetischen Optionen für später hält man sich offen?
- Welche energetischen Kompensationsmöglichkeiten sind möglich, d.h. welches nicht zu dämmende Bauteil lässt sich durch Maßnahmen an anderer Stelle ausgleichen?
- Wie wird mit Wärmebrücken (z.B. erkennbar an Schimmelflecken) umgegangen?

Grundsätzlich sollten die anstehenden Maßnahmen katalogisiert und anschließend nach Bauteilen, Gewerken oder Bauabschnitten sortiert werden. Ein baupraktisch erfahrener Architekt sollte frühzeitig eine *bauteilbezogene* Kostenschätzung erstellen. Diese enthält eine ausführliche Massenermittlung ebenso wie die spezifischen Bauteilkosten, die mit den örtlichen Verhältnissen abgestimmt sein müssen. Dieser am Anfang hohe Aufwand lohnt sich immer: einmal als *Excel*-Tabelle erstellt, lassen sich jederzeit Änderungen einarbeiten, die dem Planungsfortschritt entsprechend aktualisiert werden können.

Finanzierung und Förderung

Bevor man sorgfältig den Umfang und die Reihenfolge der durchzuführenden Maßnahmen plant, stellt sich die Frage der Finanzierung der zu investierenden Summe. Wenn Sie nicht über Ersparnisse verfügen, werden Sie nicht leichtsinnig; lassen Sie sich nicht verleiten, mehr Geld auszugeben als Sie eigentlich vorhaben. Rechnen Sie über'n Daumen, dass bei dem momentanen Zinsniveau ca. 0,6% jeder Investition monatlich an Zins und Tilgung fällig wird – und das 20 Jahre lang. Und spätestens dann wird die nächste Investition fällig.

Ein klares Finanzierungskonzept sollte bereits zu Beginn der Planung vorliegen, zu dem auch die Prüfung der steuerlichen Abschreibungsmöglichkeiten gehört. Außer-

2.6 - 2.7
Auch ein sauberer aufgeräumter Keller mit sorgfältig gestrichenen Rohren kann nicht darüber hinwegtäuschen, dass erhebliche innere Korrosionsschäden das Erneuern des gesamten Rohrsystems zur Folge haben können.

2.8
Bei den meisten alten Heizkesseln genügt eine einfache Sichtprüfung, um über den Verbleib nach einer Sanierung zu entscheiden. Das Baujahr ist im Typenschild eingraviert.

Tabelle 2.6: Wunschliste Hauserneuerung

Wunsch	Zielsetzung
Wunschliste: Ziele der Hauserneuerung	
Wohnraumerweiterung	es sind mehr Räume notwendig, die vorhandenen Räume sind einfach zu klein oder wirken zumindest so
Komfortverbesserung	z.B. mehr thermischer Komfort (...keine kalten Füße mehr); endlich eine automatische Heizungsregelung
Schimmelschäden beseitigen	Hygienische Verbesserung; Verringerung weiterer Durchfeuchtung; optische Auffrischung innen
Fassadenerneuerung u. Änderung des optischen Charakters	Das Gebäude soll endlich ein zeitgemäßes Erscheinungsbild bekommen und mehr Tageslicht hereinlassen
Energieverbrauchsminimierung	aus grundsätzlichen, energetischen und betriebswirtschaftlichen Gründen
Einsatz neuer Technologien	aus Freude, Einsicht oder wirtschaftlichen Überlegungen
Werterhaltung u. -verbesserung	in Verbindung mit ohnehin periodisch notwendigem Erhaltungsaufwand
Mitnehmen von Fördermitteln	dazu hat der Staat ja schließlich die Förderprogramme installiert

dem gilt es zu prüfen, inwieweit öffentliche Fördermittel des Bundes und der Länder zur Energieeinsparung bzw. CO_2-Minderung in Anspruch genommen werden können. Überprüfen Sie aber auch, ob die Fördermaßnahmen in Ihrem speziellen Fall wirklich sinnvoll sind.

Näheres zur Förderung im Internet unter „www.kfw.de" sowie über die Internetadressen der Bundesländer und Gemeinden. Grundsätzlich gilt bei allen Förderungen immer, dass *vor* Zusage der Fördermittel nicht mit den Arbeiten angefangen werden darf.

Die Entwurfsplanung

Nachdem man sich im Rahmen der Bestandsaufnahme noch einmal gründlich mit den räumlichen und konstruktiven Rahmenbedingungen auseinandergesetzt hat, gilt es, die Wunschliste zu systematisieren und das Gebäude entwurflich zu bearbeiten:

- Zuerst sind die vorhandenen Räume, deren Qualitäten und ihre Zuordnungen zu überprüfen.
- Wenn man sich nun einmal alle nichttragenden Wände oder Bauteile wegdenkt, ist zu überlegen, ob und wie die Räume im Haus neu sortiert werden können.
- Anzahl und Größe der benötigten Räume sind zusammenzustellen.
- ebenso das jeweilige Nutzungsprofil und die räumliche Zuordnung (z.B. Essen/Wohnen), aber auch Himmelsrichtung, Zugang ins Freie etc.

Bei diesem Prozess sollten die räumlichen und energetischen Verbesserungen immer im Zusammenhang betrachtet und entwickelt werden, wie dies der Tabelle 2.8 zu entnehmen ist.

Man sollte sich genug Zeit nehmen, sowohl den Charakter der Räume wie auch deren Gestaltung, ihre Zuordnung und die Tageslichtverhältnisse zu entwickeln. Laien haben oft das Problem, zweidimensionale Darstellungen in dreidimensionale Räume zu übertragen. Fordern Sie von Ihrem Architekten, dass er die zukünftigen Raumqualitäten für Sie nachvollziehbar darstellt. Kneten Sie die Ideen solange durch, bis Sie die für Sie passende Variante gefunden haben. Eine Zeichnung zu verändern macht kaum Arbeit, teuer wird es erst, wenn Sie während der Bauzeit Ihre Planung umwerfen. Bauen Sie bei umfassenden räumlichen Veränderungen besser ein einfaches Modell aus Pappe im Maßstab 1:50.

Energetische Zielsetzungen

Eine exakte Definition für ein Niedrigenergiehaus gibt es nicht. Allgemein durchgesetzt haben sich aber die KfW-Effizienzhausstandards. Als Basis (Effizienzhaus 100) gilt bis auf weiteres der Neubaustandard der EnEV 2014/2016 (siehe auch Kap. 3.3). Unabhängig von der aktuell gültigen Energieeinsparverordnung (EnEV) sollte sich der Zielwert für den Heizwärmebedarf zwischen 30 und 70 kWh/a pro m² Wohnfläche bewegen. Bessere Werte sind aufgrund des

Auszug aus einer Kostenschätzung						
Maßnahme/Bauteil	Massen	EP in €	GP in €	Maßnahme/Bauteil	Massen	EP in €	GP in €
Dachdeckerarbeiten				**Fliesen**		
Gerüst	200 m²	10,00	2000,00	Fliesen abschlagen + entsorg.	20 m²	25,00	500,00
Abbruch Dach	120 m²	14,00	1680,00	Verkleidung Vorwandinstall.	4 m²	120,00	480,00
Container, sortiert, 7 m³	1 St.	400,00	400,00	Flächenabdichtung Dusche	8 m²	25,00	200,00
Aufdachdämmung	120 m²	40,00	4800,00	Bodenfliesen EG	16 m²	80,00	1280,00
Konterlattung + Lattung	120 m²	14,00	1680,00	Wandfliesen Bad EG	8 m²	70,00	560,00
Eindeckung Betondachstein	120 m²	30,00	3600,00	**Abwasser-, Wasser-, Gasanlagen**		
Durchstoßpunkte	3 St.	80,00	240,00	Abbruch vorhand. Installation	20 Std.	44,00	880,00
Traufe/Ortgang	44 lfdm	42,00	1848,00	Abwasserleitung	15 lfdm	22,00	330,00
Regenrinne/Fallrohr	18 lfdm	30,00	540,00	Wasserleitung, kalt	20 lfdm	20,00	400,00
Abbruch Außenwand	20 Std.	45,00	900,00	Wasserleitung, warm	20 lfdm	24,00	480,00
Leibungen neu	15 Std.	45,00	675,00	Dusche	1 St.	600,00	600,00
Sturz Außenwandöffnung	15 lfdm	120,00	1800,00	Badewanne	1 St.	1200,00	1200,00
Abbruch-, Maurer- und Putzarbeiten				Installationsblock + WC-Beck.	2 St.	600,00	1200,00
Abbruch Decke	8 m²	75,00	600,00	Waschbecken	2 St.	350,00	700,00
Decke schließen über EG	5 m²	100,00	500,00	Anschluß Küche	1 St.	120,00	120,00
Deckenputz ausbessern	20 m²	30,00	600,00	**Wärmeversorgungsanlagen**		
Leibungen anputzen	50 lfdm	16,00	800,00	Flachkollektor	6 m²	350,00	2100,00
Höhenausgleich Decke	36 lfdm	15,00	540,00	Wärmespeicher + Steuerung	1 St.	2200,00	2200,00
Abbruch Innenwände EG	15 m²	45,00	675,00	Brennwertkessel incl. Steuer.	1 St.	3000,00	3000,00
11,5cm Porenbeton	25 m²	40,00	1000,00	Abgassystem	1 St.	600,00	600,00
Sturz über Innenwandöffnung	8 lfdm	110,00	880,00	Rohrleitung	80 lfdm	28,00	2240,00
Putzarbeiten (Kleinflächen)	80 m²	38,00	3040,00	Heizkörper	12 St.	350,00	4200,00
Abbruch Innentür EG	4 St.	40,00	160,00	**Starkstromanlagen**		
Tischlerarbeiten				Stilllegung + Rückbau	10 Std.	43,00	430,00
BSH-Konstruktion EG	60 lfdm	35,00	2100,00	Zählerschrank + Unterverteil.	1 St.	1200,00	1200,00
Festverglasung EG, 3-fach	24 m²	180,00	4320,00	Schalter, Steckdosen, Auslässe	90 St.	40,00	3600,00
Verglasungssystem EG	60 lfdm	80,00	4800,00	Kabelanschl./Telefon	5 St.	70,00	350,00
Wandanschlüsse	18 lfdm	30,00	540,00	elektr. Fußbodenheiz. Bad	4 m²	150,00	600,00
Abbruch Fenster/Türen	6 Stück	60,00	360,00	**Stundenlohnarbeiten**		
Hauseingangstür Holz	1 St.	2200,00	2200,00	Ausbessern von Kleinflächen	20 Std.	45,00	900,00
Fenstertür 180/220	1 St.	1400,00	1400,00	Anarbeiten von Bauteilüberg.	20 Std.	45,00	900,00
Fenstertür 80/220, Holz, 3fach	3 St.	900,00	2700,00	Material	1 pausch	500,00	500,00
Fenster 110/160, Holz, 3-fach	1 St.	700,00	700,00	**Baukosten gesamt netto**			98798,00
Innentür	2 St.	400,00	800,00	**Baunebenkosten**		
Schiebetür 180/220	1 St.	900,00	900,00	Architekten- und Ingenieurleistungen			16500,00
Fußböden				EnEV-Nachweis, Energieausweis			450,00
Wärmedämm. EG-Fußboden	40 m²	15,00	600,00	Blowerdoor Test			300,00
Trockenaufbau EG	40 m²	35,00	1400,00	SIGE-Plan			250,00
Belag EG	65 m²	70,00	4550,00	Genehmigungen, Abnahmen			300,00
Maler				+ 19% Mehrwertsteuer			22153,62
WDV-System 16 cm	80 m²	110,00	8800,00	**Summe Brutto**			**€ 138751,62**
Tapeten + Farbe, Wand/Decke	120 m²	16,00	1920,00

Tabelle 2.7: Bauteilbezogenen Kostenschätzung.

Beispiel einer Sanierungsplanung für ein 50er Jahre-Haus

An diesem Beispiel soll das Ergebnis des Zusammenwirkens von räumlichen und energetischen Überlegungen gezeigt werden, bei denen es um Grundrissgestaltung, die Erneuerung der Südfassade und die Außenraumerschließung für ein 50er Jahre-Siedlungshaus ging. Im Rahmen einer umfassenden energetischen Sanierung sollte auch der Bereich Küche/Essen/Wohnen großzügiger gestaltet werden. Durch die Öffnung der Wand zwischen Wohnraum und Essküche entsteht eine gezielte Verlängerung der Raumdiagonalen bei geöffneter Schiebetür. Durch die erhebliche Vergrößerung der Fensterfläche wird der 50er Jahre-Charakter völlig aufgebrochen und es entsteht eine großzügige Raumsituation, ohne dass die Wohnfläche und der Baukörper verändert werden. Um die inneren Raumqualitäten nach außen abzurunden, mussten eine Reihe von Fassadenvarianten untersucht werden. Gleichzeitig sollte trotz der Integration von Energietechnologien (Fassadenkollektor, transluzente Wärmedämmung etc.) der klare Charakter des ländlichen Siedlungshauses aufgegriffen und neu interpretiert werden. Dabei erhält das Gebäude bei gleichzeitig ausgeführter Außenwanddämmung eine zeitgemäße Leichtigkeit. Die drei Varianten des Südgiebels sind nur ein kleiner Ausschnitt aus der Vielzahl der Nutzungs- und Gestaltungsmöglichkeiten:

A Einfache Vergrößerung der Fensterflächen durch Herausbrechen der Mauerwerksbrüstungen, Anordnen eines Fassadenkollektors zwischen den Obergeschoss-Fenstertüren, Ersetzen der vorhandenen Balkonbrüstung durch eine filigrane Holz-Stahl-Konstruktion, Gartenzugang des Obergeschosses durch eine leichte Stahltreppe. Fassadenausführung als Wärmedämmverbundsystem mit farbiger Eckausbildung im Erdgeschoss.

B Verglasung des Spitzbodens und des Bereiches zwischen den Obergeschoss-Fenstertüren. Turmartige eigenständige Wirkung des Obergeschosses, zusätzlich betont durch farblichen Kontrast zum Erdgeschoss. Konstruktiver Aufwand erheblich höher als bei Variante A.

C Bei dieser Variante könnte entweder der gesamte Giebel verglast werden, oder auf der Basis der Öffnungen von Variante A das Obergeschoss nach erfolgter Dämmung mit einem Plattenwerkstoff verkleidet werden. Zusätzlich könnte bündig mit der Balkonaußenkante ein Lamellenschirm montiert werden, der nicht nur Erd- und Obergeschoss optisch verbindet, sondern für die Terrasse auch Blend- und Sichtschutz bietet und der Treppe die optische Dominanz nimmt.

1 Bad
2 Flur
3 Küche
4 Wohnzimmer
5 Balkon
6 Essen
7 Schiebetür
8 Möbel
9 Glastrennwand
10 Außentreppe

 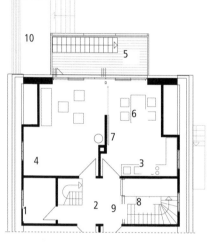

Das Dachgeschoss vor der Sanierung ...   ... und nach der Sanierung

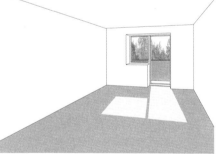

Durch die Öffnung der Wand zwischen Wohnzimmer und Küche sowie den Abbruch der Fensterbrüstungen entstanden im Dachgeschoss großzügige, helle Räume.

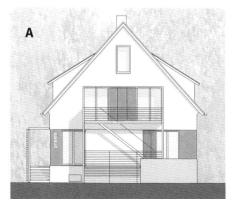  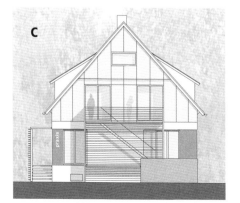

günstigeren O/V-Verhältnisses nur im Geschosswohnungsbau realistisch.

Wie erreicht man nun einen solchen Wert beim Altbau? Grundsätzlich gibt es zwei verschiedene Ansätze: Zum einen die *Reduzierung der Verluste*, in der Regel durch Wärmedämmung bis zum technisch-ökonomischen Optimum, und zum anderen die *solare Energiegewinnung* durch eine technologische Aufrüstung der Gebäudehülle. Beide Ansätze schließen sich nicht gegenseitig aus. So sollte man die EnEV nicht als gesetzgeberische Gängelei, sondern als sinnvolles Instrument zur Bilanzierung von Energiegewinnen und -verlusten begreifen, mit dem ein sehr kreativer Umgang möglich ist. Gerade für die solaren Energiegewinnung sollten alle Möglichkeiten ausgeschöpft werden (vgl. Tabelle 2.9).

In der Praxis entscheidet die *Summe aller Maßnahmen* über den resultierenden Verbrauch an fossiler Energie. Die erhöhten Verluste des einen Bauteils können unter Umständen durch die Energiegewinne eines anderen aufgewogen werden. Insofern macht es die bilanzierende Betrachtung möglich, von Fall zu Fall auf die besonderen Rahmenbedingungen einzugehen, die beim Altbau vor allem durch den Zustand und den Wert der vorhandenen Bauteile definiert werden.

Um die energetischen Varianten entwickeln zu können, gilt es, die energetischen und bautechnischen Qualitäten für jedes Bauteil zu beschreiben:

- Wieviel Energie verliert bzw. gewinnt ein Bauteil aufgrund des U-Wertes, der Himmelsrichtung u.ä.?
- Wieviel m² stehen von der jeweiligen Fläche zur Verfügung? Wieviel laufende Meter konstruktive Anschlüsse und Wärmebrücken sind dabei zu berücksichtigen?
- Wie gut ist der Zustand und wie hoch ist die Restlebensdauer eines Bauteils einzuschätzen? Welche übergeordneten Aspekte sprechen für eine Erhaltung (z.B. Denkmalpflege)?
- Welche Verbesserung könnte erzielt werden? Wie hoch ist der Investitionsaufwand dafür?
- Welche Kompensationsmöglichkeiten bestehen? Das heißt: Ist es nicht eventuell sinnvoller, ein vorhandenes Bauteil, z.B. eine schwer zu dämmende Außenwand, so zu belassen wie es ist, und dafür ein anderes Bauteil (z.B. das Dach oder die Fenster) so gut wie technisch möglich zu dämmen?

In Tabelle 2.10 sind verschiedene Dämm- und Energiegewinnungsmaßnahmen, ihre technischen und ökonomischen Grenzen, die spezifischen Systemkosten sowie die äquivalenten Kilowattstundenpreise zusammengestellt.

2.9
Beispiel einer ensemblegeschützten Straßenfront. Durch die Vergrößerung der Fenster verbleibt weniger Wandfläche mit vielen Anschlusspunkten. Zur Kompensation wurden Dach und Fenster besser gedämmt. Solar- und Regenwasseranlage wurden auf bzw. unter dem Carport installiert.

Tabelle 2.8: Entwickeln des Wechselspiels von räumlichen und energetischen Verbesserungen.

Entwickeln der räumlichen und energetischen Verbesserungen im Zusammenhang		
Bauteil	räumliche Aspekte	energetische / konstruktive Aspekte
Außenwand	größere bzw. zusätzliche Öffnungen? Fensterart und -material Einfluss auf Nutzung u. Sichtbeziehung Herstellen neuer Raumbezüge, Verbessern der Raumqualität	Größe der Flächen, Art und Stärke des Dämmsystems, Anschlüsse an sonstige Bauteile Integration aktiver Solarelemente (z.B. PV)
Fenster	Himmelsrichtung Größe, Proportion, Teilung Flügel-/ Festverglasung Material innen /außen Temporäre Maßnahmen, Verschattung	Himmelsrichtung Größe, Verhältnis Rahmen/Glas Rahmenart, -stärke und Glasqualität
Dach	Nutzungsart des Dachgeschosses räumliche und technische Erschließung (Leitungsführung) Tageslichtführung, Belüftung	zusätzliche Dämmung mit oder ohne Erneuerung der Dachhaut, Anschlüsse an Außenwände, Integration von Gauben, Dachflächenfenster, Einbinden und Gestalten mit Solartechnik

Planen von neuen Installationen

Bei allen Installationen (Heizung, Sanitär, Elektro), die älter sind als – grob geschätzt – 30 Jahre, lohnt es sich darüber nachzudenken, ob diese nicht besser durch neue ersetzt werden. Es gibt Situationen, die eindeutig sind:

- Leitungsschäden, Korrosion etc. sind aufgetreten und müssen behoben werden.
- Sicherheits- oder gesundheitliche Risiken sprechen für eine Erneuerung der Installation.
- Die Dimensionierung entspricht nicht mehr heutigen Verhältnissen.
- Wesentliche Netzerweiterungen (Wasser, Heizung, Elektro) sind notwendig.

Im Zweifelsfall heißt das: Raus mit dem alten Kram. In kaum einem anderen Bereich gab es in den vergangenen Jahren so viele Veränderungen und Komfortverbesserungen wie bei der technischen Gebäudeausrüstung: Das computergesteuerte Haus ist weder Vision noch Alptraum – es kommt einfach. Hier gilt es vor allem, Optionen offenzuhalten.

Wer saniert, will danach für lange Zeit keinen Dreck mehr im Haus. Umso wichtiger ist es, schon jetzt ein paar Kabel (z.B. für Steuerung, Photovoltaikanlage etc.) oder (Leer-)Rohre (für Brauchwasserkollektor, Lüftungsanlage oder Regenwassernutzung) einzuplanen. Das reduziert die Hemmschwelle ganz erheblich, solche neuen Bausteine der Haustechnik später nachzurüsten. Die Erfahrung lehrt, dass neue Technologien viel schneller zum Einsatz kommen als zunächst angenommen. Am Beispiel der Heizungs- und Lüftungssteuerungen zeigt sich, dass eine bedarfsgerechte elektronische Regelung mit mehreren Nutzungsprofilen (Arbeitswoche, Wochenende, Ferien usw.) heute längst selbstverständlich ist. Ähnlich wie beim Bordcomputer im Auto werden bald alle verbrauchsrelevanten Daten über ein zentrales Display ablesbar sein.

Bewertung der Gebäudehüllflächen		
Fläche	Technik	Bewertung
Süddach	allgemein	Größte aktive Energiegewinnungsmöglichkeiten. Konkurrenzsituation: Strom erzeugen oder Wärme auf hohem Temperaturniveau (thermische Solaranlage) bzw. niedrigerem Niveau durch Einbau von Dachflächenfenstern (passive Sonnenenergienutzung). Prioritäten setzen: Fenster – Wärmegewinnung – Stromerzeugung. Grundsätzlich können auf einem Süddach von 50 m² (Satteldach 10 m lang, 5 m hoch) alle drei Arten der Solarnutzung untergebracht werden.
	Fotovoltaik	Der obere Dachstreifen von ca. 2 m Höhe unmittelbar unter dem First sollte der Fotovoltaik vorbehalten bleiben (da meist verschattungsfrei). 20 m² Solarzellen können einen mit stromsparenden Geräten optimierten Haushalt (Netzverbund) ganzjährig mit elektrischer Energie versorgen.
	Fenster	Im darunter liegenden Bereich von ca. 2 m Höhe (wegen des Innenraums) könnten die Dachflächenfenstern liegen.
	Solarthermie	Der verbleibende Platz neben den Dachflächenfenstern sowie der Streifen bis zur Traufe kann dann mit 5 - 10m² Kollektorfläche für Warmwasserbereitung oder Heizungsunterstützung bestückt werden. Selbst eine Teilverschattung ist dabei unproblematisch.
Ost-/Westdach	Fenster	Dachflächenfenster müssen nach Westen unbedingt mit einem Verschattungssystem ausgestattet werden, da die maximale Einstrahlung im Sommer zum Zeitpunkt der höchsten Außentemperatur (15 Uhr) erfolgt. Nach Osten orientierte Dachflächenfenster sind hinsichtlich der Überwärmung unproblematisch, da die nächtliche Abkühlung noch bis in die späten Vormittagstunden nachwirkt.
	Solarthermie	Relativ flach geneigte Dächer bis max. 30° eignen sich noch für Brauchwassersolaranlagen; die Kollektorfläche sollte dann um ca. 30% gegenüber der optimalen Südausrichtung vergrößert werden.
	Fotovoltaik	Gegenüber einem Süddach ist bei Ost- bzw. Westdach-Belegung zwar mit einem Systemverlust von ca. 30% zu rechnen, bei den mittlerweile sehr günstigen Preisen für Fotovoltaik kann dieser Verlust kann aber durch eine größere Fläche ausgeglichen werden.
Norddach	Fenster	Neben optimaler Wärmedämmung sollten die Norddachflächenfenster großzügig bemessen werden, möglichst mit dem systembesten Wärmeschutzverglasung. Im Spitzboden sind aufgrund des minimalen Raumvolumens Norddachfenster fast unumgänglich, alle anderen Expositionen führen unweigerlich zur Überwärmung im Sommer.
Südwand	Fenster	Fensterflächen können im Erdgeschoss großzügig bemessen werden, Überhitzung ist kaum zu befürchten. Restflächen lassen sich ggf. zusätzlich mit transparenter Wärmedämmung (TWD) aus- bzw. nachrüsten. Bei südorientierten Dachgiebeln gilt ebenfalls das Prinzip von Einstrahlungs- und Tageslichtmaximierung.
	Solarthermie	Große Südfassaden bieten eventuell noch Platz für schräg angebrachte aktive Solarelemente, mit zusätzlicher Funktion eines Vordaches oder eines Verschattungselementes. Fassadenintegrierte Kollektoren sollten gegenüber solchen auf einer Süddachfläche um ca. 50% größer gewählt werden.
	Fotovoltaik	Weitgehende Verschattungsfreiheit vorausgesetzt lassen sich rahmenlose Module in schuppenförmiger Deckweise als hinterlüftetes Fassadensystem wirtschaftlich ausführen.
Ost-/Westwand	Fenster	Fensterflächen auf besondere Tageslichtbedürfnisse (Morgen- und Abendsonne) abstimmen, ansonsten kann die Wärmedämmung maximiert werden. Gut gedämmte Westräume mit hohem Fensterflächenanteil können bereits in Übergangszeiten überhitzungsanfällig sein. Temporärer Sonnenschutz für die Sommermonate ist empfehlenswert.
Nordwand	Fenster	Eine maximale Wärmedämmung hat hier Priorität; eine Vergrößerung der vorhandenen Fensterflächen ist in der Regel nicht notwendig bzw. sinnvoll, außer bei ganztägig genutzten Räumen mit hohem Tageslichtanspruch, z.B. Küche oder Arbeitszimmer. Die bestmögliche Wärmedämmung des Fensters (Dreifachverglasung) ist anzustreben.

2.10
Dacheindeckung und Fotovoltaikanlage sollten gestalterisch aufeinander abgestimmt werden. Eine ruhiger, dunkler Dachstein (hier: BRAAS Tegalit) passt am besten zu der Struktur der Fotovoltaik-Module.

2.11
Fassadenkollektor, sorgfältig in die Obergeschossbrüstung einer Südfassade integriert.

Tabelle 2.9:
Energetische Bewertung der Gebäudehüllflächen

Spezifischen Systemkosten und äquivalente Kilowattstundenpreise von Dämm- und Energiegewinnungsmaßnahmen

Bauteil alt	U-Wert alt	U$_{äquiv.}$ alt	Bauteil neu	U-Wert neu	U$_{äquiv.}$ neu	Gewinn/ Einspar.	System-kosten	Lebens-dauer	Kosten
	W/m²K	W/m²K		W/m²K	W/m²K	kWh/m²	€/m²	Jahre	€/kWh
Fenstertausch									
Fenster (Süd)	2,7	1,09	Fenster 2-Sch.WSG 1,1	1,3	0,05	69	550	30	0,27
Fenster (Süd)	2,7	1,09	Fenster 3-Sch.WSG 0,6	0,9	-0,06	76	650	30	0,29
Fenster (Nord)	2,7	2,06	Fenster 2-Sch.WSG 1,1	1,3	0,81	83	550	30	0,22
Fenster (Nord)	2,7	2,06	Fenster 3-Sch.WSG 0,6	0,9	0,52	102	650	30	0,21
Umverglasen vorhanderer Fenster									
2-Scheib. ISO (Süd)	3,0	1,39	2-Sch.WSG 1,1	1,1	-0,15	102	110	15	0,07
2-Scheib. ISO (Nord)	3,0	2,36	2-Sch.WSG 1,1	1,1	0,61	116	110	15	0,06
Einfachglas (Süd)	5,8	4,03	2-Sch.WSG 1,1	1,1	-0,15	276	150	15	0,04
Einfachglas (Nord)	5,8	5,10	2-Sch.WSG 1,1	1,1	0,61	296	150	15	0,03
Dämmung opaker Außenbauteile									
Wand, 24 cm Ziegel	1,2		Außendäm. 14cm WDVS	0,2		66	130	30	0,07
Wand, 24 cm Ziegel	1,2		Innend. 10cm Multipor	0,45		50	110	30	0,07
Wand, zweischalig 11,5 + 24 cm Ziegel	1,2		6 cm Rigibead-Füllung	0,55		43	35	30	0,03
Dach, ungedämmt	1,0	1,0	+2x12 cm Mineralfaser	0,2		53	140	30	0,09
Kellerdecke, Beton	0,9	0,9	+10 cm PU-Dämmung	0,3		20	70	30	0,12
Solaranlagen									
Flachkollektor			Warmwasserbereitung			300	800	20	0,13
Vakuumröhrenkollektor			Warmwasserbereitung			360	1100	20	0,15
Flachkollektoren			WW+ Heizungsunterstützung			150	700	20	0,23
Fotovoltaik			Dach 30° Süd			140	220	20	0,08
Fotovoltaik			Wand 90° Süd			90	220	20	0,12

Tabelle 2.9:
Typische Dämm- und Energiegewinnungsmaßnahmen, spezifische Systemkosten und Wirtschaftlichkeit. Zum Vergleich: die Wärmeerzeugung mittels fossiler Brennstoffe liegt incl. der Anlagenverluste bei 0,07 - 0,08 €/kWh. (Stand 11/2017)

2.12 *unten links*
Neue Rohrleitungen sind mit staubintensiven Stemm- und Fräsarbeiten verbunden.

2.13 *unten rechts*
Alle Arbeitsschritte, für die ein Gerüst erforderlich ist, sollten in einem Bauabschnitt erledigt werden: Fassade, Fenster, Dach einschließlich Rinnen und Solaranlagen. Kostenintensiv ist der Gerüstauf- und abbau (ca. 7 €/m²) und weniger die Vorhaltezeit (ca. 0,30 €/Woche).

Detailplanung

Aus der Neubauplanung weiß man, dass mit zunehmendem energetischen Qualitätsanspruch (Vermeidung von Wärmebrücken, Gewährleistung der Luftdichtigkeit etc.) die Anforderungen an die Sorgfalt der Detailplanung rapide zunehmen. Das gilt grundsätzlich auch für einen Altbau, allerdings sind die Anschlusspunkte komplexer (Übergang der bestehenden Konstruktion zur neuen) und in der Regel arbeitsaufwendiger in der Ausführung. Maßtoleranzen zwischen zwei Bauteilen sind ungleich häufiger zu überbrücken und auch gestalterisch soll das Vorhandene schlüssig mit dem Neuen harmonieren.

Jede Altbausanierungsmaßnahme erfordert einen höheren Kontrollaufwand als ein Neubau. Die oft nicht voraussehbaren Schnittstellen zwischen Alt- und Neubauteilen erfordern bisweilen spontane Entscheidungen auf der Baustelle. Das gilt besonders für die Überprüfung potentieller Wärmebrücken und Anschlusspunkte; allerdings sollten derartige Kontrollen durch umsichtige Detailplanung auf ein Minimum reduziert werden. Die Qualitätssicherung der Baumaßnahmen sollte durch eine/n Fachmann/-frau erfolgen. Grundsätzlich gilt: je aufwendiger eine Konstruktion ist (z.B. hinsichtlich ihres Schichtenaufbaues und ihrer Wärmedämmung), desto empfindlicher ist sie hinsichtlich potentieller Fehlerquellen und Leckagen.

In schlecht gedämmten Gebäuden mit hoher Heizleistung entsteht bei gleichzeitig geringen Oberflächentemperaturen eine permanente Luftumwälzung (Konvektion) in den Räumen, die sich zwar unangenehm auf das Raumklima, jedoch günstig hinsichtlich der Vermeidung von Kondensat auswirkt. In gut gedämmten Gebäuden wird viel weniger Heizleistung auf geringerem Tempera-

turniveau freigesetzt; hier ist die Tendenz zur Schimmelbildung an kühlen Stellen potentiell höher, da die Feuchtigkeitsabfuhr aufgrund geringerer Konvektion nicht mehr gewährleistet wird.

Jede Altbausanierung stellt einen Eingriff in ein bestehendes Gefüge dar. Das betrifft Tragwerk, Außenhaut, bauphysikalische und energetische Zusammenhänge etc. Bei allen Vorteilen einer energetischen Sanierung lassen sich bisweilen auch negative Begleiterscheinungen nicht vermeiden.

Planen in Arbeitsschritten

Das Planen in Arbeitsschritten muss auf zwei verschiedenen Ebenen stattfinden.

1. *Wann müssen im Planungsprozess welche Entscheidungen getroffen werden?*
Realistische und möglichst pragmatische Ansätze sind für eine verantwortliche Sanierungsplanung unerlässlich. Das bezieht sich nicht nur auf die Kosten und die qualitative Ausführung, sondern auch auf die Zeitplanung und vor Allem auf die Koordination der Gewerke und die Detailausbildung. Bei der energetischen Altbausanierung ist es daher unerlässlich, konsequent das durchzuhalten, was auch für andere Planungen gelten sollte (aber kaum praktiziert wird): Beim Altbau ist die Besinnung auf alte Planungstugenden oberstes Gebot: dazu gehören vor allem *Disziplin* und *klare Kommunikation*.

2. *Welche Baumaßnahmen bedingen einander und müssen im zeitlichen und konstruktiven Zusammenhang vollzogen werden?*
Von der Idee zur Ausführung: Definieren Sie das *Planungsziel*. Dazu gehören Umfang, Qualitäts- und Komfortstandards, energetische Ziele, Kosten- und Zeitrahmen.

Nehmen Sie sich genügend Zeit fürs Ideenfinden und Schlaumachen über wesentliche energetische Zusammenhänge; wägen Sie im Vorfeld sorgfältig ab und entscheiden Sie klar.

Dazu gehören die Entscheidungen wie:

- Welche Arbeiten müssen im zeitlichen Zusammenhang erledigt werden? Z.B. Fassade und Fenster; oder alle Arbeiten, für die ein Gerüst benötigt wird; oder alle Arbeiten, die innen Dreck machen; oder...
- Welche Wünsche sind Ihnen fürs persönliche Wohlbefinden besonders wichtig?
- Wo ist der Handlungsbedarf am größten?
- In welchem Zeitraum soll die gesamte Umsetzung abgeschlossen werden?

Risiken und Nebenwirkungen der energetischen Altbausanierung	
Schimmelprobleme	• Die Abdichtung der Gebäudehülle ist zur Verhinderung von Feuchtigkeitsschäden innerhalb der Wand- oder Dachkonstruktion unerlässlich, die Verringerung der unkontrollierten Lüftung durch Fugen kann zu einer Erhöhung der Raumluftfeuchtigkeit führen. • Zusätzlich vermindern die geringeren Heizleistungen die Konvektion und den Feuchtigkeitsabtransport an kondensatgefährdeten Zonen. Die Folge ist eine mögliche Schimmelbildung an ungedämmten, schlecht belüfteten Flächen (z.B. hinter Schränken), im Bereich kalter Außenecken, Bauteildurchdringungen und an Fensterrahmen. • Häufiges, kurzes Stoßlüften sowie frei durchströmte Raumecken durch angepasste Einrichtung können dem Problem entgegenwirken. Dieses ist aber in der Praxis kaum angemessen realisierbar ist und kann nur durch eine Lüftungsanlage gewährleistet werden. • Wassersparduschen und Wasserkocher erhöhen die Luftfeuchtigkeit und führen zu Kondensat- und evtl. Schimmelbildung an kalten Bauteilen; besonders gefährdet sind Scheibenränder und nicht gedämmte Bauteile.
Schwindrisse	• Bessere Dämmstandards verändern den Taupunkt innerhalb eines Bauteiles. Insgesamt erhöht sich das Temperaturniveau, die Bauteilfeuchtigkeit nimmt ab. In seltenen Fällen führt die Reduzierung der rel. Luftfeuchtigkeit zu Schwindrissen, z.B. in alten Holzmöbeln und Holzbauteilen sowie an den Anschlusspunkten zwischen Wand und Decke.
Setzungsrisse	• Veränderungen an Wänden (z.B. durch nachträgliche Öffnungen) können die Gesamtstatik des Hauses beeinflussen. • Die vorhandene Verformung des Tragwerks verändert sich z.B. bei neuen, großen Öffnungen bei tragenden Außen- und Innenwänden, so dass es zu feinen Rissen kommen kann. • Umfangreiche Stemmarbeiten, z.B. für neue Installationen können Rissbildungen im Mauerwerk verursachen, bei Reihenhäusern und im Geschosswohnungsbau können diese Risse bei einschaligen Konstruktionen evtl. auch bei Nachbarn auftreten.
Unvorhersehbare Kosten	• Erst beim Öffnen bzw. Freilegen von Bauteilen sind Bauteilaufbauten und -schäden sichtbar, die in der Bestandsanalyse nicht erkannt werden konnten, z.B. Tragwerkschäden, Feuchtigkeit, Insektenbefall und aufwändig zu entsorgende Giftstoffe (Asbest,- PCB- und formaldehydhaltige Baustoffe). Eine sichere Kostenschätzung ist erst nach Freilegen aller Konstruktionen möglich.
Schadhafte Leitungen	• Wasserleitungen können von innen korrodiert sein, Elektroleitungen entsprechen nicht mehr heutigen Sicherheitsstandards. • Grundleitungen können im Laufe der Jahre von Wurzelwerk beschädigt sein oder sich im Laufe der Jahre zugesetzt haben.
Beschädigungen durch den Bauablauf	• Arbeiten im bewohnten Bereich stellen evtl. eine hohe Schmutz- und Lärmbelästigung für Bewohner und Nachbarn dar. • Die Beschädigung erhaltenswerter Bauteile, z.B. von Treppen und Fußböden, kann trotz Sicherungsmaßnahmen nicht ausgeschlossen werden. • Schutz und Sicherung von beweglichen Gütern (z.B. Möbel, technisches Gerät etc.) müssen durch die Nutzer erfolgen. • Beeinträchtigungen der Funktionsabläufe und der Verkehrswege, insbesondere bei vermieteten Objekten. • Beschädigung von Garten- und Außenanlagen infolge Lagerung und Transport von Baustoffen.
Differenzen zwischen berechnetem und realem Verbrauch	• Die Berechnung des Energieverbrauches erfolgt nach dem EnEV-Programm von 2009. Dieses Verfahren geht von durchschnittlichem Wohnverhalten und Wasserverbrauch aus. Im Einzelfall kann der spätere Verbrauch erheblich von dem berechneten Bedarf abweichen. Ursachen hierfür sind: - höhere Heiztemperaturen als die in der EnEV vorgegebenen 19°C, - höhere Luftwechselrate (z.B. bei Rauchern, geruchsintensivem Kochen etc.), - höherer Warmwasserverbrauch infolge häufigen und ausgiebigen Duschens und Badens, - höhere Speicher- und Verteilverluste des Heizungssystems.

Tabelle 2.11: Risiken und Nebenwirkungen der energetischen Altbausanierung.

| Auszug aus einem Leistungsverzeichnis, hier: Wanddurchbruch ||||||
Menge	Einheit	Leistung		Einzelpreis	Gesamtpreis
1	Stück	Öffnung erstellen, b= 2,40, h= 2,17 m Arbeiten bestehend aus: - Abfangen von Sturzmauerwerk, d= 30 cm und Ringbalken, L = 2,60 m - Zumauern von Teilen bestehender Öffnungen, d= 30 cm, einschließlich Material und Anschluß an bestehendes Mauerwerk ca. 1,4 m² - Liefern und einbauen eines Sturzes für Öffnung, b=2,4 m, bestehend aus zwei parallelen Stahlträgern aus Normprofilen. Einschließlich: Erstellen der Sturzöffnung, kraftschlüssiges Unterfugen des Mauerwerks, Ausmauern der Träger und Auflager, Verkleiden mit Streckmetall und Vorputzen der Träger. Material der Träger wird separat nach Gewicht vergütet. - Abbruch bestehenden Mauerwerks, d=30 cm, einschließlich Nebenarbeiten und Entsorgung des Materials, ca. 2,8 m².		€	€

Tabelle 2.12: Auszug aus einem Leistungsverzeichnis für Rohbauarbeiten.

2.14 und 2.15
Dokumentation der Arbeiten und der Rohbaumaßnahmen am Beispiel eines Wanddurchbruchs und einer Leitungsverlegung am Boden vor dem Einbringen des Estrichs.

- Welche Sicherheitsreserven hat Ihr Konzept? Denken Sie ruhig auch mal daran, dass Sie nicht immer topfit sein werden, so gut verdienen, geduldig sind und mit Improvisationen klar kommen, und dass Ihre Faszination fürs Bauen irgendwann gegen Null geht.

Einholen von Angeboten

Voraussetzung für das Einholen von Angeboten ist eine sorgfältige schriftliche Aufstellung der zu erbringenden Leistungen. Nur ein mit dem örtlichen Handwerkerpotenzial vertrauter Architekt kennt die in Betracht kommenden Firmen der Umgebung. Nerven Sie bitte die Handwerker nicht mit der penetranten Frage: „Machen Sie doch mal ein Angebot". Woher soll der arme Kerl denn wissen, was Sie genau wollen, und falls Sie verschiedene Firmen mit diesem Pauschalwunsch behelligen: Wie können Sie eine Vergleichbarkeit herstellen? In der Regel sind die Handwerkerpreise deutlich niedriger, wenn ein Architekt ein Leistungsverzeichnis aufstellt, weil diese genau wissen, dass auch Mitbewerber aufgefordert worden sind. Die Möglichkeit des Weglassens oder des vagen Beschreibens von Positionen zum Erreichen einer vermeintlich günstigen Endsumme werden verhindert. Die Vergleichbarkeit der Leistungen ist nur anhand eines neutralen Leistungsverzeichnisses mit exakt ermittelten Massen gewährleistet.

Und noch einige Hinweise zum praktischen Vorgehen:

- Vor dem Aufstellen von Leistungsverzeichnissen sollte die gesamte Werkplanung fertig sein. Alle neuen Systemaufbauten (Dach, Wand) einschließlich aller Anschlusspunkte (Fenster und Türen, Bauteilübergänge wie Wand-Dach, Wand-Decke usw.) sind, soweit es eben geht, zu entwickeln und mit dem Bauherrn gestalterisch abzuklären.
- Systemaufbauten und Details sind in Arbeitsschritte zu zerlegen und die Schnittstellen zu klären: Wer stellt beispielsweise die luftdichten Anschlüsse an Fenstern, Türen, Durchstoßpunkten her? Welchem Handwerker traut man das am ehesten zu? Wer hat mit dem Abkleben die größte Erfahrung?

Merke: Verschone Handwerker, die Rauigkeit und Akkord gewohnt sind (Maurer, Zimmerer, Dachdecker), möglichst mit Fummelarbeiten!

- Dem Leistungsverzeichnis ist die Detailplanung und die Beschreibung der Arbeitsschritte beizulegen. Nur so ist gewährleistet, dass die Handwerker wissen, was sie erwartet (... und was nicht).
- *Vor* Auftragserteilung sollten alle Bauteilaufbauten und Details mit den Handwerkern durchgesprochen werden, damit möglichst wenig unerwartete Überraschungen auf der Baustelle auftreten (es werden ohnehin noch genug sein). Je besser der Informationsstand des Handwerkers ist, desto solider ist seine Kalkulation.

Dokumentation der Arbeiten

Dokumentieren Sie die ausgeführten Arbeiten, insbesondere die neuen Leitungsführungen mittels Digitalkamera: Legen Sie bei kniffligen Situationen einen ausgeklappten Zollstock mit ins Bild, um später die Abmessungen nachvollziehen zu können. Gehen Sie einfach davon aus, dass es sich nicht um die letzte Baumaßnahme an Ihrem Haus handelt. Fordern Sie von Ihrem Architekten, dass die Pläne nach Fertigstellung der Baumaßnahmen entsprechend der *tatsächlichen* Umsetzung aktualisiert werden.

3 Die energietechnischen Maßnahmen

3.1 Behaglichkeit und Wärmeschutz

Ein Ziel des Hausbaus ebenso wie der Gebäudesanierung besteht darin, Aufenthaltsräume mit einem behaglichen und gesunden Klima zu schaffen. Doch was genau sind die Bedingungen für solche Behaglichkeit? Um das Raumklima als angenehm zu empfinden, soll es im Raum nicht zu heiß und nicht zu kalt sein; eine zu hohe Luftfeuchtigkeit (mehr als 70% rel. Feuchte) wird ebenso als unangenehm empfunden wie zu trockene Luft (unter 40% rel. Feuchte). Im Sommer wirkt ein leichter Luftzug angenehm kühlend, während man in kühleren Jahreszeiten dabei frösteln würde. Gleichzeitig muss im Sommer wie im Winter ausreichend gelüftet werden, um störende Gerüche und Feuchtigkeit aus den Räumen abzuführen. Kleinere Temperaturdifferenzen im Raum regen den Kreislauf an, während zu große Temperatursprünge Zugerscheinungen hervorrufen und Erkältungskrankheiten begünstigen. Im Allgemeinen wird eine Raumtemperatur von 20 bis 22°C bei einer relativen Luftfeuchte von 50 bis 70% als angenehm empfunden. Von Bedeutung ist die Erkenntnis der Wohnphysiologie, dass auch eine etwas niedrigere Raumluft-Temperatur (um oder unter 20°C) als behaglich empfunden wird, wenn die Temperatur der inneren Wandoberflächen bei oder über 18°C liegt, was bei gut gedämmten Wandkonstruktionen erreicht wird (vgl. Abb. 3.1). Denn die Senkung der Raumtemperatur bringt im Winter eine Energieeinsparung von etwa 6% pro Grad Temperaturabsenkung im Raum.

Während die Menschen in der vorindustriellen Zeit froh waren, wenn sie in ihren Häusern nicht allzu sehr frieren mussten, und sie niedrige Raumtemperaturen durch entsprechende Kleidung kompensiert haben, vollzog sich bei den Ansprüchen an Wohnraum und –komfort vor allem nach dem 2. Weltkrieg ein grundlegender Wandel, nicht zuletzt gefördert durch die leichte Verfügbarkeit preiswerter Heizenergie. Da der bauliche Wärmeschutz bis in die 70er Jahre hinein nicht nennenswert verbessert wurde, stieg der Energieverbrauch für die Raumheizung mit Zunahme der beheizten Wohnfläche, der Verbreitung von Zentralheizungen und der Komfortansprüche drastisch an.

Durch die Ölkrisen in den 1970er Jahren, spätestens aber seit der Erkenntnis, dass die steigende CO_2-Konzentration in der Atmosphäre wesentlich zum globalen Klimawandel beiträgt, ist deutlich geworden, dass wir wegen endlicher Energieressourcen und zur Begrenzung der Schadstoffemissionen den Heizenergieverbrauch begrenzen müssen. Ohne Einschränkungen beim Komfort kann dies nur durch energiesparende Bauweise in Verbindung mit effizienter Heizungstechnik und erneuerbaren Energien gelingen.

Daher hat der Gesetzgeber in Deutschland Mindestanforderungen an den Wärmeschutz von beheizten Gebäuden formuliert, zunächst durch Wärmeschutzverordnungen (WSVO) 1977 bis 1995, später dann durch die Energieeinsparverordnung (EnEV), die 2002 erstmals erlassen wurde und 2004, 2007, 2009 sowie 2014/2016 Erweiterungen und Verschärfungen erfuhr. Auch wenn die Wirksamkeit des baulichen Wärmeschutzes von Kritikern und Wärmeschutz-Gegnern gelegentlich öffentlichkeitswirksam und mit Hinweis auf mangelnde Wirtschaftlichkeit angezweifelt wird, ist durch die Bauforschung und Untersuchungen realer Energieverbräuche zweifelsfrei nachgewiesen, dass der Heizenergieverbrauch durch verbessertem Wärmeschutz (d.h. Wärmedämmung) der Gebäude wirksam reduziert wird (vgl. Abb. 3.2).

Die Probleme mit Feuchtigkeit und Schimmelbildung in abgedichteten Gebäuden, die seit den 1980er Jahren mit dem Einbau dicht schließender Fenster und unzureichender Lüftung einhergingen, lassen sich bei sachgemäßer Bauweise und korrektem Lüftungsverhalten zuverlässig vermeiden. Ein Problem in vielen Altbauten, die Schimmelbildung in Wandecken und Fensterleibungen, wird durch Anbringen eines zeitgemäßen Außenwand-Wärmeschutzes sogar ursächlich behoben (vgl. dazu Exkurse Schimmelbildung und Dampfdiffusion).

Die Maßnahmen, durch die der Heizenergieverbrauch älterer Gebäude erheblich gesenkt und die Behaglichkeit erhöht werden kann, sind in Tabelle 3.1 zusammengestellt. Daneben lassen sich auch durch andere Maßnahmen am Gebäude, wie z.B. durch eine vergrößerte Südverglasung, durch eine Energiefassade oder durch Sonnenkollektoren zur Wassererwärmung und Heizungsunterstützung, weitere Energieeinsparun-

3.1
Der Einfluss von Wandoberflächen- und Raumtemperatur auf die thermische Behaglichkeit: Eingezeichnet sind zum Vergleich die Oberflächentemperaturen auf der Innenseite zweier Außenwandkonstruktionen sowie eines doppelverglasten Fensters an einem kalten Wintertag.

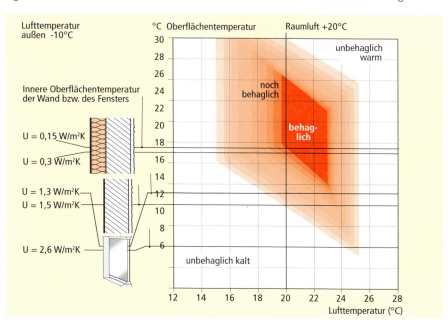

Maßnahmen zur Senkung des Heizenergieverbrauches

Reduzierung der Transmissionswärmeverluste durch die Außenbauteile
- Dämmung des Dachbodens bzw. des Daches
- Austausch alter undichter einfachverglaster Fenster gegen neue dicht schließende mit Zweifach- oder Dreifach-Wärmeschutzverglasung
- Dämmung der Außenwände außen oder innen
- Dämmung der Kellerdecke
- Reduzierung von Wärmebrücken

Begrenzung der Lüftungswärmeverluste
- Abdichtung von Fugen an den Übergängen der verschiedenen Außenbauteile (z.B. Fenster-Wand oder Wand-Dach) zur Vermeidung von Undichtigkeiten und zu starker Durchlüftung
- Sicherstellung der hygienisch notwendigen Lüftung, am besten durch eine mechanische Lüftungsanlage

Effiziente Bereitstellung der Heizenergie
- Einbau einer Heizung mit Brennwerttechnik
- Heiztechniken auf regenerativer Basis (z.B. Holz, Pellets)
- Thermische Solaranlage zur Warmwasserbereitung, evtl. mit Heizungsunterstützung
- Optimierung des Rohrnetzes und hydraulischer Abgleich
- Kraft-Wärme-Kopplung und Wärmepumpen-Einsatz bei größeren Wohnanlagen

Tabelle 3.1: Maßnahmen zur Senkung des Heizenergieverbrauchs.

gen erzielen. Bei richtiger Ausführung der Wärmedämmung und fachgerechter Sanierung der Haustechnik ergeben sich folgende Vorteile für das Gebäude und die Bewohner:

- Die Wohnräume werden schneller warm und kühlen langsamer aus.
- Die Wände bleiben trocken, Schimmelpilze auf der Wandoberfläche treten bei normaler Nutzung und ordnungsgemäßer Ausführung nicht mehr auf.
- Die witterungsbedingten Schwankungen der Außenlufttemperatur wirken sich dank verbessertem Wärmeschutz nicht mehr so stark auf die Innentemperaturen aus. Die Oberflächentemperatur der inneren Wandoberflächen steigt an und verbessert die thermische Behaglichkeit in den Wohnräumen.
- Eine hocheffiziente Heizung liefert komfortabel und bedarfsgerecht Wärme bei sehr guter Brennstoffausnutzung.

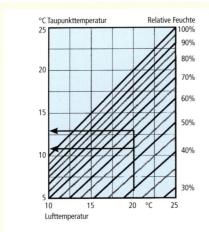

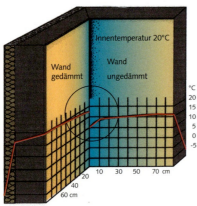

Innere Oberflächentemperaturen an einer Außenwandecke, rechts gedämmt U = 0,25 W/m²K; rechts ungedämmt U = 1,45 W/m²K; In der Ecke sinkt die Oberflächentemperatur auf 10°C ab, so dass bereits bei 52% r.F. (siehe oben) Tauwasser ausfällt und die Schimmelbildung begünstigt.

Schimmelbildung an Wänden und Decken

Die Schimmelbildung an Wänden und Decken, insbesondere in Raumecken und Fensterlaibungen, wird in Altbauten relativ häufig zu einem Problem. Vermieter von Wohnungen tendieren dazu, ihren Mietern die Schuld dafür zu geben und reklamieren unzureichendes Heizen und Lüften als Ursache. Tatsächlich sind die Ursachen aber meist sowohl bei den Heizungs- und Lüftungsgewohnheiten der Bewohner als auch in einem unzureichenden Wämeschutz der Außenwand (u.a. infolge von Wärmebrücken) zu suchen.

Schimmelpilze benötigen für ihr Wachstum Feuchtigkeit, d.h. auf trockenen Wänden wächst kein Schimmel. Wände in Wohnräumen werden feucht aufgrund von kondensierender Luftfeuchtigkeit, wenn die Oberflächentemperatur der Wand niedriger ist als die Taupunkttemperatur bei gegebener relativer Luftfeuchte. Die obere Grafik zeigt allgemein den Zusammenhang zwischen Raumluft-Temperatur, relativer Raumluft-Feuchte und der Taupunkttemperatur. Bei 20°C Raumtemperatur und 60% relativer Feuchte (r.F.) beträgt die Taupunkttemperatur etwa 12°C, bei 15°C Lufttemperatur und 70% r.F. liegt sie bei 9,5°C. Als weitere Ursachen für Feuchtigkeit kommen vom Sockel aufsteigende Feuchtigkeit, Schlagregen in Verbindung mit rissigem Außenputz sowie undichte (Regen-) Rohrleitungen in Frage.

Ist die innere Oberflächentemperatur einer Wand nun aufgrund von geringer Wärmedämmung, durch Wärmebrücken und/oder aufgrund mangelnder Konvektion (in Ecken, hinter Vorhängen oder Schränken etc.) niedriger als die Taupunktemperatur, kondensiert die Luftfeuchtigkeit in der kalten Zone, was dort auf Dauer zu einer Durchfeuchtung und in Verbindung mit organischen Nährböden (Tapeten, Anstriche) zur Schimmelbildung führt. Kommt es durch unzureichendes Lüften (bei dichtschließenden Fenster) obendrein zu einer erhöhten Luftfeuchtigkeit im Raum, verstärkt dies die Kondensatbildung, so dass auch bei Wandoberflächentemperaturen von über 15°C Kondensat auftreten kann.

Insofern kommen in vielen Fällen sowohl ein unzureichender Wärmeschutz als auch falsche (unzureichende) Lüftungs- und Heizgewohnheiten als zusammenwirkende Ursachen für die Schimmelbildung in Betracht.

Abhilfemaßnahmen: Durch einen verbesserten Wärmeschutz wird die innere Oberflächentemperatur einer Wand (oder eines anderen Außenbauteils) wirksam erhöht und die frühe Kondensatbildung verhindert. In gut abgedichteten Gebäuden sorgt eine kontrollierte, möglichst feuchtegesteuerte Be- und Entlüftungsanlage obendrein dafür, die Raumluftfeuchte auf unkritische Werte zu begrenzen.

Abb. aus: Recknagel-Sprenger: Handbuch der Heizungs- und Klimatechnik. und (unten) Schulungsmaterial der Energieagentur NRW, Impuls-Programm

- Energieeinsatz und Brennstoffkosten zur Beheizung der Wohnräume werden deutlich reduziert.

Sommerlicher Wärmeschutz

Der sommerliche Wärmeschutz wird hierzulande noch wenig beachtet, obwohl er laut DIN 4108 „Wärmeschutz im Hochbau" berücksichtigt werden muss und auch in der Energieeinsparverordnung EnEV Maßnahmen dazu gefordert werden.

Je älter ein Gebäude ist, desto massiver sind seine Wände. Die wenigsten Altbauten mit originalgroßen Fenstern sind im Sommer überhitzungsgefährdet, da das Verhältnis von speicherfähigen Bauteilen zu Fensterflächen so günstig ist, dass auch hohe Außentemperaturen mühelos gepuffert werden können, ohne dass ein wesentlicher Temperaturanstieg über die Monatsdurchschnittstemperatur (im August ca. 19 - 20°C) spürbar wird.

Eine Ausnahme bildet das Dachgeschoss, welches in der Regel über wenig Speichermasse verfügt (Innenwände eher leicht, Außenwände kaum vorhanden). Bei nicht vorhandener bzw. geringer Dämmung erwärmt die Solarstrahlung die oft senkrecht zum Sonnenstand orientierte Dachhaut, die Wärme wird weitgehend ungehindert nach innen geleitet und strahlt von den Dachschrägen in den Raum. Dieses Problem kann durch eine optimale Dachdämmung weitgehend reduziert werden.

Die an sich sehr stabilen sommerlichen Temperaturen in einem massiven Altbau können jedoch durch Veränderung der Außenhülle einen zusätzlichen Sonnenschutz erforderlich machen, z.B. bei

- größeren, nach Süden und Südwesten orientierten Dachflächenfenstern,
- großflächigem Öffnen von Süd- bzw. West-Wänden und Anordnung entsprechender Verglasungselemente.

Ob Maßnahmen zur Begrenzung des solaren Wärmeeintrages notwendig sind, ist im Rahmen des EnEV-Nachweises zu klären. Mögliche Sonnen- und Blendschutzmaßnahmen werden in Kap. 8 beschrieben.

Dampfdiffusion

Im Zusammenhang mit Dämmmaßnahmen taucht häufig der Begriff „Dampfdiffusion" auf. Dieses Phänomen entzieht sich unserer Anschauung, da der Wasserdampf ebenso wie die diffundierende Bewegung durch ein Bauteil (quasi das Hindurchsickern) nicht sichtbar sind. Vor allem im Winterhalbjahr (niedrige Temperatur außen, hohe Feuchte bei Raumtemperatur auf der Innenseite eines Bauteils) kondensiert diffundierender Wasserdampf innerhalb des Bauteils; dieses Kondensat kann bei länger anhaltender Einwirkung zur Durchfeuchtung des Bauteils und zu Schäden führen. Wärmedämmschichten sind daher so anzubringen, dass eine Kondensatbildung abgeschwächt oder am besten ganz vermieden wird.

Die meisten Baustoffe können Feuchtigkeit aufnehmen und wieder abgeben, sie sind damit für Feuchtigkeit mehr oder weniger durchlässig. Nun enthält die warme Raumluft im Winterhalbjahr in der Regel mehr Wasserdampf als die kalte Außenluft (höhere absolute Feuchte); aufgrund des resultierenden Dampfdruck-Gefälles drängt der Wasserdampf von innen nach außen und diffundiert dabei auch durch massive Bauteile. Da die Temperatur innerhalb eines Bauteils von innen nach außen abnimmt, kann es vorkommen, dass in bestimmten Schichten eines Bauteils durch Taupunktunterschreitung Wasserdampf kondensiert. Bei homogenen Ziegelwänden tritt die Kondensatbildung im Winter recht häufig auf, ohne dass dies weiter auffällt, da die Kondensatmengen sehr gering sind. Außerdem trocknen Ziegelwände im Sommerhalbjahr in der Regel vollständig aus.

Zur Vermeidung von schädlicher Durchfeuchtung bieten sich zwei Strategien an:

1. Es wird dafür gesorgt, dass weniger Wasserdampf in ein Bauteil (z.B. in die Außenwand) eindringt als entweichen kann. Um dies bei der Außenwand mit Wärmedämmung zu erreichen, sollten auf der warmen und feuchten Innenseite des Bauteils diffusionshemmende Baustoffe und auf der kalten, eher trockenen Außenseite diffusionsoffene Baustoffe eingesetzt werden.

2. Je höher die Temperatur in den Schichten des Bauteils ist, umso weniger Wasserdampf kondensiert; umgekehrt kondensiert umso mehr, je niedriger die Temperatur ist. Dämmt man ein Bauteil außenseitig, steigt die Temperatur im Bauteil an, da der Wärmeschutz nun zu einem großen Teil durch die Dämmschicht übernommen wird. Aus diesem Grund wird die Kondensatgefahr durch eine Außendämmung in der Regel verringert (außer bei dampfdichter Außenhaut). Bringt man dagegen eine Innendämmung auf, sinkt die Temperatur im außenliegenden Bauteil; die Gefahr der Kondensatbildung steigt, sofern die Innendämmung nicht mit dampfbremsenden Schichten (z.B. feuchteadaptive Dampfbremse) versehen wird.

Fazit: Eine außenliegende Dämmung spart nicht nur Energie, sie hält das Bauteil auch trocken und warm. Aus diesem Grund ist die Außendämmung der Innendämmung grundsätzlich vorzuziehen. Trotzdem kann auch eine Innendämmung so ausgeführt werden, dass das Bauteil kondensatfrei bleibt.

Denn die durch Diffusion transportierte Menge an Feuchtigkeit wird oft überschätzt, während durch Konvektion (d.h. durch Luftbewegung), sofern diese aufgrund von Hohlräumen etc. stattfinden kann, Feuchtigkeit in viel größerem Umfang und sehr viel schneller eingebracht und ausgetauscht wird.

Wärme- und Wasserdampf-Ströme durch Diffusion bei ein- und mehrschichtigen Außenwänden:

a) bei der homogenen Außenwand zeigen Wärme- und Feuchtestrom einen ähnlichen Verlauf;

b) die Außendämmung ist im Hinblick auf Durchfeuchtung unproblematisch, wenn die Dichtigkeit der Baumaterialien nach außen abnimmt;

c) eine innenseitige Dampfbremse verhindert bei der Innendämmung, dass größere Mengen Wasserdampf in die Konstruktion gelangen;

d) bei der Innendämmung ohne Dampfbremse kann die Feuchtigkeit in der Dämmschicht kondensieren.

Quelle: Arndt, H.: Wärme- und Feuchteschutz in der Praxis. Berlin 1996

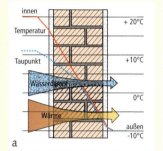

a

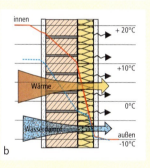

b

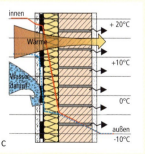

c

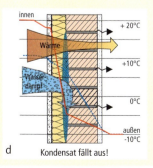

d Kondensat fällt aus!

3.2 Baustandards – Vom Bestand zum Passivhaus

Entwicklung der Baustandards

Der sparsame Einsatz von Baumaterialien war und ist bei der Errichtung von Gebäuden aus arbeitsökonomischen Gründen, wegen des Ressourcenverbrauchs und nicht zuletzt aus Kostengründen ein wichtiger Gesichtspunkt. So wurde, insbesondere in den Jahren des Wiederaufbaus nach dem 2. Weltkrieg, als Arbeitskraft preiswert und Material relativ teuer war, selten mehr Material für Wärmeschutzmaßnahmen aufgewendet, als zur Erfüllung der seinerzeit geltenden Normen und Verordnungen nötig war. Heizöl war so billig, dass sich auch schlecht gedämmte, dünnwandige Häuser mit erträglichem Aufwand heizen ließen.

Nach den Ölkrisen hat der Gesetzgeber in Deutschland 1977 und 1984 eine Wärmeschutzverordnung erlassen, um den Heizenergieverbrauch von Neubauten zu begrenzen und die Abhängigkeit vom Heizöl langfristig zu mindern. Aufgrund des Erfolges wurde diese Wärmeschutzverordnung inhaltlich später mehrmals dem Stand der Bautechnik und den steigenden Energiekosten angepasst. In Abb. 3.2 ist der spezifische Primärenergiebedarf für Raumheizung dargestellt, und zwar in Abhängigkeit von den geltenden Baunormen, jeweils bezogen auf den Quadratmeter beheizte Wohnfläche. Die Fortschritte, die durch den Vollzug der Wärmeschutzverordnung 1995 sowie durch die Energieeinsparverordnungen EnEV 2002 und später angestoßen wurden, sind deutlich zu erkennen. Immerhin kommt ein 2013 errichteter Neubau bei gleichem oder besserem Wohnkomfort mit 25% der Primärenergie aus, die für einen Neubau nach WSVO 1977-Standard aufgewendet werden muss. Demnach sind Gebäude, die entsprechend den Mindestanforderungen der Wärmeschutzverordnungen 1977 oder früher gebaut wurden, in energetischer Hinsicht heute als sanierungsbedürftig einzustufen.

Diese Entwicklung ist vor allem auf die besseren Wärmeschutzmaßnahmen und luftdichteren Bauweisen zurückzuführen, die in den letzten 3 Jahrzehnten aufgrund der gesteigerten Anforderungen erprobt wurden und die heute Stand der Bautechnik sind. Allerdings wurden auch schon vor Inkrafttreten der Wärmeschutzverordnung 1995 sogenannte *Niedrigenergiehäuser* mit verbessertem Wärmeschutz errichtet, die seinerzeit bereits einen spezifischen Heizwärmebedarf von 50 bis 60 kWh/(m²·a) bezogen auf die beheizte Wohn-/Nutzfläche erreichten.

Erste *Passivhäuser* mit einer für damalige Verhältnisse Super-Wärmedämmung, die ganz auf eine konventionelle Heizung verzichten konnten, waren in der Erprobung. Durch solche vorbildlichen Gebäude wurden die Möglichkeiten der Bautechnik erweitert und neue Entwicklungen angestoßen, was die Bautechnik vorangebracht und insgesamt wertvolle Erfahrungen vermittelt hat.

Die Erfahrungen mit den ersten Niedrigenergie- und Passivhäusern haben schnell gezeigt, dass es nicht nur bautechnisch möglich, sondern auch wirtschaftlich sinnvoll ist, bessere Standards zu realisieren, als es die seinerzeit geltenden Normen erforderten. Da sich viele Neubau-Techniken wie Wärmedämmung, Wärmeschutzfenster etc. auch bei der Sanierung von Bestandsgebäuden anwenden lassen, gewann die energetische Sanierung bestehender Gebäude in Anbetracht steigender Öl- und Energiepreise an Bedeutung. Angesichts der großen Zahl schlecht gedämmter Altbauten im Bestand ist das Energiesparpotential, das in der Sanierung bestehender Gebäude liegt, ungleich größer als die beim Neubau erzielbaren Einsparungen.

Im Jahr 2002 trat die erste EnergieEinsparVerordnung EnEV in Kraft, in der die bautechnischen Forderungen der Wärmeschutzverordnung mit den heizungstechnischen Bestimmungen der Heizungsanlagenverordnung methodisch zusammengeführt wurden. Die Anforderungen an den Wärmeschutz und die Dichtigkeit der Außenbauteile wurden gegenüber der WSVO 1995 verschärft. Erstmals wurden nicht nur Grenzen für den zulässigen Heizenergiebedarf in Gebäuden festgelegt, sondern auch Grenzwerte für den Primärenergiebedarf eingeführt. Für Bestandsgebäude bzw. deren Außenbauteile wurden ebenfalls Anforderungen formuliert, die im Falle einer Sanierung der betreffenden Bauteile einzuhalten sind; zwar besteht dadurch keine generelle Pflicht zur Verbesserung des Wärmeschutzes im Altbau, aber im Zuge sowieso fälliger Sanierungsmaßnahmen an den Außenbauteilen müssen diese nun auch energetisch verbessert werden. Eine Folge der EnEV 2002 war der Rückgang des spezifischen Primärenergiebedarfs von Neubauten um durchschnittlich etwa 40% gegenüber Bauten, die gemäß der älteren WSVO 1995 errichtet wurden.

Durch die Methodik der EnEV werden Planer und Bauherren dazu angehalten, nicht nur gute Wärmeschutzmaßnahmen vorzusehen, sondern für die Bereitstellung von Heizwärme und Warmwasser auch energieeffiziente Techniken und möglichst erneuerbare Energien einzusetzen. Die Begrenzung des Primärenergiebedarfes zwingt dazu, mit den fossilen Energieträgern, die für die Be-

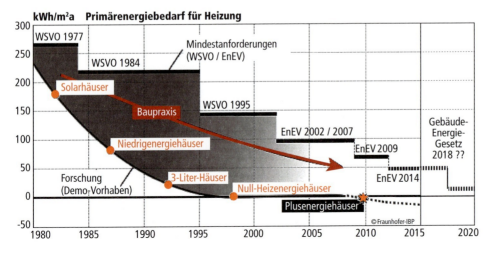

3.2
Die Entwicklung der Baustandards und der gesetzlichen Anforderungen an Gebäude im Laufe der letzten Jahrzehnte, ausgedrückt durch den Primärenergiebedarf für Heizung. Der Primärenergiebedarf ist als Messgröße gewählt, um den Bedarf an fossilen, d.h. nicht erneuerbaren Energieträgern vergleichbar darzustellen.
Quelle: Fraunhofer Institut für Bauphysik, vom Autor modifiziert

heizung des Gebäudes eingesetzt werden, sparsam umzugehen. Damit schafft die Berechnungsmethode gerechtere Bedingungen für die Nutzung erneuerbarer Energien wie Holz oder Solarenergie. Denn aufgrund ihres geringen Primärenergiefaktors führen die Erneuerbaren bei gegebenem Nutzwärmebedarf zu einem niedrigeren Primärenergieverbrauch.

EnEV-Standard für Neu- und Altbau

Im Jahr 2009 wurden die Anforderungen an Wärmeschutz und Gebäudetechnik sowie die Grenzwerte des Primärenergiebedarfs durch eine Novelle der EnEV erneut angehoben. Nachrüstpflichten für Altbauten und die Pflicht zur Erstellung eines Energieausweises für Wohngebäude (bei Vermietung und Verkauf) kamen hinzu, beides war im Ansatz bereits in der Fassung von 2007 gefordert. Überschlägig betrachtet brachte die EnEV 2009 gegenüber der EnEV 2002 eine weitere Senkung des Energiebedarfs um etwa 30 %.

Im Jahr 2010 hat die Europäischen Gemeinschaft in einer Gebäuderichtlinie für alle EU-Länder das Ziel formuliert, dass bis 2021 (bzw. bis 2018 für Verwaltungsgebäude) in Europa nur noch Gebäude mit Passivhausstandard bzw. Quasi-Nullenergiegebäude neu errichtet werden, also Gebäude, die weitestgehend ohne fossile Energieträger klimatisiert werden. Ein notwendiger Restenergiebedarf ist möglichst aus erneuerbaren Energien, über Fernwärme und allenfalls über Wärmepumpen zu decken. Die Mitgliedsländer der EU sind aufgefordert, die notwendigen Regelungen zur Erreichung dieses Ziels in nationales Recht umzusetzen. Auf dem Weg dahin wurde in Deutschland im Oktober 2013 eine novel-

Begriffe

Der **Heizenergiebedarf** gibt an, wieviel (Wärme-) Energie für die Beheizung eines Gebäudes aufzuwenden ist. Er setzt sich zusammen aus den Wärmeverlusten der Hülle und den Lüftungswärmeverlusten, abzüglich der internen und solaren Gewinne.

Der **Endenergiebedarf** gibt an, wieviel kWh des jeweiligen Energieträgers für den Heizenergiebedarf, für die Warmwasserbereitung und den Betriebsstrom für Heizung und Lüftung aufzuwenden sind. Der Anlagenwirkungsgrad der Heizung geht in diese Berechnung ein.

Der Kehrwert des Anlagenwirkungsgrades wird als **Erzeugeraufwandszahl** e_G bezeichnet.

Der **Primärenergiebedarf** ist der Bedarf an fossilen Energieträgern zur Versorgung eines Gebäudes mit der berechneten Endenergie. Der Primärenergiebedarf kann sowohl auf die Versorgung mit Heizwärme und Warmwasser bezogen sein als auch für die gesamte Energieversorgung (Heizung + WW, Licht, Lüftung, Kühlung etc.) angegeben werden. Der Primärenergiebedarf wird für jeden Energieträger getrennt ermittelt, u.z. aus dem jeweiligen Endenergiebedarf, multipliziert mit dem zugehörigen Primärenergiefaktor.

Der **Primärenergiefaktor** f_P gibt an, wieviel Primärenergie für die Bereitstellung der Endenergie notwendig ist. Dieser Rechenwert ist ein Maß für den Bereitstellungswirkungsgrad (Transport, Aufbereitungsverluste etc. der nicht erneuerbaren Energie). In der EnEV wird nur der nicht-erneuerbare Anteil des Primärenergiefaktors berücksichtigt. Da die Stromerzeugung aus fossilen Energiequellen nur mit 30 - 40% Wirkungsgrad gelingt, betrug der Primärenergiefaktor von Strom früher 3,0 bzw. 2,6. Durch vermehrten Strom aus erneuerbaren Quellen ist gemäß EnEV 2014 der Primärenergiefaktor im EnEV-Nachweis ab 2016 auf 1,8 festgelegt worden.

Die **Anlagenaufwandszahl** e_A ist das Produkt aus Primärenergiefaktor und Erzeugeraufwandszahl $e_A = f_P \cdot e_G$

Niedrigenergiehäuser wurden und werden Gebäude genannt, deren Heizenergiebedarf bzw. Primärenergiebedarf um 30% unter den gesetzlichen Anforderungen liegt.

Das **3-Liter-Haus** zeichnet sich durch einen Heizenergiebedarf von 3 l/m²·a Heizöläquivalent (entsprechend 30 kWh/m²·a) aus.

Das **Passivhaus** zeichnet sich durch einen Heizenergiebedarf von unter 15 kWh/m²·a aus (1,5 l/m² Heizöl-Äquivalent), so dass die noch notwendige Heizwärme über die Lüftung (erwärmte Zuluft) eingebracht werden kann. Teilweise wird auch ein Primärenergieverbrauch von 40 kWh/m²a (bzw. 120 kWh/m²a incl. Haushaltsstrom) als Passivhaus-Kriterium genannt.

Tabelle 3.2
Typische U-Werte von Hausbauteilen und Richtwerte für die effektive Dämmstoffdicke (Dämmstoff der Wärmeleitgruppe 040) bei verschiedenen Dämmstandards. Rechts im Diagramm wird der resultierende spezifische Heizenergieverbrauch für die verschiedenen Baustandards (jeweils bezogen auf ein freistehendes 150 m² großes Wohnhaus) angegeben.

Anmerkungen zur Tabelle:
[1] U-Wert gängiger Konstruktionen bei Altbauten aus den Baujahren 1950 bis 1975.
[2] Bei der Ermittlung des U-Wertes können vorhandene Bauteilschichten mit einbezogen werden.
[3] Die Dämmstärke bezieht sich auf einen Dämmstoff mit $\lambda = 0{,}040$ W/m·K. Die bereits vorhandene Konstruktion und deren U-Wert wurde bei der angegebenen Dämmstoffstärke nicht berücksichtigt.

Baustandard	Bauteil	Dach, obere Geschossd.	Außenwände	Kellerdecke	Fenster	Lüftung	Spezifischer Heizwärmebedarf in kWh/m² a
Altbau	$U_{Bestand}$ [1] W/m²K	0,60 – 2,0	1,4 – 2,0	0,3 - 1,3	5,2/2,8 ESV/IV	1 - 2 LW/h d. Fenster	240-280 kWh/m²a
WSVO 1995	U_{WSVO95} [2] W/m²K Dämmstärke [3]	0,30 13 cm	0,40 10 cm	0,50 7 cm	1,70 2fach WSV	0,8 LW/h d. Fenster	108 kWh/m²a
EnEV 2009 Neubaustandard	U_{EnEV} [2] W/m²K Dämmstärke [3]	0,20 20 cm	0,28 14 cm	0,35 12 cm	≤ 1,30 2fach WSV	0,7 LW/h	50 - 60 kWh/m²a
EnEV 2014/16 Neubaustandard	U_{EnEV} [2] W/m²K Dämmstärke [3]	0,15 30 cm	0,20 18 cm	≤ 0,30 13 cm	0,95 3fach WSV	0,6 LW/h kontrolliert	40 - 45 kWh/m²a
Effizienzhaus 55	$U_{EffH 55}$ [2] W/m²K Dämmstärke	0,10 40 cm	≤ 0,13 30 cm	≤ 0,17 25 cm	0,70 3fach WSV	0,6 LW/h 70% WRG	20 - 30 kWh/m²a
Passivhaus	$U_{Passivhaus}$ [2] W/m²K Dämmstärke [3]	0,10 40 cm	≤ 0,10 40 cm	≤ 0,12 30 cm	≤ 0,7 3fach WSV [4]	0,6 LW/h 80% WRG	14 kWh/m²a

Materialkennwerte	Dichte	λ
Material	kg/m³	W/mK
Lehm, massiv		0,9
Sand, Kies	1800-2000	1,4
Stahlbeton	2400	2,1
Leichtbeton, Blähbeton	800-1500	0,39-1,60
Innenputz	1400	0,70
Außenputz	1800	0,87
Fichte, Tanne	600	0,13
Buche	800	0,20
Stahl	7850	60
Aluminium	2700	200
Glas	2500	0,81
Gipskarton	900	0,21
Faserzementplatten	2000	0,58
Zementgeb. Holzwolleplatten	570	0,15
Holzfaser, hart	1000	0,17
Holzspanplatten	700-800	0,13 - 0,17
Sperrholzplatten	600	0,15
Leichthochlochziegel-Mw.	700-1000	0,30 - 0,45
Mauerwerk a. Hüttensteinen	1000-2000	0,47 - 0,76
Gasbeton-Mauerwerk	400-800	0,20 - 0,29
Vollziegel-Mauerwerk	1200-2000	0,50 - 0,96
Klinkersteine	1800-2200	0,81 - 1,20
Kalksandsteine	1000-2000	0,50 - 1,10
Zementhohlblocksteine	500-1400	0,29 - 0,90
Porenbeton-Plansteine	400-800	0,08 - 0,15
Bruchsteine	1600-2800	0,55 - 3,50
Stein-/Glaswollematten	15-80	0,032-0,040
Stein-/Glasfaserplatten	20-80	0,032-0,040
für Trittschalldämmung	60-120	0,050
Schilfrohrplatten	200-300	0,060
Kokosfasermatten	50-200	0,050
Hanffasermatten	50-200	0,050
Holzfaserplatten	200-400	0,060-0,070
mineral. geb. Holzwolleplat.	350-570	0,085-0,15
Korkplatten expandiert	80-500	0,045-0,055
Korkschrot natur	80-160	0,060
Schaumglasplatten	100-500	0,045-0,060
Perlite gepresst	170-230	0,060
Polystyrol expand. (PS)	15-30	0,030-0,040
Polystyrol extrud. (EPS)	> 30	0,025-0,040
Polyurethan (PUR)	30-80	0,020-0,035

Tabelle 3.3: λ-Werte für verschiedene z.T. alte Baustoffe. Eine ausführliche Materialdatensammlung findet sich unter www.masea-ensan.com/.

Der U-Wert

Der Maßstab für die Wärmedurchlässigkeit eines Bauteils ist der Wärmedurchgangskoeffizient, kurz „U-Wert" genannt. Der U-Wert gibt den Wärmestrom (in Watt) an, der bei 1 K Temperaturdifferenz durch 1 m2 Bauteil fließt. Er hat die Maßeinheit Watt pro Quadratmeter und Grad Kelvin, kurz W/(m²·K). Je besser die Wärmedämmung, umso niedriger ist der U-Wert eines Bauteils und umso geringer ist der Wärmeverlust durch dieses Bauteil.

Die Wärmeleitfähigkeit λ charakterisiert die Eigenschaft eines bestimmten Baustoffes, Wärme zu transportieren (zu leiten). Die Einheit von λ ist W/m·K. Je kleiner λ, umso besser ist der Baustoff als Dämmstoff geeignet. Viele gebräuchliche Dämmstoffe wie z.B. Mineralfaser oder Altpapierflocken haben einen λ-Wert von 0,040 W/m·K und gehören damit in die Wärmeleitgruppe 040. Analog gehören Dämmstoffe mit λ = 0,030 W/m·K (z.B. manche PU-Schäume) in die Wärmeleitgruppe 030.

Der U-Wert eines Bauteils, z.B. einer Wand, lässt sich aus der Wärmeleitfähigkeit des Baustoffes und der Dicke des betreffenden Bauteils bzw. der Bauteilschicht berechnen, wobei h_i und h_e den Wärmeübergang an der inneren und äußeren Oberfläche beschreiben:

$$\frac{1}{U} = \frac{1}{h_i} + \frac{s}{\lambda} + \frac{1}{h_e}$$

bzw. bei mehrschichtigen Bauteilen:

$$\frac{1}{U} = \frac{1}{h_i} + \sum_j \frac{s_j}{\lambda_j} + \frac{1}{h_e}$$

Faustregel: Ein U-Wert von 1 W/(m²·K) entspricht etwa einem Wärmedurchgang von 70 kWh/(m²·a) bei 20°C Innentemperatur u. deutschem Außenklima.

lierte EnEV 2014 von Bundestag und Bundesrat verabschiedet, die zum 1.5.2014 in Kraft trat. Die Anforderungen an Neubauten wurden ab 1.1.2016 um etwa 25% gegenüber der EnEV 2009 angehoben, weshalb die EnEV 2014 auch als EnEV 2016 bezeichnet wird. Für Altbauten bringt die EnEV 2014/16 gegenüber der EnEV 2009 nur in wenigen Details erhöhte Anforderungen (Einzelheiten vgl. Kap. 3.3). Eine weitere Verschärfung der Anforderungen für Altbauten ist auch durch das geplante GebäudeEnergieGesetz (s.u.) für die nächsten Jahre nicht zu erwarten.

Die Anforderungen der EnEV an Wärmeschutz und Haustechnik sind generell so gefasst, dass die erforderlichen Bauweisen (Dämmschichten, Anlagentechnik) gemessen an den eingesparten Energiekosten auch wirtschaftlich sinnvoll bzw. vertretbar sind.

Da man beim Wärmeschutz und bei der Wärmeversorgung aber mehr tun kann als die Grenzwerte der Verordnungen gerade eben einzuhalten und da das in der Regel hauptsächlich einen Materialmehraufwand erfordert, wird die Einhaltung besserer Standards gefördert, in den letzten Jahren hauptsächlich durch sehr günstige Kredite und Zuschüsse der bundeseigenen KfW-Bank. Diese vergibt für die Errichtung sogenannter Effizienzhäuser auf Antrag Gelder an Bauherren und sanierungswillige Hausbesitzer. Die damit verbundenen besonderen Anforderungen an die Effizienzhäuser führen de facto zu einer Verbesserung des EnEV-Neubaustandards.

Beim Neubau wird das KfW-Effizienzhaus 70 gefördert, wenn der Primärenergiebedarf unter 70% des EnEV-Neubaustandards liegt, außerdem das KfW-Effizienzhaus 55 mit einem Primärenergiebedarf von maximal 55% des Neubaustandards und das Effizienzhaus 40 (entsprechend 40% des EnEV-Standards) sowie das Passivhaus. Zusätzlich zu den Anforderungen an den Primärenergiebedarf gibt es korrespondierende Anforderungen an den Dämmwert der Gebäudehülle (Tabelle 3.5).

In Bezug auf Wärmeschutz und Heiztechnik werden diese Standards übertroffen durch das *Passivhaus*, dessen Gebäudehülle so gut gedämmt ist, dass ein Heizenergiebedarf von weniger als 15 kWh/(m²·a) erreicht wird. Bei einem so geringen Heizenergiebedarf (entsprechend einem Verbrauch von weniger als 200 bis 300 l Heizöl-Äquivalent pro Jahr für ein Einfamilienhaus) lässt sich der verbleibende Wärmebedarf der Räume allein durch aufgeheizte Frischluft über die

Tabelle 3.4: Beispiel einer U-Wert-Berechnung für eine Außenwand ohne und mit Wärmedämmung.

Rechenbeispiel: Außenwand ohne und mit nachträglicher Außendämmung				
Schichten	Schichtdicke s in m	Wärmeleitfähigkeit λ_R in W/mK	Wärmedurchlasswiderstand ohne WD s/λ in m²·K/W	Wärmedurchlasswiderstand mit WD s/λ in m²·K/W
Wärmeübergangswiderstand innen = 1/h_i			0,120	0,120
Innenputz	0,02	0,70	0,029	0,029
Mauerwerk HLZ 1200 kg/m³	0,30	0,47	0,638	0,638
Außenputz (alt)	0,02	0,87	0,023	0,023
Wärmedämmschicht	0,14	0,040		3,500
Außenputz neu	0,01	0,87		0,010
Wärmeübergangswiderstand außen = 1/h_e			0,040	0,040
Wärmedurchgangswiderstand 1/U			0,85	4,36
→		U =	1,18 W/m²·K	0,23 W/m²·K

Lüftungsanlage zuführen. Dadurch kann bei vielen Passivhäusern auf eine teure konventionelle Warmwasserheizung mit Heizkessel, Heizkörpern und Rohrnetz verzichtet werden, was zu spürbaren Baukosteneinsparungen führt.

Eine weitere Kategorie von Gebäudestandards wird mit dem Energieausweis eingeführt. Darin sind Gebäudeklassen von A+ bis G (Tabelle 3.6) vorgesehen, die auf der Basis des *Endenergiebedarfes* eines Gebäudes vergeben werden.

Konsequenzen für den Altbau

Da die EnEV für Altbauten eine Überschreitung der Neubau-Grenzwerte um 40% erlaubt, sehen die *Förderprogramme der KfW bei der Altbausanierung* erweiterte Effizienzstufen vor, die von 115% über 100, 85, 70 bis 55% reichen. Die Förderbedingungen sind bei der Altbausanierung derzeit günstiger als beim Neubauprogramm. Auch Einzelmaßnahmen wie Dach- oder Außenwanddämmung werden unter bestimmten Voraussetzungen gefördert (Einzelheiten vgl. Kap. 3.5).

Welcher Heizenergiebedarf mit welchen Baustandards (U-Werte der Außenbauteile) erreicht wird, kann ebenfalls Tabelle 3.2 entnommen werden. Die Zahlen gelten beispielhaft für ein (freistehendes) Haus mit 150 m² Wohnfläche. In dieser Tabelle werden typische Wärmedurchgangszahlen (U-Werte) und Dämmstärken für die Außenbauteile bei verschiedenen Standards genannt und der resultierende Heizenergiebedarf dargestellt. Angegeben ist die zur Beheizung des Gebäudes notwendige Wärmeenergie (d.h. die von der Heizung zu liefernde Nutzenergie) je m² beheizte Wohnfläche. Hier noch nicht eingerechnet sind der Energieverbrauch für die Warmwasserbereitung sowie die Umwandlungsverluste der Heizung sowie der Primärenergiefaktor.

Die Werte in Tabelle 3.2 machen deutlich:

- Zur Erreichung der verbesserten Standards wie KfW-Effizienzhaus-100 (= EnEV-Neubau), KfW-Effizienzhaus-70 oder gar des Passivhausstandards sind nicht nur deutlich bessere Wärmedämmwerte und entsprechend höhere Dämmstärken erforderlich sind, sondern auch aufwändigere Fensterkonstruktionen.
 Ohne Dreifachverglasung lassen sich beispielsweise der Effizienzhaus-55-Standard und der Passivhaus-Standard gar nicht erreichen.

- Ohne Maßnahmen bei der Gebäudelüftung (luftdichte Bauweise und Senkung der Luftwechselrate durch kontrollierte Lüftung, ohne oder mit Wärmerückgewinnung) kann der EnEV-Neubaustandard gemäß EnEV 2014/16 u.U. noch erreicht werden kann, alle besseren Standards erfordern aber zwingend eine kontrollierte Lüftung mit Wärmerückgewinnung.

Bei den Effizienzhäusern und erst recht beim Passivhaus sind fraglos beträchtliche Dämmstoffschichten einzubauen. Abb. 3.3 zeigt, wie – ausgehend von einem bestehenden Bauteil mit U = 1,5 W/(m²K) – jeder zusätzliche Zentimeter Dämmstoffstärke den Wärmedurchgang verringert, bei größeren Dämmstärken mit abnehmender Tendenz. Dennoch sind die Unterschiede beim Wärmedurchgang zwischen 4, 8, 12 und 30 cm Dämmstärke beträchtlich. Dämmstoffdicken über 40 cm erscheinen im Wohnungsbau meist nicht mehr sinnvoll, weil dann der Energieaufwand für die Herstellung des Dämmstoffes und des Bauteils (d.h. die graue Energie) spürbar zu Buche schlägt und bei Betrachtung der Energiebilanz in der Bauteillebenszeit keine spürbare Verbesserung mehr eintritt.

Die konstruktive Umsetzung stellt beim Neubau kein grundsätzliches Problem dar, weil der erforderliche Raum für die Wärmedämmung schon in der Planungsphase vorgesehen und die Übergänge zu anderen Bauteilen gleich richtig – d.h. möglichst wärmebrückenfrei – konstruiert werden können. Gleichwohl erfordert die Ausführung gut gedämmter Häuser stets planerische Sorgfalt und handwerkliches Können in allen Details. Die Mehrkosten für das eingesetzte Dämmmaterial sind aber – gemessen an den Gesamtkosten des Gebäudes – vergleichsweise gering.

Bei bestehenden Gebäuden lassen sich durch nachträgliche Wärmedämmung sowie durch optimierte Fenster und Heizung ebenfalls sehr anspruchsvolle Standards erreichen, so dass die Forderungen der EnEV für Altbauten, die in Kap. 3.3 noch näher beschrieben werden, ohne weiteres einzuhalten sind oder sogar deutlich übertroffen werden können. Unter günstigen Umständen und mit großzügig bemessenen Dämmschichten kann es sogar gelingen, auch den Passivhaus-Standard zu verwirklichen. Hier müssen die konstruktiven Voraussetzungen für die zusätzlich anzubringenden Wärmedämmschichten gegeben sein oder geschaf-

Baustandard	Primärenergiebedarf		Dämmung
KfW-Effizienzhaus	Q_p von EnEV$_{Neubau}$	Q_p in kWh/m²a	H'_T von EnEV$_{Neubau}$
100	100%	75 - 110	100%
70	70%	55 - 85	85%
55	55%	28 - 65	70%
40	40%	22 - 55	55%
Passivhaus		10 - 40	

Tabelle 3.5:
Durch die Förderung der Kreditanstalt für Wiederaufbau KfW sind neben dem EnEV-Neubau-Standard weitere Effizienzhaus-Standards entstanden, deren Obergrenzen (hier für Neubauten) durch Bruchteile des Neubau-Primärenergiebedarfes und des Dämmwertes H'_T (vgl. Kap. 3.3) definiert sind.

Energieeffizienzklasse	Endenergie
A⁺	< 30 kWh/(m²·a)
A	< 50 kWh/(m²·a)
B	< 75 kWh/(m²·a)
C	< 100 kWh/(m²·a)
D	< 130 kWh/(m²·a)
E	< 160 kWh/(m²·a)
F	< 200 kWh/(m²·a)
G	< 250 kWh/(m²·a)
H	> 250 kWh/(m²·a)

Tabelle 3.6
Einteilung in Effizienzklassen gemäß EnEV 2014.

3.3
Der U-Wert in Abhängigkeit von der Dämmstoffstärke, ausgehend von einem U-Wert des bestehenden Bauteils von 1,25 W/(m²·K). Dämmstoffe mit λ = 0,030 W/(m·K) benötigen für den gleichen Wärmedämmwert 25% weniger Dicke. Generell gilt: Je besser Gebäude gedämmt werden, umso stärker machen sich die Unterschiede bei der spez. Wärmeleitfähigkeit λ des Dämmstoffes bemerkbar. Es gilt aber auch: Je höher die Dämmstärke, umso geringer ist die absolute Verbesserung des U-Wertes und umso mehr macht sich der Beitrag der "grauen Energie" (d.h. der Herstellungsenergieaufwand für den Dämmstoff) in der Gesamtenergiebilanz bemerkbar.

fen werden können, und zwar im Einklang mit einer gestalterisch befriedigenden Lösung.

Die Rolle der Heiztechnik
Da sich die Außenbauteile nicht immer um beliebig starke Dämmschichten vergrößern lassen, kann es vorkommen, dass mit den realisierbaren Wärmeschutzmaßnahmen der geforderte Wärmeschutzkennwert H'_T für die Hülle gerade eben eingehalten wird. In solchen Fällen kann eine besonders effiziente Heizungstechnik helfen, den Primärenergiebedarf des Gebäudes auf ein Effizienzhausniveau zu bringen. Bei einem Heizwärmebedarf von beispielsweise 55 kWh/(m²·a) zuzüglich 12,5 kWh/(m²·a) für die Warmwasserbereitung kann der für den Effizienzhaus-70-Standard geforderte Primärenergiebedarf von 52 kWh/(m²·a) nur erreicht werden, wenn weniger fossile Brennstoffe und mehr erneuerbare Energieträger (Sonnenenergie, Biomasse etc.) genutzt werden. Denn nur durch teilweise Nutzung erneuerbarer Energie mit einem Primärenergiefaktor von 0,0 (Sonnenenergie) oder 0,2 (Holz) lässt sich aus beispielsweise 70% (fossiler) Primärenergie 100% Heizenergie gewinnen.

Konventionelle Heizanlagen mit Öl- oder Gasheizkesseln verbrauchen stets mehr Primärenergie als sie an Nutzwärme bereitstellen und haben deshalb eine sogenannte Erzeugeraufwandszahl e_G von über 1 (Betrachtung des Kesselwirkungsgrades). Bei einem Primärenergiefaktor f_P über 1 (Tab. 3.9) wird dann eine Anlagenaufwandszahl $e_P = f_P \cdot e_G$ von ebenfalls deutlich über 1 (1,3 bis 1,8) erreicht (Betrachtung des Wirkungsgrades der ganzen Heizung einschließlich der Primärenergieaufwandszahl f_P). Gefragt sind aber Heizsysteme mit einer möglichst geringen Anlagenaufwandszahl; am vorteilhaftesten sind solche mit e_P nahe oder unter 1, die den Wärmebedarf teilweise aus erneuerbaren Energiequellen (Holzpellets, Solar) decken oder sogar mehr Wärme liefern als sie an fossiler Primärenergie benötigen.

Insgesamt ist es die Aufgabe des Planers, vor Beginn der Sanierung unter den Bedingungen des konkreten Einzelfalles die sinnvollsten Wärmeschutz- bzw. Energiesparmaßnahmen für die zu sanierenden Hausbauteile zu ermitteln und die bestmögliche Gesamtlösung zu finden, unter Abwägung von Nutzen und Kosten. Die Berechnung der Wirtschaftlichkeit und Amortisationszeit von Einzelmaßnahmen wie z.B. Dach- und Außenwanddämmung, Fenster- und Heizungserneuerung kann in diesem Zusammenhang hilfreich sein. Am Ende ist, unter Berücksichtigung des verfügbaren Sanierungsbudgets, ein in sich stimmiges Gesamtkonzept zu entwickeln, das sich – u.U. in mehreren Bauabschnitten – auch umsetzen lässt.

Die gebauten Beispiele in diesem Buch zeigen, wie unterschiedlich solche Lösungen ausfallen können. Dabei ist der Zeitpunkt der Sanierungen zu berücksichtigen. Denn die Dämmstandards und die realisierten Dämmstärken sind im Laufe der letzten 15 - 20 Jahre erheblich verbessert worden.

3.3 Anforderungen der Energieeinsparverordnung EnEV

Anforderungen der EnEV 2014 / 2016
Die Anforderungen an den Wärmeschutz von beheizten (Wohn- und Nicht-Wohn-) Gebäuden und an Anlagen zur Raumheizung und Warmwasserbereitung sind in Deutschland in der Energieeinsparverordnung EnEV beschrieben. Diese seit 1.2.2002 gültige Verordnung wurde im Jahr 2007 um verbindliche Regelungen zum Gebäudeenergieausweis ergänzt und 2009 in den Anforderungen an Wärmeschutz und Gebäudetechnik entscheidend korrigiert. Die EnEV 2014 fordert ab 1.1.2016 beim Wärmeschutz und bei der Gebäudetechnik noch einmal eine Verbesserung um ca. 25% gegenüber der EnEV 2009, weshalb auch von der EnEV 2014/2016 gesprochen wird.

Ein weiterer Schritt, um die EU-weit vereinbarten Ziele zur Senkung des Energieverbrauchs und der CO_2-Emissionen im Gebäudebereich zu erreichen, ist das geplante Gebäude-Energie-Gesetz, das die Regularien der EnEV und des Erneuerbare Energie-Gesetzes zusammenführt und erweitert. Seit Januar 2017 gibt es zwar einen Referentenentwurf dazu, der jedoch vor der Bundestagswahl 2017 nicht mehr verabschiedet werden konnte. Gegenüber früheren Verordnungen (WsVO, Heizungsanlagenverordnung, EEG) sind die Ansätze von EnEV und GEG systematisch und umfassend: Es werden nicht nur Anforderungen an den Wärmeschutz der Außenbauteile formuliert, sondern auch Grenzwerte festgelegt, wie viel Primärenergie (also Brennstoff in Form von Öl, Gas, Strom, Holz etc.) in Abhängigkeit von Gebäudetyp und -nutzung für die Wärmeversorgung eines Gebäudes aufgewendet werden darf. Da der Primärenergieverbrauch durch den Wärmeschutz ebenso beeinflusst wird wie durch die Heizungstechnik und die Art des Brennstoffes, müssen Wärmeschutzmaßnahmen und Gebäudetechnik schon im Planungsstadium aufeinander abgestimmt werden. Das zwingt zu einer integralen Planung und zum Dialog zwischen Architekt und Haustechniker, wobei letzterer oft auch die für den EnEV-Nachweis erforderlichen Berechnungen anstellt. Und es schafft Chancen für den verstärkten Einsatz regenerativer Energien.

3.4
In der EnEV werden alle baulichen, heizungstechnischen und energieträgerspezifischen Faktoren, die den Energieverbrauch des Gebäudes beeinflussen, für die Berechnung des Primärenergiebedarfes herangezogen.

Gebäudehülle / Baukonstruktion

Transmissionswärmeverluste
+
Verluste an Wärmebrücken
+
Lüftungswärmeverluste
−
solare + interne Gewinne
=
Heizwärmebedarf (Nutzenergie)
Haus- ↓ Technik
Heizwärmebedarf + Anlagenverluste
+
Warmwasserbereitung
+
Stromverbrauch Heizung
=
Endenergiebedarf
×
Energiebereitstellung
Primärenergiefaktor des Energieträgers
=
Primärenergiebedarf

Im Rahmen dieses Buches ist es weder möglich noch sinnvoll, die EnEV, ein etwa 100 seitiges, nicht eben leicht zu lesendes Dokument, auszulegen und in allen Einzelheiten wiederzugeben. Im Folgenden werden daher nur die wesentlichen und für bestehende Wohngebäude relevanten Aussagen und Anforderungen behandelt.

Für den zu führenden Gebäudenachweis werden im Wesentlichen zwei Anforderungen gestellt:

- Erstens wird ein *maximal zulässiger Transmissionswärmeverlust* H'_T für verschiedene Gebäudetypen definiert, dessen Wert in Abhängigkeit vom Gebäudetyp in Abb. 3.5 genannt ist. Der Wärmedämmwert der realen Außenflächen am Gebäude (nach Flächenanteilen gewichtet) darf diesen Grenzwert H'_T nicht überschreiten. Gemäß EnEV 2014/2016 darf der H'_T-Wert eines zu errichtenden Neubaus den entsprechenden Wert des Referenzgebäudes nicht überschreiten.

Der H'_T-Wert ist ein Mittelwert aus den gewichteten *Wärmedämmwerten der Außenbauteile* (U-Werte für Wand, Dach, Kellerdecke und Fenster, jeweils gewichtet mit der Bauteilfläche). Werden die Bauteilkennwerte des EnEV-Referenzgebäudes (Tabelle 3.7) eingehalten, wird auch der vom Gebäudetyp abhängige Grenzwert für H'_T in der Regel eingehalten. Bei freistehenden Wohnhäusern mit großen Außenwand- und Fensterflächen kann die Einhaltung des H'_T-Wertes schwierig werden, insbesondere wenn der Vermeidung von Wärmebrücken zu wenig Aufmerksamkeit geschenkt wird.

Die *Wärmebrücken* der Konstruktion sind bei der Berechnung des Transmissionswärmeverlustes zu berücksichtigen. Für nicht eigens ausgewiesene Wärmebrücken-Details, die nicht in der DIN 4108, BBl.2 beschrieben sind, ist jeweils ein Pflichtzuschlag in den U-Wert der Bauteile einzurechnen. Der pauschale Wärmebrückenzuschlag soll den Planer zu einer möglichst wärmebrückenfreien Bauweise und zu deren rechnerischem Nachweis anhalten.

- Zweitens ist gemäß EnEV der Nachweis zu erbringen, dass der *Primärenergiebedarf* des realen bzw. zu realisierenden Gebäudes den eines Referenzgebäudes gleicher Größe und Geometrie mit gegebener Heizungstechnik nicht überschreitet (Referenzgebäudeverfahren).

Die Vorgaben hinsichtlich Ausführung bzw. Ausstattung des Referenzgebäudes sind in Tabelle 3.7 zusammengestellt. Erfüllt das nachzuweisende Gebäude *alle* Vorgaben des Referenzgebäudes bezüglich Wärmeschutz, Luftdichtheit, Heizung und Lüftung, sind die Anforderungen der EnEV erfüllt. Ab 1.1.2016 ist dieser für das Referenzgebäude errechnete Primärenergiebedarf mit dem Faktor 0,75 zu multiplizieren, d.h. die EnEV 2014 setzt gegenüber der EnEV 2009 einen um 25% niedrigeren Primärenergiebedarf als Obergrenze. Können einzelne Referenzwerte, z.B. beim Wärmeschutz oder bei der Lüftung, beim realen Gebäude nicht eingehalten werden, so sind Ersatzmaßnahmen an anderer Stelle notwendig, um den Grenzwert gemäß EnEV einzuhalten. Das kann z.B. durch eine effizientere Heizung und insbesondere die Nutzung von erneuerbaren Energieträgern erreicht werden.

Bei der Berechnung des Heizenergiebedarfs fließen auch Bewertungsfaktoren für die *Luftdichtheit des Gebäudes* ein. Der Planer, der die Luftdichtheit des Gebäudes vorgibt, d.h. die Einhaltung der Grenzwerte nachweist und später auf der Baustelle kontrolliert, wird durch weniger strenge Anforderungen bei der Wärmedämmung (geringere Zuschläge im Rechenverfahren) belohnt.

Das Verfahren zur Berechnung des tatsächlichen und des zulässigen *Primärenergiebedarfes* ist relativ komplex. Zunächst werden der Heizenergiebedarf und der Bedarf für die Warmwasserbereitung nach festgelegten Methoden berechnet, und zwar sowohl für das zu prüfende Gebäude wie für das Referenzgebäude. Für diese Berechnungen, bei denen Wärmeverlust und Heizenergiebedarf üblicherweise in Monatsschritten ermittelt werden, werden von den Fachplanern spezialisierte Computerprogramme eingesetzt. Handrechenverfahren sind nicht mehr üblich.

Bei der abschließenden Ermittlung des Primärenergieverbrauchs finden der Anlagenwirkungsgrad der Heizung und die Lage der Heizung im Gebäude (innerhalb oder außerhalb der thermischen Hülle) ebenso Berücksichtigung wie Art und Effizienz der Warmwasserbereitung und der brennstoffabhängige Primärenergiefaktor f_p. All diese Einflüsse sind in der Anlagenaufwandszahl e_p zusammengefasst; diese bestimmt als Faktor wesentlich den zu erwartenden Primärenergiebedarf des Gebäudes bzw. den maximal zulässigen des Referenzgebäudes. Wie schon angedeutet, spielt die Nutzung erneuerbarer Energieträger bei der Bestimmung des Primärenergiebedarfes eine wichtige Rolle: Da erneuerbare Energien (z.B. Sonnenenergie) mit dem Primärenergiefaktor 0,0 bewertet werden (Holz in automatischen Feuerungen mit 0,2), wird durch die Nutzung erneuerbarer Energien dank des günstigen Primärenergiefaktors eine günstige Anlagenaufwandszahl und ein niedriger Primärenergiebedarf erreicht. Günstig auf e_p wirkt sich auch die Anordnung der Heizung innerhalb der beheizten Gebäudehülle aus, da die Wärmeverluste bei Verteilung und Speicherung nicht ungenutzt verloren gehen. Ein niedriger e_p-Wert schafft in manchen Fällen Entlastung bei den Anforderungen an den Wärmeschutz.

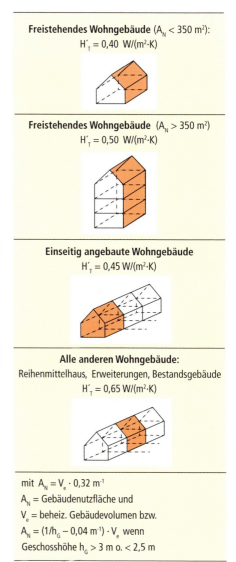

Freistehendes Wohngebäude ($A_N < 350$ m²):
$H'_T = 0{,}40$ W/(m²·K)

Freistehendes Wohngebäude ($A_N > 350$ m²)
$H'_T = 0{,}50$ W/(m²·K)

Einseitig angebaute Wohngebäude
$H'_T = 0{,}45$ W/(m²·K)

Alle anderen Wohngebäude:
Reihenmittelhaus, Erweiterungen, Bestandsgebäude
$H'_T = 0{,}65$ W/(m²·K)

mit $A_N = V_e \cdot 0{,}32$ m⁻¹
A_N = Gebäudenutzfläche und
V_e = beheiz. Gebäudevolumen bzw.
$A_N = (1/h_G - 0{,}04$ m⁻¹$) \cdot V_e$ wenn
Geschosshöhe $h_G > 3$ m o. $< 2{,}5$ m

3.5
Der maximal zulässige Transmissionswärmeverlust H'_T der Gebäudehülle ist vom Gebäudetyp abhängig.
Nach EnEV 2014/2016 darf der H'_T-Wert den oben genannten Höchstwert nicht überschreiten und muss obendrein den H'_T-Wert des Referenzgebäudes einhalten.

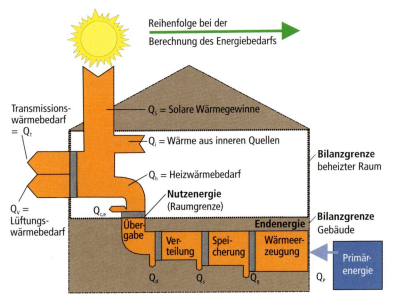

3.6
Bilanzierungsgrenzen und Begriffsdefinitionen bei der Berechnung des Heizenergiebedarfs und des Primärenergiebedarfes nach DIN V 4701-10.

	Ausführung des Referenzgebäudes gemäß EnEV 2014 / 2016	
Z.	Bauteil/System	Referenzausführung
1.1	Außenwand, Geschossdecke gegen Außenluft	U = 0,28 W/(m²·K)
1.2	Außenwand gegen Erdreich, Bodenplatte, Wände und Decken zu unbeheizten Räumen	U = 0,35 W/(m²·K)
1.3	Dach, oberste Geschossdecke, Wände zu Abseiten	U = 0,20 W/(m²·K)
1.4	Fenster, Fenstertüren	U_w = 1,30 W/(m²·K); g = 0,60
1.5	Dachflächenfenster	U_w = 1,40 W/(m²·K), g = 0,60
1.6	Lichtkuppeln	U_w = 2,70 W/(m²·K); g = 0,64
1.7	Außentüren	U = 1,80 W/(m2·K)
2	Wärmebrückenzuschlag f. Bauteile nach 1.1 - 1.7	ΔU_{WB} = 0,05 W/(m²·K)
3	Luftdichtheit der Gebäudehülle Bemessungswert n_{50}	Bei Berechnung nach • DIN V 4108-6: 2003-06: mit Dichtheitsprüfung • DIN V 18599-2 : 2007-02: nach Kategorie 1
4	Sonnenschutzvorrichtung	keine Sonnenschutzvorrichtung
5	Heizungsanlage	• Wärmeerzeugung durch Brennwertkessel (verbessert), Heizöl EL, Aufstellung: - für Gebäude bis zu 2 Wohneinheiten innerhalb der thermischen Hülle - für Gebäude mit mehr als 2 Wohneinh. außerhalb der thermischen Hülle • Auslegungstemperatur 55/45°C, zentrales Verteilsystem innerhalb der wärmeübertragenden Umfassungsfläche, innen liegende Stränge und Anbindeleitungen, Pumpe auf Bedarf ausgelegt (geregelt, Δp konstant), Rohrnetz hydraulisch abgeglichen, Wärmedämmung der Rohrleitungen nach EnEV, Anlage 5 • Wärmeübergabe mit freien statischen Heizflächen, Anordnung an normaler Außenwand, Thermostatventile mit Proportionalbereich 1K
6	Anlage zur Warmwasserbereitung	• zentrale Warmwasserbereitung • gemeinsame Wärmebereitung mit Heizungsanlage nach Zeile 5 • Solaranlage (Kombisystem mit Flachkollektor) entsprechend den Vorgaben nach DIN V 4701-10 : 2003-08 oder DIN V 18599-5 : 2007-02 • Speicher, indirekt beheizt (stehend), gleiche Aufstellung wie Wärmeerzeuger, Auslegung nach DIN V 4701-10 : 2003-08 oder DIN V 18599-5: 2007-02 als - kleine Solaranlage bei A_N < 500 m² (bivalenter Solarspeicher) - große Solaranlage bei A_N > 500 m² • Verteilsystem innerhalb der wärmeübertragenden Umfassungsfläche, innenliegende Stränge, gemeinsame Installationswand, Wärmedämmung der Rohrleitungen nach Anlage 5, mit Zirkulation, Pumpe auf Bedarf ausgelegt (geregelt, Δp konstant)
7	Kühlung	keine Kühlung
8	Lüftung	zentrale Abluftanlage, bedarfsgeführt mit geregeltem DC-Ventilator

In der novellierten EnEV wurde auch der anzusetzende Primärenergiefaktor für elektrischen Strom geändert, da durch Windenergie und Photovoltaik zunehmend Strom aus erneuerbaren Quellen ins Netz eingespeist wird. War für e_{pStrom} laut EnEV 2009 bisher 2,6 anzusetzen, gilt mit Inkrafttreten der EnEV 2014 ab 1.1.2016 ein e_p von 1,8. Das schafft günstigere Rahmenbedingungen für den Einsatz elektrischer Wärmepumpen-Heizungen.

Zur Vereinfachung des EnEV-Nachweises sind in der Fassung von 2014 für Neubauten standardisierte Berechnungsschemata neu aufgenommen, bei denen Wärmeschutzanforderungen und Heizungstechnik für Standardsituationen aus Tabellen abgelesen werden können.

Komplexer gestaltet sich der EnEV-Nachweis für alle Nicht-Wohngebäude, bei denen meist auch höhere Anforderungen an den Wärmeschutz und engere Grenzwerte für den zulässigen Primärenergieverbrauch gestellt werden (sofern auf >19°C beheizt). Denn hier ist der Energieeinsatz für Beleuchtung, Klimatisierung etc. beim EnEV-Nachweis mit zu berücksichtigen. Im geplanten GebäudeEnergieGesetz sollen die Anforderungen an Nicht-Wohngebäude der öffentlichen Hand wegen der Vorbildfunktion nochmals deutlich erhöht werden.

Alternative Energieversorgungssyteme

Bei der Errichtung neuer Gebäude oder Gebäudeteile mit mehr als 50 m² Nutzfläche ist – gemäß dem *Gesetz zur Förderung Erneuerbarer Energien im Wärmemarkt* EEWärmeG (gültig seit 1.1.2009) – die Prüfung alternativer Energieversorgungssysteme verpflichtend, wenn eine neue Heizung (d.h. ein Wärmeerzeuger) eingebaut wird. Wird solare Strahlungsenergie (Sonnenkollektoren) genutzt, müssen 15% der Wärmenergie damit gedeckt werden. Für Wohngebäude bis 2 Wohneinheiten werden mindestens 4 m² Kollektorfläche je 100 m² Nutzfläche für ausreichend erachtet, für andere Gebäude mindestens 3 m² je 100 m² Nutzfläche. Diese Regularien sollen in Zukunft in das GebäudeEnergieGesetz integriert werden.

Tabelle 3.7:
Ausführung des Referenzgebäudes nach EnEV 2014 zur Berechnung des maximal zulässigen Primärenergiebedarfes. Ab 1.1.2016 muss der für das Referenzgebäude ermittelte **Primärenergiebedarf mit 0,75 multipliziert werden**, um den Grenzwert zu Q_p für das nachzuweisende Gebäude zu ermitteln.

Werden andere erneuerbare Energieträger (z.B. Biomasse) genutzt, müssen diese mindestens 50% zur Deckung des Wärmeenergiebedarfes beitragen. Ersatzweise gilt die Verpflichtung als erfüllt, wenn energiesparend gebaut und die Anforderung der EnEV um 15% unterschritten wird.

Gebäudeausweis

Mit der EnEV 2007/2009 wurde der Energieausweis verbindlich eingeführt, der seit dem 1.7.2009 für alle Gebäude (mit wenigen Ausnahmen) vorliegen muss. Dieser Ausweis ist bei Neubauten ebenso wie bei Altbauten, an denen Wärmeschutzmaßnahmen und/oder Erweiterungen vorgenommen wurden, neu zu erstellen und in ihn sind die im EnEV-Nachweis ermittelten energetischen Eigenschaften des fertig gestellten Gebäudes sowie die wesentlichen Energieträger einzutragen (Ausweis auf Bedarfsbasis). Gemäß EnEV 2014 wird der Energieausweis nun neu gestaltet (Änderung der Skala des Tachobandes mit Nennung von Baustandards bezogen auf den Endenergiebedarf); außerdem sind der im Ausweis eingetragene spezifische Endenergiebedarf bezogen auf die Gebäudenutzfläche sowie die genutzten Energieträger in allen Miet- und Immobilienanzeigen darzustellen.

Außerdem macht die EnEV detaillierte Angaben darüber, welcher Personenkreis mit welcher (Zusatz-)Ausbildung solche Ausweise erstellen darf.

Die EnEV-Anforderungen bei der Altbaumodernisierung

Die EnEV enthält auch verbindliche Anforderungen für *bestehende Gebäude*, mit dem Ziel, den Energieverbrauch im zahlenmäßig überwiegenden Gebäudebestand mit der Zeit deutlich zu verringern. Der Althausbesitzer wird durch die EnEV zwar nicht generell zu energiesparenden Maßnahmen gezwungen, aber immer dann, wenn wegen Mängelbeseitigung, Verschönerung oder Umbau größere Veränderungen an den Außenbauteilen anstehen, sind die Anforderungen der EnEV für Altbauten zu erfüllen. Bei einer größeren Erweiterung des Gebäudes und beim Ausbau von bisher nicht beheizten Gebäudeteilen (z.B. Dachgeschoss, angebaute Nebenräume) kommen die strengeren Anforderungen für Neubauten zur Anwendung. Abb. 3.7 gibt eine Übersicht über die Regelungen und Anforderungen der EnEV im Gebäudebestand.

Bauteilverfahren

Werden einzelne Bauteile der für den Wärmeschutz relevanten Gebäudehülle verändert oder neu eingebaut (unerheblich ob aufgrund von Verschleiß, zur Mängelbeseitigung oder zwecks Verschönerung), so darf der Wärmedurchgangskoeffizient für diese neuen Bauteile die in Tabelle 3.8 aufgeführten Grenzwerte nicht überschreiten. Neue und erneuerte Außenbauteile müssen also einen zeitgemäßen Wärmeschutz erhalten. Die von der EnEV geforderten U-Werte sind als Mindestanforderung zu verstehen. Die bauteilbezogenen Anforderungen gelten immer dann, wenn mehr als 10% einer Bauteilfläche geändert werden, insbesondere

- beim Einbau von Dämmschichten,
- bei Erneuerungen an der Fassade (nach EnEV 2009 z.B. auch bei neuem Außenputz oder Verkleidung, wenn $U_{Wand} > 0{,}9$ W/m²K),
- bei Erneuerung von Fachwerk-Ausfachungen (hier reicht $U = 0{,}35$ W/(m²·K) aus),
- bei Erneuerung der Fenster,
- bei Erneuerung der Verglasung bzw. bestehender Vor- oder Innenfenster,
- bei Neueindeckung des Daches,
- bei Erneuerung von Fußbodenaufbauten,
- bei Einbau von Feuchtigkeitssperren oder Drainagen im Kellerbereich.

Gemäß EnEV 2014 entfällt die Pflicht zur Dämmung von Außenwänden, wenn diese nach dem 31.12.1983 normenkonform errichtet oder erneuert worden sind, unabhängig vom U-Wert der bestehenden Wand. Ansonsten gibt es durch die EnEV 2014 beim Bauteilverfahren (Altbau) keine

Verantwortlichkeiten, Unternehmer-Erklärung

Verantwortlich für die Einhaltung der Vorschriften der EnEV ist nicht nur der Bauherr, sondern sind auch die Personen, die im Auftrag des Bauherrn bei der Errichtung oder Änderung von Gebäuden und der Anlagentechnik tätig werden. Damit sind Planer und Handwerker bzw. Bauunternehmer mitverantwortlich für die EnEV-gerechte Bauausführung. Sie haben nach Abschluss der Arbeiten schriftlich zu bestätigen, dass die geänderten bzw. eingebauten Bau- und Anlagenteile den Anforderungen der EnEV entsprechen (§26). Diese Unternehmererklärung, die vom Bauherrn 5 Jahre aufzubewahren und auf Verlangen vorzulegen ist, begründet ggf. auch einen Regressanspruch des Bauherrn den ausführenden Firmen gegenüber, wenn später eine nicht EnEV-gerechte Ausführung festgestellt wird.

Und der Bezirksschornsteinfeger prüft im Rahmen der Feuerstättenschau, ob die technische Ausstattung der Heizungsanlage nebst Wärmedämmung der Verteil- und Warmwasser-Leitungen den Anforderungen der EnEV genügt. Alternativ reicht die Vorlage einer Unternehmererklärung, wenn entsprechende Arbeiten an der Heizungsanlage ausgeführt wurden.

3.7
Übersicht über die Anforderungen der EnEV im Gebäudebestand. Quelle: nach [5]

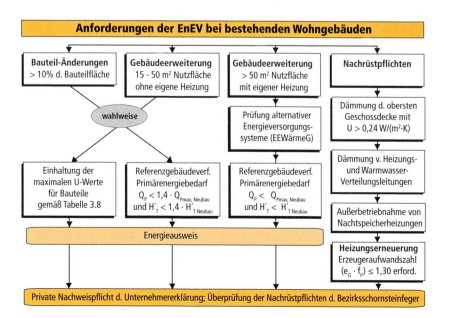

Veränderungen, außer dass Außentüren ab Inkrafttreten einen U-Wert von höchstens 1,8 W/(m²K) aufweisen dürfen (vorher 2,9 W/(m²K)).

Im Altbau kann es durchaus vorkommen, dass die bauteilbezogenen Anforderungen aus konstruktiven Gründen schwer oder gar nicht zu realisieren sind. Deshalb sieht die EnEV bei Fachwerk und Innendämmung Ausnahmeregelungen und *in begründeten Ausnahmefällen* auch Befreiungen vor.

Alternativ zur Bauteilanforderung: das Referenzgebäudeverfahren im Bestand

Alternativ zu den eben genannten Bauteilanforderungen gelten die Bauteilkennwerte auch als eingehalten, wenn der Primärenergiebedarf des geänderten Gebäudes insgesamt den Primärenergiebedarf des Referenzgebäudes (Gebäude gleicher Abmessungen mit den Vorgaben gemäß Tab. 3.7) um nicht mehr als 40% überschreitet. Gleichzeitig darf der mittlere Transmissionswärmeverlust H'_T des Gebäudes den zulässigen H'_T-Wert für den Gebäudetyp gemäß Abb. 3.5 ebenfalls um nicht mehr als 40% überschreiten. Wenn das Gebäude als Ganzes also einigermaßen gut gedämmt ist und einen akzeptablen Primärenergieverbrauch aufweist, ist es zulässig, dass einzelne Bauteile die oben genannten Bauteilanforderungen *nicht* erfüllen. Dafür muss aber ein präziser Energiebedarfsnachweis für das ganze Gebäude geführt werden (nach einem in der EnEV beschriebenen Rechenverfahren), dessen Ergebnis in den Energieausweis eingetragen wird. Wenn eine umfassende Modernisierung der Außenhaut und/oder der Heizungsanlage ansteht, ist die Erarbeitung einer solchen Energiebilanz für eine umsichtige Planung sowieso ratsam.

Gebäudeerweiterungen

Bei Erweiterung des beheizten Gebäudevolumens um mindestens 15 m² und höchsten 50 m² Nutzfläche, d.h. beim Anbau von Räumen oder beim Ausbau bisher unbeheizter Räume (z.B. im Dachgeschoss) dürfen die U-Werte der neuen Außenbauteile die Höchstwerte der Tabelle 3.8 (Bauteilanforderungen Bestand) nicht überschreiten.

Wird das Gebäude um zusammenhängend mehr als 50 m² erweitert, muss die energetische Qualität des neu errichteten Gebäudeteils gemäß EnEV 2014 den weitergehenden Anforderungen an Neubauten entsprechenund ist anhand des EnEV-Verfahrens für Neubauten nachzuweisen. Nach EnEV 2014 gilt diese weitergehende Anforderung jedoch nur, wenn für die neu geschaffenen Räume ein neuer Wärmeerzeuger (Heizung) eingebaut wird. Anderenfalls sind die Bauteilanforderungen zu erfüllen.

Nachweis bei wesentlichen Änderungen/Erweiterungen im Altbau

Das Vorgehen sowie die Arbeitsschritte für den Nachweis sind in Abb. 3.8 schematisch dargestellt. In Abhängigkeit vom Haustyp wird zunächst der zulässige, auf die wärmeübertragende Umfassungsfläche bezogene Transmissionswärmeverlust H'_T ermittelt (Abb. 3.5). Im weiteren Rechenverfahren ist dann für das Gebäude bzw. den Gebäudeteil zu zeigen, dass die Transmissionswärmeverluste aller Außenbauteile, bezogen auf die wärmeübertragende Umfassungsfläche A, das 1,4-fache des zulässigen H'_T-Wertes nicht überschreiten. Außerdem ist der gebäudebezogene Primärenergiebedarf zu ermitteln und mit dem des Referenzgebäudes zu vergleichen. In diese Berechnung fließen ein:

- der *Jahresheizwärmebedarf* Q_h (Berechnung nach DIN V 4108-6), der durch den gewählten Wärmedämmstandard und die Wärmebrücken (Q_T) ebenso beeinflusst wird wie durch die Lüftungswärmeverluste (Q_L),
- der *Wärmebedarf für die Warmwasserbereitung* Q_{tw} (ermittelt aus der Gebäudenutzfläche A_N mit $Q_{tw} = A_N \cdot 12,5$ kWh/m²),
- sowie die *Anlagenaufwandszahl* e_P, welche die Effizienz des vorgesehenen Heizungssystems, dessen Anordnung im Gebäude und die primärenergetische Effizienz des Energieträgers beschreibt. Die

Höchstwerte der Wärmedurchgangskoeffizienten von Außenbauteilen bei Änderungen im Bestand (Bauteilverfahren) nach EnEV 2014

Zeile	Bauteil	max. Wärmedurchgangskoeffizient U_{max} [1]
1	**Außenwände** bei Neubau, bei Anbringen von Bekleidungen und bei Putzerneuerung von Außenwänden, sofern nicht nach 31.12.1983 normgerecht errichtet	0,24 W/(m²·K)
	wenn Dämmschichtdicke technisch begrenzt, max. mögl. Dicke mit Dämmstoff der WLG 035 füllen bzw.	$\lambda \leq 0,035$ W/(m·K)
	der WLG 045 bei Hohlraumverfüllung o. Einsatz nachwachsender Rohstoffen	$\lambda \leq 0,045$ W/(m·K)
2a	**Fenster, Fenstertüren,** die ersetzt oder erstmalig eingebaut werden	1,3 W/(m²·K) [2]
2b	**Dachflächenfenster,**	1,4 W/(m²·K) [2]
2c	**Verglasungen,** die ersetzt werden	1,1 W/(m²·K) [3]
2d	**Vorhangfassaden,** die ersetzt oder neu eingebaut werden	1,5 W/(m²·K) [4]
2e	**Glasdächer**	2,0 W/(m²·K) [3]
2f	**Fenstertüren** mit Klapp-, Falt, Schiebe- oder Hebemechanismus	1,6 W/(m²·K) [2]
3a	**Fenster, Fenstertüren, Dachflächenfenster** mit Sonderverglasungen, die ersetzt oder erstmalig eingebaut werden (auch Vor- u. Innenfenster)	2,0 W/(m²·K) [2]
3b	**Sonderverglasungen,** die ersetzt werden	1,6 W/(m²·K) [3]
3c	**Vorhangfassaden mit Sonderverglasungen**	2,3 W/(m²·K) [4]
4a	**Decken, Dächer und Dachschrägen** von Steildächern, u.z. bei Erneuerung der Dachhaut, der äußeren o. inneren Bekleidung o. bei Einbau von Dämmschichten	0,24 W/(m²·K)
4b	**Flachdächer,** bei Erneuerung der Dachhaut, der äußeren oder inneren Bekleidung oder bei Einbau von Dämmschichten, sofern nicht nach 31.12.1983 errricht.	0,20 W/(m²·K)
5a	**Decken und Wände gegen unbeheizte Räume und Erdreich,** bei Anbringen von außenseitigen Bekleidungen, Feuchtigkeitssperren oder Drainagen sowie bei Deckenbekleidungen auf der Kaltseite und Anbringen von Dämmschichten	0,30 W/(m²·K)
5b	**Fußbodenaufbauten,** Aufbau oder Erneuerung auf der beheizten Seite	0,50 W/(m²·K)
5c	**Decken nach unten an Außenluft** bei Anbringen von außenseitigen Bekleidungen, Feuchtigkeitssperren oder Drainagen sowie bei Deckenbekleidungen auf der Kaltseite und Anbringen von Dämmschichten	0,24 W/(m²·K)

[1] Wärmedurchgangskoeffizient des Bauteils unter Berücksichtigung der neuen und der vorhandenen Bauteilschichten; Berechnung der opaken Bauteile nach DIN EN ISO 6946 : 1996-11
[2] Wärmedurchgangskoeffizient des Fensters (Rahmen und Verglasung): gemäß Produktspezifikation oder Bestimmung aus den in den LBOs bekannt gemachten Kennwerten für Bauprodukte
[3] Wärmedurchgangskoeffizient der Verglasung: gemäß Produktspezifikation oder Ermittlung gemäß DIN EN 673 : 2001-1
[4] Wärmedurchgangskoeffizient der Vorhangfassade: zu ermitteln nach anerkannten Regeln d. Technik

Tabelle 3.8
Höchstwerte der Wärmedurchgangskoeffizienten von Außenbauteilen bei erstmaligem Einbau, Ersatz und bei Erneuerung von Bauteilen gemäß Energieeinsparverordnung EnEV.

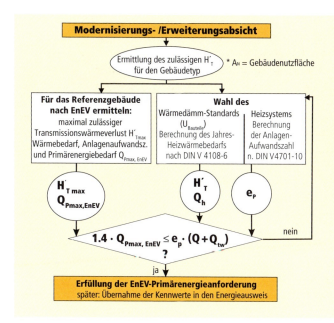

Die Arbeitsschritte

1. Ermittlung des zulässigen H'_T gemäß Hausform (Abb. 3.5),
   V = beheiztes Bauwerksvolumen, A_N Gebäudenutzfläche
2. Ermittlung des maximal zulässigen Jahres-Primärenergiebedarfs $Q_{Pmax,EnEV}$ für das Neubau-Referenzgebäude nach EnEV
3. Berechnung des Jahres-Heizwärmebedarfs Q_h für den ausgewählten Wärmedämmstandard gemäß DIN V 4108-6
4. Ermittlung des Jahres-Trinkwasserwärmebedarfs $Q_{tw} = A_n \cdot 12{,}5\ kWh/m^2 a$
5. Bestimmung der Anlagenaufwandszahl e_p für gewählte Heiztechnik und eingesetzten Brennstoff
6. Ermittlung des Jahres-Primärenergiebedarfs (aus Jahres-Heizwärmebedarf, Trinkwasserwärmebedarf und Anlagen-Aufwandszahl)
   $$Q_{P,\,ist} = e_p \cdot (Q_h + Q_{tw})$$
7. Überprüfung, ob der tatsächliche Primärenergiebedarf geringer ist als das 1,4 fache (beim Altbau, sonst das 1,0 fache) des maximal zulässigen Primärenergiebedarfs $Q_{Pmax,EnEV}$

Ermittlung der Anlagenaufwandszahl erfolgt nach DIN V 4701-10, in der Norm werden für Standard-Lösungen auch Rechenwerte für die Anlagenaufwandszahl genannt.

Ist der so ermittelte *Primärenergiebedarf* geringer als das 1,4-fache des Primärenergiebedarfs des Referenzgebäudes und liegt der mittlere spezifische Transmissionswärmeverlust ebenfalls unter dem 1,4-fachen Grenzwert, so sind die EnEV-Anforderungen erfüllt, wobei die Einhaltung des H'_T-Grenzwertes bei kleinen Wohngebäuden meist der schwierigere Teil ist. Der ermittelte Primärenergiebedarf wird neben anderen wichtigen Eigenschaften des Gebäudes und dem realisierten Wärmeschutz der Außenbauteile in einen *Energieausweis* (Abb. 3.9) eingetragen, der die energetische Qualität der Immobilie beschreibt und für Hausbesitzer, Mieter und Interessenten vergleichbar macht.

Sollte der ermittelte Primärenergiebedarf für das vorgesehene Gebäude höher sein als der zulässige Wert, muss entweder die Bauausführung (d.h. die Wärmedämmung) verbessert oder eine Anlagentechnik mit günstigerer Aufwandszahl (z.B. eine effizientere Heizung oder Gebäudetechnik mit Solarenergienutzung) gewählt werden (Tabelle 3.10); auch eine Kombination dieser Maßnahmen ist denkbar. Die EnEV bietet damit die Möglichkeit, bei der Investition in gewissem Rahmen zwischen Maßnahmen zum Wärmeschutz und zur Anlagentechnik abzuwägen. Defizite beim Wärmeschutz lassen sich durch Nutzung erneuerbarer Energieträger teilweise kompensieren.

Sonstige Anforderungen

Inbetriebnahme von Heizungen

Für den Neueinbau ebenso wie für den Austausch eines Heizkessels in einem bestehenden Gebäude gelten die Vorgaben der EU-Heizkesselrichtlinie (nur Kessel mit CE-Konformitäts-Zeichen), d.h. es sind im Allgemeinen nur Niedertemperatur- oder Brennwertkessel zugelassen, deren Nennleistung nicht größer ist als die nach den Regeln der Technik ermittelte Heizlast einschließlich angemessener Zuschläge für Warmwasserbereitung sowie ggf. für raumlufttechnische Anlagen. Es dürfen nur noch solche Heizkessel eingebaut werden, bei denen das Produkt aus Primärenergiefaktor f_p und Erzeugeraufwandszahl e_G (nach DIN 4701-10) nicht größer als 1,3 ist. Moderne Brennwertkessel erfüllen diese Anforderung im Allgemeinen.

Die Heizungsanlage muss außerdem über eine außentemperaturgeführte und zeitgesteuerte Regelung beim Wärmeerzeuger und über eine individuell einstellbare raumseitige Temperaturregelung (z.B. durch Thermostatventile) verfügen.

Die Heizungsleitungen sind ebenso wie Warmwasserleitungen mit einer dem Neubaustandard entsprechenden Wärmedämmung zu versehen.

Allgemeine Nachrüstpflichten

Weiter werden in der EnEV folgende energetisch wirksamen *Nachrüstungen für alle bestehenden Gebäude* gefordert:

- *Dämmung der obersten Geschossdecken*
  Ungedämmte oberste Geschossdecken, egal ob begehbar oder nicht begehbar, müssen mit U = 0,24 W/(m²·K) oder bes-

3.8
Methodik der Energieeinsparverordnung EnEV: Diese Berechnungen und Arbeitsschritte sind notwendig, um bei Sanierungsvorhaben die Erfüllung der EnEV nachzuweisen. Bei Neubauvorhaben entfällt der Faktor 1,4.

Energieträger	Primärenergiefaktor f_p
Braunkohle	1,2
Solarenergie	0,0
Brennholz	0,2
Holzpellets	0,2
Erdgas	1,1
Heizöl	1,1
Strom (EnEV 2014)	1,8
Fernwärme fossil	1,3
Fernwärme aus KWK	0,7

Tabelle 3.9
Primärenergiefaktoren verschiedener Energieträger (nicht erneuerbarer Anteil). Wegen verstärkter Einspeisung von Strom aus erneuerbaren Quellen ins Netz wurde dessen Primärenergiefaktor ab 2016 auf 1,8 gesenkt, was den Einsatz elektrischer Wärmepumpen begünstigt.

Primärenergiebezogene Anlagenaufwandszahlen e_p			
Anlagenvarianten Nutzflächen		$A_N = 150\ m^2$	$A_N = 500\ m^2$
Kessel + Speicher außerhalb der thermischen Hülle			
1	NT-Kessel 70/55°C + WW-Speicher mit Zirkulation, Fensterlüftung	1,84	1,54
2	wie 1, jedoch Brennwert-Kessel	1,70	1,44
3	wie 2, zusätzlich WW-Solaranlage	1,45	1,14
Kessel + Speicher innerhalb der thermischen Hülle			
4	wie 2, BW-Kessel + Speicher innenhalb	1,49	1,35
5	wie 4, jedoch ohne Zirkulation	1,40	1,30
6	wie 5, jedoch mit WW-Solaranlage	1,22	1,10
7	wie 5, statt Fensterlüftung Lüftungsanlage mit 80% WRG	1,33	1,19
8	**Erdreich/Wasser-Wärmepumpe** + WW-Speicher außerhalb der thermischen Hülle, FBH 36/28°C, ohne Zirkulation, Fensterlüftung	1,1	0,92

Tabelle 3.10
Primärenergiebezogene Anlagenaufwandszahlen e_p nach DIN V 4701-10 Bbl.1 für verschiedene Anlagenvarianten und Beispielgebäude mit 150 bzw. 500 m² Nutzfläche bei einem Jahres-Heizwärmebedarf Q_h von 60 kWh/(m²·a). Durch Anordnung von Kessel und Speicher innerhalb der beheizten Hülle lassen sich z.B. deutlich günstigere Anlagenaufwandszahlen erreichen. Auch durch Nutzung von Solar- und Umweltwärme lässt sich die Anlagenaufwandszahl verbessern.

3.9
Bereits mit der EnEV-Novellierung 2007 wurde der Energiebedarfsausweis verbindlich eingeführt, der in seiner inhaltlichen Ausgestaltung den neuen Anforderungen angepasst wurde. Als Bedarfsausweis weist er den aufgrund der baulichen Qualitäten zu erwartenden Jahres-Primärenergiebedarf und den Endenergiebedarf nach (berechnete Werte); diese Werte müssen nicht zwangsläufig mit den nutzerabhängigen realen Verbräuchen übereinstimmen. Quelle: Bundesratsdrucksache Energiebedarfsausweis

ser gedämmt sein. Alternativ kann das darüber liegende Dach gedämmt werden. Bei obersten Geschossdecken, die nach dem 31.12.1983 normgerecht ausgeführt wurden, wird auch eine Zwischensparrendämmung als ausreichend erachtet, wenn der Hohlraum in die höchstmöglicher Dämmstoffdicke (z.B. Sparrenhöhe) mit einem Dämmstoff der Leitgruppe 035 (λ = 0,035 W/mK) gefüllt wird.

- *Heizungsmodernisierung*
Alte Heizkessel, die vor dem 1.10.1978 eingebaut wurden, dürfen nicht mehr betrieben werden, mit Inkrafttreten der EnEV 2014 gilt das auch für Kessel, die älter als 30 Jahre sind, d.h. vor dem 1.1.1985 eingebaut wurden. Neu einzubauende Heizkessel müssen die Vorgaben der EU-Heizkesselrichtlinie erfüllen, was der Bezirksschornsteinfeger ebenso kontrolliert wie das Vorhandensein einer außentemperatur- und zeitgesteuerten Kesselregelung sowie die Thermostatventile in beheizten Räumen.

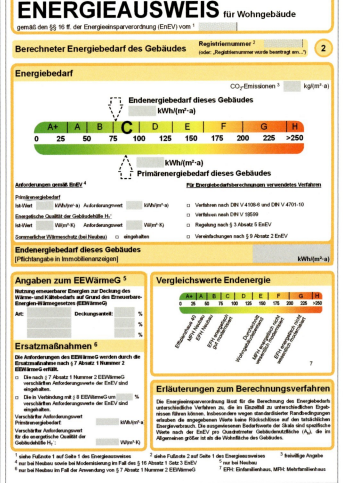

- *Elektrische Speicherheizungen* (Nachtspeicherheizungen), die älter als 30 Jahre sind, sind bis 31.12.2019, andere spätestens 30 Jahre nach Einbau außer Betrieb zu nehmen. Diese Verpflichtung wurde in der EnEV 2014 teilweise zurückgenommen, Nachspeicherheizungen unter bestimmten Bedingungen also wieder zugelassen.
- Ungedämmte zugängliche Wärmeverteilungsleitungen und Warmwasserleitungen müssen ausreichend, d.h. nach EnEV-Vorgaben, gedämmt werden.

Energieinhalt, CO_2-Emissionen, Kosten und Primärenergiefaktoren von Energieträgern

Energieträger	Energieinhalt b	CO_2-Emission c in kg CO_2/kWh	Brennstoffkosten k in ct/kWh	Primärenergiefaktor f_p
Braunkohle	5,5 kWh/kg	0,380	3,9 - 4,4	1,2
Steinkohle	7,7-7,9 kWh/kg	0,370	3,3 - 3,4	1,1
Brennholz	4,1 kWh/kg	0,014	5,4 - 6,2	0,2
Holzpellets	4,8 kWh/kg	0,014	4,8 - 5,5	0,2
Erdgas	10 kWh/m_N^3	0,248	4,7 - 6,6	1,1
Heizöl	10 kWh/l	0,312	5,6 - 6,3	1,1
Strom (Haushalt) (Wärmepumpentarif)	1 kWh	0,622	25 - 29 18,6-21,0	1,8
Fernwärme (a.Heizw.)	1 kWh	0,214	7,0 - 15	1,3 (fossil) 0,1 (erneuerb.)
Fernwärme (aus KWK)	1 kWh		7,0 - 15	0,7 (fossil) 0,0 (erneuerb.)

Tabelle 3.11
Energieinhalt, spezifische CO_2-Emissionen, Brennstoffkosten und Primärenergiefaktoren verschiedener Energieträger. Die Brennstoffkosten geben den Stand vom Dezember 2017 wieder. In den letzten 2 Jahren hat es, von Markt-Schwankungen abgesehen, wenig Änderungen gegeben. Derzeit zeichnet sich, insbesondere bei Öl und Gas, eine stärkere Tendenz zu steigenden Preisen und größeren Preisspannen zwischen den Anbietern ab.

Der Energieausweis

In der novellierten Fassung der EnEV 2014 hat es beim Energieausweis einige Änderungen gegeben: Der Energieausweis ist nicht nur für alle normal beheizten Wohngebäude und für alle Nichtwohngebäude verpflichtend, er muss bei Verkauf oder Vermietung/Verpachtung den potentiellen Käufern/Mietern unaufgefordert vorgelegt werden. Außerdem sind Art des Ausweises, Energiekennwert und wesentliche Energieträger in allen Immobilienanzeigen aufzuführen. Auf Verlangen ist der Energieausweis der zuständigen Baurechtsbehörde vorzulegen, obendrein soll nun ein Kontrollsystem für Energieausweise etabliert werden, das stichprobenartige Kontrollen durch die Behörden der Bundesländer vorsieht.

Bei genehmigungspflichtigen Modernisierungs- und Erweiterungsvorhaben (um mehr als die Hälfte der beheizten Fläche) muss der Energieausweis auf jeden Fall als energie*bedarfs*bezogener Ausweis auf der Basis der baulichen und heizungstechnischen Gegebenheiten für das ganze Gebäude von ausgewiesenen Fachleuten berechnet werden. Die nach Vorgaben der EnEV ermittelten Werte für den Primärenergiebedarf und den Endenergiebedarf werden in einen Ausweis gemäß Abb. 3.9 eingetragen und auf einem Tachoband anschaulich dargestellt. Dieses Tachoband erhält gemäß EnEV 2014 eine neue reduzierte Skala (Primär- und Endenergiebedarf von 0 bis 250 kWh/m²·a statt 0 bis 400 kWh/m²·a) und wird durch Energieeffizienzklassen von A+ bis H (je nach Endenergiebedarf) übersichtlich gegliedert. Verwirrend kann dabei die Bezugnahme auf den Endenergiebedarf wirken. Denn ein Gebäude mit gegebenem Wärmedämmstandard kann mit einer Wärmepumpenheizung in der Effizienzkategorie A+ landen, mit Gas und Solaranlage beheizt die Klasse A erreichen und mit einer primärenergiesparenden Pelletheizung in Klasse C landen.

Die im EnEV-Nachweis errechneten Werte für den Primär- und Endenergiebedarf werden in das Tachoband im Energieausweis eingetragen; damit geben sie Auskunft über den energetischen Gesamtzustand des Gebäudes und lassen Rückschlüsse auf die zu erwartenden Heizkosten und die CO_2-Emissionen zu. Der Energieausweis hat eine Gültigkeit von 10 Jahren, sofern nicht wesentliche oder genehmigungspflichtige Änderungen am Gebäude vorgenommen werden.

Im Mietwohnungsbau und für einige andere bestehende Gebäude wurde zugelassen, den Energieausweis auch auf der Basis von Heizenergieverbrauchswerten der letzten 3 Jahre auszustellen (Verbrauchsausweis). Arbeitsaufwand und Kosten für die Erstellung des Verbrauchsausweises sind sehr viel geringer als beim Bedarfsausweis, dafür enthält der Verbrauchsausweis allerdings weder Detailinformationen über den Gebäudezustand, noch Empfehlungen, welche Maßnahmen den Heizenergieverbrauch effektiv verringern.

Fazit

Wenn Erneuerungsmaßnahmen an einem Gebäude vorgenommen werden, müssen die betreffenden Bauteile nach der Sanierung mindestens den Bauteilanforderungen der EnEV für Altbauten genügen, was ja nur vernünftig ist. Bei gut sanierten Altbauten, welche die Anforderungen der EnEV für Neubauten um weniger als 40% überschreiten, gelten die hohen Bauteilanforderungen nicht. Generell sind aber die Förderbedingungen für günstige Kredite, Tilgungszuschüsse oder Investitionszuschüsse zu beachten, die im Vergleich zur EnEV erhöhte Bauteilanforderungen stellen.

Die U-Werte, wie sie in der EnEV für Neubauten gefordert werden, oder besser noch die Richtwerte für das KfW-Effizienzhaus 70 (vgl. Tabelle 3.2) können als Empfehlung für alle zukunftsweisenden Sanierungsmaßnahmen gesehen werden, zumal die Anforderungen der EnEV an die Dämmstärke sich nicht mit der wirtschaftlich optimalen Dämmstärke decken. Wer sich an diese Vorschläge hält, hat die geltende EnEV zwar übererfüllt, liegt dabei aber, betriebswirtschaftlich betrachtet, im günstigen Bereich. Die Praxis zeigt, dass deren Umsetzung beim Altbau mitunter konstruktive bzw. baupraktische Schwierigkeiten bereitet. Was in solchen Fällen getan werden kann, ist in den jeweiligen Bauteilkapiteln nachzulesen.

3.4 Die Haustypologie als Wegweiser

Bei oberflächlicher Betrachtung sieht fast jedes Haus anders aus. Dabei haben die historische Entwicklung der Bautechnik und die regionalen Bautraditionen durchweg Häuser mit typischen Merkmalen hervorgebracht. Beispielsweise wurden bis zum 2. Weltkrieg Geschossdecken fast ausschließlich als Holzbalkendecken ausgeführt, während nach dem zweiten Weltkrieg vorwiegend Stahlbetondecken zum Einsatz kamen. Solche zeittypischen Bauweisen machen es möglich, die meisten älteren Gebäude einer relativ kleinen Zahl von Haustypen zuzuordnen.

Die einzelnen Haustypen, die sich hauptsächlich durch Baualter und Größe unterscheiden, weisen in der Regel relativ einheitliche Konstruktionen für Außenwand, Dach, Decken, Böden, Fenster etc. auf. Für die übergeordnete Planung wärmetechnischer Sanierungen ebenso wie für allgemeine Empfehlungen ist eine solche Typologie sehr hilfreich. Denn ohne ein Gebäude genau untersucht zu haben, lassen sich bereits aufgrund des Gebäudetyps Aussagen über die vorherrschenden Baukonstruktionen machen und daraus Vorschläge für konkrete Energiesparmaßnahmen ableiten.

Die Haustypen unterscheiden sich von außen aufgrund des Baualters (Gebäudestil) und der Größe (Ein- bzw. Mehrfamilienhaus). Eine Übersicht über die am häufigsten vertretenen Gebäudetypen gibt die Tabelle 3.12 auf den folgenden Seiten. Die dort abgebildeten Gebäude aus der Stadt Bielefeld sind durchaus repräsentativ für einen großen Teil des Gebäudebestands in Deutschland.

Die Datenblätter geben Auskunft auf Fragen wie:
- Welche Baukonstruktion kann ich erwarten?
- Welchen U-Wert erreicht die Konstruktion im ungedämmten Zustand?
- Welche Dämmung wird empfohlen und wie verändert sich dadurch der U-Wert?

Es anzumerken, dass es sich bei den U-Werten (alt und neu) um Mittel- bzw. Richtwerte handelt. Die Hausdatenblätter können in diesem Punkt natürlich nur eine Orientierungshilfe geben. Vor der Vergabe von Baumaßnahmen ist in jedem Fall der Aufbau der bestehenden Außenbauteile vor Ort zu prüfen, insbesondere wenn in der Vergangenheit bereits bauliche Veränderungen oder Maßnahmen zur Energieeinsparung vorgenommen wurden.

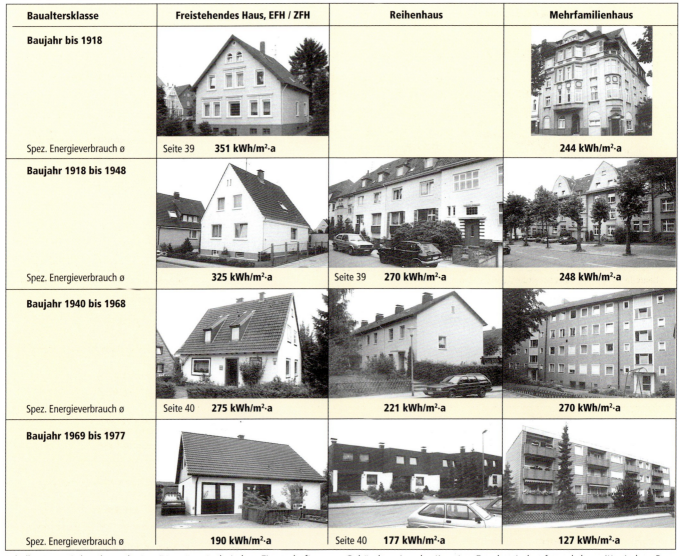

Tabelle. 3.12: Gebäudetypologie. Die wärmetechnischen Eigenschaften von Gebäuden einer bestimmten Epoche sind aufgrund der zeittypischen Baukonstruktionen in der Regel sehr ähnlich. Für einige der sanierungsbedürftigen Gebäudetypen mit größerer Verbreitung im Bestand sind auf den folgenden Seiten die vorherrschenden Konstruktionen und die mit vertretbarem Aufwand erreichbaren Einsparziele dargestellt.

Haustyp: Freistehendes EFH/ZFH
Baualter: bis 1918
Geschosszahl: 1,5 bis 2,5
Spez. Heizenergieverbrauch
vor der Sanierung   351 kWh/m²a
nach der Sanierung   84 kWh/m²a
Einsparung: 76%

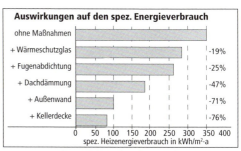

Bauteile	Ursprüngliche Konstruktion		Wärmetechnisch verbesserte Konstruktion
	Außenwand a) 25 o. 38 cm Vollziegelmauerwerk mit Ziegelornamentik oder Stuck b) 2 x 12 cm Vollziegelmauerwerk mit ca. 7 cm Luftschicht (seltener) **U-Werte alt: a) 1,65 - 2,10 W/m²K; b) 1,55 W/m²K**		**Dämmmaßnahme** Innendämmung, 8 cm, WLG 035 **U-Wert neu: 0,45 W/m²K**
	Kellerdecke a) Holzbalkendecke mit Blindboden und Lehmschlag b) preußische Kappendecke, gemauert, mit Sandschüttung, oberseitig Dielungscheitrechte c) Kappendecke a. Ortbeton m. Sandschüttung, darüber Dielung **U-Werte alt: a) bis c) 1,07 W/m²K**		Dämmung unterseitig, 8 cm, WLG 035 **U-Wert neu: 0,34 W/m²K**
	Dachschräge Schalung mit Putz auf Putzträger **U-Wert alt: 1,80 bis 2,95 W/m²K**		Dämmung zwischen den Sparren (20 cm), oder besser oberhalb der Sparren + Winddichtung **U-Wert neu: 0,19 W/m²K**
	Oberste Geschossdecke Holzbalkendecke mit Blindboden und Lehmschlag, unterseitig Putz, oberseitig Dielung **U-Wert alt: 0,95 W/m²K**		Dämmung oberseitig, 20 cm stark, teilweise begehbar **U-Wert neu: 0,17 W/m²K**
	Fenster Sprossenfenster aus Holz, Einfachverglasung **U-Wert alt: 5,20 W/m²K**		Wärmeschutzverglasung incl. Fugendichtung **U-Wert neu: 1,30 W/m²K** bei Dreifach-WSV: 0,8 - 0,9 W/m²K

Haustyp: Reihenhaus
Baualter: 1919 bis 1948
Geschosszahl: 2 bis 3
Spez. Heizenergieverbrauch
vor der Sanierung   270 kWh/m²a
nach der Sanierung   59 kWh/m²a
Einsparung: 78%

Bauteile	Ursprüngliche Konstruktion		Wärmetechnisch verbesserte Konstruktion
	Außenwand a) 25 cm Vollziegelmauerwerk (z.T. auch Lochziegel), teilweise außen verputzt; b) 2-schaliges Hohlschichtmauerwerk (Vollziegel) mit stehender Luftschicht, z.T. außen verputzt (seltener) **U-Werte: a) 1,70 - 2,10 W/m²K; b) 1,60 W/m²K**		**Dämmmaßnahme** a) WDVS 14 cm b) Kerndämmung 6 cm **U-Wert neu: a) 0,24 W/m²K; b) 0,45 W/m²K**
	Kellerdecke Hohlstein- o. Ortbetondecke m. Sand- o. Schlackenschüttung, oberseitig Dielung **U-Wert alt: 1,15 bis 1,25 W/m²K**		Dämmung unterseitig, 8 cm, WLG 035 **U-Wert neu: 0,34 W/m²K**
	Dachschräge Sparschalung mit Putz auf Schilfrohrträger **U-Wert alt: 2,95 W/m²K**		Dämmung zwischen den Sparren (20 cm) oder besser oberhalb der Sparren + Winddichtung **U-Wert neu: 0,19 W/m²K**
	Oberste Geschossdecke Holzbalkendecke mit Blindboden und Lehm-schlag, unterseitig Putz, oberseitig Dielung **U-Wert alt: 0,95 W/m²K**		Dämmung oberseitig, 20 cm stark, teilweise begehbar **U-Wert neu: 0,17 W/m²K**
	Fenster Sprossenfenster aus Holz, Einfachverglasung **U-Wert alt: 5,20 W/m²K**		Wärmeschutzverglasung incl. Fugendichtung **U-Wert neu: 1,30 W/m²K** bei Dreifach-WSV: 0,8 - 0,9 W/m²K

Haustyp: Freistehendes EFH/ZFH
Baualter: 1949 - 1968
Geschosszahl: 1 bis 1,5
Spez. Heizenergieverbrauch
vor der Sanierung   275 kWh/m²a
nach der Sanierung   66 kWh/m²a
Einsparung: 76%

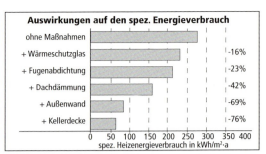

Auswirkungen auf den spez. Energieverbrauch
- ohne Maßnahmen
- + Wärmeschutzglas: -16%
- + Fugenabdichtung: -23%
- + Dachdämmung: -42%
- + Außenwand: -69%
- + Kellerdecke: -76%

Bauteile	Ursprüngliche Konstruktion	Wärmetechnisch verbesserte Konstruktion
	Außenwand 24 oder 30 cm Vollziegelmauerwerk, oder Lochziegelmauerwerk, innen und außen verputzt **U-Wert alt:** 1,50 - 2,20 W/m²K	**Dämmmaßnahme** a) WDVS 14 cm alternativ b) Innendämmung 8 cm **U-Werte neu:** a) 0,24 W/m²K b) 0,45 W/m²K
	Kellerdecke a) Ortbetondecke, oberseitig Dielung b) Ortbeton mit schwimmendem Estrich auf 2 cm Mineralwolle **U-Werte alt:** a) 1,25 W/m²K b) 1,15 W/m²K	Dämmung unterseitig, 8 cm **U-Wert neu:** 0,34 W/m²K
	Dachschräge 2,5 - 5 cm mineralisch gebundene Holzwolleplatten, verputzt **U-Wert alt:** 1,15 bis 1,80 W/m²K	Dämmung (20 cm) zwischen den Sparren oder besser oberhalb der Sparren + Winddichtung **U-Wert neu:** 0,18 W/m²K
	Oberste Geschoßdecke Holzbalkendecke mit Lehmschlag, unterseitig Putz auf Putzträger, DG nicht ausgebaut: Betondecke mit schwimm. Estrich auf 2 cm Mineralwolle **U-Wert alt:** 0,95 W/m²K	Dämmung oberseitig, 20 cm stark, teilweise begehbar **U-Wert neu:** 0,17 W/m²K
	Fenster Einfachfenster aus Holz, Einfachverglasung **U-Wert alt:** 5,20 W/m²K	Wärmeschutzverglasung incl. Fugendichtung **U-Wert neu:** 1,30 W/m²K bei Dreifach-WSV: 0,8 - 0,9 W/m²K

Haustyp: Reihenhaus EFH/ZFH
Baualter: 1969-1977
Geschosszahl: 2 bis 2,5
Spez. Heizenergieverbrauch
vor der Sanierung   177 kWh/m²a
nach der Sanierung   62 kWh/m²a
Einsparung: 65%

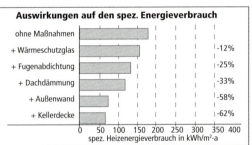

Auswirkungen auf den spez. Energieverbrauch
- ohne Maßnahmen
- + Wärmeschutzglas: -12%
- + Fugenabdichtung: -25%
- + Dachdämmung: -33%
- + Außenwand: -58%
- + Kellerdecke: -62%

Bauteile	Ursprüngliche Konstruktion	Wärmetechnisch verbesserte Konstruktion
	Außenwand a) 24 cm Lochsteinmauerwerk mit Hinterlüftung, Dämmung und Verblendung; b) 30 oder 36,5 cm Lochsteinmauerwerk, innen und außen verputzt **U-Werte alt:** a) 0,65 W/m²K; b) 1,05 - 1,25 W/m²K	**Dämmmaßnahme** a) WDVS 14 cm b) Innendämmung 8 cm **U-Werte neu:** a) 0,24 W/m²K b) 0,45 W/m²K
	Kellerdecke Ortbeton mit schwimmendem Estrich auf 2 bis 3 cm Polystyrol **U-Wert alt:** 0,80 bis 1,05 W/m²K	Dämmung unterseitig, 8 cm **U-Wert neu:** 0,34 W/m²K
	Dachschräge Gipskartonplatten oder Profilbretter unter 6 bis 8 cm Mineralwollematten **U-Wert alt:** 0,50 bis 0,60 W/m²K	Dämmung (20 cm) zwischen den Sparren oder besser oberhalb der Sparren + Winddichtung **U-Wert neu:** 0,19 W/m²K
	Oberste Geschoßdecke a) Holzbalkendecke mit 6 bis 8 cm Mineralwollematten b) DG nicht ausgebaut: Betondecke mit schwimm. Estrich auf 2 - 4 cm Dämmung **U-Werte alt:** a) 0,50 - 0,60 W/m²K b) 0,80 - 1,05 W/m²K	Dämmung oberseitig, 20 cm stark, teilweise begehbar **U-Wert neu:** 0,16 W/m²K
	Fenster a) Einfachfenster aus Holz, Einfachverglasung b) Einfachfenster aus Holz, Isolierverglasung **U-Werte alt:** a) 5,20 W/m²K b) 2,80 W/m²K	Wärmeschutzverglasung incl. Fugendichtung **U-Wert neu:** 1,30 W/m²K bei Dreifach-WSV: 0,8 - 0,9 W/m²K

3.5 Welche Einsparungen sind erreichbar?

Wie die Beispiele in der Haustypologie zeigen, bringt die umfassende energetische Sanierung eines Gebäudes – je nach Baualter und baulichem Standard – Einsparungen von 50 bis 80% gegenüber dem Ausgangszustand. Gelingt bei entsprechenden baulichen Voraussetzungen gar eine Sanierung auf einen gehobenen Effizienzhaus- oder Passivhaus-Standard, sind bis zu 90% Einsparung erreichbar (d.h. Reduzierung auf 1/10). Das gelingt aber nur unter zwei Bedingungen:

1. *Alle* Bauteile einschließlich Heizung und Warmwasser-Bereitung werden gründlich saniert, wobei die Maßnahmen auch schrittweise ausgeführt werden können.
2. Es kommen mindestens die von der EnEV geforderten Dämmstoffstärken zum Einsatz. Als Zielwerte sind anzustreben (bezogen auf Dämmstoff der Gruppe 040, d.h. λ = 0,040 W/mK):
- Wand-Außendämmung: 16 - 20 cm Dämmstoff, bei Passivhaus-Standard 30 - 40 cm.
- Wand-Innendämmung: 8 - 10 cm Dämmstoff,
- Steildach, Flachdach oder oberste Geschossdecke: 30 cm Dämmstoff, beim Passivhaus-Standard 40 cm.
- Fenster: Rahmen + Verglasung mit U-Wert 1,3 W/(m²·K) oder besser, bei Effizienzhaus- und Passivhaus-Standard verpflichtend 3fach-Verglasung und zertifizierte Passivhausfenster mit wärmegedämmten Rahmen.
- Kellerdecke: 12 - 16 cm Dämmstoff.
- Zur Erreichung des EnEV-Neubau-Standards und besser kann auf eine Lüftungsanlage, möglichst mit Wärmerückgewinnung, *nicht* verzichtet werden. Damit diese funktioniert, muss eine ausreichende Dichtheit des Gebäudes gewährleistet sein.

Bei der energetischen Sanierung sollte man stets bedenken: Was heute zu wenig gemacht wird, wird sich auf absehbare Zeit nicht mehr nachzurüsten lohnen, zumindest nicht unter wirtschaftlich vernünftigen Bedingungen. An die Stelle der weit verbreiteten Minimal-Philosophie *übliche Dämmstoffstärke + eventuell ein bisschen mehr* sollte die Maximal-Philosophie treten: *Maximale Dämmstoffstärke auswählen und nur in schwierigen Fällen geringfügig nach unten abweichen.*

KfW-Förderung für Sanierung

Die Empfehlung, mehr zu tun als vorgeschrieben, kommt auch in den einschlägigen Förderprogrammen zum Ausdruck. Da Wärmeschutz- und Energiesparmaßnahmen am Gebäude in der Regel beträchtliche Investitionen erfordern, sind günstige Finanzierungsmöglichkeiten und Förderzuschüsse bei Hausbesitzern gefragt. Die bundeseigene KfW-Bank fördert die energetische Sanierung von Gebäuden seit Jahren in erheblichem Umfang mit günstigen Krediten und Zuschüssen. Ausgestaltung und Förderbedingungen der Programme werden immer wieder den Marktgegebenheiten und den aktuellen Normen angepasst.

Wie in Kap. 3.2 ausgeführt, werden KfW-Effizienzhäuser danach bezeichnet, wie sich der Jahresprimärenergiebedarf Q_P des Gebäudes zum zulässigen Höchstwert Q_{Pmax} gemäß EnEV verhält. Beim Effizienzhaus-100 darf der Jahresprimärenergiebedarf Q_P maximal 100% des beim Referenzgebäude zulässigen Höchstwertes Q_{Pmax} (Neubau) erreichen. Da die EnEV im Bestand bis zu 40% Überschreitung von Q_{Pmax} und H'_{Tmax} zulässt, werden auch Modernisierungsmaßnahmen zum Effizienzhaus 115 sowie zum Effizienzhaus 100 gefördert, außerdem die Stufen Effizienzhaus 85, 70 und 55. Die Anforderungen an den einzuhaltenden Transmissionswärmeverlust H'_T gehen mit den genannten Prozentzahlen nicht konform und sind etwas weniger streng gehalten (Tabelle 3.13).

Bei Eigentümern (natürliche Personen) von Ein- und Zweifamilienhäusern sowie von Eigentumswohnungen mit Sanierungsabsicht kommt vor allem das *Zuschuss-Programm* (Programm 430) in Betracht, wenn kein Kredit benötigt wird: bei Sanierung auf Effizienzhaus 85- bzw. Effizienzhaus 100-Standard kann so z.B. ein Zuschuss von 20% (Effizienzhaus 85) auf die Investition, max. 20.000 €, bzw. 17,5% (Effizienzhaus 100) und max. 17.500 € je Wohneinheit beantragt werden (Stand 1.11.2017). Alternativ und nicht auf den Kreis der Ein- und Zweifamilienhaus-Eigentümer beschränkt ist das Kreditprogramm (Programm 151) mit günstigem Zinssatz (z.Zt. 0,75%) und einem Tilgungszuschuss, der etwas geringer ausfällt als der Investitionszuschuss im Programm 430.

Insbesondere die Einhaltung des Höchstwertes beim spezifischen Transmissionsverlust H'_T bereitet bei bestehenden Ein- und Zweifamilienhäusern häufig Schwierigkeiten, wenn diese den H'_T-Wert von 0,40 W/(m²·K) beim Effizienzhaus 85 zu 100% einhalten müssen. Die EnEV 2014 fordert H'_T = 0,40 W/(m²·K) für freistehende Neubauten bzw. 0,56 W/(m²·K) für Altbauten. Bei Gebäuden mit ungünstigem A/V-Verhältnis (0,8 - 1/m) und hohem Fensterflächenanteil sind solche Werte nur mit Dreifachverglasung (bzw. Passivhaus-Fenstern), allseitig gutem Wärmeschutz und mit optimierten, reduzierten Wärmebrücken nach DIN 4108-6 bzw. Beibl. 2 zu erreichen. Das heißt: Alle Außenbauteile der thermischen Hülle müssen in die Sanierung einbezogen und Wärmebrücken sorgfältig nachgewiesen werden, um die Förderbedingungen zu erfüllen. Die Einhaltung des zulässi-

Tabelle 3.13
Die KfW-Förderprogramme *Energieeffizient Sanieren 151 und 430* sehen Förderrichtlinien für Anträge auf der Basis der EnEV 2014/2016 vor, dessen Rahmenbedingungen (Stand 12.2017) hier nur stark verkürzt wiedergegeben sind. Da die Förderbedingungen von Zeit zu Zeit geändert werden, sind diese Angaben ohne Gewähr. **Einzelheiten und aktuelle Informationen** gibt es unter **www.kfw.de** (dort bei Service).

KfW-Förderprogramm „Energieeffizient Sanieren" nach EnEV				
Bezeichnung	zuläss. Höchstwert bezogen auf das Referenzgebäude		Investitionszuschuss (Programm 430)	Tilgungszuschuss je WE bei Kredit (Programm 151)
EH = Effizienzhaus	Q_P	H'_T	je Wohneinheit (WE)	(0,75% Zins, 10 a fest)
KfW-EH 115	115%	130%	15% (max. 15.000 €)	12,5% (max.12.500 €)
KfW-EH 100	100%	115%	17,5% (max. 17.500 €)	15,0% (max. 15.000 €)
KfW-EH 85	85%	100%	20% (max. 20.000 €)	17,5% (max. 17.500 €)
KfW-EH 70	70%	85%	25% (max. 25.000 €)	22,5% (max. 22.500 €)
KfW-EH-55	55%	70%	30% (max. 30.000 €)	27,5% (max. 27.500 €)
KfW-Denkmal	160%	175%	15% (max. 15.000 €)	12,5% (max. 12.500 €)
Einzelmaßnahmen		lt. Tab.	10% (max. 15.000 €)	7,5% (max. 3.750 €)
Heizungs-/Lüftungspaket			15% (max. 7.500 €)	12,5% (max. 6.250 €)

gen Primärenergiebedarfes fällt bei solchen Gebäuden dagegen vergleichsweise leicht, insbesondere wenn eine Pelletheizung und eine Brauchwasser-Solaranlage zum Einsatz kommen (günstige Anlagenaufwandszahl e_p). Bei großen Gebäuden mit einem günstigen A/V-Verhältnis ist die Einhaltung des maximal zulässigen H'_T-Wertes von 0,5 W/(m²·K) einfacher, hier kommt es mehr darauf an, für luftdichte Bauweise und effiziente Anlagentechnik zu sorgen, um den zulässigen Primärenergiebedarf einhalten zu können.

Alternativ zu Effizienzhaus-Sanierungen fördert die KfW auch Einzelmaßnahmen, also z.B. die Wärmedämmung von Wänden, Dachflächen, Geschossdecken, Fenstern und Türen, derzeit mit 10% Zuschuss zu den förderfähigen Kosten, die maximal 5.000 € je Wohneinheit betragen dürfen. Auch hier sind die Anforderungen an den Wärmedurchgangskoeffizienten des zu erneuernden Bauteils anspruchsvoller als die EnEV-Anforderungen bei Änderungen im Bestand (vgl. Tab. 3.14).

Rechnet sich das überhaupt?

Die Wirtschaftlichkeit von Energiesparmaßnahmen wird immer wieder angezweifelt. Natürlich hängt sie von der Energiepreisentwicklung ab. Es sind im Wesentlichen zwei Missverständnisse, die zur Einschätzung der Unwirtschaftlichkeit führen.

Da ist zum einen der unzulässige Vergleich: Den hohen Investitionen stehen relativ geringe Einsparungen gegenüber. Da jedoch Energiesparmaßnahmen – mit Ausnahme der Heizungstechnik – 30 Jahre und länger halten, sind auch die Energiekosten der nächsten 30 Jahre zu addieren und die Einsparungen in dieser Zeit den Investitionskosten gegenüberzustellen. Oder man betrachtet die Investitionen als Kredit und stellt den jährlichen Energiekosteneinsparungen die jährlichen Kreditkosten (Zins + Tilgung) gegenüber. Der Vergleich von Kosten und Einsparungen zeigt dann, ob eine Maßnahme wirtschaftlich oder unwirtschaftlich ist. Zum anderen werden oft die Kosten für die bauliche Sanierung und für die energietechnischen Maßnahmen miteinander vermengt. Muss beispielsweise eine Fassade neu verputzt werden, so handelt es sich eindeutig um Kosten für eine bauliche Sanierung. Verbindet man die Fassadenerneuerung mit einer Außenwand-Wärmedämmung, so dürfen als Kosten für die Energiesparmaßnahme nur die Mehrkosten des Wärmedämm-Verbundsystems gegenüber der einfachen Putzerneuerung in Rechnung gestellt werden.

Amortisationszeiten

Zu unterscheiden sind die betriebswirtschaftliche und die energetische Amortisationszeit.

Die *energetische Amortisationszeit* gibt an, wie lange es dauert, bis die für eine Maßnahme eingesetzte Herstellungsenergie durch Heizenergieeinsparungen erwirtschaftet wird; sie ist für nahezu alle Dämmmaßnahmen kürzer als eine Heizperiode.

Die *betriebswirtschaftliche Amortisation* kann für einzelne Dämmmaßnahmen lang sein und durchaus 10 bis 20 Jahre betragen. Trotzdem sind Dämmmaßnahmen sinnvoll: Zum einen kann man Wohnungsbau und Klimaschutz nicht mit den Wirtschaftlichkeitskriterien von Unternehmen messen und zum anderen hat der Hausbesitzer nur 2 Alternativen:

- keine energetische Sanierung und hohe Energiekosten oder
- Sanierung einschließlich energetischer Sanierung und niedrige Energiekosten.

Ist die zweite Alternative in der Summe (Kosten für Energie + Kapital) billiger als die erste, so ist dies die bessere Wahl, unabhängig davon, ob sich die Maßnahme bei 30 Jahren Lebensdauer schon nach 10 bzw. 15 oder erst nach 20 Jahren amortisiert.

Beratung ist sinnvoll

Wer sein Haus energetisch saniert, sollte nicht nur die Kosten schätzen, sondern ein Energiegutachten mit Wirtschaftlichkeitsberechnung erstellen lassen. Solche Gutachten kosten heute ca. 300 - 800 € für ein Einfamilienhaus und werden vom Bundesamt für Finanzen (www.bafa.de) mit 50% der Kosten, max. 450 € gefördert. Ansprechpartner hierfür sind die Verbraucher-Zentralen, die Energieversorgungsunternehmen und kommunale Beratungsstellen.

Ein wesentliches Ziel des Gutachtens bzw. der Beratung sollte die Entwicklung eines Sanierungskonzeptes sein, wie es bereits in Kapitel 2 beschrieben wurde:

- Wie dringend ist eine energetische Sanierung?
- Welche Standards bzw. Sanierungsziele sollen angestrebt werden?
- Welche technologischen Optionen können zum Einsatz kommen?
- Welche Arbeiten müssen im zeitlichen Zusammenhang erledigt werden, welche können ggf. später noch umgesetzt (und finanziert) werden?

Mindestanforderungen an die Wärmedurchgangskoeffizienten von Bauteilen bei KfW-geförderten Einzelmaßnahmen	
Zeile Bauteil	**max. U-Wert**
1.1 Außenwand	0,20 W/(m²·K)
1.2 Kerndämmung bei zweischaligem Mauerwerk	λ ≤ 0,035 W/(m·K)
1.3 Innendämmung an Baudenkmalen und erhaltenswerter Substanz	0,45 W/(m²·K)
1.4 Innendämmung bei Fachwerkaußenwänden und Erneuerung der Ausfachungen	0,65 W/(m²·K)
1.5 Wandflächen gegen unbeheizte Räume	0,25 W/(m²·K)
1.6 Wandflächen gegen Erdreich	0,25 W/(m²·K)
2.1 Schrägdächer und dazugehörige Kehlbalkenlagen	0,14 W/(m²·K)
2.2 Dachflächen von Gauben	0,20 W/(m²·K)
2.3 Gaubenwangen	0,20 W/(m²·K)
2.4 Flachdächer als Hauptdach bis 10° Dachneigung	0,14 W/(m²·K)
2.5 alt. b. Baudenkmalen u. erhaltensw. Bausubstanz höchstmögl. Dämmschichtdicke	λ ≤ 0,035 W/(m·K)
3.1 Oberste Geschossdecken zu nicht ausgebauten Dachräumen	0,14 W/(m²·K)
3.2 Kellerdecken	0,25 W/(m²·K)
3.3 Geschossdecken gegen Außenluft nach unten	0,20 W/(m²·K)
3.4 Bodenflächen gegen Erdreich	0,25 W/(m²·K)
4.1 Fenster, Fenstertüren, die ersetzt oder erstmalig eingebaut werden	0,95 W/(m²·K)
4.2 Barrierearme o. einbruchshemmende Fenster, Balkon- u. Terrassentüren	1,1 W/(m²·K)
4.3 Ertüchtigung von Fenstern und Kastenfenstern sowie Fenster m. Sonderverglasung	1,3 W/(m²·K)
4.4 Dachflächenfenster	1,0 W/(m²·K)
4.5 Austausch von Fenstern an Baudenkmalen o. erhaltenswerter Bausubstanz	1,4 W/(m²·K)
4.6 Ertüchtigung von Fenstern an Baudenkmalen o. erhaltenswerter Bausubstanz	1,6 W/(m²·K)
5.1 Hauseingangstüren, Außentüren beheizter Räume	1,3 W/(m²·K)

Tabelle 3.14:
Anforderungen an die Wärmedurchgangskoeffizienten von Bauteilen bei KfW-geförderten Einzelmaßnahmen. Weitere Anforderungen in den Merkblättern der KfW unter www.kfw.de

Beispiel 1: Sanierung eines Wohnhauses aus den 50er Jahren mit Anbau

Werkgruppe Freiburg

Das Einfamilienhaus mit Steildach wurde 1951 als zweigeschossiges Wohngebäude mit kleinem Anbau in einem Siedlungsgebiet in Freiburg-Herdern errichtet. 2007 kauften die Bauherren das renovierungsbedürftige Einfamilienhaus, nicht zuletzt wegen der zentrumsnahen Lage und des großzügigen 770 m² großen Grundstücks, das ideale Bedingungen für eine Familie mit Kindern bietet.

Da die Bauherren dem Charme des Gebäudes erlegen waren, der Siedlungscharakter erhalten bleiben sollte und die Gebäudesubstanz zum größten Teil in Ordnung war, wurde das Gebäude nicht abgerissen, sondern renoviert und modernisiert. Der Anbau musste allerdings aus statischen Gründen, aufgrund von Fundamentsetzungen, abgerissen werden. Er wurde in Holzständerbauweise und etwas vergrößert neu errichtet. Eine weitere Maßnahme zur Wohnraumgewinnung war der Ausbau des Dachspitzes. Im Zuge der umfangreichen Renovierungsarbeiten entschloss man sich, das Gebäude auch energetisch zu sanieren, um neben einem höheren Nutzungskomfort auch den Energieverbrauch zu minimieren. Ziel war es, ein Effizienzhaus 70 nach den Anforderungen der EnEV 2007 zu erreichen.

Entwurf und Energieberechnung

Der Grundriss und die Größe des Wohnraumes sollten an die Bedürfnisse der 3-köpfigen Familie angepasst werden. Trotz der umfangreichen Sanierungsarbeiten wurde darauf geachtet, den Charakter des alten Gebäudes beizubehalten. Aus diesem Grund wurden z.B. als Verschattungselemente wieder Klappläden gewählt, so dass das äußere Erscheinungsbild weiterhin zur Sprache der umliegenden Siedlungsbebauung passt. Im Innenraum erhielt man auf Wunsch der Bauherren die Holztreppe und teilweise auch den bestehenden Dielenboden.

Die Grundrissstruktur wurde durch wenige Wanddurchbrüche und Abbrüche nur minimal verändert, der Eingangsbereich im Erdgeschoss wurde durch einen Wandabbruch vergrößert und um eine offene Garderobe ergänzt. Ein weiterer Wandabbruch im Erdgeschoss öffnet die Küche zum Essplatz hin und lässt damit einen zeitgemäßen offenen Grundriss entstehen. Aufgrund eines Wasserschadens, der auch in der Fassade ablesbar war, musste die Decke über dem Erdgeschoss im Bereich des Windfangs statisch ertüchtigt und teilweise ersetzt werden. Im Obergeschoss wurden das vorhandene WC und das Waschzimmer zu einem großzügigen Badezimmer zusammengefasst. Um die Belichtung der Zimmer im Obergeschoss zu optimieren, vergrößerte man die gartenseitige Gaube entsprechend. Um den Raum im Dachspitz besser zu erschließen, wurde ein Teil der Decke im Obergeschoss geöffnet. Hierdurch entstand eine Galerie, die über eine Sambatreppe erreicht wird. Diese Maßnahme hat auch eine positive Auswirkung auf das Obergeschoss, welches nun großzügiger und im Flurbereich weniger beengt wirkt. Es wurden neue Fußböden, Trockenbauwände und eine Verkleidung der Dachschrägen eingebaut. Ergänzt um Dachfenstern entstand hier ein offener, lichtdurchfluteter Raum, der als Arbeitsplatz genutzt wird.

Oben die Straßenansicht mit sichtbarem Wasserschaden vor der Sanierung und danach.

Unten die Gartenansicht mit dem kleinen Anbau.

Straßenansicht und Gartenansicht nach der Sanierung: Gauben und Anbau wurden neu errichtet, die Dacheindeckung nach Dämmung erneuert.

Im Zuge der energetischen Sanierung mussten viele Anschlusspunkte gelöst werden, um Wärmebrücken zu minimieren. Durch eine detaillierte energetische Berechnung des Gebäudes konnten folgende sinnvolle Maßnahmen festgelegt werden, um die Vorgaben an ein Effizienzhaus 70 gemäß EnEV 2007 zu erreichen:

- Dämmung der Kellerdecke
- Dämmung der Außenwände
- Austausch aller Fenster
- Dämmung des Daches
- Minimierung der Wärmebrücken
- Austausch der Installationen
- Lüftungsanlage m. Wärmerückgewinnung
- Austausch der Heizung

Ausführung Bauwerk

Die alte Dacheindeckung und die Lattung wurden entfernt. Nun konnten die gartenseitigen Gauben angehoben werden, um mehr Wohnraum zu schaffen. Das komplette Dach erhielt sowohl eine Zwischensparrendämmung als auch eine Aufsparrendämmung. Die nach der energetischen Berechnung erforderliche Dämmstärke von 24 cm konnte durch Aufdopplung der Sparren erreicht werden. Gleichzeitig ließ sich so eine Wärmebrücke an der Traufe vermeiden.

Die bestehende Außenwand wurde mit einem 18 cm starken Wärmedämmverbundsystem (WLG 035) gedämmt. Der alte Balkon wurde abgerissen, da er nicht mehr gebraucht wurde und die Wärmebrücke „auskragende Betonplatte" vermieden werden sollte. Die alten Fenster wurden komplett durch neue Fenster mit 2-Scheiben-Isolierverglasung ersetzt, wobei die Fensterflächen an manchen Stellen vergrößert wurden. Um den Charakter des Gebäudes nicht zu verändern, wurden als Verschattungselemente wie beim Bestandsgebäude Klappläden vorgesehen.

Da der Keller außerhalb der beheizten Gebäudehülle liegt, wurde die Kellerdecke 10 cm stark gedämmt. Die Kellerwände wurden komplett freigelegt, da der Keller unterhalb des Grundwasserhöchststandes liegt und die Wände nicht abgedichtet waren. Im Zuge der nachfolgenden Abdichtungsarbeiten wurde die Außenwanddämmung mit ca. 6 cm Stärke auch an den Kel-

lerwänden heruntergeführt, bis zur Oberkante der bestehenden Bodenplatte.

Der Anbau ist mit einer Stahlbetonbodenplatte und einer umlaufenden Frostschürze gegründet. Sowohl die Bodenplatte, wie auch die Frostschürze wurden gedämmt. Die Wände und die Decke des Anbaus wurden mit TJI-Trägern als Holztafelbau errichtet. Die Tragkonstruktion wurde innenseitig mit OSB-Platten beplankt und der Hohlraum mit Zellulose gedämmt. Innen wurde eine gedämmte Installationsebene, außen eine Holzverschalung angebracht. Der Anbau erhält eine großzügige Verglasung, um Sichtbeziehungen zwischen Wohnzimmer und Garten zu schaffen. Das Dach des Anbaus wird als Balkon für die Zimmer im Obergeschoss genutzt.

Haustechnik

Sowohl die Elektroinstallation als auch die Heizung wurden komplett erneuert. Die ursprünglich vorhandene Öl-Heizung mit außenliegendem Öltank wurde durch ein Gas-Brennwertgerät ersetzt, dessen Abgase durch ein Abgasrohr im alten Kamin abgeleitet werden. Ergänzt wurde die Haustechnik durch eine kontrollierte Lüftungsanlage mit Wärmerückgewinnung. Der vorhandene Kamin konnte als Installationsschacht umfunktioniert werden, hier wurden sowohl die Leitungen für die Abgaskalotte des Gas-Brennwertgerätes als auch die vertikale Verteilung der Lüftungsleitungen verlegt. Alle Zimmer sind an die Lüftungsanlage angeschlossen. Die horizontale Leitungsverteilung erfolgt jeweils im Fußboden des darüberliegenden Geschosses. Durch die kontrollierte Lüftungsanlage mit Wärmerückgewinnung kann jederzeit ein angenehmes Raumklima gewährleistet werden.

Neben dem verbesserten Nutzungskomfort wurde auch der Energieverbrauch erheblich reduziert. Der Heizwärmebedarf und der Primärenergiebedarf wurden jeweils um mehr als 2/3 reduziert.

Fazit

Durch die umfangreiche Planung der Sanierungs- und Modernisierungsmaßnahmen konnte ein Effizienzhaus 70 gemäß EnEV 2007 realisiert werden. Der Heizwärmebedarf und der Primärenergiebedarf konnten auf ein Drittel des Ursprungswertes gesenkt werden, nicht zuletzt aufgrund einer detaillierten Planung sämtlicher Anschlussdetails. Die Bauherren genießen die neue Wohnqualität und die geringeren Heizkosten.

Projekt: Liebühl, Freiburg
Architekten: Werkgruppe Freiburg
Baujahr / Sanierung: 1951 / 2007

Kenngrößen	Vor der Sanierung	Nach der Sanierung
Beheizte Wohnfläche	219 m², 1 WE	224,6 m², 1 WE
A/V-Verhältnis	0,68/m	0,7/m
Gebäudenutzfläche	283 m²	288 m²
Spez. Transmissionswärmebedarf H'_T	1,04 W/(m²K)	0,33 W/(m²K)
Luftwechsel	Fensterlüftung	Kontrollierte Wohnraumlüftung mit WRG
Heizwärmebedarf Q_h	153 kWh/(m²a)	45,9 kWh/(m²a)
Trinkwasserwärmebedarf	12,5 kWh/(m²a)	12,5 kWh/(m²a)
Anlagenaufwandszahl e_p	1,47	1,3
Primärenergiebedarf	233 kWh/(m²a)	77 kWh/(m²a)
Endenergieverbrauch Gas	206 kWh/(m²a)	68 kWh/(m²a)
Endenergiebedarf Strom	k.A	k.A

Beispiel 2: Sanierung eines Reihenendhauses aus den 1970er Jahren

Herbert Hanser

Das Sonthofener Reihen-Endhaus war über 28 Jahre alt, als es Christine und Herbert Hanser kauften. Und es wies einige deutliche Mängel auf: u.a. einen Feuchtesschaden im Dach durch unsachgemäße Installation, schlechte Bauweise mit vielen Wärmebrücken, ungemütliches Raumklima bei hohem Energieverbrauch und z.T. enge Räume mit unbefriedigendem Zuschnitt. „Wenn schon sanieren, dann machen wir es richtig", das stand schon vor dem Kauf fest. Dabei ging es nicht nur darum, den Schnitt des Hauses zu verändern und großzügige und helle Räume zu schaffen, vielmehr sollte das Haus auch auf den aktuellen Stand der Energietechnik gebracht werden.

Das Reihenendhaus vor der Sanierung.

Im Rahmen der Sanierung wurden das Dach, alle Fenster und die Fassade nebst Eingangsbereich komplett erneuert.

Die zahlreichen Maßnahmen, die am Ende der Planungsüberlegungen auf der Wunschliste standen, sollten möglichst an einem Stück realisiert werden: Grundrissänderung für mehr Großzügigkeit im EG, mehr Licht durch größere Fenster, deutliche Verbesserung der wärmedämmenden Gebäudehülle, Vergrößerung des Dachgeschosses durch Gauben, Einbau einer Lüftungsanlage mit Wärmerückgewinnung, Erneuerung der Heizungstechnik und Umstellung auf den heimischen Energieträger Holz sowie Einbau einer Solaranlage.

Aufgrund von Feuchteschäden im bestehenden Dach und wegen besserer Nutzbarkeit des DG enschied man sich, die alte Dachkonstruktion komplett zu entfernen und einen neuen innen sichtbaren Dachstuhl aufzubauen, der eine 22 cm starke Aufsparrendämmung (Holzfaserdämmplatten) erhielt. Dadurch liegt die Dachaußenseite jetzt höher als beim Nachbarhaus und musste mit einer Verblechung angeschlossen werden; andererseits erlaubte die Aufsparrendämmung den sauberen wärmebrückenfreien Anschluss an die Außendämmung der Außenwände und schaffte Raum im Dachgeschoss.

Die 30 cm dicken Außenwände aus Ziegel erhielten eine 18 cm dicke Dämmschicht aus Hanf, welche am Ende mit einer Vorhangschale aus Lärchenbrettern verkleidet wurde. Diese Dämmmaßnahme konnte weitgehend in Selbsthilfe ausgeführt werden.

Für den besseren Durchblick und mehr Licht im gesamten Haus sorgen die neuen Fenster mit Dreischeiben-Verglasung. Die Fenster und Fenstertüren sind jetzt raumhoch, da die ungedämmten Rolladenkästen entfernt wurden, was nicht nur mehr Licht in die Räume bringt, sondern gegenüber dem Einbau neuer Stürze auch Kosten sparte. Außerdem wurden noch einige zusätzliche Fenster vorgesehen.

Die Fenster sind bündig zur Außenseite der Außenwand luftdicht eingebaut, so dass die Rahmen zur Vermeidung von Wärmebrücken auf einfache Weise einige Zentimeter überdämmt werden konnten.

Der Sockelbereich des Hauses musste zuerst abgegraben und die Eingangstreppe (Wärmebrücke) abgerissen werden, um auch hier vernünftig dämmen zu können. Die Kellerdecke konnte kostengünstig von unten gedämmt werden.

Als angemessene Ergänzung für die anspruchsvollen Wärmeschutzmaßnahmen an der Gebäudehülle wurde eine kontrollierte Wohnraumlüftung mit Wärmerückgewinnung (ein vom Passivhaus-Institut zertifiziertes Gerät) eingebaut. Das zentrale Lüftungsgerät im Keller saugt frische Luft von draußen an, verteilt sie auf die Räume und bläst gleichzeitig verbrauchte Luft nach draußen. Dabei entzieht ein Wärmetauscher im Gerät der Abluft einen Großteil der Wärme und übertägt ihn auf die Frischluft. Das spart Energie und bringt obendrein wesentlich bessere Luft ins Haus als vorher.

Außerdem wurde der alte Öl-Heizkessel nebst Heizöllager ausgebaut und durch einen Stückholzkessel mit kleinerer Heizleistung (17 kW) und Pufferspeicher ersetzt. Ergänzt wird die Wärmeerzeugung durch eine

Erdgeschoss | 1. Obergeschoss | Dachgeschoss

8 m² große Solaranlage auf dem Dach, die in der Übergangszeit und im Sommer ausreichend Energie in den 1000 l fassenden Pufferspeicher liefert und für die Warmwasserbereitung und Heizungsunterstützung bereitstellt. Die Erfahrung hat gezeigt, dass die Heizungsunterstützung trotz des nur 8 m² großen Kollektors deutlich spürbar ist. Daduch kann nun vom Frühjahr bis Herbst auf die Holzheizung verzichtet werden. Und für die Heizung im Winter reichen in der Regel ca. 3 Ster Fichten- und Buchenholz gemischt (entsprechend 540 l Heizöläquivalent oder 5400 kWh) aus, während baugleiche Nachbarhäuser ca. 2700 l Heizöl verbrauchen.

Besonders wichtig angesichts eines so großen Umbaus war eine sorgfältige Detailplanung im Vorfeld und die Zusammenarbeit mit erfahrenen Partnern, die durchweg aus der Region kamen. Angesichts des aufwändigen Umbaus war es kein Wunder, dass die

Obere Reihe von links nach rechts:
Aufsetzen des neuen Dachstuhls
Aufsparrendämmung aus Holzfaserdämmplatten, hier mit Durchführung der Kollektorverrohrung
Vordachausbildung durch massive aufgesetzte Kontersparren

darunter:
Außenwanddämmung und Montage der vorgehängten Fassade
Kreuzlattung mit stoßversetzter Hanffaser-Dämmung
Unten links: Anbringen der luftdichten Ebene.

Bauteil	Sanierungsmaßnahmen	
Außenwände: 30 cm HLZ-Ziegel, verputzt	Vorhangfassade aus: 18 cm Hanffaser-Dämmplatten + horizontale Holzschalung	
Sockel: Beton	10 cm extrudierter Hartschaum bis unterhalb Kellerdecke bzw. auf Frosttiefe	
Satteldach: Dämmung zwischen den Sparren	Sparren erneuern, Schalung, Dampfbremse, 22 cm Weichfaser-platten, Konterlattung + Lattung, Ziegel	
	Einbau von 2 Dachgauben zur Belichtung und Erweiterung des DG	
Fenster: Doppelfenster	Fenster mit 3fach-Wärmeschutzverglasung $U_g = 0{,}7$ W/m²K	
Haustechnik vor der Sanierung	Sanierungsmaßnahmen	Verbrauch neu
Heizung Ölkessel	Ersatz durch 17 kW Scheitholzkessel mit 1000 l Pufferspeicher	3 Ster Brennholz ca. 5400 kWh/a
Warmwasserbereitung	8 m² Sonnenkollektor	
Haustechnik	Einbau energieeffizienter Pumpen, sehr gut gedämmte Warmwasserleitungen, Energieeffiziente Haushaltsgeräte	
Lüftung Fenster	Lüftungsanlage mit WRG (85% WRG)	25 W_{el}
Wohnfläche alt : 100 m² nur teilbeheizt, von 1 Person bewohnt	**Verbrauch** Heizung + WW: 1.600 l Heizöl, Nachbarhaus, 125 m²: 2.500 l	**Wohnfläche** neu : 135 m²	**Primärenergiebedarf:** 30,1 kWh/(m²·a) **Heizwärmebedarf** (Wohnfl.): 5.565 kWh/a = 39,5 kWh/m²a

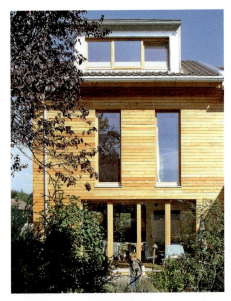

Von links nach rechts: Südansicht. Westansicht. Jetzt ist auch die Terrasse über der Garage fertig.

Zeit des Umbaus für die Familie nicht leicht war, denn sie wohnte da teilweise schon im Haus. Mal gab es kein Dach, dann keinen Strom und zwischendurch fehlten die Fenster. „Wenn ich gewusst hätte, wie aufwändig das alles ist, dann wäre mein „Ja" zum Umbau vielleicht nicht so schnell gekommen", blickt Christine Hanser zurück. „Aber das hat bei uns auch sicher damit zu tun, dass wir sehr viel an Eigenleistung eingebracht haben". Andererseits ist sich die gesamte Familie einig, dass sich der Aufwand gelohnt hat.

Das Raumklima ist wesentlich besser als früher. Kalte Füße aufgrund der kalten Kellerdecke und der vielen Wärmebrücken gehören der Vergangenheit an. Auch die Lüftungsanlage trägt wesentlich zum guten Raumklima bei und hat sich bewährt. Das gleiche gilt für den bewußten Einsatz von ökologischen Materialien beim Ausbau, wodurch Schadstoffemissionen im Innenraum vermieden werden. Auch die Holzheizung würde die Baufamilie wieder einbauen. In Verbindung mit der thermischen Solaranlage war es eine kostengünstige Variante, die Brennstoff aus der Region nutzt. Die relativ geringe Holzmenge für einen Winter (3 Ster/a) einzulagern wird als sportliche Betätigung empfunden.

Rund 95.000 € hat der Umbau gekostet. Das Ausschöpfen einiger Förderprogramme half, die Kosten in Grenzen zu halten und ermöglichte den Einsatz ökologisch besonders hochwertiger Baustoffe.

Projekt: Sonthofen / Allgäu
Baujahr/Umbau: 1977 / 2006

Zur Sockeldämmung musste die Kellerwand freigelegt werden.

Die Wärmebrücke durch die einbindende Betontreppe wurde abgebrochen.

Einbau der Lüftungsleitungen mit Abluftöffnung, die hier durch das Badezimmer geführt werden.

Lüftungsrohre und Elektroinstallation sind hinter der Vormauerung verschwunden.

Blick in die Küche mit Holzofen

4 Die Wärmeschutzmaßnahmen in der Übersicht

Nach der Bestandsaufnahme und Defizitanalyse muss für die gesamte Gebäudehülle ein umfassendes Maßnahmen- und Dämmkonzept erstellt werden. Dieses sollte die Entscheidungsgrundlage für die Dimensionierung und Ausführung der einzelnen Maßnahmen an den Außenbauteilen bieten. Oftmals stehen für einzelne Bauteile mehrere Alternativen zur Auswahl. Eine Entscheidungshilfe zur Beurteilung der verschiedenen Lösungen bieten die folgenden Kriterien:

- energetische Effizienz und Stellenwert im Rahmen der Gesamtmaßnahmen,
- praktische Umsetzbarkeit der Konstruktion am bestehenden Gebäude mit Risiken und Nebenwirkungen,
- Verbesserung des thermischen und visuellen Wohnkomforts,
- Kosten und Bewertung der insgesamt entstandenen Qualitätsverbesserung.

Nach den planerischen Vorüberlegungen werden in den Kapiteln 5 bis 8 Lösungsmöglichkeiten zur nachträglichen Dämmung von Altbauten im Detail beschrieben. Bei der Wahl der Materialien und Baukonstruktionen wurden sowohl konventionelle wie auch ökologische Baustoffe berücksichtigt.

Bei den Dämmstärken sind zum einen die gesetzlichen Mindeststandards angegeben, die der Vollständigkeit halber erwähnt werden. Diese Dämmstärken sind angesichts der aktuellen Entwicklung (CO_2-Diskussion und Energiepreise) längst nicht optimal und entsprechen nicht der Zielsetzung dieses Buches. Daher werden auch Richtwerte für den aktuellen Neubau-Standard genannt, die auch für Altbauten als gute Orientierungswerte dienen sollten. Der Passivhausstandard kann auch im Altbau als Messlatte für maximale Dämmstärken betrachtet werden. Dieser wird sich in den nächsten zehn Jahren nicht mehr verändern, da eine weitere Verbesserung weder konstruktiv noch volkswirtschaftlich zu rechtfertigen ist. Die Empfehlungen beziehen sich also etwa auf die Spannbreite zwischen *EnEV minus 30%*, und Passivhausstandard.

Vorgehensweise

Die Erstellung eines Dämmkonzeptes für die gesamte Gebäudehülle ist ebenso notwendig wie eine Wunsch- oder Ausschlussliste für die Dämmstoffwahl. Diese ist notwendig, da mit ökologischen Dämmstoffen Maximalwerte nur bei höherem konstruktivem Aufwand, größerer Sorgfalt im Detail und insgesamt höheren Kosten erreicht werden. Ein solches Konzept sollte auch Kompensationsmöglichkeiten aufzeigen: Lässt sich die Wand eines Gebäudes nicht optimal dämmen, wie es z.B. bei zweischaligem Mauerwerk mit Hohlschichtverfüllung der Fall ist, so sollten diese Schwächen durch Maximierung der Dämmung anderer Bauteile (Fenster, Dach etc.) ausgeglichen werden.

1. Schritt: Angestrebter Energiestandard

Zu Beginn der Sanierungsplanung ist ein Energieverbrauchsziel zu definieren, das sich im Regelfall irgendwo zwischen einem verbesserten Neubau- und Passivhausstandard einpendeln sollte. Die genauen Werte ergeben sich im Rahmen der weiteren Planung. Grundsätzlich sollte man lieber zu viel Dämmung vorsehen als zu wenig. Parallel dazu sind die Maßnahmen in Relation zu dem sonstigen Energieverbrauch für Warmwasser, Haushaltsgeräte und Mobilität zu sehen. Grundsätzlich stellt sich die Frage: Mit welchem Aufwand kann wie viel Energie eingespart werden? Bei den ersten zwanzig Zentimetern Dämmung kann man nichts falsch machen, darüber hinaus könnte sich die Anschaffung eines benzinsparenden Autos eventuell als effizienter erweisen.

2. Schritt: Welche Verbesserung kann die Gebäudehülle bringen, welchen Anteil hat die Technik?

Nicht bei allen Altbauten ist eine optimale Wärmedämmung mit einem angemessenen Aufwand erreichbar, wenn z.B. die vorhandene Konstruktion oder der Denkmalschutz Grenzen setzen. Solche Defizite lassen sich ein Stück weit durch eine verbesserte Heiztechnik kompensieren, um so den Primärenergiebedarf drastisch zu senken. Es ist also in der frühen Planungsphase notwendig, die baulichen und haustechnischen Einspartechniken hinsichtlich Kosten, Energie- und CO_2-Einsparung aufzulisten und zu vergleichen. Hier sind kreative Lösungen gefragt.

3. Schritt: Abschätzen der Flächenanteile und der prinzipiellen Möglichkeiten

Die Flächenanteile der verschiedenen Bauteile der Gebäudehülle (Wand/Dach/Kellerdecke/Fenster) weisen je nach Gebäudetyp und -form große Unterschiede auf. Der Außenwandanteil eines Reihenmittelhauses beträgt oft nur ein Viertel von dem eines freistehenden Einfamilienhauses. Somit verschieben sich die Dämmprioritäten qualitativ und quantitativ.

4. Schritt: Abschätzen der Synergieeffekte

Es gibt Bauteile, bei denen die Verbesserung der Dämmung nicht der eigentliche Sanierungsanlass ist. Bei manchen Bauteilen sind ohnehin zusätzliche konstruktive Verbesserungen notwendig: die Fensterrahmen sind morsch, das Dach ist undicht und der Putz bröckelt von der Fassade. Hier ist der Aufwand für die energetische Verbesserung unerheblich, da die funktionale und gestalterische Erneuerung des Bauteiles die wesentlichen Kosten verursacht.

5. Schritt: Optimieren der einzelnen Dämmstärken untereinander

Für jedes Bauteil gelten andere konstruktive Grenzwerte. Wie dick kann ein Dämmstoff ausgeführt werden, wenn man das vorhandene Bauteil als konstruktive Basis betrachtet? Wann muss eine Konstruktion ergänzt oder verstärkt werden? Ein Beispiel: Beim Dach ist eine Zwischensparrendämmung in Sparrenhöhe möglich. Für eine weitere Erhöhung ist eine zusätzliche Unterkonstruktion notwendig, sowie eine Neugestaltung von Traufe und Ortgang. Geht man von einer Gesamtdämmstärke von 24 cm aus, von denen die ersten 12 cm zwischen den Sparren unterzubringen sind, so kostet die 1. Lage etwa die Hälfte der zweiten Lage, ihr energetischer Nutzen ist aber doppelt so hoch. Ähnliche Rahmenbedingungen lassen sich für alle Bauteile definieren.

Wärmebrücken

Auch beim Altbau ist es meist relativ einfach, die geforderten U-Werte für die Bauteile in der Fläche einzuhalten. Sehr viel schwieriger ist allerdings der *lückenlose* Einbau. Dämmmaßnahmen sind jedoch nur dann wirklich wirksam, wenn Wärmebrücken und Undichtheiten vermieden bzw. auf ein möglichst geringes Maß reduziert werden. Deshalb ist auch bei der Altbausanierung die sorgfältige Planung aller Anschlüsse und Details von größter Wichtigkeit.

Mit *Wärmebrücken* werden Schwachstellen bezeichnet, bei denen auf Grund kon-

Übersicht über die wichtigsten Wärmeschutzmaßnahmen

Außenwand

Wärmedämm-Verbundsystem (Thermohaut)
Das Wärmedämmverbundsystem eignet sich für alle Putzfassaden, aber auch für schadhaft oder unansehnlich gewordene Ziegelfassaden. Einlagig können auf den alten Außenputz bis 30 cm starke Dämmplatten geklebt und verdübelt werden, die dann mit einem zweilagigen Putz versehen werden.

Außenwand

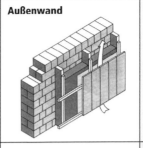

Die hinterlüftete Vorhangfassade
Hinterlüftete Vorhangfassaden werden eingesetzt, wenn die Fassade durch Sonne, Wind und Regen stark beansprucht wird oder wenn besondere Akzente zur Fassadengestaltung gewünscht sind. Vorhangfassaden sind konstruktiv aufwändiger und entsprechend teurer als Wärmedämmverbundsysteme; sie bieten dafür vielseitigere Gestaltungsmöglichkeiten als Putzfassaden.

Außenwand

Innendämmung
Die Innendämmung bietet sich an bei Gebäuden mit erhaltenswertem Sichtmauerwerk, bei wertvollem Fachwerk oder strukturierten, denkmalgeschützen Fassaden, wo eine Außendämmung nicht möglich ist. Die Innendämmung lässt sich z.B. bei einer größeren Wohnungsrenovierung durchführen. Diese Lösung sollte jedoch nur gewählt werden, wenn eine Außendämmung nicht möglich ist.

Außenwand

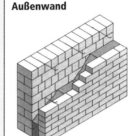

Nachträgliche Kerndämmung
Bei dem in Norddeutschland häufig vorkommenden zweischaligen Mauerwerk mit Hohlschicht (Hinterlüftung der Vormauerschale) bietet sich die nachträgliche Kerndämmung durch Einblasen von Dämmstoff in die Hohlräume an. Erfahrungsgemäß ist bei intakter Vormauerschale (ohne Risse) und diffusionsoffener Oberfläche (keine dampfdichten Klinker oder Anstriche) die bestehende Hinterlüftung nicht zwingend erforderlich.

Dach

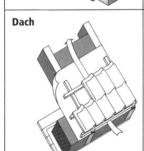

Dämmung zwischen den Sparren
Diese Dämmmaßnahme kann von innen ausgeführt werden, wenn das Dachgeschoss noch nicht ausgebaut ist. Sofern die Dachhaut erneuert werden muss, bietet sich das Einbringen von außen an. Bei intakter Dachhaut und erhaltenswerter Innenverkleidung kann ein Schüttdämmstoff vom Spitzboden aus in den Sparrenzwischenraum eingeblasen werden. In jedem Fall muss die Hinterlüftung zwischen Ziegel und Unterdach erhalten bleiben.

Dachschrägen

Dämmung unter den Sparren
Im Rahmen eines Dachausbaus oder bei einer umfassenden Sanierung des Dachgeschosses ist es oft sinnvoll, die Dämmung zwischen den Sparren durch eine zusätzliche Dämmschicht unterhalb der Sparren zu ergänzen. Die Unter-Sparren-Dämmung mildert die Wärmebrücke, die der Sparren im Vergleich zur Dämmschicht im Sparrenzwischenraum darstellt.

Dachschrägen

Dämmung oberhalb der Sparren
Alternativ oder ergänzend zur Zwischensparrendämmung ist die Dämmung oberhalb der Sparren möglich, was in jedem Fall ein Um- oder Neueindecken des Daches erfordert. Die Konstruktion ist weitgehend wärmebrückenfrei, außerdem können die Sparren in die Innenraumgestaltung einbezogen werden.

Flachdächer

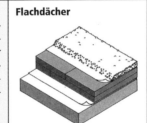

Flachdachdämmung (Warmdächer)
Unbelüftete Flachdächer sollten – wenn die Sanierung der dichtenden Dachhaut ansteht – auch mit einer stärkeren Dämmschicht ausgestattet werden. Zur Verbesserung des Wärmeschutzes können auch auf eine noch dichte Dachhaut zusätzliche Dämmplatten aufgelegt und durch Bekiesung gegen Windsog gesichert werden (Umkehrdach).

Oberste Geschossdecke

Dämmung der obersten Geschossdecke (Dachboden)
Die Dämmung der obersten Geschossdecke lässt sich durch Auslegen von Dämmstoffmatten oder -platten bis 40 cm Dicke problemlos ausführen. Die Dämmung muss überall dicht am Dachboden anliegen. Soll die Bodenfläche begehbar sein, z.B. durch einen einfachen Belag aus Plattenwerkstoffen, fallen höhere Kosten an. Hier ist zu prüfen, ob eventuell nur ein Teil der Fläche begehbar sein muss.

Kellerdecke

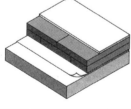

Dämmung der Kellerdecke
Die Dämmung des Fußbodens erfolgt am besten auf der Unterseite der Kellerdecke. Damit liegt die gesamte Decke im warmen Bereich. Normalerweise reicht es, Dämmstoffplatten einfach aufzukleben. Sofern es die Raumhöhe erlaubt, sollte mindestens 10 cm Dämmstoff angebracht werden. Falls einzelne Kellerräume regelmäßig beheizt werden, sind natürlich auch die Zwischenwände zum kalten Kellerbereich zu dämmen.

Fenster- bzw. Verglasungsaustausch
Heute kommen ausschließlich dichtschließende Fenster mit Wärmeschutzverglasung WSV zum Einsatz. Hochwertige Wärmeschutzgläser (2-fach) erreichen heute U-Werte zwischen 1,1 bis 1,0 W/(m²K). Da die WSV in Gewicht und Dicke der alten Isolierverglasung gleicht, kann sie auch bei Austausch defekter Scheiben in bestehende Rahmen eingesetzt werden.

	Einfachglas	Zweifach-Isolierglas	Zweifach-Wärmeschutzglas	Dreifach-Wärmeschutzglas
U_G-Wert (Verglasung)	5,8 W/(m²·K)	3,0 W/(m²·K)	1,1 W/(m²·K)	0,4 - 0,7 W/(m²·K)
Innere Oberflächentemperatur bei 0°C / -11°Außentemperatur	+6°C / -2°C	+12°C / +8°C	+17°C / +15°C	+18°C / +17°C

struktiver oder geometrischer Voraussetzungen viel Wärme auf kleinem Raum abfließen kann.

Geometrische Wärmebrücken treten beispielsweise an Erkern und Gauben, aber auch an den Außenkanten eines Gebäudes auf. Diese lassen sich bei einem Altbau nicht ohne weiteres verändern.

Konstruktive Wärmebrücken sind vor allem an den Anschlüssen verschiedener Bauteile und an Durchdringungen zu finden. Sie lassen sich im Zuge einer Sanierung weitestgehend beseitigen und beim Einbau neuer Bauteile vermeiden.

Je besser ein Bauteil in der Fläche gedämmt ist, desto gravierender wirken sich die Wärmebrücken aus. Es kommt nicht nur zu unerwünschten Wärmeverlusten, sondern als Folge davon auch leicht zu Bauschäden, wenn an kalten Bauteiloberflächen Feuchtigkeit in Form von Tauwasser auftritt. Beispielsweise werden Schadensbilder wie Schimmelbildung oder Durchfeuchtung der Wand häufig in Ecken beobachtet und durch das Zusammentreffen mehrerer ungünstiger Faktoren ausgelöst: Gebäudeecken sind nicht nur geometrische Wärmebrücken, sondern zeigen wärmetechnisch häufig auch konstruktive Schwachstellen, so dass es in Verbindung mit unzureichendem Lüftungsverhalten zum Feuchteschaden kommt.

Zur Vermeidung von Wärmebrücken:
- muss die Wärmedämmschicht lückenlos ausgeführt und sorgfältig an durchdringende Bauteile herangearbeitet werden;
- sind durchdringende und auskragende Bauteile (z.B. Balkonplatten) ebenfalls allseitig mit Dämmung zu versehen;
- sollten tragende Bauteile, die einen erhöhten Wärmedurchgang aufweisen (Stahl-, Beton- und Holz), eine Zusatzdämmung erhalten.

Luftdichtheit

Neben dem Vermeiden von Wärmebrücken ist die Dichtheit der Gebäudehülle ein weiterer Aspekt, auf den es bei der Planung und der Ausführung von Wärmedämmmaßnahmen ankommt.

Die Energieeinsparverordnung schreibt für beheizte Gebäude eine *luftdichte Gebäudehülle* vor. Bei der Sanierung von Altbauten ist diese Luftdichtheit vielfach schwieriger herzustellen als eine gute Wärmedämmung. Nicht die neu eingebauten Fenster und Türen machen hier Probleme, sondern die An-

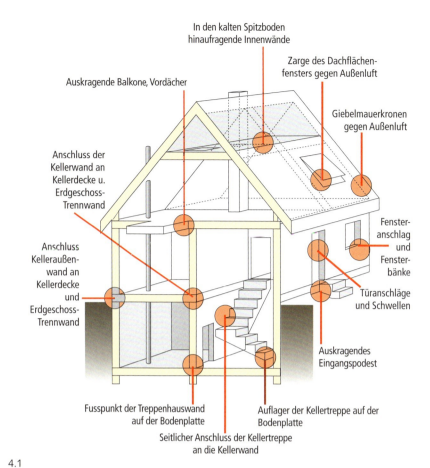

4.1
Die häufigsten Wärmebrücken in Wohngebäuden. An diesen Stellen sind bei Wärmedämmmaßnahmen besondere Vorkehrungen bzw. Konstruktionen erforderlich.

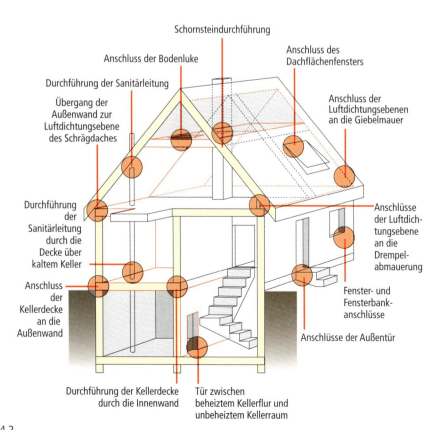

4.2
An diesen Stellen bzw. Bauteilübergängen ist mit Luftundichtigkeiten zu rechnen, wenn nicht besondere Vorkehrungen (Verputz, Abkleben mit Dichtungsbändern etc.) getroffen werden.

schlüsse und Übergänge der verschiedenen Bauteile, und zwar insbesondere dort, wo verschiedene Materialien aufeinandertreffen. Trotzdem kann auf die Abdichtung der Gebäudehülle nicht verzichtet werden, da anderenfalls ein durchgreifender Erfolg der Dämmmaßnahmen infrage gestellt wäre.

Die im Zusammenhang mit der Luftdichtheit häufig geäußerte Meinung, Wände und andere Außenbauteile müssten *atmen* können, kommt durch die falsche Vorstellung zustande, die *atmend* mit luftdurchlässig gleichsetzt. Richtig ist, dass Außenbauteile dampfdurchlässig sein sollen, um ein angenehmes Raumklima zu schaffen und Bauschäden zu vermeiden. Mit *dicht* ist hier also stets *luftdicht, aber nicht dampfdicht* gemeint. Die Anforderung an die Luftdichtheit wird beispielsweise von einer gemauerten Wand mit mineralischem Putz erfüllt. Fenster sollten als Bauteil in geschlossenem Zustand dicht sein, sie dürfen sich aber durchaus in gewohnter Weise öffnen lassen. Der Frischluftbedarf der Bewohner sollte nicht über Undichtheiten, sondern durch Fensterlüftung oder (beim Niedrig-Energie-Haus) durch eine mechanische Lüftungsanlage sichergestellt werden. Undichtheiten (an Fenstern und Türen ebenso wie an den Bauteilübergängen), wie sie im Altbau oft anzutreffen sind, würden nämlich dazu führen, dass der Luftwechsel de facto von der Wetterlage abhängt: Während bei starkem Wind und großen Unterschieden zwischen Innen- und Außenlufttemperatur eine zu hohe Luftwechselrate erreicht wird (so dass Zugerscheinungen auftreten können), würde es an windstillen Tagen oder bei geringen Temperaturdifferenzen an der notwendigen Frischluft mangeln.

Inwieweit sich beim Altbau eine *luftdichte Gebäudehülle* herstellen lässt, ist wesentlich von der vorhandenen Bauweise abhängig. Im Zuge einer Sanierung wird man daher zunächst die vorhandenen Konstruktionen prüfen und feststellen, ob und wenn ja, wo es Undichtheiten gibt. Anschließend sollte die Beseitigung der Undichtheiten (Leckagen) in einem Zug mit der wärmetechnischen Sanierung durchgeführt werden.

Auffinden von Undichtheiten

Bei starkem Wind machen sich Undichtheiten durch unangenehme Zugerscheinungen bemerkbar. Sehr große Leckagen lassen sich mit den Händen oder mit einer Kerzenflamme leicht auffinden. Sicherer und umfassender ist die Leckagesuche mit einem Drucktest, dem *Blower-Door-Test* (Abb. 4.3). Nachgebessert werden sollten alle großen Leckagen sowie alle Undichtheiten, an denen Luftgeschwindigkeiten von 2 m/s und mehr auftreten. Wichtig sind entsprechende Nachbesserungen auch bei einem insgesamt sehr großen Luftdurchsatz.

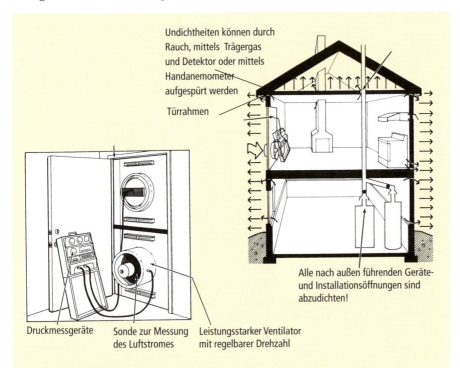

Für den „Blower-Door-Test" wird ein leistungsstarker Ventilator luftdicht in die Öffnung einer Eingangs- oder Balkontür eingebaut. Mit dem Ventilator wird Unterdruck oder Überdruck im Gebäude aufgebaut. Die Höhe der Druckdifferenz zur Außenluft lässt sich über die Ventilatordrehzahl einstellen, der Volumenstrom der geförderten Luft wird gemessen.

Der bei einer bestimmten Druckdifferenz geförderte Volumenstrom gibt Aufschluss über das Maß der Undichtheiten. Bei einem Unterdruck von 50 Pascal (Pa) im Gebäude, das entspricht etwa der Windstärke 5, werden alle kritischen Stellen abgesucht. Luftströme können mit den Händen gefühlt und mit Hilfe von Rauch oder Theaternebel visualisiert werden. Mit einem elektronischen Messgerät (Thermoanemometer) lässt sich die Luftgeschwindigkeit an den Undichtheiten in Meter pro Sekunde (m/s) messen. Möglich – aber teuer – ist auch der zusätzliche Einsatz einer Thermografiekamera, mit deren Hilfe der Ort des Lufteintritts und die Ausbreitung der Kaltluft ermittelt, aber auch konstruktive Wärmebrücken aufgezeigt werden können.

Der gemessene Volumenstrom bei 50 Pa Druckdifferenz, geteilt durch das Innenvolumen des untersuchten Gebäudes, gibt die volumenbezogene Luftdurchlässigkeit n_{50} bzw. die Luftwechselrate (Einheit 1/h) an. Beträgt die Luftwechselrate mehr als 3 pro Stunde, sind auf jeden Fall Maßnahmen zur Verbesserung der Luftdichtheit angebracht. Bei Gebäuden mit Lüftungsanlage muss die Luftwechselrate sogar kleiner als 1 pro Stunde sein, damit die Lüftungsanlage effizient arbeiten kann.

4.3 Blower door, eingebaut in eine Terrassentür.

Herstellung einer luftdichten Gebäudehülle

Die Luftdichtung in der Fläche wird am besten auf der Innenseite des jeweiligen Bauteils angeordnet. Bei Mauerwerksbauten kommen dafür Putzschichten in Frage, die auch in Nebenräumen sowie hinter Vorwandinstallationen und dergleichen ausgeführt werden müssen. Bei leichten Baukonstruktionen werden Holzwerkstoffplatten, PE-Folien oder speziell dafür ausgebildete armierte Baupappen verwendet, deren Stöße sorgfältig miteinander verklebt werden. Zum Verkleben von PE-Folien eignen sich Butylkautschukbänder. Baupappen lassen sich auch mit Acrylat- bzw. Naturkautschukklebern verarbeiten. Stöße von Holzwerkstoffplatten können mit Butylkautschukbändern oder Baupappestreifen und den zugehörigen Klebern gesichert werden.

Schwieriger ist es, linienförmige Anschlüsse luftdicht auszubilden, vor allem dort, wo verputztes Mauerwerk an Folien oder Platten anschließt:

- Besteht die luftdichtende Ebene auf der einen Seite aus einer PE-Folie, wird diese entweder mit Hilfe eines Streckmetalls eingeputzt oder sie wird mit Acrylatkleber bzw. PU-Kleber auf den Putz geklebt.
- Armierte Baupappen lassen sich mit Kautschukkleber auf jedem glatten Untergrund verkleben.
- Stoßen Holzwerkstoffplatten an Putzflächen, sollten die Anschlüsse mit Pappstreifen überklebt werden.

Besonders aufwändig ist die Vermeidung punktförmiger Leckagen, d.h. der luftdichte Anschluss von Durchdringungen. Jedes die Luftdichtungsebene durchdringende Bauteil (Balken, Entlüftungsrohre, Leitungen etc.) stellt zunächst einmal eine Undichtheit dar. Wird bei Leichtbaukonstruktionen eine neue Luftdichtungsebene eingebaut, können Manschetten aus Folie oder Pappe über das durchdringende Bauteil gestülpt und in der schon beschriebenen Weise an die Dichtungsbahn angeschlossen werden. Auch die sorgfältige Abdichtung mit Klebebändern ist möglich. Rohre, die verputztes Mauerwerk durchdringen, können durch Gummidichtungen oder mit dauerelastischen Dichtungsmassen luftdicht eingebaut werden.

Ein besonderes Problem stellt der Kamin dar. Die porösen Mantelsteine bilden unverputzt eine Undichtheit. Deshalb muss der Kamin komplett verputzt werden, auch dort, wo er die (nicht luftdichte) Holzbalkendecke durchdringt. Der Anschluss von Dichtungsbahnen wird wie bei Innen- und Außenwänden hergestellt, durch Einputzen oder durch Ankleben.

Beim Einbau neuer Bauteile sollte man darauf achten, dass diese ausreichend dicht sind. Bodenluken beispielsweise müssen mit einer Lippendichtung ausgestattet sein. Fenster können in der Regel nachgestellt werden, bis sie ausreichend dicht schließen. Rollladenkästen müssen unter Umständen abgeklebt oder versiegelt werden.

Besser als nachträgliches Abdichten ist es, Leckagen schon bei der Planung zu vermeiden. Für die Altbausanierung bedeutet das, möglichst keine zusätzlichen Durchdringungen zu schaffen, sondern umgekehrt die Zahl der bestehenden Durchdringungen soweit es geht zu reduzieren. Alle Anschlussdetails und Durchdringungen sind sorgfältig zu planen und nach der Ausführung auf Dichtheit zu überprüfen. Bei vorhandenen Leckagen bleibt leider oft keine andere Wahl, als diese durch Überkleben oder Versiegeln mit Dichtungsmasse nachzubessern.

Wie luftdichte und wärmebrückenfreie Konstruktionen im Detail ausgebildet werden können, wird für die einzelnen Bauteile in den folgenden Kapiteln dargestellt.

Dämmstoff-Übersicht

Wer die Gebäudehülle dämmt, reduziert damit den Heizenergieverbrauch und trägt zu einer Verringerung des CO_2-Ausstoßes an die Atmosphäre bei. Andererseits wird für die Herstellung der Dämmstoffe Energie verbraucht und CO_2 emittiert. Trotzdem lohnt sich die nachträgliche Dämmung in der Gesamtenergiebilanz immer. Die energetische Amortisationszeit (der sog. *Erntefaktor*) von Dämmstoffen liegt bei den ersten 10 cm Dämmstoffstärke in Abhängigkeit vom Material bei 4 Wochen bis 6 Monaten, bei Dämmstärken über 30 cm und energieintensiven Materialien (z.B. Polystyrol-Hartschaum) kann der Energieaufwand für die Herstellung allerdings höher sein als die Einsparung während der voraussichtlichen Nutzungsdauer.

Andererseits wird durch solche Maßnahmen der Energieverbrauch des Gebäudes für die nächsten 30 Jahre reduziert. Daneben sollten aber auch die anderen Aspekte des Umweltschutzes nicht außer Acht gelassen werden. In diesem Buch werden bewusst solche Dämmstoffe bevorzugt bzw. empfohlen, deren Verwendung aus ökologischer Sicht zu vertreten ist. Für die Beurteilung der Baustoffe dienen die im folgenden aufgeführten Parameter.

In Tabelle 4.1 sind die wichtigsten technischen Daten der Dämmstoffe sowie Hinweise zum praktischen Einsatz und zur ökologischen Beurteilung zusammengestellt.

- *Verfügbarkeit des Rohstoffes*

Handelt es sich um nachwachsende Rohstoffe bzw. um Stoffe aus Recyclingverfahren? Wie groß sind die Ressourcen von Stoffen, die nur begrenzt zur Verfügung stehen? Wie stark belastet die Rohstoffgewinnung die Umwelt?

- *Energieeinsatz*

Wie hoch ist der Primärenergieeinsatz für die Förderung des Rohstoffes, die Herstellung des Produktes, den Transport und die Verarbeitung auf der Baustelle? Muss im Entsorgungsfall zusätzlich Energie aufgewendet werden?

Für den *Primärenergieeinsatz* gibt es derzeit noch kein einheitliches Bewertungsverfahren. So werden in den unterschiedlichen Quellen bzw. von den Herstellern teilweise nur die reinen Herstellungsenergien angegeben, teilweise der Energieeinsatz einschließlich Transport. Insofern können die Zahlen für den Primärenergieaufwand in Tabelle 4.1 nur als Richtwert dienen.

- *Umweltbelastung*

Werden bei Produktion, Transport, Einbau, Nutzung und Entsorgung Schadstoffe (Staub, leicht flüchtige Substanzen, Radioaktivität etc.) an die Umwelt abgegeben?

- *Gesundheitsbelastung*

Zu betrachten ist sowohl die Belastung für die Bewohner des Gebäudes als auch für die bei Produktion und Verarbeitung Beschäftigten: Sind alle Inhaltsstoffe deklariert? Gibt es darunter Stoffe, deren gesundheitsschädigende Wirkung bekannt ist? Entstehen bei Herstellung und Verarbeitung Staub oder Lärm, werden giftige Stoffe freigesetzt? Kommt es im eingebauten Zustand zu Innenraumbelastungen durch flüchtige Substanzen (auch Gerüche)?

- *Lebensdauer*

Wie langlebig ist das Produkt, nach wieviel Jahren muss es ausgetauscht werden? Welchen Aufwand (Material, Energie, Arbeit) erfordert der Unterhalt der Konstruktion?

- *Technische Eignung*

Ist der Dämmstoff von seinen Eigenschaften her für den vorgesehenen Einsatzbereich geeignet, insbesondere hinsichtlich Brennbarkeit und Feuchtebeständigkeit?

Produkt	Wärmeleit-zahl λ [W/mK]	Roh-dichte [kg/m³]	Dampf-diffusions widerstand μ	Brand-schutz-klasse	Dicke [cm] für U-Wert = 0,2 W/m²K	Kosten ca. [€/m²]	Primär energie verbrauch [kWh/m³]	Umweltaspekte
Flachs	0,040	20 - 40	1	B2	20	25 - 30	200 - 400	Nachwachsender Rohstoff; 8 % der minderwertigen Kurzfasern werden zur Dämmstoffherstellung genutzt; als Brandschutz mit Borax oder Wasserglas behandelt
Hanf	0,045	20 - 25	1 - 2	B2	22,5	20 - 30	200 - 400	Nachwachsender Rohstoff; zum Brandschutz mit Soda behandelt; Polyester als Stützmaterial
Hobelspäne	0,055	90 - 110	1	B2	27,5	15 - 23	50	Sägewerksabfälle; sehr geringer Energieaufwand zur Herstellung; Soda zur Imprägnierung; Zement als Brandschutz
Holzfaserdämmung, lose	0,045	30 - 60	1 - 2	B2	22,5	15 - 23	600 - 785	Ausreichend Ressourcen vorhanden; Restholznutzung; hoher Energieeinsatz bei der Herstellung
Holzfaserdämmplatte	0,040 - 0,060	170 - 230	5 - 10	B2	20 - 30	40 - 50	430 - 700	Ausreichend Ressourcen vorhanden; Restholznutzung; hoher Energieeinsatz bei der Herstellung
Holzwolle-Leichtbauplatte	0,093	360	2 - 5	B1	45	75 - 95	450	Ausreichend Ressourcen vorhanden; Restholznutzung
Kalzium-Silikatplatte	0,065	300	5 - 10	A1	* s.u.	ca. 25 (50 mm)	k.A.	Ausreichend Ressourcen vorhanden, bzw. Recyclingprodukte
Kokosfaser a) Rollen b) Matten	a) 0,050 b) 0,045	a) 75 b) 125	1	B2	22,5 - 25	44 - 50	95	Ausreichend vorhandener, wertvoller Rohstoff; lange Transportwege; Problem von Monokulturen
Kork a) Granulat b) Backkork c) Korkplatten	0,040 - 0,050	a) 55 - 60 b) 80 - 500 c) 80 - 500	a) 1 - 2 b) 5 - 10	B2	20 - 25	a) 20 - 25 c) 40 - 50	a) 90 b) 400-1200 c) 180-200	Begrenzt vorhandener wertvoller Rohstoff; a) Kork wird nur geschrotet; b) Unter Druck und 300 °C aufgeschäumt; Hierbei können gesundheitsgefährdende Schwelstoffe entstehen; c) Plattenpressung m.Kunstharz
Mineralfaser a) Glaswolle b) Steinwolle	0,032 - 0,040	15 - 80	1	A2	17,5 - 25	10 - 30	150 - 600	Ausreichendes Vorkommen der Rohstoffe; energieintensive Herstellung; unter hohen Temperaturen (1200 °C) Entstehung von Stäuben
Exandiertes Perlit a) Wärmedämmung b) Trittschalldämmung	a) 0,045 - 0,050 b) 0,060 - 0,073	a) 50 - 100 b) 130 - 490	a) 2 - 3 b) 4 - 5	A2	22,5 - 30	20 - 40	300 - 500	Ausreichende Ressourcen vorhanden (Griechenland); eventuell nachträglich mit Kunstharz oder Bitumen imprägniert
Polystyrolhartschaum a) EPS, Partikelschaum b) XPS, Extruderschaum	0,025 - 0,04	a) 5 - 30 b) 25 - 40	a) 30 - 70 b) 80 - 300	B1 oder B2	12,5 - 20	a) 10 - 15 b) 40 - 50	a) 360 - 600 b) 600 - 900	Begrenztes Vorkommen des Rohstoffes Erdöl; bei der Herstellung gefährliche Benzol- und Styrol-Emissionen; Herstellung energieintensiv
Polyurethan Hartschaumplatten	0,020 - 0,025	30	30 - 100	B1 oder B2	10 - 12,5	20 - 30	700 - 850	Begrenztes Vorkommen des Rohstoffes Erdöl; ausländische Produkte können noch H-FCKW enthalten; Herstellung sehr energieintensiv
Schafwolle	0,040	20 - 25	1 - 2	B2	20	35 - 60	40 - 80	Ausreichend vorhandenes Naturprodukt; eventuell Pestizidrückstände; mit Borax wegen Flammschutz behandelt
Schaumglas	0,040 - 0,055	110 - 160	praktisch dampfdicht	A2	20 - 22,5	75 - 100	500 - 700	Rohstoffe ausreichend vorhanden; Herstellung energieintensiv bei über 1600 °C
Zellulosedämmstoff a) lose b) Platten	0,040 - 0,045	a) 25 - 60 b) 70 - 100	1 - 2	B2	20 - 22,5	a) 15 - 20 b) 25 - 30	25 - 30 100 - 600	Gute Einsatzmöglichkeit des großen Altpapierbestandes; Imprägnierung mit Borsalzen

Tabelle 4.1 Dämmstoff-Übersicht

* Bei der Innenwanddämmung werden meist Dicken von 50 bis 100 mm realisiert.

Einsatzbereich	Bauphysikalische Eigenschaften	Rohstoff	Nutzung/Dauerhaftigkeit
Dach: Zwischensparrendämmung; Wand: Dämmung bei mehrschaligem Wandaufbau zwischen konstruktiven Hölzern; Decke: Filz als Trittschalldämmung und Vlies als Hohlraumdämmung lose verlegen	Gute Wärmedämmung und Feuchte-Regulierungsfähigkeit; mittlerer sommerlicher Wärmeschutz	Pflanzliches Produkt, Borax	Formbeständig; schimmelresistent; insektensicher; kann von Nagetieren bewohnt werden
Siehe Flachs	Gute Wärmedämmung und Feuchte-Regulierungsfähigkeit;	Pflanzliches Produkt; Polyester, Soda	Formbeständig; schimmelresistent; insektensicher; kann von Nagetieren bewohnt werden
Dach, Decke, Wand: Einblasen oder Schütten in Hohlräume	Mittlere Wärmedämmung; sehr guter sommerlicher Wärmeschutz; gute Feuchte-Regulierungsfähigkeit	Hobelspäne, Zement, Soda	Fugenfreier Einbau möglich; Einnisten von Nagetieren möglich; schimmelresistent; insektensicher
Dach, Wand, Decke: Einbau in konstruktive Hohlräume; trockene Holzfasern in Hohlräume einblasen	Gute Wärme- und Schalldämmung sowie Feuchte-Regulierungsfähigkeit; guter sommerl. Wärmesch.	Resthölzer von Fichte, Tanne, Kiefer, Borsäure	Fugenfreier Einbau möglich; Einnisten von Nagetieren möglich; schimmelresistent; insektensicher;
Dach: Aufdach- und Zwischensparrendämmung; Decke: Platten lose verlegen; Trittschalldämmung; Wand: Platten verschrauben, Außenwanddämmung bei Verbundsystemen	Mittlere bis gute Wärmedämmung, sehr guter sommerlicher Wärmeschutz, Schalldämmung und Feuchte-Regulierungsfähigkeit	Resthölzer von Fichte, Tanne, Kiefer ohne oder mit Zusätzen von Latex, Paraffin, Bitumen	Formbeständig; druckbelastbar; schimmelresistent; insektensicher; Einnisten von Nagetieren möglich
Wand, Decke: meist nur in Verbindung als Putzträger bei Decken- oder Dachuntersicht (Akustikplatte)	Geringe Wärmedämmeigenschaften; sehr guter sommerlicher Wärmeschutz; gute Schalldämmung und Feuchte-Regulierungsfähigkeit	Resthölzer (meist Fichte), Zement oder Magnesit	Formbeständig; langlebig; insekten- und schimmelresistent; nagetiersicher; druckbelastbar
Anwendung im Innenbereich zur Innendämmung und Feuchtesanierung. Mit Klebespachtel auf Untergrund verkleben	Mittlere Wärmedämmung; sehr gute Feuchte-Regulierungsfähigkeit; gute Schalldämmung	Quarzsand, Kalk, Zellulosefaser	Formbeständig, hoher pH-Wert (schimmelverhindernd); wassersaugend; fäulnisfest; alterungsbeständig
Dach: Zwischensparrendämmung; Wand: zwischen der Holzkonstruktion einlegen; Decke: Hohlraum- oder Trittschalldämmung	Mittlere bis gute Wärmedämmung; Gute Feuchte-Regulierungsfähigkeit	Bast von der Kokosnuss, Amoniumsulfat	Feuchtebeständig, formbeständig; insektensicher; langlebig; kann von Nagetieren bewohnt werden; schimmelresistent
a) Dach, Decke, Wand: Einblasen in Hohlräume; b), c) Dach, Decke, Wand: Platten schrauben, verdübeln, nageln; Dach: Aufdach- und Zwischensparrendämmung; Decke: Trittschalldämmung; Wand: Verbundsystem und hinterlüftete Fassade	Gute Wärmedämmung; sommerlicher Wärmeschutz und Feuchte-Regulierungsfähigkeit	Rinde der Korkeiche; Vorkommen in Europa z.B. Portugal, Spanien, Südfrankreich	Feuchtebeständig; langlebig; schimmelresistent; insektensicher; kann von Nagetieren bewohnt werden
Dach: Auf- und Zwischensparrendämmung; Decke: Trittschalldämmung; Wand: bei Wärmedämmverbundsystem und hinterlüft. Fassade verdübeln oder verkleben	Sehr gute Wärmedämmung; geringer sommerlicher Wärmeschutz; gute Schalldämmung und keine Feuchte-Regulierungsfähigkeit	a) Silikate, Bakelitharz, Altglas b) Basaltgestein, Kunstharze	Feuchtebeständig; langlebig; formbeständig; insektensicher; schimmelresistent; kann von Nagetieren bewohnt werden
Dach, Decke, Wand: Einfüllen in Hohlräume als Schüttdämmung	Gute Wärmedämmung; gute Schalldämmung; guter sommerlicher Wärmeschutz	Vulkanisches Perlitgestein	Unverrottbar; fäulnissicher; insektensicher
a) Dach: Aufdachdämmung; Decke: Trittschalldämmung lose verlegen; Wand: bei Wärmedämmverbundsystem verdübeln oder verkleben; oder als Schüttung für Hohlräume; b) Perimeterdämmung: z.B. Keller oder Bodenplatte	Sehr gute bis gute Wärmedämmung; gute Trittschalldämmung; geringer sommerlicher Wärmeschutz, keine Feuchte-Regulierungsfähigkeit	Benzol und Ethylen aus Erdöl	Formbeständig; langlebig; kann von Nagetieren zerfressen werden; schimmel- und feuchtebeständig; druckbelastbar
Dach: Aufdachdämmung; Decke: Trittschalldämmung lose verlegen; Wand: bei Wärmedämmverbundsystem verdübeln oder verkleben	Sehr gute Wärmedämmung; gute Trittschalldämmung; geringer sommerlicher Wärmeschutz, keine Feuchte-Regulierungsfähigkeit	Erdgas, Erdöl, Phosgen	Formbeständig; langlebig; kann von Nagetieren zerfressen werden; schimmel- und feuchtebeständig; druckbelastbar
Dach: Zwischensparrendämmung; Wand: zwischen konstruktiven Hölzern; Decke: Trittschall-, Hohlraum-, Rohrleitungsdämmung; Fugendämmung mit Rohrzopf	Gute Wärme- u. Schalldämmung; sehr gute Feuchte-Regulierungsfähigkeit; kann bis 30% Feuchtigk. aufnehmen; mittl. sommerl. Wärmesch.	Schafwolle, Harnstoffderivat, Borax, Salze	Formbeständig; insektensicher; nagetiersicher; schimmelresistent
Flachdach / Perimeterdämmung: Einsatz als Platten, Verkleben mit Bitumen; Sole: Verlegen in Sand oder Mörtel	Gute Wärmedämmung; guter sommerlicher Wärmeschutz; dampfdicht; gut geeignet bei hoher Druckbeanspruchung und bei Feuchte	Silikate und/oder Recyclingglas	Formbeständig; wasserdicht; fäulnissicher; ungeziefer- und nagetierresistent; unverrottbar; mechanisch belastbar
a) Dach, Wand, Decke: Einbau durch Fachfirmen mit Spezialgeräten in konstruktiven Hohlräumen; b) Dach: Zwischensparrendämmung; Wand, Decke: in konstruktiven Hohlräumen oder als Trittschalldämmung	Gute Wärmedämmung; sehr gute Feuchte-Regulierungsfähigkeit; guter sommerlicher Wärmeschutz; sehr gute Schalldämmung	Zeitungspapier, Borpräparate	Fugenfreier Einbau möglich; Einnisten von Nagetieren möglich; langlebig, insektensicher; schimmelresistent

5 Außenwände und Fassaden

Die energetische Ertüchtigung einer Außenwand beinhaltet auch immer eine klare Aussage zur Gestaltung: Soll oder muss das äußere Erscheinungsbild der Fassade erhalten bleiben? Oder ist mit der energetischen Verbesserung auch eine neue, zeitgemäße Gestaltung erwünscht? Die Fassade sollte dabei immer im Zusammenhang mit den Fenstern (vgl. Kap. 8) betrachtet und erneuert werden.

Nach dieser Grundsatzentscheidung muss geprüft werden, ob

- baurechtliche Belange hinsichtlich eventuell vorhandener Gestaltungsvorgaben oder Unterschreitungen von Grenzabständen (bei Dämmung von außen) betroffen sind;
- zusätzliche Brandschutzanforderungen (Abstandsflächen und Baustoffklassen) zu erfüllen sind;
- die vorhandene Außenwand konstruktiv und bauphysikalisch geeignet ist, das entsprechende Dämmsystem aufzunehmen.

Vor der eigentlichen Planungsphase lohnt es sich, bei gestaltverändernden Außendämmungen mit dem zuständigen Bauordnungsamt die Handlungsspielräume auszuloten.

Kriterien bei der Bestandsanalyse

Sobald Konstruktionsart (z.B. massiv, Fachwerk, Holztafel) und Funktion (tragend oder nicht tragend) geklärt sind, müssen die einzelnen Schichten sorgfältig analysiert und auf ihren zukünftigen Wert hin überprüft werden. Danach ist zu klären, welche Bestandteile der Wand konstruktiv, raumbildend und gestaltprägend erhaltenswert sind, welche Schichten überbaut werden können und welche auch einfach abgerissen werden sollten. So erhält man wichtige Anhaltspunkte für die gestalterischen, energetischen und ökonomischen Spielräume. Die Analyse könnte nach folgenden Kriterien stattfinden:

- *Wand als Tragwerksbestandteil*

Sind die Wände weiterhin tragfähig? Können sie ggf. sogar zusätzliche Lasten aufnehmen, was bei einem Ausbau des Dachgeschosses wie auch beim Vergrößern der Fenster (vgl. Kap. 8), bei Wanddurchbrüchen o.ä. von Bedeutung ist? Wie und mit welchem Aufwand können notwendige Tragwerksverstärkungen erfolgen?

- *Luftdichtheit*

Die EnEV legt fest, dass sanierte Gebäude oder Gebäudeteile luftdicht hergestellt sein müssen. Bei Altbauwänden sorgt meistens der Innenputz für eine ausreichende Luftdichtheit in der Fläche. Jedoch sind die Übergänge zu anderen Bauteilen – wie z.B. zu Fenstern, Fußböden, Dächern, Decken (insbes. Holzbalkendecken) – häufig sehr undicht, so dass diese Anschlusspunkte auf mögliche Wärmeverluste und Konvektionsschäden zu überprüfen und Leckagen sorgfältig abzudichten sind. Verfügt der Putz über eine ausreichende Sorptionsfähigkeit, übernimmt dieser auch nach der Sanierung eine feuchtigkeitsregulierende Funktion? Sind die inneren Oberflächen erhaltungswürdig oder sogar historisch wertvoll?

- *Dämmung*

Von bereits vorhandenen Wärmedämmungen (z.B. bei lungengängigen Mineralfasern, bis ca.1995 im Handel) könnten eventuell schädliche Emissionen ausgehen. Diese sind entweder kontrolliert zu entsorgen oder so zu kapseln, dass keine Feinfasern emittiert

5.1
Auch wenn eine dichte Fassadenbegrünung den Eindruck eines *warmen Pelzes* vermittelt, so ist der wärmedämmende Effekt leider minimal, andererseits kann die Begrünung in ungünstigen Fällen sogar die Mauerwerksstruktur durch eindringendes Wurzelwerk zerstören.

5.2
Ensemblegeschützte Reihenhausfassade. Nach einer nachträglichen Fenstervergrößerung verbleiben bei Reihenhäusern nur relativ geringe Wandrestflächen, so dass die Dämmung der Außenwand hier gegenüber einem freistehenden Einfamilienhaus nur einen geringen Stellenwert hat.

Tabelle 5.1: Außenwand-Regelkonstruktionen

Außenwand-Regelkonstruktionen					
Wandart	**Einschaliges Mauerwerk, beidseitig geputzt**	**Hohlschichtmauerwerk, außen Klinker**	**Hohlschichtmauerwerk, außen Putz**	**Fachwerkwand**	**Leichtwand, Fertighaus**
Konstruktion					
Gesamtstärke	27,5 - 40,0 cm	32,5 - 38,5 cm	34,5 - 40,5 cm	13,0 - 17,0 cm	12,0 - 15,0 cm
U- Wert vorhanden	1,0 - 1,9 W/m²K	1,7 - 2,4 W/m²K	1,6 - 2,3 W/m²K	1,9 - 2,6 W/m²K	0,4 - 0,5 W/m²K
geeignete Dämmung	Außendämmung	Kerndämmung	Kern- + Außendämmung	Innendämmung	Außendämmung

werden können. Wenn möglich, sollten alte Dämmungen gegen neue, hochwertigere Materialien ersetzt werden. Die Wärmeleitgruppe des Dämmstoffes (siehe Tab. 5.2) wirkt sich erheblich auf die Stärke der Sanierungskonstruktion dar.

• *Wetterschutz*
Hinterlüftete Mauerwerksfassaden unterliegen im Falle einer späteren Verfüllung der Luftschicht erhöhten Anforderungen hinsichtlich Wetterschutz und Diffusion. Ziegelfassaden können nachträglich farblos imprägniert werden, während bei Putzfassaden nicht diffusionsfähige Anstriche entfernt und durch offenporige ersetzt werden sollten. Wird der Wetterschutz (z.B. Außenputz) durch die nachträgliche Kern- oder Innendämmung thermisch höher beansprucht, so ist eine Haarrissbildung kaum vermeidbar, was neben dem optischen Mangel evtl. eine höhere Feuchtigkeitsaufnahme durch Schlagregen zur Folge hat.

• *Feuchtigkeit*
Feuchte Wände können folgende Ursachen haben:

- Wassereintritt von außen, z.B. durch Schäden an der Dachrinne, durch Putzschäden, Spritzwasser im Sockelbereich und (bei erdberührten Wänden) unzureichende Abdichtung gegen Bodenfeuchtigkeit und drückendes Wasser etc., sowie Schlagregen (Wetterseite),
- kondensierende Feuchtigkeit von innen, z.B. in Bädern und Schlafzimmern, wenn nicht ausreichend gelüftet wird,
- aufsteigende Feuchtigkeit von unten, z.B. durch eine fehlende oder beschädigte horizontale Sperrschicht.

Verfügt die Wand nicht über eine funktionstüchtige Horizontalsperre, kann nur nach örtlicher Begutachtung durch einen Fachbetrieb abgewogen werden, ob sich diese mit angemessenem Aufwand herstellen lässt.

Hierbei kommen drei Verfahren in Betracht:

1. Abschnittsweises Auftrennen der Wand, Einlegen einer Kunststoffbahn und anschließendes kraftschlüssiges Verfüllen,
2. Mechanisches Eintreiben von gewellten Edelstahlblechen in die Wand,
3. Anbohren der Wand (je nach Saugfähigkeit von Stein und Fuge ca. alle 10 - 20 cm) und Verfüllen oder Verpressen der Bohrlöcher mit wässrigen Lösungen auf Kieselsäurebasis bzw. mit Silikonverbindungen.

4. Wand aufheizen und Paraffin einbringen.

Erst nach erfolgreicher Trockenlegung und Schutz vor erneuter Durchfeuchtung sollten Dämmmaßnahmen durchgeführt werden, je nach Grad der Durchfeuchtung und Art der Dämmung direkt im Anschluss daran oder erst nach vollständigem Austrocknen der Wände.

Für Innendämmungen ist eine hohe Wandtrockenheit notwendig, Außendämmungen sind eher in der Lage, horizontale Restfeuchte über Diffusion abzuführen. Nicht ausreichender Spritzwasserschutz sollte bei nachträglichen Außendämmungen im Rahmen der neuen Sockelausbildung hergestellt werden, ansonsten sind Abdichtungen auf Anstrich- oder Verkieselungsbasis möglich.

• *Anschlusspunkte*
Eine nachträgliche Außenwanddämmung führt eventuell zu aufwändigen Konstruktionsdetails an Traufe, Giebel und Dachüberständen. Ferner sind die Wärmebrücken zu beachten, die durch auskragende und durchbindende Bauteile (Balkone etc.) verursacht werden. Der Kostenaufwand für die Lösung der Anschlusspunkte liegt unter Umständen weit über den Kosten für den Regelaufbau.

• *Brand- und Schallschutz*
Bei der Sanierung der Außenwand müssen die Brandschutzvorschriften für den jeweiligen Neubaustandard eingehalten werden. Bei brennbaren Außenverkleidungen (z.B. Holz) gelten in den einzelnen Bundesländern unterschiedliche Mindestabstände. Bei Ziegel- und Putzfassaden, die nicht von außen verkleidet werden, wird das Brandrisiko durch Hohlschichtverfüllung oder Innendämmung nicht erhöht.

Der Schallschutz von massiven Außenwänden ist in der Fläche gewährleistet. Fenster, deren Anschlüsse und sonstige Mauerwerksdurchbrüche (für Lüftung etc.) bilden die Schwachpunkte. Bei Leichtbaukonstruktionen (wie bei älteren Fertighäusern) stellt der Schallschutz ebenfalls kein großes Problem dar. Die Maßnahmen zur Verbesserung des Wärmeschutzes bewirken in den meisten Fällen auch einen verbesserten Schallschutz.

• *Nebenaspekte*
Verändert sich durch eine dicke Außenwanddämmung z.B. der Grenzabstand zum Nachbarn, ist die Zulässigkeit beim zuständigen Bauordnungsamt zu klären. Hier erfahren Sie auch, ob die Fassade unter Denk-

5.3
Drucklose horizontale Abdichtung. Die Wand wird in der Fuge aufgebohrt, ein Docht eingeführt, anschließend wird die dichtende Flüssigkeit über mehrere Tage in die Wand eingebracht.

Tabelle 5.2:
Richtwerte für Dämmstoffdicken bei verschiedenen Standards und Wärmeleitgruppen. Nachhaltige Dämmstandards lassen sich nur mit einer Außenwanddämmung erzielen, die auch eine Neugestaltung der Fassade zur Folge hat.

Dämmstärken für Außenwände (cm)				
Standard	Wärmeleitgruppe(WLG)			
	040	035	032	024
Mindestanforderung für Altbauten				
Dämmung von				
außen 0,24 W/m²K	15 cm	13 cm	12 cm	9 cm
innen 0,35 W/m²K	9 cm	8 cm	7 cm	6 cm
EnEV-Neubau				
Ref.Haus 2016	19 cm	17 cm	15 cm	11 cm
U = 0,19 W/m²K				
Passivhaus				
U < 0,15 W/m²K	25 cm	22 cm	20 cm	15 cm
Empfohlen				
• Außendämmung	19 - 25	17 - 22	15 - 20	11 - 15
• Innendämmung	9 - 12	8 - 11	7 - 10	6 - 8

mal- und Ensembleschutz steht und welche Auflagen damit verbunden sind.

Die Baustellenlogistik könnte die Entscheidung für eine Außenwanddämmung beeinflussen: Soll die Sanierung im bewohnten oder unbewohnten Zustand erfolgen, lassen sich Schmutz, Lärm und Funktionseinschränkungen während der Bauphase kompensieren bzw. ertragen?

Grundsatzentscheidungen

Die Wahl des geeigneten Dämmkonzepts für die Außenwand ist sehr sorgfältig abzuwägen, da

- maximale Dämmstoffstärken,
- bauphysikalische Randbedingungen,
- Fassadengestaltung,
- Fenster-, Dach und Sockelanschlüsse
- sowie das Kosten-Nutzen-Verhältnis

in die Entscheidung eingebunden werden müssen. Mit Ausnahme der nachträglichen Hohlraumverfüllung sind die Kosten für die peripheren Maßnahmen (Fassade, Gerüst und Anschlussdetails) wesentlich höher als für die Dämmung als solche.

Als Herausforderung erweisen sich ungedämmte zweischalige Ziegelfassaden, bei denen die Luftschichtdicke (in der Regel 5-8cm), die maximal mögliche Dämmstärke und damit den Dämmwert vorgibt. Eine darüber hinausgehende Verbesserung ist dort nur mit einem sehr hohen Aufwand möglich, wie dem Abriss einer an sich funktionsfähigen und werthaltigen Fassade. Eine solche Entscheidung fällt leichter, wenn ohnehin größere Öffnungen oder Veränderungen der Fassadengestaltung beabsichtigt sind. Ein begrenzter Dämmstandard – infolge gewünschter oder vom Denkmalschutz geforderter Fassadenerhaltung – lässt sich aber in vielen Fällen durch Kompensationsmaßnahmen bei anderen Bauteilen und der Haustechnik ausgleichen.

5.1 Außendämmung

Außenliegende Dämmsysteme lassen sich weitestgehend wärmebrückenfrei auf die vorhandene Wandkonstruktion aufbringen. Sie stellen bauphysikalisch die problemloseste Lösung dar. Die für den Temperaturausgleich notwendige Speichermasse befindet sich auf der warmen Innenseite und dient sowohl als diffusionshemmende wie auch als luftdichtende Schicht. Gleichzeitig wird der Taupunkt der vorhandenen Außenwand soweit nach außen verlagert, dass die Wand dauerhaft austrocknen kann.

5.1.1 Hinterlüftete Fassaden (Vorhangfassaden)

Die hinterlüftete Fassade ist eine in Gegenden mit hohem Schlagregenanteil (z.B. Norddeutschland und Küstenregionen) verbreitete Fassadenart. Dabei ist zwischen der Außenhaut (Fassade) sowie der dämmenden und tragenden Schicht eine Luftschichtebene angeordnet, die je nach Fugendichtigkeit des Materials (Holz, Schiefer etc.) und Region (Schlagregenbelastung) zwischen 2 und 6 cm stark ausgebildet wird. Dieser Luftraum dient zum einen der Austrocknung der Außenhaut, zum anderen dem Abführen von Kondensat.

5.3
Eine vertikal verlegte unbehandelte Lärchenholzbekleidung ist die preisgünstigste und nachhaltigste aller hinterlüfteten Fassaden, einfach im Detail und mit vielfältigen Gestaltungsmöglichkeiten.

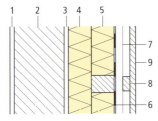

5.4
Regelquerschnitt Vorhangfassade (Vertikalschn.)

Bestehende Wand:
1 Innenputz
2 Bimsmauerwerk
3 Außenputz

Sanierungsmaßnahme:
4 Dämmung zwischen Kanthölzern, vertikal
5 Dämmung zwischen Kanthölzern, horizontal
6 diffusionsoffene Folie
7 Lattung
8 Konterlattung
9 Holzschalung, vertikal
10 Holzfaserdämmplatte

5.5 Zeichnung und Bilder rechts
Fassadensanierung mit U*psi-Dämmständern. U*psi-Dämmständer Typ F der Firma Lignotrend sind gegenüber den kreuzweise verlegten Tragkonstruktionen wärmebrückenreduziert. Es können Dämmstärken von bis zu 360 mm erreicht werden. Quelle: www.lignotrend.de

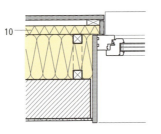
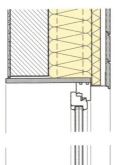
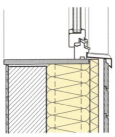

Aufbau

An der bestehenden Wand wird das Tragsystem (Kanthölzer bzw. Aluminiumprofile) für die Verkleidung befestigt. Zwischen diese Tragkonstruktion wird die Dämmung eingebaut. Auf der Außenseite schützt eine diffusionsoffene Windschutzbahn vor eindringender Feuchtigkeit, die bei Schlagregen durch die Fugen der Fassade drückt, und vor zu starker Auskühlung der Dämmung, vor allem an den Stoßfugen. Diese Windschutzbahn dient für die Zeit der Bauphase auch als Regenschutz. Zwischen Windschutzbahn und der Außenverkleidung sorgt eine durchgehende Luftschicht (mit Zu- und Abluftöffnungen unten und oben) für den Abtransport der eingedrungenen Feuchtigkeit sowie des auftretenden Kondensats. Die äußere Verkleidung dient dem Wetterschutz und bietet gleichzeitig vielfältige Gestaltungsmöglichkeiten.

Materialien

Die Materialwahl wird im Wesentlichen von der gewünschten Fassadengestaltung und von den Kosten bestimmt, ggf. auch noch durch den Wunsch nach Eigenleistungen bei der Montage. Gleichzeitig sind aber auch die Brandschutzanforderungen zu beachten. Für die hinterlüftete Fassade eignen sich alle diffusionsoffenen Dämmstoffe.

Beim Aufbau nach Abb. 5.5 wird aus wärmebrückenminimierten Holz-Systemträgern (Lignotrend U*psi-Dämmständer Typ F) und hydrophobierten Holzweichfaserplatten auf der bestehenden Wand ein Hohlraum geschaffen, in den Zelluloseflocken (oder ein anderer Schüttdämmstoff) eingeblasen wer-

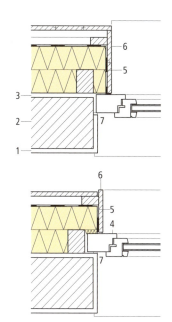

5.6:
Fensteranschluss (Horizontalschnitt).
Zur Vermeidung von Wärmebrücken sind Leibungen und Stürze immer in die Dämmung einzubeziehen. Bei gleichzeitiger Erneuerung der Fenster sollten diese möglichst so eingebaut werden, dass sie direkt an die Außendämmung anschließen oder in der Ebene der Dämmung angeordnet sind. In beiden dargestellten Fällen wird die Windschutzbahn bis auf den Blendrahmen geführt und verklebt.

Werden die Fenster mittig im Mauerwerk angebracht, muss die Dämmung in einer Mindestdicke von 3 cm über die Mauerwerks-Leibung bis an den Fensterrahmen geführt werden. Für die Luftdichtheit sorgt der Innenputz. Der Anschluss an den Fensterrahmen muss abgedichtet werden (dauerelastisch versiegeln).

Bestehende Wand wie Abb. 5.4
4 Blendrahmen
5 diffusionsoffene Folie
6 Holzschalung
7 dauerelastische Versiegelung

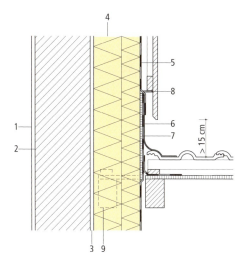

5.7:
Anschluss Außenwand an Schuppendach (Vertikalschnitt).
Damit die Wärmedämmung bei angebauten Garagen, Schuppen etc. ohne Unterbrechung ausgeführt werden kann, muss der Randsparren des Anbaus verschoben werden. Holzschalungen enden mind. 15 cm über der Dachfläche (Spritzwasserschutz), die Abdichtung – hier aus Zinkblech – wird noch weitere 15 cm hinter der Schalung hochgeführt.

Bestehende Wand wie 5.4
4 Dämmung zwischen Kanthölzern
5 diffusionsoffene Folie
6 wasserfeste Sperrholzplatte
7 Zinkblechverwahrung
8 Lüftungsgitter
9 vorhandenen Sparren verschieben

Hinterlüftete Fassaden	
Vorteile	• nur geringer Wärmebrückenanteil • vielfältigste Dämmstoffwahl möglich • auch auf unebenen Wänden einsetzbar • bei geschraubten Konstruktionen, Möglichkeit späterer Veränderung und technologischer Nachrüstung • bei größeren Objekten als Komplettsystem vorgefertigt montierbar
Nachteile	• viele Arbeitsschritte notwendig • aufwendige Anschlusspunkte bei Fenstern, Türen und auskragenden Bauteilen • periodische Pflege bei Holzfassaden
Eigenleistung	• sehr gut, vor allem abschnittsweise möglich

Tabelle 5.3:
Hinterlüftete Fassaden: Vorteile und Nachteile

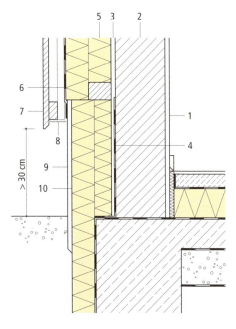

5.8: Sockel (Vertikalschnitt).
Im Sockelbereich enden Holzschalungen 30 cm über Gelände (Spritzwasserbereich). Dort wird eine druckfeste, feuchtebeständige Dämmung eingebaut, die mindestens 50 cm (besser 80 cm) tief in das Erdreich reicht und im Spritzwasserbereich mit einem Sockelputz versehen wird (vgl. Kapitel Kellerwände). Die Windschutzbahn kann am Sockelanschluß entweder eingeputzt oder aber darauf verklebt werden.

Bestehende Wand wie 5.4
4 Sperranstrich
5 Wärmedämmung
6 diffusionsoffene Folie auf Sockelputz führen und verkleben
7 Holzschalung
8 Lüftungsgitter
9 Sockelputz
10 feuchtebeständige, druckbelastbare Wärmedämmung im Sockelbereich

5.9 Fotovoltaikfassade des Solardeclathon-Wettbewerbsbeitrages 2009 der TU Darmstadt (Quelle:www.dcmetrocentrc.com)

5.10 Montage vorgefertigter Fassadenelemente im Geschosswohnungsbau. Foto: Frank Lattke

den. Gleichzeitig schützen die Weichfaserplatten den Dämmstoff vor Feuchtigkeit und Windeinwirkung.

Fassadenelemente aus anorganischen Materialien benötigen in der Regel keine Wartung, dagegen müssen farblich behandelte Fassaden aus Holz und Holzwerkstoffplatten in Abständen von 5 - 15 Jahren (je nach Schlagregenbelastung) gestrichen werden. Die unbehandelte und natürlich vergrauende Holzfassade stellt dabei nicht nur eine wartungsfreie, sondern auch die nachhaltigste und kostengünstigste aller Fassadenarten dar.

Ein wesentlicher Vorteil der vorgehängten Fassade liegt in der späteren Austauschbarkeit. Bei weiter sinkenden Preisen für Fotovoltaikmodule wird beispielsweise die stromgewinnende Fassade in naher Zukunft in der Bilanz kostengünstiger sein als eine konventionelle Plattenfassade, und das bei zunehmender Oberflächen- und Farbvielfalt.

Seit einigen Jahren werden bei größeren Wohngebäuden komplett vorgefertigte Fassadenelemente (z.B. www.tesenergyfacade.com) einschließlich integrierter Fenster und Lüftungsinstallationen vor die vorhandene Wand montiert. Hierfür werden die vorhandenen Wand- und Fensterflächen digital vermessen, so dass die Elemente maßgenau gefertigt werden können. Einige Planer und größere Holzbaufirmen in Süddeutschland, Schweiz und Österreich entwickeln diese Systeme kontinuierlich weiter.

Ausführungshinweise

- Die Unterkonstruktion muss ausreichend in der tragenden Wand verankert werden, die Tragfähigkeit der Befestigungsmittel ist statisch nachzuweisen.
- Eine durchgängige Luftschicht hinter den Fassadenelementen von mindestens 2 cm Stärke muss gewährleistet sein. Oben und unten sind Kleintierschutzgitter als Abschluss vorzusehen.
- Bei zweilagiger Ausführung der Dämmung können die Kanthölzer kreuzweise verlegt werden. Dadurch werden die materialbedingten Wärmebrücken durch das Tragsystem reduziert.
- Die Eignung von Holz- bzw. Holzwerkstoffen ist vor allem von den örtlichen Brandschutzanforderungen abhängig.
- Die meisten Hölzer müssen durch Anstriche dauerhaft vor UV-Strahlung und Feuchtigkeit geschützt werden. Nur bei Lärchen-, Eichen- und Zedernholz kann auf Anstriche verzichtet werden, die Oberfläche vergraut im Laufe der Jahre.
- Holzschalungen sollten erst 30 cm oberhalb von Spritzwasserflächen beginnen (Ausführung vgl. Abb. 5.7 und 5.8).

5.11
Hinterlüftete Fassade aus lackierten Dreischichtplatten.

5.12
Traufenausbildung bei nachträglicher Fassadendämmung und fehlendem Dachüberstand.

5.1.2 Das Wärmedämmverbundsystem (WDVS)

Als Wärmedämmverbundsystem (WDVS) werden Dämmsysteme bezeichnet, bei denen Dämmstoffplatten von außen auf die Außenwand aufgeklebt, je nach Untergrund auch gedübelt und mit einem gewebearmierten Putz überzogen werden. Dieses Verfahren wird seit 1957 angewandt.

Wärmedämmverbundsysteme werden dann verwendet, wenn der Charakter einer Putzfassade erhalten bzw. neu geschaffen werden soll. Unebenheiten und kleinere Risse im alten Putz müssen vollflächig verfüllt sein, um eine Hinterströmung zu verhindern.

Heute werden überwiegend graphitveredelte Polystyrol-(PS-) Hartschaumplatten (Brandschutzklasse B1, B2) und bei erhöhten Anforderungen an den Brandschutz Mineralfaserplatten (A1) oder Mineralschaumplatten (z.B. Multipor®) eingebaut. Aber auch Dämmstoffe aus nachwachsenden Rohstoffen sind einsetzbar, wobei sich Holzweichfaserplatten (WLG 040, Brandschutzklasse B2) am besten bewährt haben. Die einlagige Ausführung ist bis zu einer Stärke von 16 cm möglich, bei zweilagiger Ausführung empfiehlt sich für die untere Lage eine Traglattung (aus Konstruktionsvollholz), die dann z.B. auch mit Zelluloseflocken etc. verfüllt werden kann, um eine zeitgemäße Dämmschichtdicke auf Basis nachwachsender Rohstoffe zu erzielen. Die notwendige Unterkonstruktion ist allerdings recht aufwendig. Aufbau und Systemkomponenten (Dämmstoff einschließlich Befestigungen, Armierung, Schlussbeschichtung und Anschlussdetails sollten in jedem Fall nach Herstellervorgabe erfolgen, da sonst der Gewährleistungsanspruch erlischt.

Für die Außenbeschichtung können entweder mineralische Außenputze oder solche auf Silikonharzbasis verwendet werden, was mit dem Verarbeiter bzw. Systemhersteller im Einzelfall zu klären ist.

WDV-Systeme mit einer Oberfläche aus keramischen Riemchen stellen evtl. eine preiswertere Alternative zu der recht aufwendigen nachträglichen Verklinkerung dar. Auch hier ist die Systemzulassung zu beachten.

Für die Sanierung von profilierten Fassaden mit Gesimsen und von Stuckfassaden bieten verschiedene Systemhersteller inzwischen vorgefertigte Stuckelemente aus PS-Hartschaum oder aus mineralischen Leichtbaustoffen an. Die Standardelemente oder auch die eigens für das Sanierungsprojekt angefertigten Profile werden auf den Unterputz aufgeklebt und anschließend mit einem Anstrich überzogen. Auf diese Weise kann detailgetreu ein Abbild der alten Fassade auf dem WDVS hergestellt werden.

Die Gefahr der Algenbildung auf der Fassade kann beim WDVS grundsätzlich nicht ausgeschlossen werden. Allerdings hängt diese stark von der Feuchtigkeitsmenge und der Verweildauer auf der Putzoberfläche ab. Folgende Aspekte fördern die Vergrünung einer Fassade:

5.13 a und b
Fassadensanierung an einem Mehrfamilienhaus: In Verbindung mit der Vergrößerung und Neugestaltung der Fensterflächen entsteht eine klare, unaufdringliche Fassadenstruktur.

	Wärmedämmverbundsystem
Vorteile	• minimale Wärmebrücken • verschiedene Dämmstoffe möglich • auch auf unebenen Wänden einsetzbar (Lufteinschlüsse vermeiden!) • wärmebrückenminimierte Anschlüsse an Fenster und Türen • geringste Gesamtschichtdicke aller Außendämmsysteme • kostengünstigstes System
Nachteile	• besondere Sorgfalt bei der Ausführung • Befestigungen von Außenbauteilen müssen vorher festgelegt werden • geringe mechanische Belastbarkeit • langfristig Algenbildung auf unbesonnten Fassadenteilen möglich
Eigenleistung	• nur von Fachfirmen ausführbar

Tabelle 5.4: Wärmedämmverbundsystem: Vorteile und Nachteile

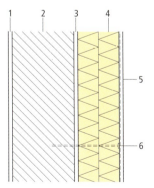

5.14
Regelquerschnitt Wärmedämmverbundsystem.

Bestehende Wand
1 Innenputz
2 Mauerwerk
3 Außenputz

Sanierungsmaßnahme
4 Dämmplatten, ein- oder zweilagig
5 Armierungsputz m.Gewebeeinlage u.Oberputz
6 Dübel; WDVS sind beim Aufbringen auf Putz bzw. Anstrichen immer zu dübeln!

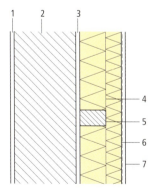

5.15
Ausführung des WDVS mit Holzwolleleichtbauplatten und Schüttdämmstoff (Horizontalschnitt).

Bestehende Wand wie 5.14
4 Dämmstoff geschüttet/eingeblasen
5 Kantholz
6 Holzfaserdämmplatte
7 mineralischer Außenputz, armiert

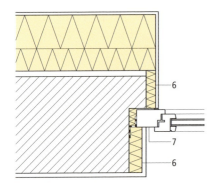
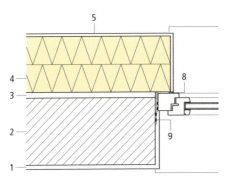
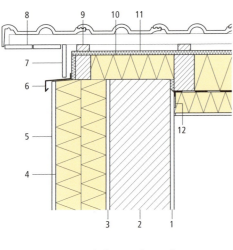
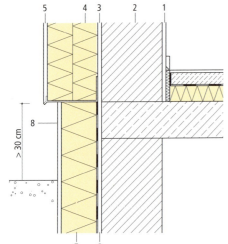

5.17
Anschluss der Außenwand an das Dach am Giebel (Ortgang). Wenn der vorhandene Dachüberstand nicht ausreicht, müssen die Dachlatten verlängert, oder Stichbalken eingebaut werden. Falls möglich, sollte oberhalb der Außenwand (Mauerkrone) eine Schicht Dämmstoff eingebaut werden, um die Wärmeabgabe an dieser Stelle zu reduzieren.

Bestehende Wand wie 5.14
4 Dämmplatten
5 Außenputz, armiert
6 Blechsims
7 Stellbrett
8 Holzschalung
9 Konterlattung
10 Kantholzrahmen, gedämmt
11 diffusionsoffene Unterdeckplatte
12 Luftdichtungsbahn, auf Innenputz verklebt

5.18
Sockelausbildung beim WDVS (Vertikalschn.)
Im Spritzwasserbereich dürfen nur feuchtebeständige, druckfeste Dämmplatten eingebaut werden. Wird aus gestalterischen Gründen der Sockelbereich gegenüber der Wand zurückgesetzt, sollten die hier eingesetzten Dämmplatten einen besseren Wärmedämmwert aufweisen. Der Sockelputz muss wasserdicht und auf den Dämmstoff abgestimmt sein.

Bestehende Wand wie 5.14
4 Dämmplatten
5 Außenputz, armiert
6 vorhandener Sockelputz/Sperrschicht
7 Sockeldämmung, druckbelastbar, wasserf.
8 Sockelputz

5.16 Fensteranschluss (Horizontalschnitt).
a) Das neue Fenster mit verbreitetem Blendrahmen wird von innen gegen den Mauerwerkanschlag eingesetzt. Um eine Wärmebrücke zu vermeiden, müssen die äußere und am besten auch die innere Leibung mindestens 3 cm dick gedämmt werden.
b) Alternativ kann ein neues Fenster bündig mit der Außenkante des Mauerwerks eingebaut und überdämmt werden. Hier ist es nicht nötig, den Blendrahmen zu verbreitern.

Bestehende Wand wie 5.14
4 Dämmplatten
5 Außenputz, armiert
6 zusätzliche Dämmung der Leibung 2- 4 cm
7 Blendrahmen
8 vorkomprimiertes Dichtungsband
9 luftdichte Abklebung, Butylklebeband

5.19
Aufbau eines Wärmedämmverbundsystems: Holzweichfaserdämmplatte geklebt und verdübelt, Armierungsgewebe, Unterputz und Oberputz (Quelle:www.inthermo.de)

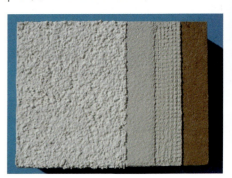

- hohe Schlagregenbelastung der Fassade, z.B. durch fehlende Dachüberstände,
- hohe Feuchtigkeitsbelastung durch Umgebungseinflüsse (viele Bäume, wenig Besonnung, Wasserflächen),
- direkte Anpflanzungen von Büschen unmittelbar an der Fassade, wenig Abtransport von Feuchtigkeit durch Konvektion, Wind etc.,
- geringe Speicherfähigkeit des Systems bei Polystyrol-Hartschaumdämmung in Verbindung mit sehr dünnen Putzschichten.
- Eine grobe Oberflächenstruktur des Putzes verhindert die Austrocknung und fördert die Staubbindung.

Ausführungshinweise
- Dämmstoffe, Befestigungsmittel, Armierung und Putz müssen aufeinander abgestimmt und bautechnisch zugelassen sein. Es sollten nur die abgestimmten Produkte eines Systemherstellers verwendet werden.
- Brandschutzanforderungen, insbesondere bei Tür- und Fensterstürzen, sind zu beachten.
- Mineralische Putze sind durchgefärbt in allen Farbabstufungen erhältlich. Bei durchgefärbten Putzen blättert zwar keine Farbe ab, intensive Farbtöne können jedoch unterschiedlich ausbleichen. Sie können mechanisch oder per Dampfstrahlgerät gereinigt werden.
- Lampen, Vordächer, Rankhilfen etc. müssen durch die Dämmung hindurch im tragenden Mauerwerk befestigt werden. Alternativ ist es auch möglich, in die Dämmschicht spezielle Formstücke oder Porenbetonsteine einzuarbeiten, um Lampen und andere leichtere Gegenstände darin zu verdübeln. In jedem Fall muss bei Erstellung des WDVS bereits die genaue Position dieser Gegenstände bekannt sein.
- Zum Schutz gegen eindringende Feuchtigkeit müssen alle Anschlüsse und Durchdringungen (z.B. Tür- und Fensteranschlüsse, Geländerbefestigungen, Kabel für Außenleuchten etc.) mit vorkomprimierten Dichtungsbändern versehen werden.
- In stoßgefährdeten Bereichen sollte ein Panzergewebe in den Armierungsputz eingearbeitet werden, um das WDVS (besonders die Kanten) vor mechanischer Beschädigung zu schützen.
- Ein WDVS mit PS-Hartschaum als Dämmstoff kann den Schallschutz der Außen-

wand unter Umständen verschlechtern. Durch einen Zusatz von Graphit zum Styropor (z.B. NEOPOR von BASF) soll nun nicht nur eine Verbesserung des Schallschutzes, sondern auch ein günstigeres Brandverhalten erreicht werden als bei normalem PS-Hartschaum. Ein WDVS auf der Basis von Holzfaserplatten bringt erfahrungsgemäß aufgrund des höheren spezifischen Gewichtes dieser Platten eine Verbesserung des Schallschutzes der Aussenwand.

5.1.3 Nachträgliche Verklinkerung / Herstellung von Verblendmauerwerk

Die teuerste und platzintensivste und daher selten praktizierte Variante des nachträglichen Wärmeschutzes von Außenwänden stellt die Außendämmung mit Verblendmauerwerk dar.

Hierfür ist entweder eine nachträgliche, frostsichere Gründung notwendig oder eine Auflagerung der Vormauerschale auf Edelstahlkonsolen, die an die tragende Mauerschale gedübelt werden. Beide Maßnahmen sind kostenintensiv und verteuern die Fassade zusätzlich um bis zu 20%. Neben diesem hohen konstruktiven Aufwand erhöht sich die Außenwanddicke bei einer wirksamen Dämmstoffstärke von 14 cm um 26,5 cm.

Zum anderen darf der Abstand zwischen tragender Wand und Vormauerschale nach DIN 1053 nicht mehr als 15 cm betragen, was die Dämmstoffdicke begrenzt. Allerdings gibt es mittlerweile bauaufsichtlich zugelassene Dübel, die ausnahmsweise bis 20 cm Abstand zwischen den Mauerwerksschalen erlauben (www.bever.de). Um bei begrenztem Platz den höchstmöglichen Dämmwert zu erzielen, sollte die Dämmung als Kerndämmung, d.h. ohne Luftschicht, ausgeführt werden. Für die Kerndämmung werden hydrophobierte Dämmstoffe ver-

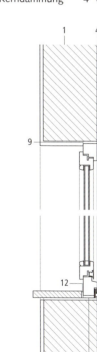

5.20
Regelquerschnitt einer nachträglichen Verklinkerung m. Kerndämmung (Bestand: U = 1,6 W/m²K, nach der Sanierung: U = 0,22 W/m²K).

Bestehende Wand
1 Innenputz   2 Mauerwerk
Sanierungsmaßnahme
3 Kerndämmung   4 Vormauerstein

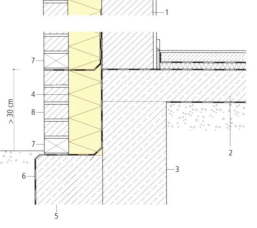

5.21
Anschluss Außenwand – Dach,
Traufeseite (Vertikalschnitt)
Die Kerndämmung muss lückenlos an die Dachdämmung anschließen. Dafür wird in diesem Fall der Anschluss an das Unterdach mit plattenförmigem Material hergestellt. Die Luftdichtungsebenen von Außenwand und Dach – Innenputz und Folie bzw. Pappe – werden miteinander verbunden, indem die Pappe/Folie bis auf das Mauerwerk bzw. den Ringanker geführt und dort verklebt wird.
1 bestehendes Mauerwerk
2 Kerndämmung
3 Dämmstoffplatte
4 Luftdichtungsbahn auf Mauerwerk verkleben

5.22
Sockel, nicht unterkellert (Vertikalschnitt).
Der Spritzwasserbereich wird gesondert mit Schweißbahn abgeklebt. Eindringende Feuchtigkeit kann durch offene Stoßfugen oder Lüfterziegel ablaufen.
1 bestehendes Mauerwerk
2 Bodenplatte
3 bestehendes Fundament
4 feuchtebeständige, druckbelastbare Dämmplatten
5 Streifenfundament, frostfrei
6 Schweißbahn
7 Lüfterziegel / offene Stoßfuge
8 Vormauerziegel

5.23
Vertikalschnitt durch Fenstersturz und Brüstung.

1 bestehendes Mauerwerk
2 Kerndämmung, z.B. HYPERLITE
3 Vormauerstein
4 Windschutzbahn bis auf Blendrahmen führen
5 Schweißbahn zur Ableitung von Feuchtigkeit
6 offene Stoßfuge / Lüfterziegel
7 Dämmstoffplatten unterhalb d. Schweißbahn
8 vorgefertigter Ziegelsturz
9 Hohlräume dämmen
10 Abdeckleiste
11 Fensterbank, Hohlräume gedämmt
12 Fensterrahmen

Nachträgliches Verblendmauerwerk	
Vorteile	• sehr dauerhaft und wartungsfrei • Wärmebrücken weitgehend vermeidbar • verschiedene hydrophobe Dämmstoffe möglich • auch auf unebenen Wänden einsetzbar
Nachteile	• sehr teures System • aufwendige Anschlusspunkte bei Fenstern, Türen und auskragenden Bauteilen
Eigenleistung	• nur von Fachfirmen ausführbar

Tabelle 5.5: Nachträgliche Verklinkerung: Vorteile und Nachteile

wendet. Diese sind wasserabweisend ausgerüstet, so dass sie sich weder zersetzen, noch ihre Dämmfähigkeit einbüßen.

Die Vormauerschale darf nicht aus dampfdichtem Material bestehen. In der Regel diffundiert anfallende Feuchte durch die Fugen aus. Außerdem muss durch den Einbau von Lüftersteinen bzw. offenen Stoßfugen in Verbindung mit einer z-förmig verlegten wasserdichten Folie gewährleistet werden, dass eingedrungene Feuchtigkeit nach außen abfließen kann (siehe Abb.5.22).

Die nachträglich hergestellte Klinkerfassade wird nur dort ausgeführt, wo aus gestalterischen Gründen eine Mauerwerkfassade gewünscht ist und die Lastabtragung nicht zu aufwendig wird. Letzteres gilt vor allem für nicht unterkellerte Gebäude oder für Bauvorhaben, bei denen der Keller ohnehin wegen Abdichtungs- bzw. Dränmaßnahmen freigelegt wird. Als Alternative zur Gründung bis auf tragfähigen Untergrund werden Edelstahlkonsolen im Bereich der Kellerdecke bzw. Kellerwand angedübelt. Die an diesen Stellen evtl. entstehenden Wärmebrücken müssen in Kauf genommen werden.

Üblicherweise werden für die Kerndämmung hydrophobierte Mineralfaserplatten verwendet.

Ausführungshinweise

- Die Gründung bzw. Lastabtragung der Vormauerung muss gewährleistet sein.
- Die Mauerwerksanker aus nicht rostendem Metall müssen nachträglich in der bestehenden tragenden Wand verankert werden.
- Es dürfen nur hydrophobierte Dämmstoffe verwendet werden, die eine Zulassung als Kerndämmstoff haben.

5.2 Verfüllen der Luftschicht bei zweischaligem Mauerwerk

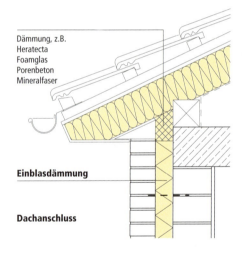

Einblasdämmung

Dachanschluss

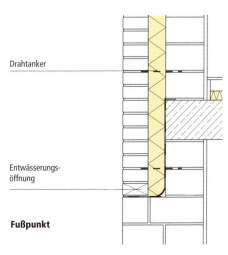

Drahtanker

Entwässerungsöffnung

Fußpunkt

Das zweischalige Mauerwerk mit Luftschicht hat seinen Ursprung in der Erkenntnis, dass ein Verblendmauerwerk zwar vor Regen schützt, die äußere Mauerschale bei Schlagregen aber durchfeuchtet. Die Luftschicht hatte also die Funktion, die Innenschale trocken zu halten und gleichzeitig die eingedrungene Feuchtigkeit abzuführen bzw. abtrocknen zu lassen. Bis zu Beginn der 1970er Jahre wurden diese Wandaufbauten insbesondere in wind- und regenreichen norddeutschen Küstenregionen ausgeführt, auch bei Putzfassaden der 1930 - 1950er Jahre findet man die Hohlschicht vor.

Somit ist die wichtigste Voraussetzung für die Verfüllung des Hohlraumes mit Dämmstoff, dass dieser feuchtigkeitsresistent ist. Ferner ist eine geringe Wärmeleitgruppe wichtiger als bei anderen Maßnahmen, da die Dämmschichtdicke durch den Hohlraum begrenzt ist. Für die bestehenden Wände sind folgender Aufbauten typisch:

- 1,5 cm Innenputz - 24 cm Hochlochziegel - 4-10 cm Luftschicht - 11,5 cm Verblendmauerwerk; oder:
- 2,0 cm Innenputz - 11,5 cm Mauerwerk - 4-10 cm Luftschicht - 11,5 cm Mauerwerk - 2,0 cm Außenputz.

Mit diesen Wandaufbauten wird in der Regel ein U-Wert von ca. 1,2 - 1,4 W/m²K erreicht.

5.24 *links*
Nachträgliche Kerndämmung zweischaliger Außenwände durch Verfüllen der Luftschicht. Das Einblasen kann von außen oder von innen erfolgen. Mauerkronen müssen mit dämmenden Materialien verschlossen werden.

5.25 *rechts*
Einblasen des Dämmstoffes von außen. Die Bohrlöcher mit einem Durchmesser von 20 - 24mm werden am Kreuzungspunkt zwischen Stoß- und Lagerfuge gesetzt, so dass der Stein nur minimal beschädigt wird und sich das Bohrloch nach der Verfüllung fast unsichtbar mit Fugenmörtel verschließen lässt.

			Hohlraumdämmung							
Material	Produktname	λ	Baustoff-Klasse	μ	Schütt-gewicht	Bohr-löcher	erreichbare Dämmwerte in W/m²K bei Dämmstärke (ungedämmte Wand U=1,4 W/m²K)			
		W/mK			kg/m³	m²/Loch	4 cm	6 cm	8 cm	10 cm
aufgeblähtes Lavagestein (Perlite)	Perli-Fill F	0,040	A1	3	40 - 68	10 - 15	0,58	0,45	0,37	0,31
	Hyperlite KD	0,050	A1	3	90	10 - 15	0,66	0,52	0,43	0,37
Polystyrol-Partikelschaum-Granulat	RigiBead P, Granublow	0,033	B2	5	20	10 - 15	0,52	0,39	0,32	0,27
	H2 Wall	0,033	B2	5	16 - 18	10 - 15	0,52	0,39	0,32	0,27
Mineralwollfasern	Supafill cavaty wall	0,035	A1	1	30 - 40	0,5 - 1	0,54	0,41	0,33	0,28
kunstharzgebundenes Steinwoll-Granulat	Rockwool,	0,040	A1	1	80 - 150	0,5 - 1	0,58	0,45	0,37	0,31
	Paroc BLT 7	0,038	A1	1	80 - 150	0,5 - 1	0,57	0,44	0,35	0,30
Silikatschaum-Granulat	SLS 20	0,035	A1	3	20 - 30	10 - 15	0,54	0,41	0,33	0,28
Silikat-Aerogel	Aerogel-Granulat P400	0,021	B1	2-3	60 - 80	10 - 15	0,38	0,28	0,22	0,18
	Agitec Aerogel-Granulat	0,018	B1	2-3	85 - 95	10 - 15	0,34	0,25	0,19	0,16

Alle in Betracht kommenden Dämmstoffe und ihre thermischen Eigenschaften sind der Tabelle 5.6 zu entnehmen. Tab. 5.6 zeigt auch die Grenzen der nachträglichen Hohlraumverfüllung. Eine weitere Dämmung der Außenwände ist nicht vorgeschrieben, auch wenn die sonst bei einer Außenwandsanierung geforderten U-Werte überschritten werden. Bei Inanspruchnahme einer KfW-Einzelmaßnahmenförderung wird keine Mindestdicke, sondern ein Dämmstoff der Wärmeleitgruppe ≤ 035 gefordert, die mittlerweile von mehreren Produkten erreicht wird. Mit Abstand die besten Werte erreichen die Aerogel-Granulate (WLG 018 bis 021). Allerdings liegt der Preis noch nahezu beim Zehnfachen der übrigen Produkte. Bei sehr schmalen Luftschichten (≤ 4 cm) erscheint das Einblasen von Aerogel-Granulat im Vergleich zur Innendämmung durchaus interessant.

Bevor eine Hohlraumverfüllung vorgenommen wird, ist eine sorgfältige endoskopische Untersuchung notwendig. Diese beinhaltet u.a.
- die Ermittlung der zur Verfügung stehenden Hohlschichtstärke,
- Bestimmung von Anzahl und Zustand der Mauerwerksanker und durchbindenden Mauersteine,
- Kontrolle auf Mörtel- und Steinreste im Sockelbereich und an den Gebäudeecken
- Prüfung einer Durchfeuchtung des Mauerwerkes.

Bei diffusionsdichten Anstrichen von Putzflächen muss der Anstrich entfernt werden und durch einen diffusionsoffenen ersetzt werden. Das Einblasen kann sowohl von innen wie auch von außen vorgenommen werden. Zu beachten ist das Ausrieseln bei nachträglichen Öffnungen.

Ausführungshinweise
- Es muss sichergestellt werden, dass beim Einbringen der Dämmung alle Risse und Undichtigkeiten, wie offene Stoßfugen, Anschlüsse von Fenstern, einbindende Innenwände und vor allem die Mauerkronen verschlossen werden, um ein unkontrolliertes Entweichen des Dämmstoffes (vor allem bei Perlite, Silikatleichtschaum-Granulat und Nanogel) zu verhindern. Die Öffnungen sind möglichst diffusionsoffen zu verschließen.
- Mörtel- und Steinreste sowie eingedrungenes Wurzelwerk sollten durch punktuelles Öffnen von Außen- oder Innenschale entfernt werden. Dieser Aufwand ist manchmal teurer als das Einblasen selbst.

Tabelle 5.6
Erreichbare U-Werte bei Hohlraumdämmung in Abhängigkeit von Dämmstoff und Hohlraumbreite.

5.26
Aerogel-Granulat besteht zu 10% aus amorphem Silikat (Sand) und zu 90% aus feinsten Luftporen. Quelle www.agitec.ch

Tabelle. 5.7
Nachträgliches Verfüllen der Luftschicht – Vorteile und Nachteile.

	Verfüllen der Luftschicht
Vorteile	• sehr preisgünstiges System • keine aufwendige Baustelleneinrichtung • verschiedene Dämmstoffe möglich
Nachteile	• nur begrenzte Dämmwerte erreichbar • Wärmebrücken an Türen, Fenstern, Heizkörpernischen, Rolladenkästen unvermeidbar • Herausrieseln der Dämmung bei nachträglichen Öffnungen oder Fensteraustausch möglich, Ausnahme: Mineralfaser • Haarrissbildung im Außenputz und bei Fugen im Verblendmauerwerk möglich
Eigenleistung	• nur von Fachfirmen ausführbar

Hinweis: Temperatur- und Feuchtigkeitsveränderungen

Jede Dämmmaßnahme an der Außenwand führt zur Veränderung der bisherigen Temperatur- und Feuchtigkeitsbedingungen. Die innere Oberfläche des Mauerwerks wird bei Außen- und Hohlwanddämmung wärmer, bei Innendämmung kälter. Durch die Dämmung der Außenwand rutscht der Taupunkt weiter nach außen. Dadurch sinkt die Luftfeuchtigkeit in den Räumen, in Einzelfällen hat das Auswirkungen z.B. auf Schwundrisse in alten Möbeln.

Die Außenschale wird nach einer Hohlraumdämmung im Sommer wärmer, weil die Wärme nicht mehr nach innen abgeleitet werden kann, und im Winter kälter, weil weniger Wärme von innen nachströmt. Die Oberflächentemperatur eines Jahrzehnte alten, schadensfreien Putzes ist dann evtl. nicht mehr in der Lage, die um bis zu 20 K höhere Temperaturdifferenz ohne Rissbildung zu überstehen.

- Im Falle abgerissener korrodierter Mauerwerksanker bzw. -durchbinder müssen beide Mauerwerksschalen mit zugelassenen Dübelsystemen verbunden werden.
- Die Ausführung sollte nur Fachfirmen übertragen werden. Vor der Ausführung ist gemäß DIN 4108, Teil 3 durch einen bauphysikalischen Nachweis (Dampfdiffusion) sicherzustellen, dass der neue Wandaufbau nicht zu Tauwasserschäden führt. Zu beachten sind die erhöhten thermischen Spannungen in der Außenhülle aufgrund der größeren Temperaturwechsel (Gefahr von Haarrissbildung bei geputzten Fassaden).
- Bei schwierigen Gebäudegeometrien und Detailausbildungen kann nach der Hohlraumverfüllung durch eine Thermographieaufnahme überprüft werden, ob die Dämmung alle Hohlräume erreicht und verschlossen hat.
- Gut rieselnde Dämmstoffe (Perlite, Polystyrol-Partikelschaum-Granulat, Silikatschaumgranulat) benötigen im Verhältnis zu den Mineralfaserdämmstoffen nur relativ wenig Bohrlöcher.

5.3 Innendämmung

Die Innendämmung wird vor allem dort eingesetzt, wo die Fassade erhalten werden muss oder soll (z.B. Denkmalschutz, Fachwerkwände etc.). Sie galt bis vor ein paar Jahren als bauphysikalisch problematisch bzw. als energetische Notlösung, wenn keine Außendämmung möglich war. Mittlerweile sind die Dampfdiffusionsverhältnisse einer von innen gedämmten Wand weitestgehend erforscht, so dass zahlreiche neuere Produkte und Systemaufbauten diesem Erkenntnistand auch Rechnung tragen. Allerdings muss bei allen Innendämmungen ein unvermeidbarer Anteil von Wärmebrücken infolge einbindender Innenwände und Decken in Kauf genommen werden. Als Ziel jeder Innendämmung ist eher eine schadensfreie Konstruktion zu sehen als die maximale Wärmedämmung. Im Gegensatz zur Außendämmung ist der Abtransport von Feuchtigkeit nach außen gehemmt, so dass das Eindringen von Raumluftfeuchte in die Wand (bzw. allgemein in die Außenbauteile) minimiert oder kontrolliert zurückgeführt werden muss.

Bei Außenwänden wird die Dämmschicht überall dort unterbrochen, wo Innenwände oder Decken einbinden. Der Stellenwert der bereits bestehenden Wärmebrücken erhöht sich damit, je besser die Dämmung in der Fläche ist. Die Oberflächentemperatur fällt an den in den Raumecken einbindenden Decken und Wänden stark ab, so dass diese Stellen kondensatgefährdet und somit schimmelanfällig sind.

Zur Minimierung dieser Schwachstellen (ganz vermeiden lassen sich diese nicht) sollten die angrenzenden Decken und Wände entlang der Anschlüsse an die Innendämmung mit einem ca. 50 cm breiten Dämmstreifen (oder -keil) versehen werden (vgl. Abb. 5.29 bzw. 5.32). Dabei entstehen Absätze in den Raumecken, die gegebenenfalls durch komplette Vorwandschalen oder ähnliches kaschiert werden können.

In allen Außenbauteilen diffundiert während der Heizperiode Wasserdampf aus der Raumluft in die Außenwand und kondensiert in der Dämmschicht, in der die Temperatur stark abfällt. Hinter der Dämmschicht trifft der schon stark abgekühlte Wasserdampf auf das Mauerwerk, das dampfdichter ist als die meisten Dämmstoffe und so den Weitertransport verhindert. An dieser Grenzschicht kann ausfallendes Tauwasser zu einer Durchfeuchtung des Mauerwerks und später zu Frostschäden führen (vgl. Kapitel 3.1).

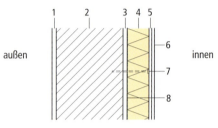

5.27
Innendämmung mit feuchteregulierenden Dämmplatten. Achtung: Für diesen Aufbau muss ein Dampfdiffusionsnachweis erbracht werden!

Bestehende Wand
1 Außenputz
2 Mauerwerk
3 Innenputz

Sanierungsmaßnahme
4 Holzfaserdämmplatten
5 Lehmunterputz
6 Lehmfeinputz
7 Dübel
8 Klebemörtel

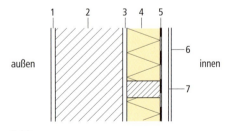

5.28
Innendämmung zwischen Tragkonstruktion mit Verkleidung, z.B. aus Gipskarton (Regelquerschnitt). Im Zwischenraum zwischen Dampfbremse und Vorsatzschale können Elektroleitungen verlegt werden, wenn die Dampfbremse dadurch nicht beschädigt wird.

bestehende Wand wie 5.27
4 Dämmung zw. Kanthölzern
5 feuchtevariable Dampfbremse
6 raumseit. Bekleidung (Gipskarton, Holzschal.)
7 Lattung / Installationsebene

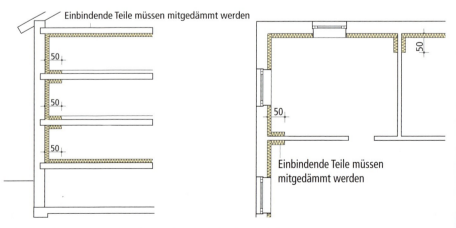

5.29: Innendämmung: Problemlösung bei einbindenden Bauteilen.

Grundsätzlich gibt es heute zwei unterschiedliche Dämmphilosophien: Die klassische Lösung sieht eine Dämmung mit einer raumseitig angebrachten (mittlerweile feuchtevariablen) Dampfbremse vor. Diese minimiert das Eindringen der Luftfeuchtigkeit in die Wand, so dass zwischen der Dämmschicht und der dahinter liegenden kalten Außenwand kein Kondensat ausfällt. In der Praxis wird eine Unterkonstruktion aus Kanthölzern oder Metallprofilen an der Wand verdübelt, der Dämmstoff dazwischen eingebaut, mit einer feuchtevariablen Dampfbremse überdeckt und alle Ränder und Stöße sorgfältig luftdicht verklebt. Anschließend kann die Wand mit Gipskartonplatten o.ä. verkleidet werden. Der Vorteil der feuchtevariablen Dampfbremsbahn gegenüber konventionellen Dampfbremsen besteht darin, dass je nach Feuchteanfall die sommerliche Rücktrocknung zum Raum hin wesentlich beschleunigt wird.

Als Alternative zur diffusionsdichten Innendämmung setzen sich mittlerweile kapillaraktive Systemaufbauten durch. Das Grundprinzip der kapillaraktiven Dämmsysteme beruht darauf, dass im Winter aufgenommene Feuchtigkeit im Sommer in den Raum zurückdiffundiert. Mögliches Tauwasser im äußeren Bereich der Dämmschicht wird durch die kapillaraktiven Eigenschaften verteilt und entspannt. Voraussetzung hierfür ist jedoch, dass alle Komponenten – Klebemörtel, Dämmplatte, Armierung, Putzmörtel und Anstrich – sorgfältig aufeinander abgestimmt sind. Alle Plattenhersteller bieten komplette Systemaufbauten an (vgl. Tab. 5.8). Bei den meisten Dämmstoffen handelt es sich um geschäumte Platten auf mineralischer (z.B. Calciumsilikat-) Basis. Diese kapillar leitfähigen diffusionsoffenen Baustoffe sind schadstofffrei, schimmelresistent, nicht brennbar (Baustoffklasse A1) und recyclingfähig. Positive Praxiserfahrungen wurden auch mit kapillaraktiven Dämmplatten aus Holzfaser und Perlite gemacht. Mittlerweile werden immer mehr Hybridsysteme (Remmers, Calsitherm) entwickelt, eine Kombination aus PUR-Hartschaumplatte (für extrem hohen Dämmwert) und punktuell angeordneten Calciumsilikatanteilen zur kapillaren Leitfähigkeit. Das Funktionsprinzip beruht darauf, dass nicht die gesamte Platte kapillar leitfähig sein muss, um den Rücktrocknungsprozess zu gewährleisten.

Da alle kapillaraktiven Platten sehr biegesteif sind, können diese Unebenheiten der Bestandswand nicht ausgleichen, wodurch Lufträume zwischen Platte und vorhande-

5.30
Innendämmung mit Holzfaserdämmplatten: Alle Fensterleibungen werden mit dünneren Dämmplatten gedämmt, um den Kondensatausfall und Schimmel zu verhindern. Quelle: Gutex

5.32:
Vertikaler Schnitt durch eine Geschossdecke. Während im Fußbodenbereich die Trittschalldämmung zur Verhinderung von Wärmeabfuhr aktiviert werden kann, sind im Deckenbereich keilförmige Formteile zur Kondensatvermeidung empfehlenswert.

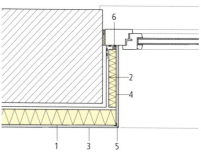

5.31:
Innendämmung mit Calciumsilikatplatten. Die Innendämmung muss bis in die Fensterleibung gezogen werden. Wenn die Fenster nicht erneuert werden, können nur 2-3cm in der Leibung ausgeführt werden, Kondensatfreiheit und Luftdichtigkeit müssen jedoch gewährleistet sein.
1 kapillaraktive Dämmplatte
2 Klebemörtel
3 Kalkfeinputz
4 kapillaraktive Leibungsplatte
5 Eckschutzschiene
6 Fenster luftdicht verklebt
Compriband zwischen Fenster und Platte, um eine Hinterströmung zu verhindern

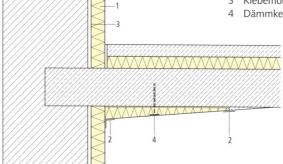

1 kapillaraktive Dämmplatte
2 Gewebearmierung
3 Klebemörtel
4 Dämmkeil, geklebt u. gedübelt

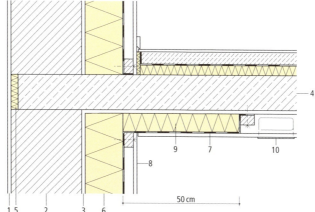

5.33
Verringerung des Wärmebrückeneffektes bei einbindender Betondecke durch Dämmstreifen an der Decke. Dämmung und Dampfbremse werden noch 50 cm weit unter die Decke geführt. Oberhalb der Decke reduzieren Estrichdämmung und Randstreifen die Wärmeableitung.

bestehende Wand wie 5.27
4 Betondecke
5 Randdämmstreifen
6 Dämmung zwischen Tragkonstruktion
7 feuchtevariable Dampfbremse bis auf angrenzende Bauteile führen, verkleben und anpressen
8 Bekleidung auf Lattung
9 Zusatzdämmung unter der Decke, auch als Keil sinnvoll
10 Installationen/Lüftungsauslass

Kapillaraktive Innendämmung								
Material	λ W/m·K	Baustoff-Klasse	μ	Rohdichte kg/m³	\multicolumn{4}{c}{erreichb. Dämmwerte ($U_{ungedämmt}$ = 1,4 W/m²·K)}
					d = 4 cm	d = 6 cm	d = 8 cm	d = 10 cm
Calsitherm	0,060	A1	3-6	200 - 240	0,72	0,58	0,49	0,42
Multipor	0,045	A1	3	115	0,62	0,49	0,40	0,34
IQtherm	0,031	B2	27	45	0,50	0,38	0,30	0,25
iPor	0,042	A1	3-7	100	0,60	0,47	0,38	0,32
Thermoroom	0,040	B2	3	130	0,58	0,45	0,37	0,31
TecTem	0,045	A1	5-6	90 - 105	0,62	0,49	0,40	0,34

Tabelle 5.8: Eigenschaften kapillar aktiver Baustoffe für die Innendämmung (d = Dämmstoffdicke).

Innendämmung	
Vorteile	• vorhandene Fassade bleibt erhalten • kein Gerüst erforderlich • bei sehr dickem Mauerwerk und Kellern wird die Aufheizzeit der Räume verkürzt • Kosten insgesamt geringer als bei Dämmung von außen
Nachteile	• Wärmebrücken an durchbindenden Decken und Innenwänden, evtl. auch bei Fenstern • Feuchtigkeitsschäden in Außenwänden, bes. bei Kellern, werden erst spät sichtbar • wasserführende Rohre in der Außenwand liegen danach im frostgefährdeten Bereich • Räume werden kleiner
Eigenleistung	• hohe Sorgfalt erforderlich • raumweises Arbeiten möglich

Tabelle 5.9: Innendämmung: Vorteile und Nachteile

Internetadressen
www.calsitherm.de
www.gutex.de
www.keimfarben.de
www.knauf-perlite.de
www.remmers.de
www.schomburg.de
www.xella.de

Tabelle 5.10:
Vergleich der Außenwand-Dämmsysteme (d = Dämmstoffdicke).

ner Außenwand entstehen. Kleinere Unebenheiten in der Bestandsoberfläche können mit Klebemörtel ausgeglichen werden, größere Unebenheiten, die gerade bei historischen Gebäuden vorkommen, müssen mit einer neuen Putzschicht ausgeglichen werden. Feuchtigkeitsbindende Gipsbestandteile müssen ebenso entfernt werden wie lockere Putze. Die Platten werden fugenlos mit einem speziellen Mörtel auf die vorhandene Putzschicht geklebt und zur Vermeidung von Haarrissen anschließend mit einem Armierungsgewebe überzogen.

Als innere Oberflächen haben sich feuchtigkeitsausgleichende Materialien, wie z.B. Lehmputz oder systemspezifisch abgestimmte, offenporige Putze bzw. Spachtelmassen bewährt. Diffusionshemmende Schichten und Anstriche dürfen bei einem solchen Aufbau nicht aufgebracht werden. Voraussetzung für ein kapillaraktives System ist allerdings eine sorgfältig herzustellende Luftdichtheit, ein trockenes Mauerwerk und eine nicht schlagregengefährdete Fassade. Ein kapillaraktives System eignet sich nicht bei Betonaußen- und Kellerwänden!

Ein rechnerischer Nachweis ist für alle Innendämmungen mit speziell entwickelten Programmen (z.B. Wufi®, Delphin) ratsam.

Ausführungshinweise

- Eine Innendämmung darf nur auf trockenen Wänden ausgeführt werden, die Feuchtigkeitsbelastung der zu dämmenden Wand ist zu untersuchen, evtl. sind Maßnahmen zur Reduzierung des Feuchtigkeitseintrages durch Schlagregen vorzunehmen (z.B. Hydrophobierung o.ä.).
- Es sollten nur zugelassene Komplettsysteme (Kleber, Dämmstoff, Armierung, Putz, Anstriche) verwendet werden. Verarbeitungshinweise der Hersteller unbedingt beachten!
- Zwischen Dämmung und bestehender Wand muss eine vollflächige und hohlraumfreie Anbindung erfolgen, eine Hinterströmung der Dämmung von innen ist unbedingt zu vermeiden.
- Bei sehr unebenen Wänden empfiehlt sich die klassische Ständerkonstruktion mit Einblas- oder weicher Mattendämmung, weil das Egalisieren der inneren Wandoberfläche mit hohem Aufwand verbunden ist.
- Fensterleibungen müssen unbedingt ggf. mit dünneren Dämmplatten mitgedämmt werden.
- Bei einbindenden Holzbalkendecken muss der Balkenzwischenraum immer mitgedämmt werden, da Wärmebrücken an dieser Stelle vermehrt die Tauwasserbildung begünstigen. Vor Ausführung einer Innendämmung sollten die Auflager der Balkenköpfe untersucht werden.
- Damit keine feuchtwarme Raumluft in die Holzbalkendecke eindringen kann, muss die luftdichte Ebene sorgfältig an die Deckenbalken angeschlossen werden. Eine unsachgemäße Ausführung von Innendämmungen kann erhebliche Bauschäden verursachen.

Vergleich der Außenwand-Dämmsysteme							
Außenwand-dämmsystem	Etwa erreichbarer U-Wert W/m²K	Preis €/m² Dämmstoffdicke	Einsatzmöglichkeiten	Konstruktive Beurteilung	Nachwach. Baustoffe einsetzbar?	Eigenleistung möglich?	Oberflächengestaltung außen
Vorhangfassade	bis 0,15	130 - 170,- €/m² d = 16 cm, WLG 032	alle Gebäudetypen	sehr gut	ja	teilweise	Alle Holz- u. Plattenwerkstoffe, viele Gestaltungsmöglichkeiten
Wärmedämmverbundsystem WDVS	bis 0,12	110 - 150,- €/m² d = 16 cm, WLG 032	alle Gebäudetypen, ebener Untergrund erforderlich	sehr gut	bedingt	nein	Putzstruktur, kann eingefärbt werden, Strukturelemente möglich
Klinker mit Kerndämmung	bis 0,18	170 - 220,- €/m² d = 15 cm, WLG 032	Alle Haustypen	sehr gut	nein	nein	Farbe und Format der Steine
Hohlraumdämmung	bis 0,22	ca. 25 - 35,- €/m² d = 8 cm, WLG 033	zweischaliges Mauerwerk erforderlich	gut, Wärmebrücken unvermeidbar	nein	bedingt	keine Veränderungen
Innendämmung	bis 0,40	90 - 120,- €/m² d = 10 cm, WLG 045	bei denkmalgeschützten Fassaden	gut, Wärmebrücken unvermeidbar	ja	bedingt	keine Veränderungen

Fachwerkwände

Nur für Außenwände in Sichtfachwerkbauweise, die in besonders geschützten Lagen liegen (Schlagregenbeanspruchungsgruppe I, DIN 4108-3), genügt gem. EnEV 2014/16 ein U-Wert von 0,84 W/m²K, der in der Regel mit einer Ausmauerung mit Porenbeton oder Porenziegel (WLG ≤ 120) erreicht wird. Durch Ausfachung mit einem extrem leichten Porenbeton (z.B. Multipor® WLG 045) oder einem anderen biegesteifen Dämmstoff lassen sich bei 16 cm Fachwerk und 20% Holzanteil U-Werte bis ca. 0,4 W/m²K erzielen. Mit der Verbesserung der Dämmung verschlechtert sich allerdings der Schallschutz.

Wird eine Fachwerkwand zusätzlich gedämmt, so muss gemäß EnEV 2014 ein U-Wert von 0,35 W/m²K (bei Innendämmung) bzw. 0,24 W/m²K (bei Außendämmung) erreicht werden. Allerdings sind Ausnahmen (gem. §25 EnEV) möglich, wenn der Rahmen des technisch-ökonomisch Zumutbaren überschritten wird.

Bei einer notwendigen energetischen Ertüchtigung wird in den meisten Fällen eine Innendämmung (vgl. Kap. 5.3) in Betracht kommen, um das charakteristische Erscheinungsbild der Fachwerkfassade zu erhalten. Die Schlagregensicherheit des Fachwerks muss jedoch gewährleistet sein, wobei Holz, Gefache und Fugen in separaten Arbeitsschritten mit zugelassenen Imprägnierungen und Dichtstoffen versehen werden müssen. Für den Fall, dass eine neue Fassadengestaltung in Verbindung mit einer optimalen Wärmedämmung erreicht werden soll, empfiehlt sich die vorgehängte, hinterlüftete Fassade, die dann problemlos mit dem Fachwerk verschraubt werden kann.

5.34
Bei der Außendämmung dieses Fachwerkhauses wurde die horizontale Gliederung des Giebels durch geschossweises Absetzen der senkrechten Holzverschalung erhalten. Photos: G.Haefele

5.35
Der Erhalt der Fachwerkstruktur auf der Außenseite erfordert eine Innendämmung der Außenwände.

5.4 Perimeterdämmung / Außendämmung von Kellerwänden

Die Dämmung von Kellerwänden ist nur dann sinnvoll, wenn der Keller oder ein Teil davon als Wohnraum genutzt wird. Ist das nicht der Fall, sollten nur die Kellerdecke und der Sockel bis zum Erdreich bzw. bis 50 cm unter Kellerdecke wärmegedämmt werden (vgl. Kapitel 7.1: Kellerdecken). Werden nur Teile des Kellers zu Wohnzwecken genutzt, muss zusätzlich zu den entsprechenden Außenwänden eine Dämmung zwischen den beheizten und den unbeheizten Räumen eingebaut werden (vgl. Kapitel 7.4: Wände zu unbeheizten Räumen). Die Kelleraußenwanddämmung (Perimeterdämmung) ist bei allen Kellerwänden möglich. Sie bietet sich immer dann an, wenn auch Maßnahmen zum Schutz gegen Feuchtigkeit durchgeführt werden. Gemäß EnEV müssen beheizte Keller immer dann gedämmt werden, wenn die Kelleraußenwand von außen gegen Feuchtigkeit abgedichtet wird. Diese Vorschrift ist durchaus sinnvoll, da die Kosten für Erdaushub und Feuchtigkeitssperre relativ hoch sind; im Verhältnis dazu fallen die Kosten für die Dämmarbeiten weniger ins Gewicht.

Aufbau

Bei normaler Bodenfeuchte – jedoch nicht bei drückendem Wasser (Grundwasser) – wird zunächst eine Abklebung bzw. Dickbeschichtung gemäß DIN18195 außen auf das Mauerwerk aufgebracht bzw. die vorhandene Abdichtung nachgearbeitet. Darauf kann

5.36: Ausführung der Perimeterdämmung.

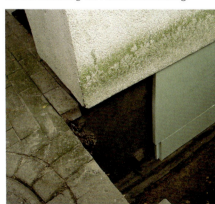

Tabelle 5.11:
Perimeterdämmung: Vorteile und Nachteile

	Perimeterdämmung
Vorteile	• kann gleichzeitig mit der Feuchtigkeitssperre der Kellerwand /des Fundamentsockels ausgeführt werden • Taupunktverlagerung beschleunigt Austrocknung von Kellerwand bzw. Sockelmauerwerk • zusätzlich mechanischer Schutz d. Wand
Nachteile	• Erdarbeiten sind aufwendig und im Bestand oft nur in Handarbeit zu verrichten
Eigenleistung	• teilweise, Erdarbeiten u. Wandreinigung

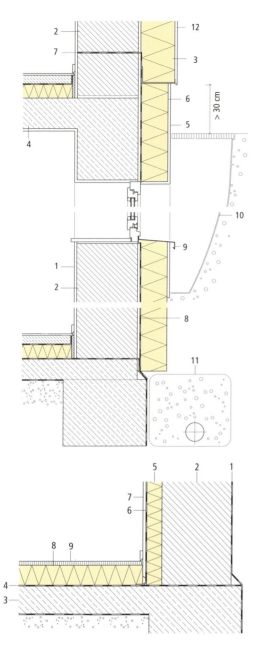

5.37
Schnitt durch Kellerlichtschacht mit Perimeterdämmung.

1 Innenputz
2 Mauerwerk
3 Dämmstoffplatten
4 Betondecke und Sturz
5 Sockelputz
6 Dämmstoffplatten, druckbelastbar, feuchtebeständig
7 Horizontalsperre
8 Abdichtung des Kellermauerwerks
9 Fensterbank
10 Kellerlichtschacht
11 Dränage
12 Außenputz
13 Drainageplatte zur Sicherung gegen mechanische Beschädigungen

5.38
Anschluss der Innendämmung an den Kellerboden.

Bestehender Aufbau
1 Sperrschicht
2 Mauerwerk
3 Betonbodenplatte

Sanierungsmaßnahme
4 Horizontalsperre
5 Wärmedämmung
6 feuchtevariable Dampfbremse bis auf Bodenplatte geführt und verklebt
7 Gipskarton
8 Wärme- und Trittschalldämmschicht
9 Holzwerkstoffplatte, z.B. OSB

die Wärmedämmung geklebt werden. Die Perimeterdämmung sorgt nicht nur für den Wärmeschutz, sie bewahrt auch die Sperrschicht vor mechanischer Beschädigung. Zusätzlich empfiehlt es sich, im Sohlenbereich außen vor der Dämmung eine Dränschicht aus Kies anzuordnen und eine Ringdränage zur Ableitung des Wassers einzubauen.

Ragt der Keller ein Stück aus dem Erdreich heraus, muss auch die Kellerwand oberhalb des Geländes gedämmt und an die Außenwanddämmung des Erdgeschosses angeschlossen werden. Im Sockelbereich wird die Dämmschicht durch einen Sockelputz geschützt.

Als Dämmstoffe kommen wegen der geforderten Druckfestigkeit nur solche mit einer Rohdichte $\rho \geq 30$ kg/m³ in Frage, die bauaufsichtlich als Perimeterdämmstoffe zugelassen sind. Am häufigsten werden Hartschaumplatten aus extrudiertem Polystyrol eingebaut. Als Alternative bietet sich Schaumglas (aus recyceltem Altglas) an, allerdings sind die Platten wesentlich teurer.

Ausführungshinweise

- Das Aufbringen der vertikalen Sperrschicht erfordert große Sorgfalt. Um Wärmebrücken zu vermeiden, sollten Kellerlichtschächte außen auf die Dämmung gesetzt werden. Bestehende alte Betonlichtschächte sollten entfernt und durch neue Kunststoff-Lichtschächte ersetzt werden.
- Wenn der Keller im Grundwasser steht, fallen sehr aufwendige Abdichtungs-, Dämm- und Drainagearbeiten an, die unbedingt von einer Fachfirma ausgeführt werden sollten.

5.5 Sonderbauteile bei Außenwänden

Heizkörpernischen

Heizkörpernischen mit reduziertem Wandquerschnitt stellen ohne zusätzliche Dämmmaßnahme eine Wärmebrücke dar, die sich besonders stark auswirkt, da durch die hohe Temperatur des dahinterliegenden Heizkörpers auf einer relativ großen Fläche ein besonders großer Wärmestrom nach außen entsteht.

Je besser der Dämmwert der ungeschwächten homogenen Wand, umso mehr macht sich die verringerte Schichtdicke bemerkbar. Durch eine außen liegende Wärmedämmung wird diese Wärmebrücke beseitigt. Bei Mauerwerk mit Vormauerschale und Luftschicht ragt die Heizkörpernische oft wie ein Erker bis in die Luftschicht hinein. Das Vorziehen des Heizkörpers und das Schließen der Nische mit einer Innendämmung (siehe Kap. 5.3) ist eine wirksame Methode, diese Wärmebrücke zu beseitigen. Gleichzeitig wird die Wärmeabgabe des Heizkörpers zum Raum hin verbessert.

Bei Anbringen einer Außendämmung kann eine zusätzliche Dämmung der Heizkörpernischen entfallen.

5.39 Schwachstelle Heizkörpernische

Rollladenkästen

Rollladenkästen sind als Wärmebrücke ebenso verbreitet wie Heizkörpernischen, oft befinden sich beide am gleichen Gebäude. Im Bereich des Rollladenkastens ist die Außenwand entweder in der Dicke erheblich geschwächt, oder – falls eine Vormauerung vorhanden ist – ganz vom Rollladenkasten verdrängt. Bei den Häusern der 1950er und 1960er Jahre ist in der Regel keine Dämmung im Kasten vorhanden, hinzu kommt die Undichtigkeit der Konstruktion, da die raumseitigen Revisionsöffnungen nie ganz dicht schließen.

Die beste Art der Sanierung ist hier der Verzicht auf den Rollladenkasten – und damit meist auch auf den Rollladen. In ein Wärmedämmverbundsystem lassen sich u.U. kompakte, gedämmte Minirollladenkästen integrieren, sie können aber auch außen aufgesetzt werden. Sollen die Rollläden erhalten bleiben, so ist die Dämmung und Abdichtung des Rollladenkastens unverzichtbar, besonders dann, wenn die Fassade von außen gedämmt wird. Denn selbst bei einer Überdeckung des Rollladenkastens durch die Außendämmung tritt immer noch kalte Luft durch den Rollladenauslass in den Kasten ein. Um eine Auskühlung der angrenzenden Bauteile zu verhindern, muss der Kasten von innen allseitig gedämmt werden. In der Regel wird der gesamte Rollladen einschließlich Kasten ersetzt, am besten im Zusammenhang mit den Fenstern. Bei Einbau neuer Rollladenkästen sollten die einzelnen Wandungen mit mindestens 6 cm Dämmstoff (WLG 030) oder sogar mit Aerogelmatten (WLG 018) bzw. Vakuumisolationspaneelen (WLG 008) gedämmt werden.

Auskragende Balkonplatten

Bei Wohnhäusern aus den 1950er und 1970er Jahren sind sie häufig anzutreffen: Betonbalkone und Vordächer, die ohne thermische Trennung als auskragende Betondecken ausgeführt wurden. Schon ohne zusätzliche Außenwanddämmung stellen sie eine Wärmebrücke dar. Bei Einbau einer außenliegenden Wärmedämmung vergrößert sich diese anteilig auf ein Mehrfaches und ist zudem auf der Innenseite kondensat- und schimmelgefährdet. In diesen Fällen ist ein sorgfältiges Abwägen von Aufwand und Nutzen dringend anzuraten. Auch wenn der scheinbar konsequenteste Ansatz darin besteht, die Balkone abzuschneiden und gegebenenfalls durch eine thermisch getrennte Stahl- oder Holzkonstruktion (aufgestellt oder aufgehängt) zu ersetzen, so empfiehlt sich diese Lösung nur, wenn die Stahlbetonplatte in ihrer konstruktiven Substanz z.B. so stark angegriffen ist, dass sie ohnehin aufwändig saniert werden muss. Im Falle einer funktionalen, konstruktiven und gestalterischen Werthaltigkeit der Balkonplatte erscheint es nach heutigen Erkenntnissen wesentlich günstiger, die verbleibende Wärmebrücke elektrisch auf ein kondensatfreies Temperaturniveau (ca. 12 - 14°C) zu erwärmen. Die entstehenden Stromkosten belaufen sich jährlich auf ca. 2 - 4 €/lfdm Balkonplatte. Die Investitionskosten (einschließlich temperaturgesteuerter Schaltung), aber auch die Primärenergiebilanz liegen bei max. 5% der Kosten bzw. des Aufwandes für Abbruch und Neuaufbau.

Attiken

Flachdächer werden häufig von einer Attika (Verlängerung der Außenwand über das Dach hinaus) begrenzt. Auch hier sind im Bestand Wärmebrücken und als Folge davon Bauschäden anzutreffen. Außen aufgebrachte Dämmsysteme sollten zur Schadensbegrenzung nicht nur bis zur Oberkante der Attika, sondern ganz um sie herum geführt und an die Dämmung des Flachdaches angeschlossen werden. Unter Umständen ist es auch möglich, eine niedrige Attika aus Ziegeln durch einen wärmedämmenden Porenbeton- bzw. Porenziegelstein oder durch einen hohen Dämmstoffkeil zu ersetzen.

5.40
Schwachstellen: Rolladenkasten und auskragende Balkonplatte

Regenfallrohre in Außenwänden

In den 1960er Jahre galt es als modern, Regenfallrohre in den (auch noch schlecht gedämmten) Außenwänden zu verlegen. Durch diese Wärmebrücke kühlten die Außenwände in diesem Bereich besonders stark ab. Es kam zu Kondensatschäden und Rissbildungen auf Grund des großen Temperaturunterschiedes zu den angrenzenden Bauteilen. Bei einer ohnehin anstehenden Sanierung sollten die Fallrohre vor die Außenwände verlegt und die Schlitze geschlossen werden.

Flachdächer werden meistens über innenliegende Fallrohre entwässert. In diesem Fall sollten die Rohre so gut wie möglich gedämmt und die Dämmung auf der warmen Seite (außen) mit einer diffusionsdichten Ummantelung versehen werden, damit das kalte Regenwasser nicht die Raumwärme abzieht und kein Kondenswasser auftreten kann. Wird ohnehin das Flachdach neu gedämmt, könnte gleichzeitig das Gefälle nach außen gelegt und das Regenwasser außerhalb der gedämmten Gebäudehülle abgeführt werden (siehe Kap. 6.2).

5.41
Außenwand mit Wärmedämmverbundsystem gedämmt und mineralisch verputzt. Die Befestigungspunkte für Geländer etc. durchdringen die Wärmedämmung und stellen Wärmebrücken dar.

Beispiel 3: Sanierung und Umnutzung eines Allgäuer Bauernhauses

Michael Felkner

1 Das Anwesen im Jahr 1989, Ansicht von Nordost

2 Blick in das sanierte Architekturbüro im ehemaligen Kuh- und Pferdestall

3 Verschattung über dem verglasten Eingang des Naturkostladens

4 Die Südseite des Anwesens nach der Sanierung mit Naturkostladen-Eingang (links), Eingang Büro (Mitte) sowie dem Wohnhaus (rechts).

Der Bauernhof stammt im Kern wohl aus dem 18. Jahrhundert. Seine heutige Form und Größe erhielt er um 1870. Im Jahr 1989 wurde das mitten in einem Allgäuer Dorf gelegene Gebäude vom jetzigen Besitzer, einem Architekten, erworben. Um das Anwesen wieder bewohnbar zu machen und Räumlichkeiten für das wenige Jahre zuvor gegründete Architekturbüro zu schaffen, musste das Haus nicht nur an die öffentliche Kanalisation angeschlossen werden, sondern auch das undichte Dach über der Wiederkehr erneuert und ein Bad eingebaut werden. Im Zuge der Erdarbeiten wurde damals zur Energieversorgung ein Flüssiggastank im Garten vergraben und im Bad eine Gastherme installiert, um wenigstens ein warmes Bad und eine warme Dusche zu haben. Die übrigen Räume sollten zunächst weiter über Einzelöfen beheizt werden. Aus finanziellen Gründen mussten weitergehende Pläne zur Sanierung und Umnutzung zurückgestellt werden. Und das war gut so, denn nach ersten architektonischen Erfolgen verlegte der Architekt seinen Arbeitsschwerpunkt auf das energieeffiziente Bauen und Sanieren. 1998 konnte der an das Wohnhaus angrenzende 100 m² große ehemalige Kuhstall und der 22 m² große Pferdestall zum Architekturbüro umgebaut werden, im daran angrenzenden 143 m² großen Heulager entstand ein Naturkostladen. 2005 folgte im Rahmen des dena-Modellvorhabens „Niedrigenergiehaus im Bestand" die Sanierung der Einliegerwohnung mit Passivhauskomponenten und bis heute läuft parallel dazu die schrittweise Instandsetzung des Wohnhauses. Dabei kamen unterschiedliche Bauweisen, Baumaterialien und Energietechniken zum Einsatz.

Architekturbüro und Naturkostladen

Kuh- und Pferdestall sind aus ca. 60 cm dickem Bruchsteinmauerwerk errichtet, mit einer Holzbalkendecke aus den 50er Jahren über dem Kuhstall. Zum Wohnhaus hin wurde die Giebelwand damals als Brandwand aus Bruchstein bis unters Dach aufgemauert. Da das Wohnhaus in traditioneller Allgäuer Blockbauweise und die Scheune über dem Stall sowie das Heulager in Holzriegelbauweise (Fachwerk) errichtet sind, steht diese Brandwand quasi ohne aussteifende Mauerwerks- oder Betonteile über drei Geschoße frei. Ein Problem bei der Sanierung war, dass die Stallwände mangels horizontaler Feuchtigkeitssperren massiv Feuchtigkeit aus dem Untergrund nach oben transportieren. Unterfangen und Einbau einer Feuchtigkeitssperre schieden wegen der labilen Statik aus, Injektionen erschienen angesichts der Hohlräume zwischen den Bruchsteinen wenig erfolgversprechend. Zur Trockenlegung des Mauerwerks blieb die sogenannte Bauteiltemperierung.

Mit Hilfe von Erfahrungs- und Rechenwerten eines Münchner Büros wagte sich der Bauherr an das Experiment heran: Der Stallboden aus Holz wurde entfernt, das Erdreich ca. 40 cm tief bis auf die Fundamentsohle abgetragen, eine Betonbodenplatte eingebaut und darauf 20 cm Wärmedämmung verlegt, mit einem darüber liegenden Bodenbelag aus OSB-Platten.

Nach Entfernen des ohnehin maroden Putzes wurden zur Mauerwerksentfeuchtung im Sockelbereich zwei nicht isolierte Kupferrohre (Vor- und Rücklauf, 18 mm ø) verlegt, die das ganze Jahr über von 30°C warmem Heizungswasser durchflossen werden. Einmal mit dieser Technik vertraut erschien es konsequent, die Raumheizung analog über Niedertemperatur-Wandstrahl-Heizflächen zu realisieren. Gleichzeitig wurde auf der südlichen Dachfläche (35° Neigung) eine erste 20 m² große Solaranlage errichtet, die einen 1800 Liter fassenden Pufferspeicher in einem Abstellraum lädt.

Für den Ladenraum wurden die Außenwände komplett erneuert, die zum größten Teil erdberührt und daher feuchtebeständig gedämmt sind. Der Bodenaufbau wurde wie im Büro ausgeführt, als Decke wurde eine Brettstapeldecke neu eingebaut. Die Decken über Laden und Büro wurden 20 - 26 cm dick gedämmt. Für einen Lebensmittelladen ist grundsätzlich eine niedrigere Temperatur erwünscht als für Büroräume, so dass dem Schutz vor sommerlicher Überhitzung besondere Bedeutung zukommt. Daher wurden die Aggregate für die Kühlgeräte teilweise ausgelagert, der großflächig verglaste Eingang auf der Südseite wurde mit einem an der Fassade abgehängten starren Sonnenschutz versehen, das durchgehende Lichtband auf der Westseite mit Klappläden. Auf der Südseite des Ladenraumes wurde ein 36 W-Ventilator in die Wand eingebaut, der im Sommer in den Morgenstunden überschüssige Wärme aus dem Verkaufsraum abführt und über eine Zuluftöffnung auf der Nordwestseite kühle Luft ansaugt. Ansonsten gibt es keine Geräte zur Raumkühlung. Umgekehrt ist auch keine Raumbeheizung notwendig, da die Abwärme der Kühlgeräte und der Beleuchtung zur Temperierung ausreichen.

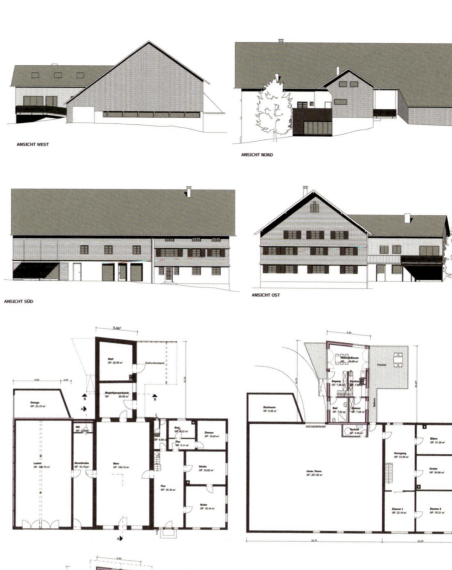

5 Ansichten, Grundrisse und Schnitt des Hofes
6 bis 8 Der Naturkostladen und der Büroeingang auf der Südwestseite des Wirtschaftsgebäudes

73

9 Nur wenige alte Stützen tragen das bereits sanierte Dach der entkernten Wiederkehr.
10 Errichtung der Außenwände als Holzriegelkonstruktion
11 Aufbau des Fußbodens auf der Kappendecke
12 Innenausbau mit Treppenöffnung
13 Grundrisse, Ansicht und Schnitt der Einliegerwohnung

Die Büroräume werden zum überwiegenden Teil aus den Erträgen der Solaranlage beheizt. Die Wandstrahlheizung in der Putzschicht der 60 cm dicken Natursteinwände reagiert zwar träge, doch gibt es während der Heizperiode aufgrund der guten Wärmedämmung und des eher unterdurchschnittlichen Fensteranteils kaum Temperaturspitzen im Raum. Durch die Strahlungswärme der Wände kann die als angenehm empfundene Raumtemperatur um 2°C niedriger gehalten werden als bei normal beheizten Büroräumen. Bereits angedacht ist hier die Nachrüstung einer Lüftungsanlage mit Wärmerückgewinnung, auch wenn bei einer Belegung mit 4 - 5 Personen die Lüftungswärmeverluste längst nicht so groß sind wie in normalen Büros.

Einliegerwohnung

Als die dena im Jahr 2005 deutschlandweit 100 Beispiele für Modellvorhaben suchte, erhielt der Eigentümer und Architekt unter anderem für die Sanierung der Einliegerwohnung in der Wiederkehr über dem ehemaligen Pferdestall einen Zuschlag. Über dem gemauerten Sockelgeschoss mit Ziegelkappendecke gab es im Bestand eine außen holzverschalte Holzriegelkonstruktion (früher Heulager). Darin war vermutlich erst nach dem Krieg mit einfachsten Mitteln eine Wohnung geschaffen worden, ohne dabei den Dachraum auszubauen. Hier sollte nun eine zumindest in Teilen barrierefreie und seniorengerechte Wohnung geschaffen werden. Auf der gut 48 m² großen Eingangsebene entstanden der Wohn- und Essbereich mit offener Küche, ein kleines Zimmer (z.B. für Gäste) und ein behindertengerechtes Bad. Über eine Treppe mit Galerie sind im Dachgeschoss ein Schlafzimmer sowie ein zusätzlicher Wohnbereich mit insgesamt 37 m² Grundfläche erreichbar.

Von den Fachwerkwänden blieben nach der Entkernung nur 9 Stützen übrig, die das bereits 1989 sanierte und gedämmte Dach tragen. Zwischen die Stützen wurden wie beim Neubau neue Holzständerwände gestellt, die auf der Raumseite eine aussteifende und luftdichtende Beplankung aus OSB-Platten erhielten. Außenseitig wurden die Ständer unter der sägerauhen Lärchenholz-Schalung mit einer leximprägnierten Holzweichfaserplatte beplankt. Die Dachsparren wurden seitlich angelascht, die Zwischenräume ebenso wie bei den Wänden mit Hanf gedämmt und raumseitig mit OSB beplankt. Für den Fußboden wurden auf der Ziegelkappendecke Balken verlegt, deren Zwischenräume mit Hobelspänen gefüllt sind. Als Trägermaterial für den weiteren Fußbodenaufbau dienen auch hier OSB-Platten. So entstand eine rundum aussteifende und dichte Hülle. Allerdings schmälern die Durchstoßungspunkte von drei tragenden Balken der Dachkonstruktion das erwünschte gute Ergebnis des Luftdichtheitstests, denn die Risse in den alten Balken waren einfach nicht 100% dicht zu bekommen.

Raumseitig wurde eine Installationsebene vorgesehen und mit Sparschalung und Holz-

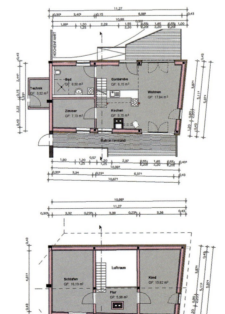

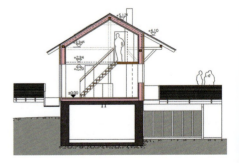

Lehmplatten verkleidet. An ausgewählten Stellen sind ein paar m² Wandstrahlheizung installiert, anschließend wurden Wände und Dachschrägen mit Lehm verputzt. Der Fußboden besteht aus 45 mm dicken Massivholzdielen, die auf Trittschalldämmplatten verlegt sind. Als Geschossdecke wurde eine von oben und unten sichtbare Brettstapeldecke eingebaut. Die Holzböden wurden mit Seife oberflächenbehandelt, die 3-fach verglasten Lärchenholzfenster blieben unbehandelt, ebenso wie alle anderen Holzoberflächen.

In der angrenzenden Scheune wurde noch ein wärmegedämmter Technikraum eingebaut, in dem das Lüftungsgerät mit Wärmerückgewinnung und ein 750 Liter Wärmespeicher mit Frischwasserstation Platz finden. Eine 12 m² große Solaranlage deckt den Warmwasserbedarf außerhalb der Heizperiode. In der Küche steht ein raumluftunabhängiger Greithwald-Herd mit Wärmetauscher, der in der Heizperiode den Aufstellraum heizt und gleichzeitig das Kochen und Backen ermöglicht. Überschüssige Wärme wird in den Speicher geführt und gelangt über die Wandstrahlheizflächen in die übrigen Räume, so dass die Mieter im Winter nur jeden zweiten Abend Feuer machen müssen.

Wohnhaus

Das Wohnhaus wird vom Bauherrn mit seiner Familie selbst genutzt und ist seit dem Erwerb eine Baustelle – mal mehr und mal weniger. Nach Fertigstellung von Büro und Laden wurde im Keller ein großer Scheitholzkessel eingebaut und anschließend begonnen, die einzelnen Raumachsen zu sanieren, innen jeweils ausgehend von der Kellerdecke über die Zwischendecke bis hin zur Decke im Dachgeschoss.

Der Fehlboden der Holzbalkendecke über dem Naturkeller wurde erneuert und wieder mit einem feuchtigkeitsregulierenden Lehmschlag versehen, wobei der verbliebene Hohlraum zur Dämmung mit Hobelspänen aufgefüllt und darüber eine luftdichtende Ebene aus Holzweichfaserplatten eingezogen wurde. Als Fußboden wurden durchweg Massivholzdielen verlegt. Die Decken zum nicht ausgebauten Dachgeschoß wurden zwischen und unter den Balken mit flexiblen Holzfasermatten gedämmt, mit einem Dampfbremspapier versehen und mit Holz verkleidet. Wo Zwischendecken erneuert werden mussten, kamen Brettstapel zum Einsatz. Sämtliche Holz- und Lehmoberflächen sind bis auf die geseiften Fußbodendielen unbehandelt, was ein unübertroffenes Raumklima schafft.

Nachdem die östliche und südliche Außenwand des Holzblockbaus außen mit einem gut erhaltenen Schindelschirm verkleidet war, wurde hier auf der Innenseite gedämmt, allerdings viel dicker als üblich. Nach dem Aufbringen eines Windpapiers wurden raumseitig zwischen neuen Holzständern ca. 16 cm flexible Holzweichfasermatten eingebaut, darauf Holzschalung, Lehmbauplatten, Wandstrahlheizung und Lehmputz. Anders als bei Mauerwerksbauten kann der Dämmstoff hier im Sommer sowohl zum Raum hin als auch nach außen abtrocknen. Und durch die Wandstrahlheizung ist eine Feuchtigkeitsaufnahme des Dämmstoffes während der Heizperiode ohnehin weitgehend ausgeschlossen.

Die neuen naturbelassenen Lärchenholzfenster sind 3-fach verglast und raumseitig mit einem umlaufenden Laibungsrahmen versehen, um die Schichten des Wandaufbaus dicht anschließen zu können.

Die verputzte, nahezu fensterlose Nordseite des Gebäudes wurde außen mit Kanthölzern aufgedoppelt, dazwischen mit 28 cm Zellulose ausgeblasen und außen mit Holzweichfaserplatten überzogen und mit einer senkrechten Holzschalung verkleidet. Hier wurde auch der stillgelegte Gastank nach Ausrüstung mit dem notwendigen Innenleben als 4850 Liter fassender Puffer-Wärmespeicher aufgestellt, als „Anbau" eingehaust und mit Zellulose 50 bis 80 cm dick wärmegedämmt. Zur Beheizung der Räume im Wohnhaus sind, bis auf Küche und Stube, Wandstrahlheizflächen vorgesehen. Die Solaranlage wurde auf 40 m² vergrößert. Der Rest der südlichen Dachhälfte wurde in zwei Etappen mit einer Photovoltaikanlage belegt.

Küche und Stube sind nicht an das Zentralheizungssystem angeschlossen – hier gibt es einen Grundofen, der mit sehr wenig Holz befeuert werden kann. Durch Kochen (notfalls an sehr kalten Wintertagen auf Oma's Küchenherd), Spülmaschine und Kühlschrank fällt bereits eine beträchtliche

14 und 15 Umfuktionieren des Gastanks zum Wärmespeicher und Einhausung auf der Nordseite.

16 und 17 Sanierung der Kellerdecke und Dämmung der Balkenzwischenräume mit Hobelspänen.

18 Einbau der Kupferrohr-Register als Wandheizung vor Aufbringen des Innenputzes.

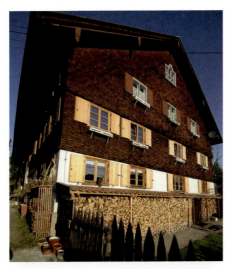

Wärmemenge an, die dem Raum zugute kommt. In der Stube blieben, als einzigem Raum in dem 360 m² großen Wohnhaus, die beiden Außenwände ohne Wärmedämmung, denn hier kam bei der Renovierung eine schöne alte Wandvertäfelung zum Vorschein, die erhalten werden sollte. Daher wurde beim Einbau der neuen Fenster und bei der Instandsetzung der Vertäfelung lediglich die Winddichtheit verbessert. Jetzt bleiben nur noch die großen Flure energetisch zu sanieren, die ca. 30% der Gesamtfläche ausmachen. Hier geht Wärme vor allem durch die Decke zum nicht ausgebauten Dachgeschoss, durch die Bodenplatte und im Obergeschoss durch die Brandwand verloren.

Fazit

Wenn das Wohnhaus fertig saniert ist, sollte sich der Holzenergieverbrauch für Heizung und Warmwasser bei insgesamt ca. 35.000 kWh/a einpendeln. Zieht man den Energiebedarf für die Warmwasserbereitung ab, so wird der Energieverbrauch für die Raumheizung bei etwa 30.000 kWh/a liegen, d.h. bei 43 kWh/m²a zuzüglich der Erträge aus den thermischen Solaranlagen. Der Verbrauch an elektrischer Energie ist in etwa deckungsgleich mit den Erträgen aus der installierten Photovoltaikanlage. Die Bewohner und auch die Mitarbeiter fühlen sich rundum wohl in den Räumen. Am schönsten ist es natürlich, wenn sich Besucher lobend über die behagliche Atmosphäre äussern. Nicht zuletzt wegen des gesamtökologischen Ansatzes wurde das Haus 2007 mit dem KfW-Energieeffizienzpreis „Energetische Modernisierung von gewerblich genutzten Gebäuden" (1. Platz) ausgezeichnet.

Fakten

Ein Vergleich der Energieverbräuche vor der Sanierung und nach der Sanierung ist in diesem Fall nicht möglich, denn ein großer Teil der Flächen wurde im Zuge der Sanierung erst ausgebaut und nutzbar gemacht.

Beheizte Wohnfläche Wohnhaus	359 m²
Beheizte Wohnfl. Einliegerwohnung	79 m²
Beheizte Nutzfl. Architekturbüro	122 m²
Beheizte Nutzfl. Naturkostladen	143 m²
Beheizte Wohn- u. Nutzfl. gesamt	703 m²

Einliegerwohnung

Bruttorauminhalt V	318 m³
Beheiztes Volumen H	244 m³
Außenhüllfläche A	267 m²
Kompaktheit A/V	0,83 1/m
Jahresheizwärmebedarf	34 kWh/m²a
Kollektorfläche Hauptgebäude	40 m²
Kollektorfläche Einlieger	12 m²
Pufferspeicher Hauptgebäude	4850 Liter
Pufferspeicher Einlieger	750 Liter
Installierte PV-Anlage	15 kW$_p$

jährlicher Holzverbrauch

7 Ster Nadelholz	11.200 kWh/a
13 Ster Hartholz	27.300 kWh/a
850 kg Nadelholzbrikett	4.250 kWh/a
Gesamt	42.750 kWh/a

19 Die Außenfassade des Wohnhauses wurde abgesehen von neuen Fenstern erhalten.
20 Renoviertes Arbeitszimmer.
21 Stube mit Kachelofen und Ofenbank.
22 Die Küche mit Holzkochherd.
23 In der Stube wurde die Vertäfelung erhalten.

Projekt: Umnutzung eines Allgäuer Bauernhofes
Planung: Architekturbüro Dipl-Ing. Michael Felkner, www.architekt-felkner.de
Baujahr/Umbau: um 1870 / 1989 bis heute

Beispiel 4: Sanierung eines Wohnhauses aus den 60er Jahren mit Anbau

Werkgruppe Freiburg

Das Mehrfamilienhaus wurde im Stadtteil Freiburg-Schlierberg errichtet. Im Jahr 2008 traten die Besitzer mit dem Wunsch nach einer energetischen Sanierung und einer Wohnraumerweiterung an das Architekturbüro Werkgruppe Freiburg heran.

Die vorhandene Wohnungsstruktur sollte nach der Sanierung unverändert erhalten bleiben. Das Erdgeschoss ist vermietet, das Obergeschoss wird zusammen mit dem Dachgeschoss von den Bauherren selbst genutzt. Das Mehrfamilienhaus war während der Bauarbeiten bewohnt. Zum Schutz der Bewohner wurde eine Staubwand aufgestellt und es wurde auf einen möglichst kurzen Bauablauf geachtet.

Entwurf und Energieberechnung

Um die gewünschte Wohnraumerweiterung zu realisieren, wurde ein 2-geschossiger Anbau entworfen. Der Anbau hat eine Grundfläche von ca. 40 m² und ist teilweise unterkellert. Im Zuge dieses Anbaus wurde auch eine Brücke vom 1. Obergeschoss zu einer höher gelegenen Gartenfläche errichtet, um einen direkten Zugang von der Wohnung nach draußen zu schaffen. Im Zuge der Planung wurde das Bestandsgebäude detailliert erfasst, so dass ein sehr genaues, ganzheitliches Sanierungskonzept erstellt werden konnte, das den energetischen Aspekt angemessen berücksichtigt. Zu dieser Bestandsaufnahme gehörten unter anderem eine energetische Berechnung des Gebäudes und ein Blower-Door-Test, unterstützt durch Thermographieaufnahmen von innen und außen. Durch die Thermografiebilder konnte eindrücklich gezeigt werden, wo die höchsten Wärmeflüsse sind und auf welche Wärmebrücken man im Sanierungskonzept besonders eingehen muss. Hier spielten neben den Wärmeverlusten über die ungedämmte Fassade zum einen Bauteile wie die Eingangstreppe und die Balkone, zum anderen aber auch die massiven Luftundichtigkeiten im Bereich der Fenster und Rolladenkästen eine große Rolle.

Ziel der energetischen Sanierung war es, dass das Gebäude nachher den von der EnEV 2007 vorgeschriebenen H'_T-Wert (Transmissionswärmeverlust) und den Primärenergiebedarf um mindestens 30% unterschreitet. Im Zuge der Sanierung wurden auch einige Renovierungsarbeiten und minimale Grundrissänderungen vorgenommen. Um das vorgegebene Ziel zu erreichen, wurden den Bauherren folgende Maßnahmen vorgeschlagen:

- Dämmung der Kellerdecke
- Wärmedämmverbundsystem für die Außenwände
- Austausch der Fenster
- Minimierung der Wärmebrücken
- Austausch der Heizungsanlage
- Lüftungsanlage mit Wärmerückgewinnung

Die Hofseite vor der Sanierung

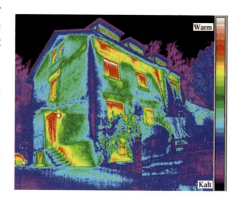

Straßenansichten und Thermographieaufnahmen vor der Sanierung (oben) und nach der Sanierung (unten bzw. links).

Ansichten des Anbaus, oben von Süden, unten von Nordosten.

Ausführung Bauwerk

Die Kellerdecke wurde unterseitig mit 10 cm Polystyrol gedämmt. Die Fassadendämmung, ein 20 cm starkes Wärmedämmverbundsystem aus Polystyrol (WLG035), wurde nur bis zur Oberkante Gelände geführt. Da die Kellerdecke im Mittel ca. 70 cm über Gelände liegt, konnte man auf ein Aufgraben des Erdreiches und Anbringen einer Perimeterdämmung am Kellermauerwerk verzichten. Neue Holzfenster mit 2-Scheiben-Isolierverglasung ersetzten die alten Fenster. Die neuen Fenster erreichen einen U_w-Wert von 1,2 W/(m²K). Die Montage der Fenster erfolgte vor dem Mauerwerk in der Dämmebene, da dies für den Isothermenverlauf die beste Ausführung ist. Die alten Rollläden wurden entfernt, die Rolladenkästen mit Mineralwolldämmstoff gefüllt und verschlossen. Die Luftdichtheit im Bereich der Fenster und Rolladenkästen wurde durch entsprechende Abklebungen aller Fugen und Übergänge hergestellt. Zur Verschattung sind horizontale Lamellenstores vor den Fenstern im Wärmedämmverbundsystem eingebaut.

Die Dachschrägen und die Gauben waren bereits einige Jahren zuvor von innen gedämmt bzw. erneuert worden. Somit wurde lediglich die Dacheindeckung ersetzt und die Fenster der Gauben an die Farbe der neuen Fenster in den anderen Geschossen angepasst. Um die Wärmebrücken im Bereich der Eingangstreppe und der Balkone zu minimieren, wurden Treppe und Balkone entfernt. Eine neue Eingangstreppe wurde wärmebrückenfrei und in zeitgemäßem Design an der gleichen Stelle wieder errichtet. Auf der Westseite wurden zwei Balkone als Stahlkonstruktion zwischen Bestandsgebäude und Anbau vor das Gebäude gestellt. Der Wintergarten im Erdgeschoss wurde wegen massiver Bauschäden komplett abgebrochen und wird jetzt durch den neuen Anbau ersetzt.

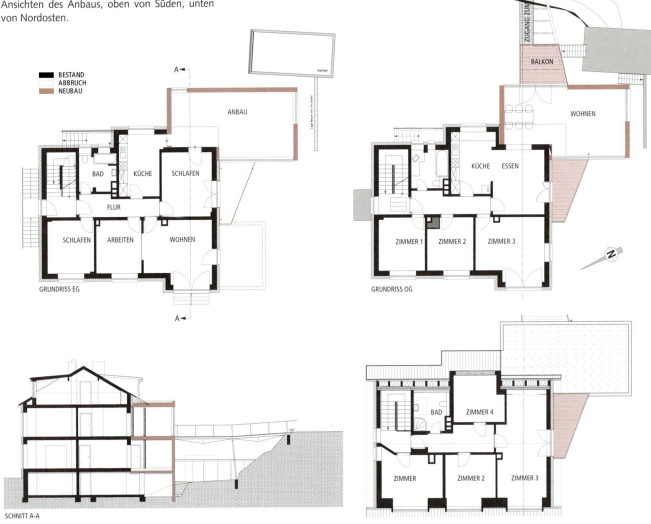

Der Anbau

Um die Wohnfläche pro Geschoss um 40 m² zu erhöhen, wurde ein eigenständiger Anbau mit eigener Architektursprache konzipiert: er bietet im Erdgeschoss ein großes, lichtdurchflutetes, modernes Wohnzimmer, im Obergeschoss entstand neben einem ebenso großzügigen neuen Raum auch ein Balkon mit einem Steg zu einem höher gelegenen Garten. Die Brücke besteht aus einer einfachen Stahlkonstruktion mit Holzbelag. Bei der Errichtung des Anbaus wurde die bestehende Garage im Hinterhof in das Ensemble integriert und wird nun als Abstellraum genutzt. Durch wenige Durchbrüche im Haus konnten Zugänge sowohl zu den Räumen im Anbau als auch zu den Balkonen im Südwesten geschaffen werden. Im unterkellerten, ungedämmten Bereich des Anbaus entstand auf Wunsch der Bauherren ein Weinkeller. Die restliche Gründung erfolgte über eine Bodenplatte mit Frostschürze. Diese Bodenplatte wurde abgedichtet und mit einer 16 cm starken Polysytroldämmung (WLG 035) gedämmt. Die oberen Geschosse des Anbaus wurden aus vorgefertigten Holzrahmenbauelementen errichtet, wodurch die Rohbauarbeiten bereits nach wenigen Tagen abgeschlossen waren. Die Holzkonstruktion ist mit Zellulose gedämmt. Die luftdichte Ebene wurde durch OSB-Platten gebildet. Innenseitig wurden noch eine 60 mm starke Installationsebene und eine Gipskartonplatte angebracht. Das Dach besteht aus einer 140 mm tragenden Brettstapeldecke, die mit einer im Mittel 160 mm starken Gefälledämmung (WLG 035) versehen ist.

Haustechnik

Die vorhandene Ölheizung wurde durch eine Holzpelletheizung ersetzt. In dem Kellerraum, in dem der Öltank stand, befindet sich nun das Silo für die Pellets. Zur Sicherstellung ausreichender Luftwechsel wurde für das ganze Gebäude eine zentrale Lüftungsanlage mit 92% Wärmerückgewinnung eingebaut. Die vertikalen Lüftungskanäle wurden in einem stillgelegten Schornstein verlegt. Auf dem Dach wurden thermische Sonnenkollektoren installiert, die zur Warmwasserbereitung und zur Heizungsunterstützung dienen. Durch die Maßnahmen konnte der Energieverbrauch erheblich reduziert werden, u.z. der Heizwärmebedarf um mehr als 66%, der Primärenergiebedarf um 90% (von 260 auf 26 kWh/m²a).

Fazit

Durch die sehr umfangreiche Bestandsaufnahme wurde ein maßgeschneidertes, sinnvolles und außerdem wirtschaftliches energetisches Sanierungskonzept erstellt. Das Ziel, die Vorgaben der EnEV 2007 um mindestens 30% zu unterschreiten, wurde erreicht. Neben den Energieeinsparungen wurde auch der Nutzungskomfort in dem Mehrfamilienhaus erheblich verbessert.

Die Energieeinsparung wird durch die Heizkostenabrechnung des Jahres 2010/2011 belegt. Im Vergleich zu den Vorjahren konnte der Heizenergieverbrauch trotz Wohnraumvergrößerung um 80 m² um 85% reduziert werden.

Projekt: Schlierberg, Freiburg
Architekten: Werkgruppe Freiburg
Baujahr / Sanierung: 1955 / 2010

Kenngrößen	Vor der Sanierung	Nach der Sanierung
Beheizte Wohnfläche	233 m², 3 WE	313 m², 3 WE
A/V-Verhältnis	0,52 1/m	0,52 1/m
Gebäudenutzfläche	356,5 m²	356,5 m²
Spez. Transmissionswärmebedarf H'_T	1,23 W/(m²·K)	0,41 W/(m²·K)
Luftwechsel	Fensterlüftung	Kontrollierte Wohnraumlüftung mit WRG
Heizwärmebedarf Q_h	136,6 kWh/(m²·a)	40,6 kWh/(m²·a)
Trinkwasserwärmebedarf	12,5 kWh/(m²·a)	12,5 kWh/(m²·a)
Anlagenaufwandszahl e_p	1,74	0,48
Primärenergiebedarf	259,6 kWh/(m²·a)	25,7 kWh/(m²·a)
Endenergieverbrauch Öl/Holzpellets	232 kWh/(m²·a)	59 kWh/(m²·a)
Endenergiebedarf Strom	Keine Angabe	k.A

Beispiel 5: Superschlanke Wärmedämmung durch Vakuum-Isolations-Panele

Florian Lichtblau

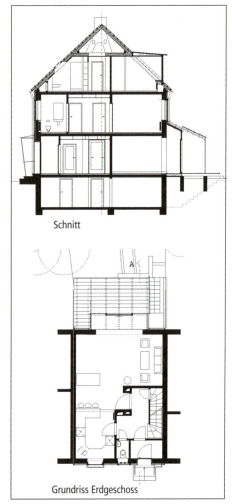

Schnitt

Grundriss Erdgeschoss

Dass bei der Wärmedämmung von Gebäuden mit neuen Materialien auch innovative Lösungen möglich sind, zeigt dieses Demonstrationsprojekt.

Das Reihenmittelhaus wurde 1956 in Ziegelbauweise errichtet, der Dachausbau erfolgte 1960. Das Haus befand sich vor der Sanierung noch im Originalzustand, lediglich der Heizkessel war 1998 erneuert worden. Im Zuge der umfassenden Erneuerung sollten neuartige Vakuum-Isolations-Panele VIP eingesetzt und erprobt werden, die aufgrund des hervorragenden Dämmvermögens sehr geringe Schichtdicken ermöglichen.

Folgende Maßnahmen wurden realisiert:

- Umbau, Sanierung und Modernisierung der Innenräume,
- Erneuerung der Sanitäreinrichtungen und Elektroinstallation,
- Vorsatzschale an den Außenwänden mit Vakuum-Isolations-Panelen (VIP) und neuen Fenstern mit Dreifachverglasung (nach außen öffnend),
- Fassade Süd: integrierte Solarkollektoren und großes Sonnenfenster zur Terrasse im EG,
- Dämmung der Kellerdecke (VIP) und komplette Erneuerung des Daches (ebenfalls mit VIP) mit großer Südgaube.

Die neuartigen hocheffektiven Vakuum-Dämmelemente, die beim Umbau eingesetzten ökologisch hochwertigen Materialien, der weitgehende Erhalt der Substanz sowie ein integriertes Solar-, Heizungs- und Lüftungssystem mit Wärmerückgewinnung bilden die zukunftsfähigen Komponenten dieser prototypischen Erneuerung. Der Wärmebedarf für Heizung und Warmwasser wurden durch die Summe der Maßnahmen auf ca. **10% des Altzustandes** gesenkt (d.h. 90% Energieeinsparung). Der Raumkomfort kann als ideal gelten. Der selbstverständliche Kontakt zu den Nachbarn blieb dabei uneingeschränkt erhalten.

Projekt: Schindler, München
Architekten: F.+ W. Lichtblau, München
Baujahr / Sanierung: 1956 / 2001

Eine Super-Wärmedämmung, die gegenüber den Nachbargebäuden kaum aufträgt: Unter der Außenhülle aus Zementfaserplatten (rechts im Bild) liegen 45 mm dicke Vakuum-Isolationspanele. Auch Dach und Kellerdecke wurden mit Vakuum-Isolationspanelen gedämmt.

Bauliche Maßnahmen

- **Nordfassade:** Bestand 34 cm Mauerwerk verputzt, Toleranzausgleich 10 mm, Schichtholz-Lattung horizontal 40/30 mm mit Gewindeschrauben, Vakuum-Isolationspanel (VIP) zweilagig (30/15mm), Außenhaut aus Zement-Glasfaserplatte, über Stahl-Pressleisten verschraubt. U = 0,15 W/m²·K
- **Südfassade** wie vor, jedoch: Stahl-Montageschienen 41/22 mm horizontal. Mit Gewindeschrauben, VIP 2-lagig (20/10mm), Wärmeschutzvlies, Kollektorpanele mit Solarprismenglas über Stahl-Pressleiste befestigt. U = 0,19 W/m²·K, U_{eff}= ca. 0,10 W/m²·K ; (Vakuumpanel: λ = 0,005 W/m·K)
- **Holzfenster** mit 3-fach Wärmeschutzverglasung U = 0,84 W/m²·K, g = 0,55.
- **Dach:** Gipsfaserplatte, VIP 25mm, Zellulosedämmstoff 14 cm, Unterspannbahn, Ziegeldeckung, hinterlüftet. U = 0,12 W/m²·K
- **Kellerdecke:** Gipsfaserplatte, VIP 25 mm, StB-Decke. U = 0,20 W/m²·K.

Technische Maßnahmen

- **Kontrollierte Wohnungslüftung** mit Wärmerückgewinnung 90 %;
- **Heizung:** atmosphärischer Gaskessel (Bestand), Solaranlage zur Heizungsunterstützung und Warmwasserbereitung mit Flachkollektoren: 13 m² fassadenintegriert und 3,6 m² dachintegriert (Sonnenfenster); 800 Liter-Schichtladespeicher.

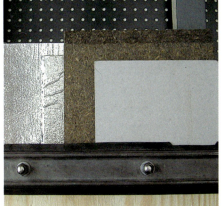

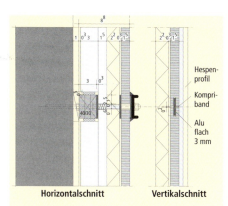

Aufbau Außenhaut geschlossen (Nordseite) v.i.n.a.

- Putz auf Mauerwerk HLZ, 340 mm Bestand
- Trennschicht 10 mm, Toleranzausgleich zum Mauerwerk
- Lattung Schichtholz, Kerto, tauchimprägniert, horizontal 40/30 mm
- PVC-Flachprofil 40/3 mm
- 1 x 30 mm Vakuumdämmung-Verbundplatten
- 1 x 15 mm Vakuumdämmung-Verbundplatten
- Kompriband, umlaufend
- Distanzhülse aus Alu für Schraube M6
- Fuge Mineralfaser
- PVC-Flachprofil 40/3 mm
- Holzweichfaserplatte, bituminiert N+F 22 mm
- Außenhaut Fermacell Bauplatte HD grau, 15 mm
- Hespenprofil, Stahl verzinkt, 40 x 12 mm als Pressleiste

Oben: Bei der Montage der Vakuum-Panele darf die Außenhaut zur Erhaltung des Vakuums nicht verletzt (durchstoßen) werden. Deshalb werden sie zwischen eine Holzrahmenkonstruktion gestellt und durch eine Holzweichfaserplatte sowie eine Faserzementplatte als Außenhaut abgedeckt. Die Platten werden durch Anpressprofile aus Stahl befestigt.

Eigenschaften von Vakuum-Isolations-Panelen

Wärmeleitfähigkeit λ bei einem Innendruck
- von < 5 mbar: 0,004 W/mK
- von 100 mbar: 0,007 W/mK
- belüftet (z.B. bei Beschädigung): 0,020 W/mK

Dichte: ca. 160 kg/m³
Plattengröße: z.B. 0,5 x 0,5 m

Wärmedämmvermögen (bei λ = 0,006 W/mK)

Dicke	10	15	30	40 mm
U-Wert	0,54	0,37	0,19	0,15 W/m²K

Das Vakuum-Isolationspanel besteht aus einer Füllung aus offenporig gepresster Kieselerde-Platten als Gerüst und einer evakuierten Hülle aus Aluminium.

Thermographieaufnahme der Außenwand und des Fensters im Obergeschoss im Vergleich zum Nachbarhaus rechts. Die Wärmeverluste (dargestellt durch Rottöne) konnten weitgehend wärmebrückenfrei reduziert werden.

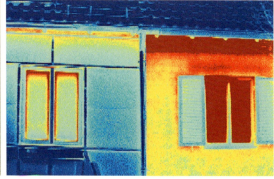

6 Dächer

6.1 Geneigte Dächer

Das geneigte Dach in Verbindung mit einer schuppenförmigen Deckung war Jahrhunderte lang die einzige Möglichkeit, ein Gebäude vor großen Niederschlagsmengen zu schützen. Dafür ist es auch heute noch gut geeignet.

Dachräume wurden früher vielfach nicht zu Wohnzwecken, sondern zur Lagerung und Trocknung genutzt. Diese Räume waren deshalb gut durchlüftet und nicht gedämmt. In herrschaftlichen Häusern dienten die Mansarden auch als minderwertiger Wohnraum für das Personal. Diese Kammern waren zwar regendicht, auf Wärmedämmung der zumeist unbeheizten Räume wurde aber verzichtet. Bis in die 1950er Jahre bestand die Bekleidung des Dachstuhls meist nur aus dünnen, verputzten Holzwolleleichtbau- oder Schilfrohrplatten. Mittlerweile werden Dachräume als vollwertige oder sogar besonders attraktive Wohnräume angesehen und entsprechend ausgestattet.

Kriterien bei der Bestandsanalyse

Im Gegensatz zu den Außenwänden eines Hauses stellt sich beim Dach in vielen Fällen die Frage, ob es sinnvoller ist, das alte

6.1
Die nachträgliche Dachwärmedämmung erfordert nicht nur ein gründliches Verständnis der komplexen bauphysikalischen Vorgänge, sondern auch eine hohe handwerkliche Ausführungsqualität. Gut gemeint ist oft das Gegenteil von gut gemacht!

Dach zu erhalten oder dieses durch ein neues zu ersetzen. Bei dieser Entscheidung sind neben dem Zustand der vorhandenen Konstruktion auch die spätere Nutzung sowie die baurechtliche Situation entscheidend. Es empfiehlt sich, in der Planungsphase eine Kosten-Nutzen-Vergleichsrechnung zu erstellen.

Bleibt der Dachstuhl erhalten, sollte der Bestand nach folgenden Kriterien bewertet werden:

• **Tragkonstruktion**
Handelt es sich um ein Sparrendach oder um ein Pfettendach? Das ist von Bedeutung, wenn Sparren umgelegt oder ausgewechselt werden (z.B. bei Dachflächenfenstern oder Gauben). Die Lage und Höhe von Pfetten oder Kehlbalken, die zur Einhaltung der Mindestraumhöhe eventuell umgelegt werden müssen, ist ebenso zu überprüfen, wie die Standfestigkeit des gesamten Dachstuhls einschließlich der obersten Geschossdecke. Diese müssen die höheren Lasten des Dachausbaus aufnehmen können. Feuchtigkeitsschäden sowie Pilz- und Schädlingsbefall müssen sehr sorgfältig hinsichtlich ihrer Ursache untersucht und beseitigt werden.

Die Abmessungen der vorhandenen Sparren bestimmen die Tragfähigkeit sowie die zusätzlich notwendigen Höhen für die anzustrebenden Dämmstärken. In den meisten Fällen reicht die Sparrenhöhe nicht aus, um die notwendige Dämmung unterzubringen. Die somit erforderliche Aufdoppelung lässt sich hervorragend mit einer eventuell notwendigen Verstärkung der Sparren verbinden.

• **Eindeckung**
Der materielle Restwert der vorhandenen Eindeckung wird häufig überschätzt. Wenn Dachpfannen älter als 30 Jahre sind, vor allem, wenn diese vermörtelt sind, die Eindeckung aus asbesthaltigem Material besteht, eine zweite Dichtungsebene (Unterspannung, Unterdeckung, Unterdach) fehlt oder die Unterkonstruktion Feuchtigkeitsschäden aufweist, erscheint eine Neudeckung ratsam. Auch in Pappdocken eingelegte Dachziegel sind für eine nachträg-

liche Dämmung ungeeignet. Das Reinigen, Sortieren und Wiederverwenden der alten Pfannen ist zeitaufwändig und nur in Eigenleistung ratsam.

• **Dachanschlüsse**
Bei den Anschlusspunkten an die Außenwände (Traufe, Giebel, Dachüberstände) ist zu klären, welche konstruktiven und gestalterischen Auswirkungen das Aufdoppeln der Sparren hat. Wenn die Fassade in der gleichen Bauphase erneuert wird, so ergeben sich ungleich mehr Möglichkeiten.

• **Ausbaukonstruktion**
Die Qualität der inneren Ausbaukonstruktion wird in den meisten Fällen objektiv einen eher geringen Wert haben, da die inneren Oberflächen meist nicht den heutigen Luftdichtheitsanforderungen entsprechen und auch sonst ein entscheidender Beitrag zur energetischen Qualität des Daches nicht zu erwarten ist. Die wesentliche Funktion besteht darin, dass der Dachraum schmutzfrei bleibt und die Sanierung von außen im bewohnten Zustand erfolgen kann.

Früher wurden häufig weiche Dämmstoffmatten so zwischen die Sparren gepresst, dass oberhalb der Dämmung keine durchgehende Luftschicht mehr vorhanden war. Steife Dämmplatten wiesen zwischen alten, verformten Sparren häufig Fugen und Wärmebrücken auf. Die Dampfbremse auf der Innenseite wurde weder sauber verlegt noch verklebt. Bei aluminiumkaschierten Mineralfasermatten wurde bisweilen die Aluminiumfolie sogar auf der Außenseite der Dämmung eingebaut. Wenn eine solche Dämmung im Rahmen der Sanierung frei zugängig wird, sollte sie in jedem Fall ausgebaut und kontrolliert entsorgt werden.

• **Nebenaspekte**
Die Entscheidung über die Art des neuen Dachaufbaus ist davon abhängig, ob die Sanierung im bewohnten oder unbewohnten Zustand erfolgt und ob die Arbeiten überwiegend durch eine Fachfirma oder in Eigenleistung erbracht werden. Auch die Organisation der Baustelle, wie Zugänglichkeit, Baustofflagerung etc. ist zu berücksichtigen.

Ziele und Möglichkeiten

Energiestandards

Bei keinem Bauteil des Gebäudes lassen sich mit vergleichsweise geringem Aufwand so hohe Dämmstandards erreichen wie beim Dach. Da nahezu alle Dächer nach innen oder außen aufgedoppelt werden müssen, sollte an dieser zusätzlichen Schicht nicht gespart werden. Es ist kaum kostenrelevant, ob die Aufdoppelung 8, 12 oder 16 cm beträgt, solange keine zusätzlichen Arbeitsschritte erforderlich sind. Tabelle 6.1 zeigt das Spektrum der Dämmstärken bei unterschiedlicher Wärmeleitfähigkeit des Dämmstoffs.

Konstruktionsstandards

Bei einer Eindeckung mit Ziegeln, Betondachsteinen oder Wellplatten bestehen in Abhängigkeit von Dachneigung und Eindeckungsart unterschiedliche Anforderungen an eine zweite wasserführende Ebene. Bei größeren Dachneigungen werden im Neubau ebenso wie zur Sanierung diffusionsoffene Unterdeckungen aus Vlies, Folie oder hydrophobierten Holzfaserplatten eingebaut, ein wasserdichtes Unterdach ist nur bei Unterschreitung der Regeldachneigung um mehr als 10° erforderlich. Beides bewirkt, dass durch die Fugen der Dachdeckung eindringende Feuchtigkeit (Flugschnee, Regen) kontrolliert abgeführt wird und nicht in die darunterliegende Konstruktion tropfen kann. In der Vergangenheit wurden dafür Dachpappen (aus Bitumen) mit oder ohne Holzschalung, Folien (d.h. Unterspannbahnen) und in einigen Gegenden auch ölgehärtete Holzfaserplatten verwendet.

Dachpappen und alte Unterspannbahnen haben einen relativ hohen Dampfdiffusionswiderstand. Das erklärt die früher ausgebildete Hinterlüftung eines Unterdachs bzw. einer Unterspannung.

Wird das alte Unterdach von unten gedämmt, gibt es nach DIN 4108 zwei Ausführungsmöglichkeiten:

1. Zwischen Dämmung und Unterdach wird eine Belüftungsebene hergestellt; zusätzlich muss die Dämmung über eine raumseitige Dampfbremse mit $s_d \geq 2$ m vor eindiffundierendem Wasserdampf geschützt werden.
2. Wird eine unbelüftete Konstruktion gewählt und ist die Außenseite ausreichend diffusionsoffen (s_d-Wert $\leq 0{,}3$ m), so ist eine Dampfbremse mit einem s_d-Wert von 2 m ausreichend. Bei diffusionshemmenden Schichten auf der Außenseite ist zusätzlich gemäß Holzschutznorm (DIN 68800 Teil 2) eine Austrocknungsreserve über Diffusion nachzuweisen, die einen möglichen konvektiven Feuchteeintrag berücksichtigt.

Heute werden bei Dachsanierungen häufig feuchtevariable (auch feuchteadaptiv genannte) Dampfbremsen eingebaut. Diese verändern in Abhängigkeit von der Luftfeuchtigkeit ihren Dampfdiffusionswiderstand (s_d-Wert). Sie sind im Winter (bei geringer relativer Luftfeuchtigkeit) diffusionshemmend, im Sommer (bei hoher relativer Luftfeuchtigkeit) diffusionsoffen und ermöglichen so die Rücktrocknung der im Winter in die Konstruktion eindiffundierten und evtl. nicht nach außen abtransportierten Feuchtigkeit zum Innenraum hin.

Die Luftdichtheit der Konstruktion muss bei allen Sanierungen erreicht werden. Hierfür lassen sich die ohnehin als Dampfbremse verbauten Bahnen aus armierten Baupappen, PP-Vliesen oder PE-Folien nutzen, die auf der Innenseite der Wärmedämmung eingebaut und allseitig verklebt werden. Es ist mittlerweile erwiesen, dass die meisten Feuchtigkeitsschäden weniger durch Diffu-

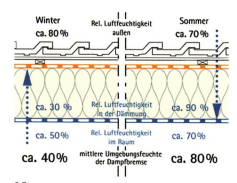

6.2
Funktionsprinzip einer feuchtevariablen Dampfbremse. Quelle: www.proclima.com

Tabelle 6.1
Richtwerte für Dämmstärken (mit 10% Holzanteil für Sparren). Bei Aufdachdämmung reduzieren sich die Werte zwischen 10 und 20%.

Dämmstärken für geneigte Dächer (cm)				
Standard	Wärmeleitgruppe (WLG)			
	040	035	032	024
Mindestanforderung f. Altbauten EnEV 0,24 W/m²K	19 cm	17 cm	16 cm	13 cm
EnEV Neubau Ref.Haus 2016 U = 0,16 W/m²K	28 cm	26 cm	24 cm	20 cm
Passivhaus U < 0,15 W/m²K	32 cm	30 cm	28 cm	24 cm
Empfohlen	28 - 32 cm	26 - 30 cm	24 - 28 cm	20 - 24 cm

Tabelle 6.2 *unten links*
Begriffsdefinitionen: Unterspannung, Unterdeckung, Unterdach.

Tabelle 6.3 *unten rechts*
Begriffsdefinitionen: Diffusionslängen gemäß DIN 4108, Teil 3

Begriffsdefinitionen Unterspannung, Unterdeckung, Unterdach	
Unterspannung	Regensichere Ablaufebene ohne Anforderungen an Diffusion mit darunterliegender Belüftungsebene, heute eher selten angewendet
Unterdeckung	regensichere diffusionsoffene Ablaufebene, die direkt auf der Dämmung verlegt wird; Standardlösung für geneigte Dächer
Unterdach	notwendige wasserdichte Ebene bei sehr flach geneigten Dächern mit Dachsteineindeckung; Unterlüftung oder rechnerischer Nachweis der inneren diffusionshemmenden Schicht erforderlich

Begriffsdefinitionen zur Diffusionslängen gemäß DIN 4108, Teil 3	
dampfdiffusionsdichte Schichten ($s_d > 1500$ m)	Bisher: Dampfsperre – eine Schicht, die keinerlei Diffusion zulässt
diffusionshemmende Schichten ($s_d = 0{,}5 - 1500$ m)	Bisher: Dampfbremse – eine Schicht, die das Diffundieren von Wasserdampf in die Wärmedämmung eines Bauteils einschränkt. Die tatsächlich benötigte Dampfbremsfunktion lässt sich nur mit Kenntnis des gesamten Schichtenaufbaus bestimmen.
diffusionsoffene Schichten ($s_d \leq 0{,}5$ m)	Neben anderen (z.B. feuchtigkeitsabweisenden und windbremsenden) Funktionen lassen diese Schichten möglichst viel Diffusion zu und ermöglichen bzw. beschleunigen das Austrocknen einer Dämmschicht
Erläuterung zum s_d-Wert	DIN 4108 Teil 4 gibt für alle flächigen Materialien einen s_d-Wert an. Der s_d-Wert gibt die für die Diffusion äquivalente Luftschichtdicke in m an.

6.3
In jede Dachfläche lassen sich thermische Solaranlagen ansprechend integrieren, insbesondere in Kombination mit Dachflächenfenstern entsteht ein funktionales eigenständiges Gestaltungselement.

sion, als durch Konvektion verursacht werden: Durch Leckagen dringt feucht-warme Luft in die Konstruktion ein und kondensiert. So gelangt im Vergleich zur Diffusion eine vielfache Feuchtigkeitsmenge in die Konstruktion, die in dieser Menge nicht abgeführt werden kann.

Bei Dächern mit einer harten Bedachung (Ziegel, Schiefer, Betondachsteine) ist die Einhaltung der Brandschutzanforderungen in der Regel kein Problem. Weiche brennbare Dachdeckungen wie Holz, Reet und Bitumendachbahnen erfordern eventuell die Einhaltung zusätzlicher Abstände zur umliegenden Bebauung. Beim nachträglichen Dachausbau bzw. -umbau eines Daches müssen die Mindestabstände von Dachgauben und Dachflächenfenstern zur Nachbarbebauung sowie zu Abgas- und Lüftungsrohren eingehalten werden. Werden die geforderten Grenzabstände durch vorhandene Gauben und weiche Bedachungen unterschritten, können von den Bauordnungsämtern Kompensationsmaßnahmen (d.h. zusätzliche Schutzmaßnahmen) verlangt werden. Beim nachträglichen Ausbau oder bei Umnutzung zu Wohnräumen ist für Dachwohnungen in Mehrfamilienhäusern ein zweiter Rettungsweg zwingend erforderlich. Weitere Brandschutzanforderungen betreffen die Wände und Decken zum Treppenhaus sowie Wohnungstrennwände und -decken (vgl. jeweilige Landesbauordnung).

Das Dach als Teil der Gebäudehülle muss den Schallschutzanforderungen von Außenbauteilen genügen, die sich wiederum nach dem jeweiligen Außenlärmpegel richten. Mit einer guten Wärmedämmung wird in der Regel auch die Schallschutzanforderung an das Dach erfüllt. Wird durch Ausbau

Regelkonstruktionen vorhandener geneigter Dächer			
Geneigte Dächer	nicht ausgebautes Dachgeschoss	Ausbau 1930 – 1970	Ausbau 1970 – 1990
Konstruktion			
Gesamtstärke	20 – 24 cm	25 – 29 cm	23 – 27 cm
U- Wert vorh.		1,6 – 1,9 W/m²K	0,5 – 0,9 W/m²K
geeignete Dämmung	von außen, von innen in Selbsthilfe	von außen	von innen oder außen

Tabelle 6.4 *links*
Schichtenaufbau von Regelkonstruktionen geneigter Dächer.

Tabelle 6.5 *unten*
Verschiedene sommerliche Wärmeströme im Dach, welche die Nutztemperatur wesentlich beeinflussen.

Exkurs: Klima im Dach

Grundsätzlich besteht im Sommer die Gefahr, dass Wohnräume in Dachgeschossen überhitzen. Allerdings bietet ein maximaler winterlicher Wärmeschutz auch beste Voraussetzungen für ein vernünftiges Sommerklima.

Einflussfaktoren

Wärmedämmung: Bei unzureichender Dämmung ist der Wärmeeintrag über die Dachfläche relevant. Gerade die Süd- oder Westdachflächen erwärmen sich im Sommer so stark, dass eine hohe Temperaturdifferenz (bis ca. 60°C auf dem Ziegel bei einer Innentemperatur von 24°C) und dadurch ein hoher Wärmeeintrag über die Dachfläche entsteht. Bei Dämmschichten über 20 cm (U-Wert ≤ 0,20 W/m²K) ist dieser Wärmeeintrag jedoch zu vernachlässigen.

Wärmespeicherung: Für den Temperaturausgleich im Hochsommer ist die Summe aller wärmespeichernden Oberflächen im Dachgeschoss entscheidend. Im Innenbereich des ausgebauten Dachgeschosses sollten viele wärmespeichernde Innenbauteile vorhanden sein, dazu zählen z.B. schwimmende Zementestriche, Innenwände aus Mauerwerk oder doppelt beplankte Leichtbauwände. Das Wärmespeichervermögen des Dämmmaterials kann fehlende Speichermasse durch Innenbauteile nur begrenzt kompensieren.

Fenster: Der solare Wärmeeintrag durch süd- und westorientierte Gauben- und Dachflächenfenster führt zu einem hohen Temperaturanstieg, der nur durch effiziente Verschattungen vermieden werden kann.

Lüftung: Die Möglichkeit einer gezielten Quer- oder Vertikallüftung (unter Ausnutzung des natürlichen Luftauftriebes durch das Treppenhaus) ist das Mindeste, was vorzusehen ist. Besser ist jedoch eine mechanische Lüftung, optimal wäre die Luftansaugung über einen Erdwärmetauscher, um die Räume ohne zusätzlichen Energieaufwand zu kühlen.

Sommerliche Wärmeströme im Dach	
Bauteil	**Wärmeeintrag**
150 m² Dachfläche schlecht gedämmt, U = 1,2 W/m²K, volle Sonneneinstrahlung	4500 W
150 m² Dachfläche gut gedämmt, U = 0,18 W/m²K, volle Sonneneinstrahl.	675 W
4,0 m² Dachflächenfenster Süden, U = 1,7 W/m²K, volle Sonneneinstrahlung	2880 W
4,0 m² Dachflächenfenster Süden, U = 1,7 W/m²K, verschattet (70%)	864 W
4,0 m² Dachflächenfenster Süden, U = 0,9 W/m²K, volle Sonneneinstrahlung	1980 W
4,0 m² Dachflächenfenster Süden, U = 0,9 W/m²K, verschattet (70%)	594 W
Querlüftung natürlich, LWR = 2,0, ΔT = 10 K	– 1020 W
kontrollierte Lüftung m. Erdwärmetausch. LWR= 3,0, ΔT 18 K	– 2754 W
zum Vergleich: Lufttemperaturerhöhung 1 K	51 W

eine neue Wohneinheit im Dach geschaffen, muss der Schallschutz auch für Wohnungstrennwände und -decken nachgewiesen werden.

Grundsatzentscheidungen

Nach der Bestandsaufnahme ist abzuwägen, ob die Ertüchtigung der vorhandenen Konstruktion wirtschaftlich sinnvoll erscheint. Soll das Dachgeschoss funktional und gestalterisch verbessert werden, bietet sich die Neuerrichtung des gesamten Dachstuhls an.

Im Falle der Erhaltung des Dachstuhls ist zu klären, ob die Konstruktion besser von innen oder von außen zugänglich ist. Tab. 6.6 liefert Argumente für die Dämmung aus verschiedenen Richtungen. Bei einer energetischen Sanierung des Daches von außen sollte die Gelegenheit genutzt werden, die Dachflächen zu überarbeiten, Öffnungen (Dachflächenfenster) neu festzulegen und in Verbindung mit einer thermischen oder fotovoltaischen Solaranlage die Dachfläche sauber zu gestalten. Erst danach werden Stärke und Qualität der Wärmedämmung festgelegt.

Der Verlauf der Dämmebene ist von der Nutzung des Giebeldreiecks und der Abseiten abhängig. Die Integration einer Lüftungsanlage ist frühzeitig zu berücksichtigen (siehe Abb. 6.5).

1. Dämmung von außen

Wenn die innere Bekleidung intakt ist und das Dach neu eingedeckt bzw. eine Unterdeckungsbahn eingebaut werden soll, kommt eine Zwischensparrendämmung mit zusätzlicher Aufsparrendämmung in Betracht.

Die vorhandene innere Bekleidung sollte in der Fläche praktisch luftdicht sein und könnte ggf. an den Anschlussstellen und Durchdringungen nachgebessert werden. Fachgerecht ist jedoch das Einbringen einer neuen luftdichten Ebene. Hierfür gibt es mittlerweile feuchtevariable Folien (sogenannte Klimamembranen), die von außen um die Sparren herum auf die innere Bekleidung geführt und an den Stößen und Wänden luftdicht verklebt werden. Falls aus der Bekleidung noch Nägel in die Sparrenzwischenräume hineinstehen, muss eine entsprechend dicke Dämmstoffbahn (ca. 4 cm) eingelegt werden, um eine mechanische Beschädigung der Folie durch die Nägel zu vermeiden (Abb. 6.4 bzw. 6.10 und 6.11).

Die Sparren werden so weit aufgedoppelt, dass die gewünschte Dämmstoffdicke erreicht wird. Der weitere Aufbau entspricht den heute üblichen Neubaukonstruktionen: diffusionsoffene Bahnen oder hydrophobierte Holzfaserplatten als Unterdeckung, halbsteife künstliche (Mineralfaser-) oder natürliche Dämmstoffbahnen (Hanf, Flachs o.ä.) oder auch Zellulose- oder Baumwollflocken als Zwischensparrendämmung, die fugenlos in die Hohlräume eingeblasen wird. Mit der Aufdoppelung der Sparren wird das Dachtragwerk ertüchtigt und so den Anforderungen an das erhöhte Eigengewicht und den seit 2005 geltenden höheren Windlasten (DIN 1055-4) gerecht.

Eine reine Aufsparrendämmung besteht aus steifen Platten (Holzfaser-, Mineralfaser, PU-Schaum), die mit Nut-Feder-Verbindungen sparrenübergreifend verlegt werden. Darüber wird die Unterdeckungsbahn gelegt und verklebt. Bei einigen Pro-

Dämmung von geneigten Dächern		
	Dämmung von außen	Dämmung von innen
Vorteile	• alle heutigen Dämmstandards möglich • vielfältigste Dämmstoffwahl möglich • Dichtigkeit des Daches auf aktuellem Stand (mit diffusionsoffener Unterdeckung) • keine Beeinträchtigung d. Innenraumhöhe • keine Schmutzbeeinträchtigung der darunterliegenden Räume • Ausführung in bewohntem Zustand möglich • bei zusätzlicher Aufdachdämmung sind Wärmebrücken an Mauerkronen vermeidbar	• keine Veränderung der äußeren Hülle • vielfältige Dämmstoffwahl möglich • Dampfbremsen mit variablem und niedrigem s_d-Wert können eingebaut werden • Ausführung witterungsunabhängig • Arbeiten können abschnittsweise erfolgen • wenn das Dach von außen nicht zugänglich ist
Nachteile	• evtl. aufwändige Anschlusspunkte bei Ortgängen und Traufen • Notwendigkeit eines Gerüstes • größere Gesamthöhe evtl. baurechtlich relevant • Arbeiten sind sehr witterungsabhängig	• alle heutigen Dämmstandards im Dach führen zur Reduzierung der Raumhöhen • keine Unterdeckung gemäß Stand der Technik • sehr hohe Staub- und Schmutzbelastung • Gesamtes Abbruch- und Baumaterial muss durch das Treppenhaus transportiert werden
Eigenleistung	• Arbeiten auf dem Dach sind gefährlich	• Arbeiten können Stück für Stück im Trockenen verrichtet werden

Tabelle 6.6: Dämmung von außen oder innen, Vor- und Nachteile.

6.4
Nachträgliche Dämmung von außen durch Auffüllen des Sparrenzwischenraums, Einbringen einer sehr dampfdurchlässigen, wind- und luftdichten Dachbahn und Überdämmen mit Holzfaserplatten. Quelle: PAVATEX.

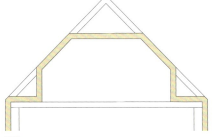 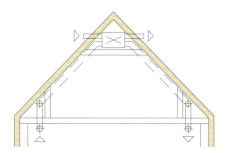

6.5:
Dämmung im Traufbereich: Gibt es unbeheizte Abseiten, kann entlang der Abseiten lückenlos mit z.T. schwierigen Übergängen gedämmt werden (links).
Auch wenn der Firstbereich und die Abseiten nicht als Wohnfläche genutzt werden, sollte besser die gesamte Dachfläche gedämmt werden. Die verbleibenden Restflächen eignen sich z.B. zur Unterbringung von Lüftungsanlage und –leitungen.

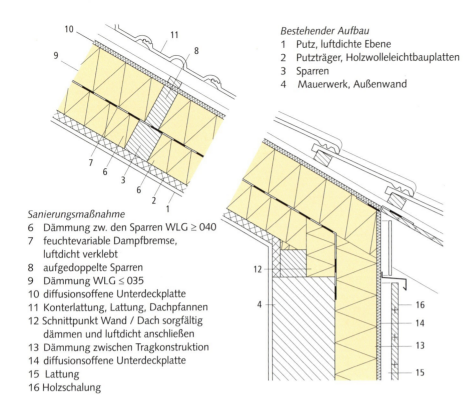

Bestehender Aufbau
1. Putz, luftdichte Ebene
2. Putzträger, Holzwolleleichtbauplatten
3. Sparren
4. Mauerwerk, Außenwand

Sanierungsmaßnahme
6. Dämmung zw. den Sparren WLG ≥ 040
7. feuchtevariable Dampfbremse, luftdicht verklebt
8. aufgedoppelte Sparren
9. Dämmung WLG ≤ 035
10. diffusionsoffene Unterdeckplatte
11. Konterlattung, Lattung, Dachpfannen
12. Schnittpunkt Wand / Dach sorgfältig dämmen und luftdicht anschließen
13. Dämmung zwischen Tragkonstruktion
14. diffusionsoffene Unterdeckplatte
15. Lattung
16. Holzschalung

6.6: Dämmung zwischen den Sparren, Sanierung von außen.

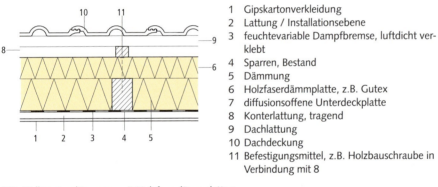

1. Gipskartonverkleidung
2. Lattung / Installationsebene
3. feuchtevariable Dampfbremse, luftdicht verklebt
4. Sparren, Bestand
5. Dämmung
6. Holzfaserdämmplatte, z.B. Gutex
7. diffusionsoffene Unterdeckplatte
8. Konterlattung, tragend
9. Dachlattung
10. Dachdeckung
11. Befestigungsmittel, z.B. Holzbauschraube in Verbindung mit 8

6.7: Vollsparrendämmung mit Holzfaserdämmplatten

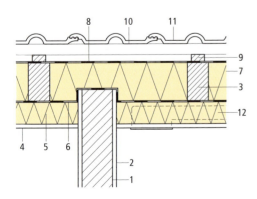

6.8: Anschluss: Dach an Trennwand.
Für die lückenlose Durchführung von Wärmedämmung und Luftdichtung wird die Trennwand bis auf Unterkante Sparren abgetragen.

Bestehender Aufbau
1. Mauerwerk
2. Putz
3. Sparren

Sanierungsmaßnahme
4. Gipskarton
5. Zusatzdämmung/Installationsebene
6. Dampfbremse über Mauerkrone ziehen
7. Dämmung zwischen Sparren
8. Unterdeckungsbahn, diffusionsoffen
9. Konterlattung
10. Lattung
11. Dachlattung und -pfannen
12. Flachkanal, Lüftungsleitung

dukten ist diese bereits mit entsprechenden Überlappungsstreifen werksseitig aufgeklebt. So entsteht eine wärmebrückenfreie und schnell zu verlegende Dämmebene. Hier werden die Konterlatten als tragende Hölzer mit entsprechenden Vollgewindeschrauben druck- und zugfest oberhalb der Dämmschicht eingebaut (siehe Abb.6.12).

Ausführungshinweise
- Durch die nachträgliche Aufdachdämmung wird die Oberkante des Daches insgesamt angehoben. Die planungsrechtliche Zulässigkeit sollte mit der Genehmigungsbehörde abgeklärt werden. Bei Reihen- und Doppelhäusern ergeben sich Absätze zum Nachbardach, die regensicher und optisch befriedigend ausgeführt werden müssen.
- Für Aufdachdämmsysteme sind die Herstellervorgaben (max. Sparrenabstand, Befestigungsmittel, Konterlattenabmessungen etc.) unbedingt einzuhalten.
- Die Luftdichtheit ist raumseitig zu überprüfen, im Zweifelsfalle ist eine neue, luftdichte Ebene ausgeführt werden.

6.9
Aufsparrendämmung mit Holzweichfaserplatte. Von außen wird um die vorhandenen Sparren herum eine feuchtevariable Dampfbremse verlegt und luftdicht verklebt. Die Sparrenzwischenräume werden später mit Zellulose ausgeblasen.
Quelle: GUTEX

Anmerkung zu 6.8:
Wohnungstrennwände, die bis unters Dach reichen, müssen auch die Anforderungen des Schallschutzes und des Brandschutzes erfüllen. Zur Gewährleistung des Schallschutzes sollten Wohnungstrennwände nicht unter der Dämmung enden (und erst recht nicht unter der Bekleidung!), sondern einige Zentimeter in die Dämmebene eingebunden sein. Damit an dieser Stelle keine Wärmebrücke entsteht, muss die Mauerkrone aber auch noch mit Dämmung überdeckt werden (min. 10 cm). Der Dämmstoff bzw. seine seitlichen Bekleidungen haben den jeweiligen Brandschutzanforderungen der Landesbauordnungen zu entsprechen.

6.10
Feuchtevariable Dampfbremse von oben um die Sparren gelegt: An den Kehlbalken und an der Traufe sind aufwändige und sehr sorgfältig auszuführende Abklebearbeiten notwendig.
Foto: Peter Blase

Bestehender Aufbau
1 Gipskartonbekleidung
2 Lattung
3 Dampfbremse
4 Sparren
5 Dämmung

Sanierungsmaßnahme
6 Feuchtevariable Dampfbremse, luftdicht verklebt
7 Auffüllen vorhandener Luftschicht mit Dämmstoff
8 Wärmedämmung zwischen Kanthölzern (quer z. Sparren)
9 diffusionsoffene Unterdeckplatte
10 Konterlattung
11 Dachlattung
12 Dachpfannen

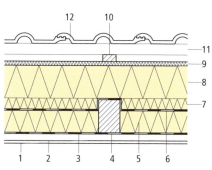

Achtung: Die Luftdichtheit der Dampfbremse im Bestand ist meist nicht ausreichend. Eine ausreichende Überdämmung der feuchtevariablen Dampfbremse muss daher rechnerisch für den Feuchteschutz nachgewiesen werden.

6.11: Aufdachdämmung zur Verstärkung vorhandener Dämmschichten.

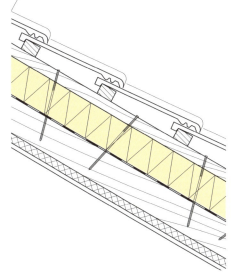

6.12
Fachgerechte Verschraubung der Aufdachdämmung. Systemschrauben, Abstand und Einschraubwinkel werden von den Herstellern vorgegeben.

Bestehende Konstruktion
1 Sparren
2 Holzschalung

Sanierungsmaßnahme
3 Feuchtevariable Dampfbremse, luftdicht verklebt
4 Sparrenaufdoppelung
5 Dämmmatte / Einblasdämmung
6 diffusionsoffene Unterdeckplatte
7 Dachdeckung

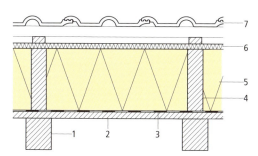

6.13: Aufdachdämmung mit sichtbaren Sparren bei Erneuerung der Dachdeckung (Regelquerschnitt).

Bestehender Aufbau
1 Sparren
2 Holzschalung

Sanierungsmaßnahme
3 Feuchtevariable Dampfbremse, luftdicht verklebt
4 Kontersparren mit Wärmedämmung im Zwischenraum
5 druckbelastbare Wärmedämmung
6 diffusionsoffene Unterdeckbahn
7 Konterlattung
8 Dachlattung
9 Dachpfannen

6.14
Aufdachdämmung mit sichtbarem Sparren und druckbelastbarer Wärmedämmung bei Erneuerung der Dachdeckung (Regelquerschnitt).

6.15
Ausbildung eines neuen Ortganganschlusses bei zusätzlicher Aufdachdämmung.

Vorhandene Konstruktion
1 Außenwand
2 Sparren
3 Schalung

Sanierungsmaßnahme
4 Feuchtevariable Dampfbremse, luftdicht verklebt
5 aufgedoppelter Sparren
6 Wärmedämmung
7 diffusionsoffene Unterdeckplatte
8 Konterlattung
9 Dachlattung
10 Stellbrett

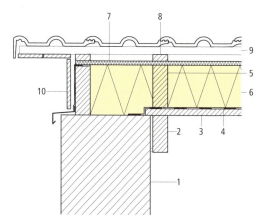

6.16: Aufdachdämmung mit Dämmung der Mauerkrone des Ortgangs (Giebelwand).

6.17
Nachträgliche Innendämmung mit einem PU-Sandwichelement (WLG 024). Dämmung, Luftdichtung und innere Oberfläche werden in einem Arbeitsgang aufgebracht.

2. Dämmung von innen

Ist die Dacheindeckung einschließlich einer zweiten Ablaufebene (Unterdeckung, Unterdach) funktionstüchtig, kann der Ausbau von innen erfolgen, sofern das Dachgeschoss nicht bewohnt ist. Bei den früher üblichen geringen Sparrenhöhen liegt es nahe, den Sparrenzwischenraum zu dämmen, und zusätzlich eine Untersparrendämmung vorzusehen. Für die Zwischensparrendämmung lassen sich alle weichen (künstlichen oder natürlichen) Dämmmatten gut verarbeiten. Das gilt auch, wenn Konstruktionshölzer als tragende Abstandshalter – quer zu den Sparren – für die Untersparrendämmung montiert werden. Die Abstände der Kanthölzer werden nach der Breite der Dämmplatten bemessen, so dass die materialbedingten Fugen so gering wie möglich ausfallen. Mögliche Unebenheiten der alten Sparren lassen sich auf diese Art gut ausgleichen.

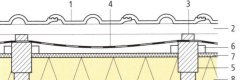

6.18
Dämmung zwischen den Sparren mit unterseitiger Aufdoppelung (Regelquerschnitt).

Bestehender Aufbau
1 Dachpfannen
2 Dachlattung
3 Konterlattung
4 Unterspannbahn, diffusionsdicht
5 Sparren
Sanierungsmaßnahme
6 Kanthölzer für Hinterlüftung
7 diffusionsoffene Unterdeckplatte
8 Dämmung
9 Kanthölzer, Sparrenaufdoppelung unterseitig
10 feuchtevar. Dampfbremse, luftd. verkl.
11 Lattung / Installationsebene
12 Gipskarton

Ohne Unterkonstruktion ist die Verlegung von druckbelastbaren Holzfaserplatten bzw. PU-Sandwichelementen (siehe Abb. 6.17) unter den Sparren möglich. Um Flocken bzw. Schüttdämmstoff einsetzen zu können, muss ein abgeschlossener Hohlraum geschaffen werden (Abb. 6.18 und 6.19).

Bleiben das alte Unterdach (z.B. Bitumenbahn auf Holzschalung) oder die alten (nicht diffusionsoffenen) Unterspannbahnen erhalten, sollte (ohne rechnerischen Nachweis) zwischen diesen Bahnen und der Dämmung mindestens eine 4 cm starke Luftschicht (bei geringer Dachneigung entsprechend mehr) hergestellt und die Dämmung auf der Innenseite mit einer Dampfbremse mit einem s_d-Wert ≥ 2 m ergänzt werden.

6.19
Dämmung zwischen den Sparren, Aufbauerhöhung durch seitlich angeschraubte Bohlen (Regelquerschnitt), Sanierung von innen.
Achtung: Für diesen Aufbau sollte ein Dampfdiffusionsnachweis erbracht werden!

Bestehender Aufbau
1 Dachpfannen
2 Dachlattung
3 Konterlattung
4 Dachpappe
5 Schalung
6 Sparren
Sanierungsmaßnahme
7 Wärmedämmung
8 Bohlen
9 feuchtevariable Dampfbremse, luftdicht verklebt
10 Lattung / Installationsebene
11 Gipskarton

Das nachträgliche Einbringen von Unterdeckbahnen zwischen die Sparren (bei ungedämmten Dächern) ist zwar möglich, es bleibt aber das Risiko, dass sich eindringende Feuchtigkeit durch die Ritzen zwischen Sparren und Folie niederschlägt, womit der Zweck der Unterdeckung nur begrenzt erfüllt wäre. Ein fachkundiger Planer oder Handwerker darf eine solche vermeintlich preisgünstige Lösung nicht vorschlagen. Bei geringer Sparrenhöhe und ausreichender Raumhöhe ist zu überlegen, eine Unterdeckbahn unterhalb der Sparren einzubauen und den gesamten Dämmstoffaufbau darunter einzubringen.

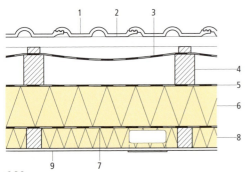

6.20
Untersparrendämmung mit Dämmplatten (Regelquerschnitt)

Vorhandene Konstruktion
1 Dachpfannen
2 Dachlattung
3 Unterspannbahn alt, relativ diffusionsdicht ($s_d \approx 40$ m)
4 Sparren
Sanierungsmaßnahme
5 Luftdichtungsbahn
6 Wärmedämmplatten zwischen Kanthölzern, (alternativ: druckbelastbare Holzfaserplatten ohne Kanthölzer)
7 feuchtevariable Dampfbremse, luftdicht verklebt
8 Zusatzdämmung/Installationsebene
9 Gipskarton/Holzschalung

3. Dachgauben

Die Attraktivität und Nutzbarkeit eines Dachgeschosses steht und fällt mit der Belichtung des Dachraumes. Dabei kommen grundsätzlich zwei Möglichkeiten in Betracht: Dachflächenfenster oder Dachgauben. Gauben entstammen einer Zeit, in der es technisch nicht möglich war, wasserdichte Schrägverglasungen herzustellen. Bei einem zeitgemäßen Dämmstandard tragen die umfassenden Wand- und Dachflächen sehr stark auf, so dass von außen betrachtet der Glasflächenanteil noch max. 30% der Gaubenvorderseite beträgt. Dachgauben unter 3 m Länge bewirken keinen Raumgewinn, der im angemessenen Verhältnis zum Aufwand steht. Mittlerweile ist das Marktangebot an Dachflächenfenstern hinsichtlich Größe, Verglasungsart, Bedienungskomfort und Verdunkelungs-/Verschattungssysteme so umfangreich, dass alle Belichtungs- und Belüftungsaufgaben damit attraktiv gelöst werden können (siehe auch Kap.8).

6.21 *links u. rechts*: Dachsanierung eines Wirtschafts- und Bürogebäudes. Die nach Osten orientierten Dachgauben wurden großflächig verglast, wodurch im Dachgeschoss attraktive Büroräume entstanden.

6.22 *links und rechts*
Bei der energetischen Sanierung eines Daches ist die Tageslichtverbesserung mindestens genauso wichtig wie die energetische Optimierung. Eine Vielzahl von Ausstattungsvarianten ermöglicht höchsten Wohnkomfort. Fotos: www.velux.de

6.23 a *unten*
Dachgauben sind nur dann sinnvoll, wenn die Tageslichtausbeute und der Raumgewinn in einem angemessenen Verhältnis zum konstruktiven Aufwand stehen.

Vergleich: Dachgaube/Dachflächenfenster			
	Vorteile	**Nachteile**	**Kosten**
Gaube	• Raumgewinn bei größeren Gauben	• sehr aufwändig, wenn hohe Dämmstandards erzielt werden sollen	ca. 4000 € (2m²)
	• Gestaltungsmöglichkeiten der Dachfläche	• wenig Tageslicht im Verhältnis zum Aufwand	ca. 8000 € (6m²)
Dachflächenfenster	• sehr hoher Tageslichtgewinn	• große Süd- und Westfenster müssen verschattet werden	ca. 800 - 1000 €/m²
	• komfortables Marktangebot mit vielen Größen und Ausstattungsvarianten		ca. 300 €/m² für Außenverschattung
			ca. 120 €/m² für Innenverschattung

Tabelle 6.7: Vergleich Gaube/Dachflächenfenster

6.23 b *unten*
Kleine Gauben werden von der Dämmstärke der Seitenwände sowie der Fenstergestaltung dominiert.

6.24 *unten Mitte und rechts*
Dachflächenfenster sind nicht nur auf der Innenseite *luftdicht* einzukleben, auch auf der Außenseite muss ein *regensicherer* Anschluss mit der diffusionsoffenen Unterdeckungsbahn erfolgen.

6.2 Flachdächer

In den 1960er und 1970er Jahren wurden vermehrt Flachdächer gebaut. Wegen konstruktiver und materialbedingter Mängel wurden viele dieser Dächer vorzeitig undicht, sind mittlerweile saniert oder durch geneigte Dächer ersetzt worden.

Die Lebensdauer eines Flachdaches ist heute mit der eines geneigten Daches vergleichbar, allerdings ist ein funktionierender Wasserablauf zu gewährleisten. Mit den heute üblichen Materialien und Konstruktionen lassen sich dauerhaft dichte Flachdächer herstellen.

Flachdach-Konstruktionen

Grundsätzlich wird zwischen belüfteten Dächern, unbelüfteten Dächern und Umkehrdächern unterschieden.

- Belüftete Dächer sind meistens als Holzkonstruktion ausgeführt, mit unterseitiger Bekleidung, diffusionshemmender Schicht und einer Dämmschicht zwischen den Dachbalken. Belüftete Flachdächer benötigen zwischen der Oberseite der Dämmung und der Unterseite der Dachdichtung sehr viel höhere Lüftungsquerschnitte als geneigte Dächer, sind aber dann hinsichtlich ihres Diffusionsverhaltens mit ihnen vergleichbar.
- Beim unbelüfteten Dach befindet sich über der tragenden (Beton-) Schale eine dampfdichte druckausgleichende Schicht (kaschierte Alufolie), darüber liegt die Dämmschicht, die ohne Luftzwischenraum von der Dachdichtungsbahn überdeckt wird. Unbelüftete Dächer mit Aufdachdämmung sind nicht nur bei Betondecken, sondern auch für den Holzbau die beste Lösung – die Tragkonstruktion liegt im Warmen und Trockenen.
- Umkehrdächer sind Dächer, bei denen die Dämmschicht oberhalb der Abdichtungsbahn liegt, die Wasserführung erfolgt über ein wasserableitendes, aber diffusionsoffenes Vlies oberhalb der Dämmplatten. Die lose verlegte Dämmschicht wird mit einem wasserableitenden Vlies abgedeckt und dann mittels Kiesschüttung oder Plattenbelag vor Windsog und UV-Strahlung geschützt.

Obere Dachdichtungsbahnen müssen immer UV-beständig sein – ob mit oder ohne Deckschichten (Kies, Platten, u.a.). Bei allen Konstruktionsarten ist die Nutzung als Gründach oder als Dachterrasse möglich. Für Gründächer muss in jedem Fall eine wurzelfeste Dachbahn (mit FLL-Prüfzeugnis) eingebaut werden. Zu beachten ist auch, dass die Umkehrdiffusion durch die auch im Sommer kühle Substratschicht nur sehr eingeschränkt stattfindet und somit die sommerliche Austrocknung der Konstruktion behindert wird. Einschalige, unbelüftete Flachdächer mit Dämmung im Gefach sind hier unzulässig und führen zu Schäden. Bei Dachterrassen ist eine Trennlage (z.B. aus recyceltem Gummi bzw. Stelzlager) zwischen dem Belag (Platten oder Holzroste) und der Dichtungsbahn erforderlich. In jedem Fall sollte die vorhandene Dachkonstruktion auf ihre Tragfähigkeit überprüft werden.

Kriterien bei der Bestandsanalyse

- **Tragwerksart**
Handelt es sich bei der Dachkonstruktion um eine Holz-(Balken) oder eine Beton(Platten) Konstruktion? Verfügt die Konstruktion über Lastreserven, z.B. für das Gründach, die Dachterrasse oder Aufstockung?

- **Dämmung**
Lage, Stärke, Art und Zustand der Dämmung? Kann es durch offen liegende Mineralfaserdämmung bei belüfteten Dächern zu Feinfaseraustritten kommen? Sind bei unbelüfteten Dächern Fehlstellen und Hohlräume vorhanden, bei denen es zu Kondensatausfall kommen kann?

- **Hinterlüftung**
Ist die Hinterlüftung einschließlich Lüftungsgitter ausreichend und funktional bemessen?

- **Dachhaut**
Ist die Dachhaut noch dauerhaft dicht? Wie ist das Gefälle ausgebildet, funktioniert der Dachablauf? Sind Vorschädigungen (z.B. bei Pfützen) erkennbar?

- **Anschlusspunkte**
Sind die Anschlüsse am Dachrand, zu aufsteigendem Mauerwerk, Lichtkuppeln, Schornsteinen etc. intakt? Ist der Dachrand gestalterisch befriedigend ausgeführt?

Ziele und Möglichkeiten

Energiestandards

Die Mindestanforderung der EnEV muss erreicht werden, wenn die Dachdeckung bzw. Dachdichtung ersetzt, die innere Bekleidung erneuert oder Dämmschichten eingebaut werden. Sofern keine räumlichen, gestalterischen oder rechtlichen Bedenken (z.B. Höhen) bestehen, sollte man sich jedoch an maximal möglichen Dämmstärken orientieren. In Tab. 6.9 sind verschiedene Dämmstandards definiert. Die spätere Aufständerung einer thermischen und/oder fotovoltaischen Solaranlage sollte konstruktiv (Befestigungspunkte) bei der Sanierungsplanung berücksichtigt werden.

Grundsatzentscheidungen

Bei vielen, oft eingeschossigen Gebäuden ist die Undichtigkeit des Flachdaches Auslöser für die Sanierung. Bevor man überstürzt an die Dachsanierung geht, sollte man gründlich überlegen, ob der Umbau in ein geneigtes Dach mit Ausbaureserve oder vielleicht sogar eine Aufstockung in Betracht kommen. Beide Lösungen schaffen zusätzliche Wohn- und Nutzfläche: es gibt keine preisgünstigere und flächensparendere Variante zur Schaffung neuen Wohnraumes (oder einer Einliegerwohnung), da die komplette technische und konstruktive Infrastruktur bereits vorhanden ist.

Bei einer reinen Flachdachsanierung ist abzuwägen, ob die Arbeiten von außen

Tabelle 6.8: Regelkonstruktionen vorhandener Flachdächer.

Flachdächer	Kaltdach	Warmdach	Umkehrdach
Konstruktion			
Gesamtstärke	30 – 36 cm	24 – 28 cm	22 – 26 cm
U- Wert vorh.	0,6 – 1,0 W/m²K	0,4 – 0,8 W/m²K	0,5 – 0,9 W/m²K
geeignete Dämmung	von unten	von oben	von oben

Dämmstärken für Flachdächer (cm)				
Standard	Wärmeleitgruppe (WLG)			
	040	035	032	024
Mindestanforderung für Altbauten $U = 0{,}24$ W/m²K	23 cm	21 cm	20 cm	16 cm
EnEV Neubau Ref.Haus 2016 $U = 0{,}16$ W/m²K	28 cm	26 cm	24 cm	20 cm
Passivhaus $U< 0{,}15$ W/m²K	32 cm	30 cm	28 cm	24 cm
Empfohlen	28-32 cm	26-30 cm	24-28 cm	20-24 cm

Tabelle 6.9
Richtwerte für Dämmstärken bei Flachdächern in Abhängigkeit von der Wärmeleitgruppe (Dämmung oberhalb der Sparren). Wenn die Dämmung ganz oder teilweise zwischen Sparren angeordnet ist, sind die Dämmstärken anhand der Konstruktion zu bestimmen.

Dämmung von Flachdächern		
	Dämmung von außen	Dämmung von innen
Vorteile	• alle heutigen Dämmstandards möglich • Dichtigkeit auf aktuellem Stand • evtl. Umlegen des Gefälles nach außen • neue Dachrandgestaltung möglich • keine Beinträchtigung d. Innenraumhöhe • kein Schmutzanfall im Wohnbereich • Ausführung in bewohntem Zustand möglich	• keine Veränderung der äußeren Hülle • vielfältige Dämmstoffwahl möglich • Dampfbremsen mit variablem und niedrigem s_d-Wert können eingebaut werden • Luftdichtigkeit problemlos auszuführen • keine Beinträchtigung der Innenraumhöhe bei Dämmung offener Balkenlage • Ausführung witterungsunabhängig • Arbeiten können abschnittsweise erfolgen
Nachteile	• evtl. aufwändige Anschlusspunkte an Dachrand und Traufe • Notwendigkeit eines Gerüstes • größere Gesamthöhe evtl. baurechtlich relevant • Arbeiten sind sehr witterungsabhängig	• Reduzierung der Raumhöhen • Bei Warmdächern in Holzkonstruktion können komplizierte Diffusionsverhältnisse auftreten (rechn. Nachweis) • sehr hohe Staub- und Schmutzbelastung • Gesamtes Abbruch- und Baumaterial muss durch das Treppenhaus transportiert werden
Eigenleistung	• Arbeiten auf dem Dach sind gefährlich	• bei offenen Holzbalkenkonstruktionen und bei entsprechender Sorgfalt

Tabelle 6.10: Dämmung von oben oder von unten, Vor- und Nachteile

oder innen vorgenommen werden (Kriterien siehe Tab. 6.10).

1. Erneuerung der Dachabdichtung und Verstärkung der Dämmung

Ist bei Warmdächern die Dachabdichtung undicht geworden, kann im Zuge der Erneuerung die darunterliegende Dämmschicht erhöht oder – falls sie verrottet ist – durch eine dickere Schicht ersetzt werden. Für die Dämmung eignen sich neben den druckbelastbaren konventionellen Dämmstoffen auch Schaumglas und Thermoperl® (bitumenummantelte Perlite), mit dem auch Gefälle ausgebildet oder Unebenheiten ausgeglichen werden können. Die Dachdichtung oberhalb erfolgt mit Bitumenbahnen bzw. marktgängigen Foliensystemen.

Eine Dachbegrünung kommt in Betracht, sofern die vorhandene Konstruktion die zusätzlichen Lasten aufzunehmen vermag. Zusätzlich bzw. anstelle der Dachdichtungs-

> **Exkurs: Das Phänomen des wandernden Pfützenrandes**
>
> Flachdächer wurden jahrzehntelang ohne Gefälle als sogenannte Pfützendächer ausgebildet. Aber auch bei Dächern mit eingebautem Gefälle entstehen Pfützen durch unsachgemäße Ausführung, an Bahnenstößen oder Abläufen. Die Dachhaut einer solchen Konstruktion ist thermisch und mechanisch wesentlich stärker belastet als ein Flachdach mit Gefälle. Im Winter gefrieren die Pfützen und belasten die Dachhaut mechanisch, es entstehen Materialspannungen.
>
> Im Sommer kann im Bereich der Pfütze folgendes Phänomen beobachtet werden: Eine dunkle Dachbahn erreicht ohne weiteres eine Temperatur von 80°C, die Pfütze selber hat, je nach Größe und Tiefe, in der Mitte eine Wassertemperatur von 40 – 60°C, am Pfützenrand beträgt die Temperatur aufgrund der Verdunstungskälte jedoch nur 10 – 15°C. So entsteht zwischen trockener Dachfläche und Dachpfütze aufgrund der hohen Temperaturdifferenz eine spannungsbelastete Zone, die sich mit fortschreitender Trocknung der Pfütze verlagert. Wiederholt sich dieser Vorgang über Jahrzehnte, führt die einsetzende Versprödung zu Undichtigkeit der Dachhaut. Daher sollten Dächer heute nur mit mindestens 2% Gefälle ausgeführt werden.

Bestehende Konstruktion
1 Betondach
2 Mauerwerk

Sanierungsmaßnahme
3 Dampfsperre
4 Wärmedämmung
5 Randbalken
6 Dachbahn, je nach System 2- oder 3-lagig
7 Traufblech
8 Kastenrinne
9 Außenwanddämmung WVDS
10 Verblechung/Sims

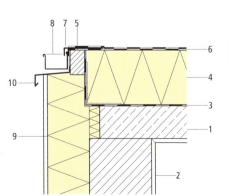

6.25 Aufdachdämmung als Warmdach ohne Dachüberstand mit außenliegender Rinne.

6.26
Saniertes Flachdach mit außenliegender Dachrinne. Die Dämmung ist mit 2% Gefälle ausgeführt, so dass das Wasser nach außen abgeführt wird.

bahn muss eine Wurzelschutzbahn verlegt werden. Darüber werden Dränageschichten und ein Pflanzsubstrat aufgebracht. Intensive Begrünungen sind wegen ihres hohen Eigengewichts nur selten realisierbar. Extensive Begrünungen (Moose, Flechten etc.) benötigen zwar weniger Substrat, verfügen aber auch nur über einen geringen ökologischen Nutzen. Für weiterführende Informationen über die verschiedenen Begrünungssysteme wird auf die entsprechende Fachliteratur verwiesen. Durch die Dachbegrünung selbst wird jedoch keine verbesserte Wärmedämmung erreicht. Außerdem steigt das Risiko der Kondensatbildung unterhalb der Dichtungsbahn.

Ausführungshinweise
- Ein Mindestgefälle von 2% sollte nicht unterschritten werden.
- Die Konstruktion ist bei zusätzlichen Lasten auf ihre Tragfähigkeit zu überprüfen.
- Die Sanierung der Dachdichtung kann nur bei trockenem Wetter erfolgen.
- Bei Entfernen der vorhandenen Dämmung muss die verbleibende Dampfsperre auf Dichtheit geprüft und evtl. ebenfalls ersetzt werden.
- Wird der Dachaufbau durch eine zusätzliche Dämmung erhöht, sind alle Anschlüsse an aufgehendes Mauerwerk, Attiken, Rohre, Lichtkuppeln neu auszubilden.
- Zur Vermeidung von Wärmebrücken sollte die Dämmung lückenlos an die Dämmschichten angrenzender Bauteile herangeführt werden.
- Besonders aufwändig ist die wärmebrückenfreie Ausführung von Attiken und auskragenden Betondecken, die ringsum mit Dämmstoff ummantelt werden müssen. Oft empfiehlt es sich, Dachüberstände ganz zu entfernen und eine völlig neue konstruktive und gestalterische Lösung zu suchen.
- Soll die Entwässerungsrichtung beibehalten werden? Flachdächer werden häufig über innenliegende Fallrohre entwässert. Sind diese nicht ausreichend gedämmt, bildet sich Kondensat. Bauschäden und Schimmelbildung sind möglich. Im Zuge einer Sanierung ist es relativ leicht möglich, das Gefälle so zu ändern, dass die Dachfläche nach außen entwässert wird. Eine solche Entscheidung ist im Zusammenhang mit der Fassade und der Gestaltung des Dachrandes zu treffen. (siehe Abb. 5.12, Seite 60).

Ist die bestehende Dämmung eines Warmdaches intakt, kann direkt auf der bestehenden Dachhaut eine zusätzliche Dämmschicht mit darüber liegender Abdichtung eingebaut werden. Wenn die alte Konstruktion bauphysikalisch funktioniert hat, so sind durch den zusätzlichen Aufbau Diffusionsprobleme nicht zu erwarten. Ist die Dachhaut noch dauerhaft funktionstüchtig, können einfach extrudierte Polystyrol-Hartschaumplatten aufgebracht und mit Kies beschwert werden, ohne Einbau einer zusätzlichen Abdichtung. Ein so entstandenes Umkehrdach kann, mit Platten belegt, als Dachterrasse genutzt werden.

2. Zusätzliche Dämmung von unten

Bei allen Flachdachtypen ist es möglich, eine zusätzliche Dämmung unterhalb der tragenden Konstruktion einzubauen. Diese Maßnahme ist dann zu empfehlen, wenn Dachdämmung und Dachhaut intakt sind, die Raumhöhen ausreichen und eine Erhöhung des Dachaufbaus nicht möglich ist. Bei von unten sichtbaren Holzbalkendecken eignet sich der Zwischenraum häufig, eine zusätzliche Dämmschicht unterzubringen. In diesem Zusammenhang lässt sich auch die Luftdichtheit zwischen Balken und Wand herstellen.

Ausführungshinweise
- Die Dämmung liegt bauphysikalisch gesehen auf der ungünstigen Seite. Ohne rechnerischen Nachweis des Diffusionsverhaltens sollte keine zusätzliche Dämmung vorgenommen werden.
- Die diffusionshemmende Schicht muss luftdicht an alle angrenzenden und durchdringenden Bauteile angeschlossen werden.
- Alle Trennwände bilden Wärmebrücken. Ist oberhalb der Tragkonstruktion eine durchlaufende Dämmschicht vorhanden,

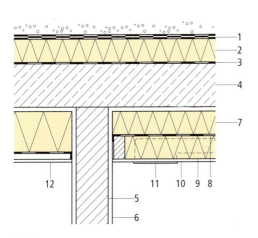

Bestehende Konstruktion
1. Stahlbetondecke

Sanierungsmaßnahme
2. Wärmedämmung zwischen Kanthölzern
3. diffusionsoff. Unterdeckplatte
4. Traglattung, Hinterlüftung
5. OSB- Platte
6. Sperrholzplatte als Untersicht im Dachüberstand
7. Bitumendachbahn
8. Traufblech
9. Kastenrinne
10. Lüftungsgitter
11. Plattenwerkstoff
12. Folienstreifen auf den Sims geführt
13. Sims, Verblechung
14. Wärmedämmverbundsystem

6.27: Aufdachdämmung als Kaltdach mit Dachüberstand und außenliegender Rinne.

Bestehender Aufbau
1. Dachabdichtung mit Kiesschüttung
2. Dämmung
3. Dampfsperre
4. Betondach
5. Mauerwerk
6. Putz

Sanierungsmaßnahmen
7. Dämmung
8. Dampfbremse
9. Zusatzdämmung/ Installationsebene zwischen den Kanthölzern
10. raumseitige Bekleidung
11. Flachkanal Lüftungsleitung
12. alternativ: Dämmung einlagig

6.28
Zusätzliche Dämmung eines Warmdaches von unten, mit Anschluss an eine Innenwand. Gleichzeitig können Lüftungsrohre in der Dämmung untergebracht werden.

wird sich dies kaum negativ auswirken. Nicht zu empfehlen ist die Innendämmung, wenn das Flachdach oberseitig gar nicht gedämmt ist.

3. Vom Kaltdach zum Warmdach

Der Luftraum im zweischaligen Dach kann im günstigsten Fall für die zusätzliche Dämmung komplett genutzt werden. Damit verändern sich die bauphysikalischen Verhältnisse: Aus dem Kaltdach wird ein Warmdach. Für diese Art der nachträglichen Dämmung eignen sich Flocken, die in den Hohlraum eingeblasen werden. Mit der Dämmung des vorhandenen Hohlraumes gelten die Anforderungen der EnEV als erfüllt, selbst wenn damit der U-Wert von 0,25 W/m²·K überschritten wird.

Ausführungshinweise

- Unterhalb der Wärmedämmung muss eine ausreichend wirksame diffusionshemmende Schicht vorhanden sein bzw. nachträglich eingebaut werden, ein rechnerischer Nachweis sollte unbedingt durchgeführt werden.
- Leichte Dachkonstruktionen benötigen eine luftdichte Ebene. Deren Funktion wird in der Regel von der diffusionshemmenden Schicht übernommen. Sie ist an allen Anschlüssen und Durchdringungen sorgfältig anzuarbeiten und zu verkleben. Wenn Luftdichtung und Dampfsperre nicht mehr intakt sind, müssen sie erneuert bzw. an den Leckagen nachgearbeitet werden.
- Eine solche Lösung sollte nur nach Prüfung durch einen bauphysikalisch versierten Fachmann in Betracht gezogen werden.

6.29 *links*
Offene Holzbalkendachdecken wurden in den 1970er Jahren häufig dunkel lasiert, wodurch das Tageslicht stark reduziert wurde. Die nachträgliche Dämmung der Balkenzwischenräume in Verbindung mit einer unterseitigen Gipskartonverkleidung reduziert nicht nur Wärmeverluste und Stromverbrauch, sondern führt zu höherer Tageslichtqualität.

6.30 *rechts*
Die Gefälledämmung ist werkseitig vorgeschnitten, so dass auf der Baustelle nur noch die richtigen Platten aneinandergelegt werden müssen.

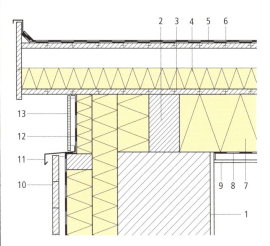

6.31 Nachträgliche Dämmung eines Kaltdaches von unten.

Bestehender Aufbau
1 Mauerwerk
2 Ringbalken
3 Deckenschalung
4 bestehende Dämmung des Kaltdaches
5 Dachschalung
6 Dachdichtung, ggf. Kies

Sanierungsmaßnahme
7 zusätzliche Dämmung zw. Sparren einblasen
8 Dampfbremse
9 raumseitige Bekleidung m. Unterkonstruktion
10 Fassade/ Holzwerkstoffplatte
11 Verblechung, Sims
12 Winddichtung
13 Dachrandverkleidung / Holzwerkstoffplatte

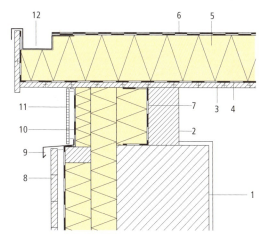

6.32
Nachträgliche Dämmung der offenen Holzbalkendecke von oben. Aus dem Kaltdach wird ein nach außen entwässerndes Warmdach unter Beibehaltung der äußeren und inneren Ansichtsflächen.

Bestehender Aufbau
1 - 3 wie 6.31

Sanierungsmaßnahme
4 bestehende Dämmung des Kaltdaches entfernen, Dampfbremse neu
5 Dachschalung entfernen, Wärmedämmung neu
6 Dachdichtung, ggf. Kies
7 Dampfbremse
8 Fassade / Holzwerkstoffplatte
9 Verblechung Sims
10 Winddichtung
11 Dachrandverkleidung / Holzwerkstoffplatte
12 Dachrinne

7 Decken, Fußböden und Innenwände
zu unbeheizten Räumen und gegen Erdreich

Bauteile zu unbeheizten Räumen sind einer geringeren Belastung ausgesetzt als Außenbauteile. Zum einen müssen keine Maßnahmen gegen Schlagregen ergriffen werden, zum anderen wirkt der unbeheizte Raum als Wärmepuffer. Die Temperatur des unbeheizten Raumes ergibt sich aus der Differenz der zugeführten Energie durch das trennende Bauteil und der durch die Außenbauteile abfließenden Energie, wobei die Wärmeströme im Wesentlichen durch Größe und Dämmstandard der betreffenden Flächen bestimmt werden. Ein ungedämmter Dachboden ist somit anders zu bewerten als ein Kellerraum, dessen Umfassungsflächen eher die Temperatur des umgebenden Erdreichs haben.

Die Dicke der Dämmung zwischen beheizt und unbeheizt reguliert also die Temperatur des ungeheizten Raumes. Bei dicken Dämmschichten ist der Pufferraum nichts anderes als eine benutzbare Luftschicht, keine oder dünnere Dämmschichten erhöhen den Wärmestrom zum nicht beheizten Raum und halten diesen eventuell frostfrei – um den Preis höherer Wärmeverluste.

Auch Wände und Böden beheizter Räume, die ans Erdreich grenzen, müssen gedämmt werden. Für Abseiten und andere unbeheizte Räume im Dachgeschoss gelten die gleichen Anforderungen wie für Dächer (s. Kapitel 6). Die Dämmung von Kellerwänden ist im Kapitel 5.4 beschrieben.

7.1 Kellerdecken

Die nachträgliche Dämmung von Kellerdecken ist sinnvoll, wenn Kellerräume gar nicht oder nur zeitweise beheizt werden, z.B. Lager- und Hobbyräume. Nach den meisten Landesbauordnungen unterliegen Kellerdecken von Mehrfamilienhäusern erhöhten Anforderungen an den Brandschutz. So fordern einige Landesbauordnungen, dass eine Kellerdecke dem Feuer 90 Minuten widerstehen muss (F90-A/B) bzw. in seinen tragenden Bestandteilen aus nichtbrennbaren Stoffen besteht. Für Ein- und Zweifamilienhäuser gelten meist keine bzw. nur geringe Anforderungen, z.B. F30.

Der Schallschutz von Kellerdecken muss in Mehrfamilienhäusern nahezu dem von Wohnungstrenndecken entsprechen und sollte im Zuge von Dämmmaßnahmen überprüft und ggf. verbessert werden. Für Einfamilienhäuser sind keine besonderen Schallschutzanforderungen an Decken über nicht- bzw. teilbeheizten Kellern zu erfüllen. Bei Hobbykellern sind eventuell zusätzliche Maßnahmen für den Luftschallschutz sinnvoll.

Eine Kellerdecke sollte vor dem Einbau von Dämmstoffen immer auf Feuchtigkeit untersucht werden. Gerade bei älteren Gebäuden befindet sich eine Feuchtigkeitssperre in den Außenwänden oft erst oberhalb der Kellerdecke. Feuchtigkeit in der Decke kann auch auftreten, wenn diese unterhalb der Geländeoberkante liegt. Nur bei trockenen Kellerdecken ist der Einbau der Dämmung von der Unterseite zu empfehlen.

1. Dämmung unter der Kellerdecke

Alle Deckenarten können unterseitig gedämmt werden, wenn das Dämm- und Konstruktionssystem auf den Deckenaufbau abgestimmt wird. An Betondecken mit glatter Unterseite lassen sich Dämmstoff- bzw. Verbundplatten direkt unter die Decke kleben und dübeln. Auf die Dübelung kann u.U. verzichtet werden, wenn es sich um eine unbehandelte, glatte und saubere Betondecke handelt. Ist die Deckenunterseite allerdings mit einem Anstrich versehen (auch wenn er gut haftet), so ist die Verdübelung unverzichtbar. Wenn sich im Keller keine Aufenthaltsräume befinden, kann auf Verkleidungen verzichtet werden. Dies ist oft die preisgünstigste Dämmmaßnahme am Haus.

Tabelle 7.1
Richtwerte für Dämmstärken bei Kellerdecken. Bei Dämmung auf der warmen Seite ergeben sich geringere Anforderungen an die Dämmstärke.

Dämmstärken für Kellerdecken				
Standard	Wärmeleitgruppe (WLG)			
	040	035	032	024
Mindestanforderung f. Altbauten EnEV 0,30 W/m²K	13 cm	11 cm	10 cm	8 cm
EnEV Neubau Ref.Haus 2016 U = 0,28 W/m²K	14 cm	12 cm	11 cm	9 cm
Passivhaus U < 0,15 W/m²K	26 cm	23 cm	21 cm	16 cm
Empfohlen	14 - 26 cm	12 - 23 cm	11 - 21 cm	9 - 16 cm

7.1
Dämmung der Kellerdecke von unten. Aufgrund der geringen Kellerhöhen sind Dämmplatten mit geringer Wärmeleitzahl zu bevorzugen.
Quelle Bauder

7.2
Dämmplatten mit fertiger unterer Oberfläche auf Schienensystem auch für den Selbstbau geeignet. Eine zusätzliche Verklebung verhindert die Hinterströmung kalter Luft. Quelle: Recticel

Tabelle 7.2
Dämmung der Kellerdecke – Vor- und Nachteile.

	Dämmung von Kellerdecken		
	Dämmung oberseitig	**Dämmung unterseitig**	**Dämmung d. Zwischenraumes**
Vorteile	• nur in Verbindung mit anderen Qualitätsverbesserungen, z.B. Feuchtigkeitssperre, Trittschalldämmung, Fussboden- und Leitungserneuerung • vielfältige Dämmstoffauswahl möglich	• keine Bauarbeiten in bewohnten Räumen • Platten lassen sich relativ einfach unter die Kellerdecke kleben oder dübeln • keine Beinträchtigung der Wohnraumhöhe • wenig Schmutzaufkommen	• keine Bauarbeiten in bewohnten Räumen • Zwischenräume lassen sich von unten gut ausblasen • keine Beinträchtigung der Wohnraumhöhe • wenig Schmutzaufkommen
Nachteile	• die Fußbödenhöhen ändern sich, Anschlussprobleme bei Türen und Treppen • Ausführung nicht in bewohntem Zustand möglich • hohe Gesamtkosten	• nur hochwertige Plattendämmstoffe einsetzbar • oft nur begrenzte Dämmstärken ausführbar wegen zu geringer Raumhöhe im Keller • bei Kappendecken aufwändig ausführbar • unter der Kellerdecke entlang laufende Rohrleitungen sind aufwändig zu umdämmen	• oft nur begrenzte Dämmstärken ausführbar, z.B. bei Kappendecken • Perlite- und Zelluloseverfüllungen führen unter Dielenfußböden zu Staubaustritten an den Fugen
Eigenleistung	• eventuell möglich bei sogenannten Trockenaufbauten	• Arbeiten können sehr gut raumweise ausgeführt werden	• Arbeiten nur durch Fachbetriebe auszuführen

Bei allen Balkendecken, unabhängig davon, ob es sich um Holzbalken, Stahlbeton- oder Stahlträger handelt, ist es häufig einfacher, eine Unterkonstruktion anzubringen und die Zwischenräume mit Dämmstoff auszufüllen. Das gilt auch für sogenannte Kappendecken, die sich mit leichtem Gewölbe von Träger zu Träger spannen. Man trifft sie in Häusern aus der Gründerzeit und aus den 1930 - 50er Jahren an. Bei diesen wie auch bei anderen Gewölbedecken können Dämmstoffe (aus Mineralfasern oder Zelluloseflocken) aufgespritzt werden. Eine weitere Möglichkeit bieten speziell für gewölbte Untergründe ausgebildete Dämmplatten; diese werden am Gewölbe verklebt und bei Bedarf verputzt. Aber auch hier gilt: keine Lufteinschlüsse bzw. absolute Vermeidung einer Hinterströmung.

Verlaufen viele Leitungen auf der Unterseite, lassen sich diese am besten mit einer abgehängten Decke, kombiniert mit Dämmstoffmatten oder -flocken, überdämmen. Werden dagegen Dämmplatten unter die Decke geklebt, müssen diese sorgfältig an die Leitungen angearbeitet werden. Das Überdämmen größerer Abflussrohre ist zeitaufwändig. Mit einer Dämmung unter der Kellerdecke lässt sich auch der Brandschutz verbessern, sofern alle verwendeten Baustoffe den Brandschutzanforderungen genügen.

Ausführungshinweise

- Reicht die Raumhöhe für die Maßnahme aus? Welche Reduzierung kann in Kauf genommen werden? Oft beträgt die Höhe zwischen Oberkante Tür und Decke nur wenige Zentimeter.
- Bei feuchter Kellerdecke ist eine horizontale Feuchtigkeitssperre einzubauen. Die unterseitige Dämmung sollte nur auf trockenem Untergrund erfolgen. Feuchtigkeit aus angrenzenden Außenwänden sollte nicht in die Dämmung gelangen.
- Alle Kellerwände durchdringen die Dämmung. Der obere Bereich der Wände kann mit einem ca. 50 cm breiten Dämmstoffstreifen versehen werden, um die Wärmebrücken zu minimieren. Aufgrund der geringen Temperaturdifferenz zwischen Wohn- und Kellerräumen ist auch ohne diese Maßnahme keine Kondensatbildung zu erwarten.

7.3
Abgehängte Konstruktion mit Installationsrohren unter Holzbalkendecke (Regelquerschnitt).

Bestehender Aufbau
1 Fußbodendielen
2 Deckenbalken
3 Schüttung
4 Putzträger
5 Putz (Anschlüsse luftdicht herstellen)

Sanierungsmaßnahme
6 Abhängung
7 Federschienen
8 Wärmedämmung
9 Gipskarton
10 Rohrleitung

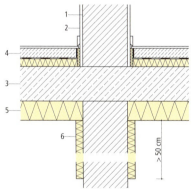

7.4
Dämmung unter der Kellerdecke, Verringerung der Wärmebrücke im Bereich des Trennwandanschlusses.

1 Trennwand
2 Innenputz
3 Betondecke
4 Fußbodenaufbau mit schwimmendem Estrich
5 Dämmung unter der Decke
6 Zusatzdämmung des Trennwandanschlusses

7.5
Dämmung unter der Kellerdecke, Anschluss an die Außenwand mit Innendämmung.

Bestehender Aufbau
1 Mauerwerk
2 Innendämmung Erdgeschoss
3 Dampfbremse
4 Installationsraum
5 raumseitige Bekleidung
6 Estrich mit Bodenbelag
7 Trittschalldämmung
8 Betondecke

Sanierungsmaßnahme
9 Dämmplatten unter Decke
10 Zusatzdämmung Kelleraußenwand bis unter Geländehöhe
11 Abdichtung und Sockelputz

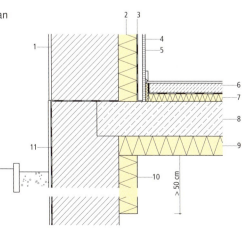

- Vor Einbau der Dämmung empfiehlt es sich, die Lage von Leitungen, die nachher innerhalb der Dämmung verlaufen, durch Aufmaß oder Fotos zu dokumentieren. Die Lage von Revisionsöffnungen sollte auf der Dämmung gekennzeichnet werden.

2. Dämmung auf der Kellerdecke

Bei einer Sanierung des Bodenbelages im Erdgeschoss sollte überprüft werden, in wie weit sich durch den Einbau einer Dämmung die Höhe des bestehenden Fußbodenaufbaus verändert und ob sich dies auf die vorhandenen Treppensteigungen, Tür-, Brüstungs- und Raumhöhen auswirkt. Alte Estriche lassen sich häufig durch einen dünneren Aufbau ersetzen. Hierdurch kann eine zusätzliche Wärmedämmung bei geringfügiger Veränderung der Konstruktionshöhe eingebracht werden. Bei Verlegung auf ebenem Untergrund sollten Wärmedämmstoffe eingesetzt werden, die gleichzeitig den Trittschallschutz verbessern. Ist der Untergrund uneben, kann ein Höhenausgleich mit Dämmschüttungen aus Perlite® oder Mehabit® hergestellt werden; auf diesem werden Dämmstoffplatten schwimmend verlegt (Abb. 7.6).

Ausführungshinweise

- Ist die vorhandene Rohdecke nicht trocken, muss darauf eine Schweißbahn als Feuchtigkeitssperre geklebt werden. Diese ist an den Außenwänden entweder an eine Horizontalsperre anzuschließen oder innen an der Wand bis Oberkante Estrich hochzuführen.
- Die Maßnahme ist nur zu empfehlen, wenn der Bodenbelag ohnehin erneuert werden muss, da sie sonst unverhältnismäßig teuer wird.

3. Dämmung zwischen Holzbalken

Ist die Kellerdecke als Holzbalkendecke ausgeführt oder gibt es einen Holzdielenbelag auf Kanthölzern (über einer Beton- oder Stahl-Stein-Decke), kann die Dämmung zwischen die Balken bzw. Kanthölzer eingebracht werden. Als Dämmstoffe eignen sich Schüttungen, Flocken und Dämmplatten. Schüttungen und Flocken lassen sich auch

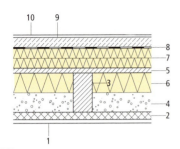

7.6
Dämmung auf Holzbalkendecke (Regelquerschnitt).

Bestehender Aufbau
1 Putz   4 Schüttung
2 Putzträger   5 Fußbodendielen
3 Deckenbalken

Sanierungsmaßnahme
6 Ausblasen der Hohlräume mit Dämmstoff
7 Wärme- und Trittschalldämmung
8 Trennlage
9 Estrich
10 Bodenbelag

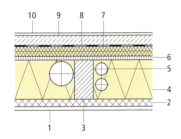

7.7: Dämmung zwischen Deckenbalken.

Bestehender Aufbau
1 Putz
2 Putzträger
3 Deckenbalken

Sanierungsmaßnahme
4 Dämmung
5 Installationsleitungen
6 Holzwerkstoffplatte
7 Trittschalldämmung
8 Trennlage
9 Estrich
10 Bodenbelag

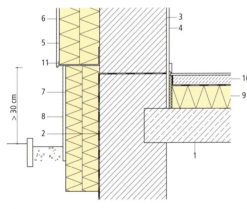

7.8
Dämmung auf Betondecke;
Anschluss an Außenwand mit WDVS.

Bestehender Aufbau
1 Betondecke   3 Mauerwerk
2 Sperrschicht   4 Innenputz

Sanierungsmaßnahme
5 Dämmstoffplatten   9 Dämmung
6 armiert. Außenputz 10 schwimm. Estrich
7 Sockeldämmung   mit Bodenbelag
8 Sockelputz   11 Sockelschiene WDVS

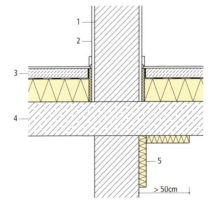

7.9
Dämmung auf der Kellerdecke;
Innenwandanschluss mit Zusatzdämmung zur Verringerung des Wärmebrückeneffektes.

1 Mauerwerk
2 Innenputz
3 Bodenaufbau mit schwimmendem Estrich
4 Betondecke
5 optional: Dämmstoff entlang der Trennwand zur Verringerung der Wärmebrücke

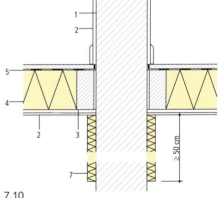

7.10
Wanddurchdringung Holzbalkendecke mit Zusatzdämmung zur Verringerung des Wärmebrückeneffektes.

1 Trennwand   2 Deckenbekleidung
3 Deckenbalken
4 Wärmedämmung
5 Dampfbremse/Luftdichtungsbahn bis auf Trennwand führen und verkleben
6 Hobeldielen
7 Dämmstoffstreifen

bei geschlossenem Deckenaufbau einblasen. Der Einbau von Dämmmatten ist nur dann sinnvoll, wenn die Decke ohnehin (z.B. wg. Installationen) von unten oder oben geöffnet werden muss.

Ausführungshinweise
- Holzdielenbeläge sind nicht dicht, daher empfiehlt sich die Verwendung von Rigiperl® oder Zelluloseflocken. Der Einbau eines Rieselschutzpapiers oberhalb der Dämmung ist nur möglich, wenn auch der Fußboden erneuert wird.
- Die Balkenauflager müssen auf Durchfeuchtung und Schädlingsbefall überprüft werden.
- Die Holzbalkendecke durchdringende Wände können zur Reduzierung der Wärmebrücken flankierend gedämmt werden.
- Holzbalkendecken über gut belüfteten Feuchtkellern in alten Häusern müssen eine luftdichte Ebene erhalten. Diese kann von oben als diffusionshemmende Schicht aufgebracht werden. Als diffusionsoffene Folie von unten eingebaut, dient diese gleichzeitig als Rieselschutz.

7.2 Fußböden gegen Erdreich

Bei Fußböden von Kellerräumen und in nicht unterkellerten Erdgeschossen sind im Altbaubestand verschiedene, ungedämmte Konstruktionen anzutreffen, überwiegend ohne Feuchtigkeitssperre. Diese sollte im Zuge einer Sanierung eingebaut werden. Die neue Abdichtung muss an die horizontale Sperre der Außenwände angeschlossen werden. Gibt es keine Feuchtigkeitssperre in den Außenwänden, ist diese nachträglich einzubauen. Die dafür üblichen Verfahren sind in Kap. 5 beschrieben

In Kellern, aber auch in Erdgeschossen sehr alter Häuser wurden Steinplatten ungedämmt und ohne Abdichtung im Sandbett oder direkt auf Erdreich verlegt. Bei nicht unterkellerten Fachwerkhäusern, aber auch Gebäuden aus den 1930 - 1950er Jahren besteht der Erdgeschossfußboden oft nur aus einer belüfteten Holzbalkenlage mit Dielenbelag. Häufig wurden Betonbodenplatten oder Zementestriche als unterste Schicht ausgeführt, zum Schutz gegen Kapillarfeuchtigkeit teilweise auch mit Schlacke oder Kies unterfüttert.

Prinzipiell können im Bereich des Mauerwerkssockels in einem Arbeitsgang die fehlende Horizontalsperre hergestellt sowie die Wärmebrücken zur Sohle beseitigt werden. Dazu wird abschnittsweise die untere Steinreihe entfernt und durch Schaumglasblöcke (z.B. Foamglas®) ersetzt. Diese Maßnahme ist sehr zeit- und entsprechend kostenaufwändig.

1. Dämmung bei fehlender Bodenplatte

Der nachträgliche Einbau einer Bodenplatte ist ratsam, selbst wenn bei stabilen Bodenverhältnissen eine gedämmte Fußbodenkonstruktion ohne diese auskäme. Hierfür ist meistens ein zusätzlicher Erdaushub notwendig, um ein Maximum an Dämmung einbauen zu können. Möchte man eine be-

7.11
Fußböden nicht unterkellerter Gebäude bestanden in den 1930-1950er Jahren häufig aus unterlüfteten, aufgeständerten Holzbalkenkonstruktionen, auf die dann die Fußbodenbretter genagelt wurden. Auch wenn es vordergründig naheliegt, die Holzbalken auszudämmen, so ist diese Maßnahme doch nicht nach dem heutigen Stand der Technik auszuführen, da eine normgerechte Unterlüftung nicht erreicht werden kann. Hier bietet sich praktisch nur das nachträgliche Einbringen einer Sohlplatte an.

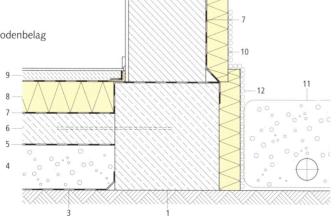

7.12
Nachträglicher Einbau einer Bodenplatte einschließlich Dämmung und Fußboden.
Bestehender Aufbau
1 Fundament
2 Außenwand

Sanierungsmaßnahme
3 Vlies
4 Kiesschüttung o. Glasschotter
5 Trennlage
6 Bodenplatte
7 Sperrschicht
8 Wärmedämmung
9 schwimm. Estrich m. Bodenbelag
10 Perimeterdämmung
11 Dränage
12 Sicherung g. mechan. Beschädig.

Tabelle 7.3
Richtwerte für Dämmstärken bei Fußböden gegen Erdreich.

Dämmstärken für Sohle gegen Erdreich				
Standard	Wärmeleitgruppe (WLG)			
	040	035	032	024
Mindestanforderung f. Altbauten EnEV 0,30 W/m²K	13 cm	11 cm	10 cm	8 cm
EnEV Neubau Ref.Haus 2016* U = 0,28 W/m²K	14 cm	12 cm	11 cm	9 cm
Passivhaus U < 0,15 W/m²K	26 cm	23 cm	21 cm	16 cm
Empfohlen	14 - 26 cm	12 - 23 cm	11 - 21 cm	9 - 16 cm

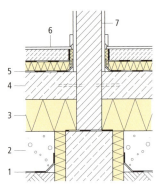

7.13
Dämmung unter der Bodenplatte, Anschluss an vorhandene Trennwand.

1 Vlies
2 Kies
3 Dämmstoffplatten, druckbelastbar, feuchtebeständig, z.B. Schaumglas
4 Betonbodenplatte
5 Sperrschicht
6 Schwimmender Estrich mit Bodenbelag
7 Trennwand; die horizontale Sperre unter der Wand muss vorhanden sein

7.14 *rechts*
Nachträgliches Einbringen einer Bodenplatte. Wenn das Sockelmauerwerk freigelegt wird, sollte die horizontale Abdichtung mit ausgeführt werden.

lüftete Holzbalkenlage durch eine Sohlplatte ersetzen, könnte allerdings zusätzlicher Füllboden erforderlich werden. Alternativ sorgt die Auffüllung mit Glasschotter (z.B.Geocell®) für zusätzliche kostengünstige Dämmung.

Die nachträglich eingebrachte Bodenplatte wird seitlich mittels eingebohrter Rundstähle im Mauerwerk verankert (Abb. 7.14), so dass ein Absacken verhindert wird. Diese wird anschließend gegen aufsteigende Feuchtigkeit gemäß DIN 18195 abgesperrt und mit einem konventionellen Fußbodenaufbau versehen: entweder als schwimmende Estrichkonstruktion oder als aufgeständerter Dielen- bzw. OSB-Fußboden.

Ausführungshinweise

- Es muss geprüft werden, ob Raum- und Türhöhen einen höheren Fußbodenaufbau zulassen. Der zusätzlich erforderliche Erdaushub sollte die Fundamentunterkante nicht unterschreiten.
- Sollten im Rahmen des Erdaushubs Anzeichen von Grundwasser auftreten, so sind aufwändige Abdichtungsarbeiten durch einen Fachbetrieb erforderlich. Der Grundwasserspiegel ist im Winter am höchsten.

2. Dämmung auf der Bodenplatte

Ist eine Bodenplatte vorhanden, muss zunächst geprüft werden, ob eine durchgängige und funktionstüchtige Horizontalsperre vorhanden ist. Unter Kellerräumen fehlt diese in der Regel. In diesem Fall sollte als erste Maßnahme eine Dichtungsbahn gemäß DIN 18195 eingebaut werden. Auf dieser Sperrschicht wird dann die Dämmung verlegt – je nach Aufbau entweder in trittfester Form als Unterbau für einen Estrich oder bei Holzfußböden als Schüttdämmstoff zwischen Lagerhölzern.

Wenn über Bodenplatte und Sperrschicht ein Holzdielen- oder OSB-Boden verlegt wird, benötigt dieser eine Unterkonstruktion aus Lagerhölzern, deren Höhe nach der Dämmstoffstärke zu bemessen ist. Als Lagerhölzer eignet sich vorgetrocknetes Konstruktionsvollholz (KVH). Unebenheiten auf der Decke müssen durch Unterfütterungen ausgeglichen werden. Für diesen Aufbau eignen sich alle Dämmstoffe. Schüttungen und Flocken müssen auf der Oberseite mit einem Rieselschutzpapier gegen Staubentwicklung abgedeckt werden (s. auch 3. in Kapitel 7.1)

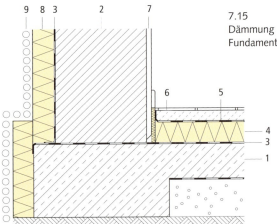

7.15
Dämmung unter dem Estrich mit Anschluss an Fundament und Außenwand (Regelquerschnitt).

1 Bodenplatte
2 Außenwand
3 Schweißbahn
4 Wärmedämmung
5 Trennlage
6 Estrich und Bodenbelag
7 Innenputz
8 Perimeterdämmung
9 Sicherung gegen mechanische Beschädigung

7.17 *unten*
Verlegung eines neuen Bodenbelages auf schwimmend verlegten Lagerhölzern mit dazwischen eingelegtem Dämmstoff.

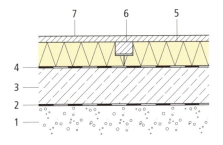

7.16 *links*
Dämmung zwischen schwimmend verlegten Kanthölzern (Regelquerschnitt).

1 Kiesschüttung
2 Filtervlies / Trennlage
3 Bodenplatte
4 Sperrschicht / Schweißbahn
5 Dämmplatten
6 Kantholz, schwimmend auf dem Falz der Dämmplatten verlegt
7 Fußbodendielen

Ausführungshinweise

- Raum- und Türhöhen müssen trotz stärkeren Fußbodenaufbaus ausreichen.
- Rohrleitungen für Wasser, Heizung etc. werden oberhalb der Abdichtung in der Dämmschicht geführt. Die Leitungen in der Dämmschicht dürfen keine direkte Verbindung mit dem Estrich haben (Knackgeräusche bei Wärmeausdehnung).
- Beim Einbringen einer nachträglichen Bodenplatte sollte ein Tragwerksplaner hinzugezogen werden.

7.18
Dämmung der Sohlplatte mit kreuzweise verlegter Holzunterkonstruktion. Die untere Lage besteht aus einer PUR-Platte WLG 024. Nach der Höhenjustierung der oberen Lattenlage werden die Zwischenräume mit Schüttdämmstoff verfüllt.

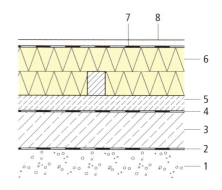

7.19
Dämmung zwischen verdübelten Kanthölzern auf Schutzestrich (Regelquerschnitt).

1 Kiesschüttung
2 Filtervlies / Trennlage
3 Bodenplatte
4 Schweißbahn
5 Schutzestrich
6 Kantholz mit versenkter Schraube in Schutzestrich verankert, Dämmung
7 Rieselschutzpapier
8 Fußbodendielen

7.3 Decken zu unbeheizten Dachgeschossen

Im Zuge des steigenden individuellen Bedarfs an Wohnraum wurden in den vergangenen Jahren viele ehemalige Speicher zu Wohnzwecken ausgebaut. Darum sind unbewohnte Dachgeschosse selten geworden. Sie finden sich vorwiegend in Mehrfamilienhäusern, wo sie als Abstell- und Trockenräume genutzt werden.

Auch wenn der Dachboden nicht beheizt wird, kann es unter Umständen sinnvoller sein, anstelle der obersten Decke gleich das ganze Dach zu dämmen. Deshalb sollte zunächst geklärt werden, wie groß die Gesamtfläche der Bauteile einschließlich der Decke ist, die unbeheizte und beheizte Räume des Dachgeschosses voneinander trennen. Bei verschachtelten Grundrissen in Kombination mit teilbeheizten Dachgeschossen und beheizten Treppenhäusern, die bis unters Dach offen sind, kann diese Fläche größer sein als die gesamte Dachfläche. In solchen Fällen ist es oftmals preisgünstiger und sinnvoller, die gesamte Dachfläche zu dämmen statt die trennenden Bauteile. Das gilt besonders dann, wenn eine Außenwanddämmung der Giebelwände bereits bis unter den First geführt wurde.

Decken zu ungeheizten Dachräumen müssen genauso gut gedämmt werden wie Dachflächen; auf gut belüfteten Speichern treten im Winter Minustemperaturen auf. Die EnEV enthält seit 2009 eine generelle Nachrüstpflicht für Decken zu unbeheizten

	Dämmung von oberen Geschossdecken		
	Dämmung oberseitig	**Dämmung unterseitig**	**Dämmung d. Zwischenraumes**
Vorteile	• Dämmung liegt bauphysikalisch richtig • keine Bauarbeiten in bewohnten Räumen • Dämmmaterial lässt sich leicht auf der Geschossdecke verlegen • vielfältige Dämmstoffauswahl, z.T. mit begehbaren Oberflächen • keine Beeinträchtigung der Wohnraumhöhe • kein Schmutz in Wohnräumen	• nur in Verbindung m. anderen Qualitätsverbesserungen, wie Deckenputz- und Leitungsverlegung (z.B.Lüftung) sinnvoll • vielfältige Dämmstoffauswahl möglich • evtl. Verkleidung von Rohrleitungen (z.B. Lüftung)	• keine Bauarbeiten in bewohnten Räumen • Zwischenräume lassen sich von oben gut ausblasen • keine Beeinträchtigung der Wohnraumhöhe • wenig Schmutzaufkommen • sehr preisgünstige Lösung
Nachteile	• die Fussbödenhöhen ändern sich, Anschlussprobleme bei Treppen und Türen • bei begehbaren Dachböden ist noch eine lastverteilende Schicht notwendig	• nur hochwertige Plattendämmstoffe einsetzbar • oft nur begrenzte Dämmstärken ausführbar wegen zu geringer Wohnraumhöhe • Ausführung wie Innendämmung	• oft nur begrenzte Dämmstärken ausführbar • Perliteverfüllungen führen unter Dielenfußböden zu Staubaustritten an den Fugen
Eigenleistung	• Arbeiten können schrittweise ausgeführt werden	• bei hoher Sorgfalt möglich	• Arbeiten nur durch Fachbetriebe

Tabelle 7.4: Dämmung der oberen Geschossdecke – Vorteile und Nachteile.

Dämmstärken für Decken zum unbeheizten Dachgeschoss				
Standard	**Wärmeleitgruppe (WLG)**			
	040	035	032	024
Mindestanforderung f. Altbauten EnEV 0,24 W/m²K	16 cm	14 cm	13 cm	10 cm
EnEV Neubau Ref.Haus 2016 U = 0,16 W/m²K	24 cm	21 cm	19 cm	15 cm
Passivhaus U < 0,15 W/m²K	26 cm	23 cm	21 cm	16 cm
Empfohlen	20-26 cm	18-23 cm	16-21 cm	12-16 cm

Tabelle 7.5
Richtwerte für Dämmstärken bei Decken zum unbeheizten Dachgeschoss (ohne Holzanteil, d.h. für Dämmung von oben). Wenn die Dämmung ganz oder teilweise zwischen den Sparren angeordnet ist, ergeben sich höhere Dämmstärken, die im Einzelfall zu bestimmen sind.

Dachräumen. Sie gilt auch dann, wenn keinerlei Sanierungsmaßnahmen vorgesehen waren. So müssen nicht begehbare, aber zugängliche oberste Geschossdecken beheizter Räume bereits seit 2009 mindestens mit einem U-Wert von 0,24 W/m²K gedämmt werden. Wahlweise kann auch das Dach gedämmt werden. Ausgenommen von der Nachrüstpflicht sind selbstgenutzte Wohnungen in Ein- und Zweifamilienhäusern. Bei einem Eigentümerwechsel dieser Häuser muss die Decke innerhalb von zwei Jahren gedämmt werden.

Da ungedämmte Dachräume in der Regel gut belüftet sind, muss die Decke neben der Dämmung auch eine luftdichtende Funktion übernehmen. Betondecken sind ausreichend luftdicht, bei Holzbalkendecken können vorhandene Putzträger mit Putz für die Luftdichtheit sorgen. Auch sorgfältig gearbeitete Gipskartonbekleidungen sind in der Fläche hinreichend dicht. In jedem Fall sollten aber alle Anschlüsse an angrenzende Bauteile (z.B. Außenwände) und Durchdringungen (z.B. Rohrleitungen) auf ihre Dichtheit überprüft und im Bedarfsfall nachgearbeitet werden. Als aufwändig erweisen sich in diesem Zusammenhang die Anschlüsse von Kehlbalkenlagen an die Dachebene. Ist keine luftdichtende Schicht vorhanden, wird nachträglich eine Konvektionsschutzbahn (Pappe oder Folie) an der Innenseite der Dämmung eingebaut.

Zwischenwände können Luftdichtungsbahn und Dämmschicht durchdringen. Um die hier entstehenden Wärmebrücken zu reduzieren, werden die Trennwände im Dachboden beidseitig mit Dämmstoffstreifen von ca. 50 cm Höhe versehen (siehe Abb. 7.4).

Bei Dämmmaßnahmen an der obersten Geschossdecke ist die Nutzung des darüber liegenden Dachgeschosses zu berücksichtigen. Wird der Dachraum z.B. als Trockenboden genutzt, sollten nur feuchtigkeitsbeständige Oberbeläge verwendet werden. Bei vorwiegender Nutzung als Lagerraum muss die Druckbelastbarkeit der Konstruktion gewährleistet sein. In Mehrfamilienhäusern darf durch den Einbau der Wärmedämmung der vorhandene Schallschutz nicht verschlechtert werden.

Geschossdecken zu Dachräumen, die grundsätzlich für Wohnzwecke geeignet sind, müssen bei Mehrfamilienhäusern nach den meisten Bauordnungen dem Feuer 90 Minuten standhalten können (F90), bei Ein- und Zweifamilienhäusern ist dagegen üblicherweise F30 ausreichend.

1. Dämmung unter der Decke

Ist das oberste Wohngeschoss hoch genug und der Belag der Decke noch in Ordnung, kann die Dämmung an der Deckenunterseite angebracht werden. Bei Betondecken mit glatter Unterseite ist es am einfachsten, Dämmplatten mit fertiger Oberfläche oder nachträglich aufzubringender Beschichtung unter die Decke zu kleben bzw. zu dübeln. Für Holzbalkendecken und Decken mit unebener Unterseite ist die abgehängte Decke zu empfehlen, deren Hohlraum mit Matten oder Flocken ausgefüllt wird. Dadurch wird gleichzeitig der Schallschutz verbessert.

Ausführungshinweise

- Die Dämmung ist bauphysikalisch mit der Innendämmung einer Außenwand zu vergleichen und muss entsprechend ausgeführt werden (siehe Kap. 5.3).
- Ist die Außenwand ebenfalls von innen gedämmt, gibt es am Anschlusspunkt normalerweise keine Probleme, da Innendämmung an Innendämmung angeschlossen wird. Wurde die Wand von außen gedämmt, entsteht eine kondensatgefährdete Wärmebrücke. Diese kann durch zusätzliche Dämmung der Innenseite des Drempels und des Deckenrandes entschärft werden (vgl. Abb. 7.24 und 7.26).

2. Dämmung zwischen den Holzbalken

Die oberste Geschossdecke oder Kehlbalkenlage ist – auch bei Mehrfamilienhäusern – häufig als Holzbalkendecken ausgeführt. Die Dämmung lässt sich einfach und platzsparend zwischen die vorhandenen Balken einbauen.

Hierfür eignen sich alle Dämmstoffe mit Ausnahme von starren Platten, die sich kaum fugenlos zwischen bestehende Balken einpassen lassen. Bilden obere und untere Bekleidung einen formstabilen Hohlraum, kann der Dämmstoff eingeblasen werden. Bei der Erneuerung des Oberbelags werden Dämmstoffschüttungen oder Matten zwischen den Balken eingebracht.

Ausführungshinweise

- Vorhandene Bekleidungen müssen auf ihre Luftdichtheit überprüft und gegebenenfalls nachgebessert werden, z.B. durch Spachteln von Fehlstellen in Putz oder Platten, durch Abdichten der Fugen oder gegebenenfalls durch Einbau von zusätzlichen Konvektionsschutzbahnen.
- Bei bestehenden Balkenkonstruktionen ist die Dämmschichtdicke abhängig von der Balkenhöhe. Die Anforderungen der EnEV gelten bereits als erfüllt, wenn der gesamte Balkenzwischenraum mit Dämmstoff ausgefüllt ist. Bei einer Erneuerung des Oberbelags oder der unteren Bekleidung müssen die Dämmstärken gemäß Tabelle 7.5 eingehalten werden. Dafür kann es erforderlich sein, den vorhandenen Sand- oder Lehmeinschub zu entfernen.
- Oberhalb von Trennwänden, die in der Decke enden, sollte nach Möglichkeit ein Dämmstreifen eingebaut werden. Sofern es die statischen und Schallschutzanfor-

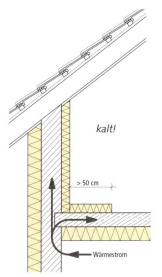

7.20
Anschluss der obersten Geschossdecke mit unterseitiger Dämmung an die Außenwand mit Außendämmung (Schemaskizze). Die Zusatzdämmung auf der Innenseite des Drempels reduziert den Wärmebrückeneffekt.

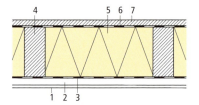

7.21
Dämmung zwischen Deckenbalken (Regelquerschnitt).

1 Deckenbekleidung
2 Lattung/Installationsebene
3 feuchtevar. Dampfbremse/Luftdichtungsbahn
4 Deckenbalken
5 Dämmstoffmatten bzw. -flocken
6 Rieselschutzpappe/Winddichtung
7 Holzschalung (Rauspund)

derungen zulassen, kann die Wand innerhalb des Deckenaufbaus gekürzt werden, so dass sowohl Wärmedämmung als auch Luftdichtung ohne Unterbrechung ausgeführt werden können.
- Vor dem Einbau von Schüttungen ist es erforderlich, die unterseitige Deckenbekleidung und die Balken auf ihre Tragfähigkeit zu prüfen. Die Deckenbekleidung muss ausreichenden Rieselschutz bieten.

3. Dämmung auf der Decke

Sowohl bei Holzbalken- als auch bei Betondecken kann die Dämmung nachträglich auf der Decke verlegt werden. Wird ein Dachboden nicht als Abstellraum genutzt, ist es ausreichend, Dämmplatten bzw. -matten ohne jede weitere Abdeckung auf die vorhandene Decke zu legen. Zu Wartungszwecken (z.B. Schornsteinfeger) wird die Decke in Teilbereichen mit Bohlen oder Holzwerkstoffplatten abgedeckt. Die Nutzung als Lager- oder Trockenraum erfordert einen Trockenestrich als lastverteilende Schicht auf der Dämmung.

Ausführungshinweise

- Wird die Dämmung mit Holzwerkstoffplatten abgedeckt, muss der Dämmstoff druckbelastbar sein. Bei Schüttdämmstoffen wird eine Unterkonstruktion aus kreuzweise verlegten Lagerhölzern verwendet.
- Durch die Erhöhung des Deckenaufbaus reduzieren sich die Türhöhen. Der Treppenaustritt, eventuell sogar die ganze Treppe, muss angepasst werden.
- Ist die Gebäudewand von außen gedämmt, sollte die Deckendämmung am Drempel ca. 50 cm hochgeführt werden. Wenn möglich, ist eine geschlossene Dämmebene zwischen Decke und Außenwand herzustellen.

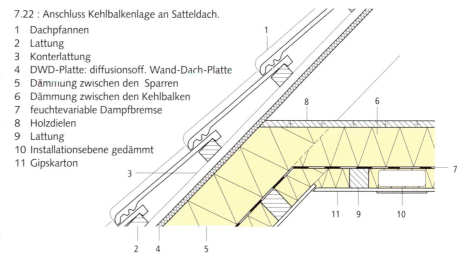

7.22 : Anschluss Kehlbalkenlage an Satteldach.
1 Dachpfannen
2 Lattung
3 Konterlattung
4 DWD-Platte: diffusionsoff. Wand-Dach-Platte
5 Dämmung zwischen den Sparren
6 Dämmung zwischen den Kehlbalken
7 feuchtevariable Dampfbremse
8 Holzdielen
9 Lattung
10 Installationsebene gedämmt
11 Gipskarton

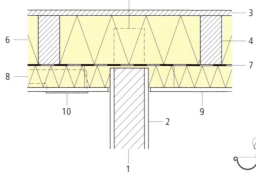

7.23
Anschluss Trennwand an oberste Geschossdecke.
1 Mauerwerk
2 Innenputz
3 Fußbodendielen
4 Deckenbalken
5 Mauerkrone abtragen
6 Wärmedämmung
7 feuchtevariable Dampfbremse oberhalb Mauerwerk durchziehen
8 Zusatzdämmung/Installationsraum zwischen Kanthölzern
9 raumseitige Bekleidung
10 Flachkanal, Lüftungsleitung

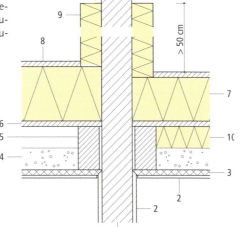

7.24
Luftdichter Anschluss einer Wandduchdringung durch Holzbalkendecke mit aufgelegter Wärmedämmung und zusätzlicher Dämmung des Mauerwerks. Auf der rechten Seite als Variante mit zusätzlicher Hohlraumdämmung ausgeführt.

Bestehende Konstruktion
1 Mauerwerk
2 Innenputz
3 Putzträger
4 Schüttung
5 Deckenbalken
6 Fußbodendielen

Sanierungsmaßnahmen
7 Dämmstoffplatten, druckfest
8 Holzwerkstoffplatte
9 flankierende Dämmung der aufgehenden Wand
10 mögliche Zusatzmaßnahme: Schüttdämmung im Hohlraum der Decke

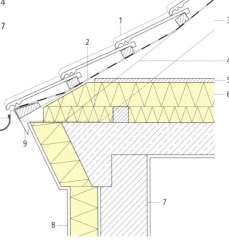

7.25
Anschluss Betondecke an Traufe. Mit Hilfe eines Aufschieblings wird im Traufbereich Platz für die umlaufende Wärmedämmung geschaffen. Ein Abstand von mind. 2 cm zwischen Dämmung und Unterspannbahn verhindert Tauwasserbildung.

1 Dachdeckung
2 Unterspannbahn
3 Sparren
4 Aufschiebling
5 Dielen / Holzwerkstoffplatte
6 Dämmung zw. kreuzweise verdübelten Kanth.
7 Außenwand
8 Außenwanddämmung
9 Traufblech

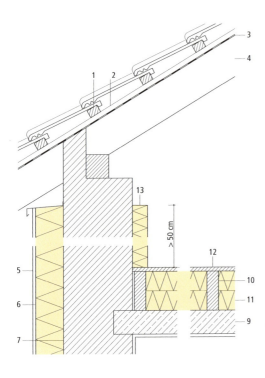

1 Dachpfannen mit Lattung
2 Konterlattung
3 Unterdeckungsbahn
4 Sparren
5 armierter Außenputz
6 Wärmedämmplatten
7 Mauerwerk
8 Innenputz
9 Betondecke
10 Kanthölzer
11 Dämmung der Betondecke
12 Holzschalung für Begehbarkeit
13 Dämmstoffplatten zur Verringerung der Wärmebrücke

7.26
Anschluss Betondecke an Außenwand mit Thermohaut. Zur Verringerung der Wärmeleitung wird die Außenwand zusätzlich auf der Innenseite bis zur Traufe, mindestens aber 50 cm hoch, gedämmt.

7.27
Verlegung von EPS-Dämmelementen mit aufgeklebter OSB-Platte So können in einem Arbeitsgang die Dämmung und der Fußboden verlegt werden. Quelle: Bauder

7.4 Wände zu unbeheizten Räumen

Bei den Wänden gegen unbeheizte Räume sind zwei Arten zu unterscheiden: Zum einen bestehende Mauerwerks- oder Fachwerkwände, die nachträglich eine dämmende Vorsatzschale erhalten, zum anderen leichte Trennwände. Für die Vorsatzschalen sind sowohl aufgeklebte und/oder gedübelte Dämmelemente geeignet, als auch Ständerkonstruktionen mit Beplankung und Dämmstofffüllung. In leichte Trennwände werden entweder Matten oder Flocken eingebracht. Mit entscheidend bei der Material- und Konstruktionswahl sind die jeweiligen Anforderungen an Schall- und Brandschutz (z.B. bei Haustrennwänden) und an die Feuchtigkeitsbeständigkeit (z.B. bei Waschküchen).

Ausführungshinweise
- Die Dämmung sollte möglichst auf der kalten Seite der Wand eingebaut werden.
- Anforderungen an Luftdichtheit und Dampfdiffusion sind im Gebäudezusammenhang zu entscheiden.

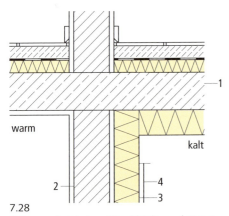

7.28
Trennwand zwischen Waschküche und Vorratsraum mit Anschluss an Kellerdecke, Mauerwerk mit Dämmplatten. Die Wärmedämmung wird auf der kalten Seite (Vorrat) eingebaut.

1 Deckenaufbau
2 Trennwand
3 Dämmstoffplatten, gedübelt/geklebt
4 je nach Raumnutzung mit Putz versehen

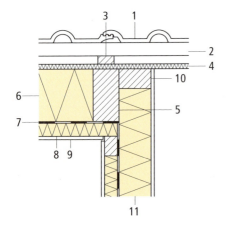

7.29
Leichte Trennwand zwischen beheiztem und unbeheiztem Dachgeschossraum mit luftdichtem Anschluss an das Dach.

1 Dachdeckung
2 Dachlattung
3 Konterlattung
4 DWD-Platte, diffusionsoffen
5 Sparren
6 Dämmung
7 Dampfbremse
8 Installationsebene
9 Gipskartonverkleidung
10 Leichtwandrahmen aus Kanthölzern
11 Dämmung

Tabelle 7.6
Dämmstärken für Wände zu unbeheizten Räumen. Für Wände zu Abseiten gelten die gleichen Anforderungen wie in Kapitel 7.3.

Dämmstärken für Wände zu unbeheizten Räumen				
Standard	Wärmeleitgruppe (WLG)			
	040	035	032	024
Mindestanforderung für Altbauten				
Dämmung von außen 0,30 W/m²K	11 cm	10 cm	9 cm	7 cm
innen 0,35 W/m²K	10 cm	9 cm	8 cm	6 cm
EnEV Neubau Ref.Haus 2016 U = 0,28 W/m²K	12 cm	11 cm	10 cm	7 cm
Passivhaus U < 0,15 W/m²K	25 cm	22 cm	20 cm	15 cm
Empfohlen	12 - 25 cm	11 - 22 cm	10 - 20 cm	7 - 15 cm

8 Fenster

Fenster sind nicht nur das sensibelste Element energetischer Gebäudesanierung, sondern auch das Bauteil mit den größten Einflussmöglichkeiten auf den Wohnkomfort. Auf der einen Seite bestimmen Fenster das äußere und innere Erscheinungsbild eines Gebäudes entscheidend mit, auf der anderen Seite müssen sie als Teil der Außenwand oder des Daches den Anforderungen an winterlichen und sommerlichen Wärme-, Schall- und Witterungsschutz gerecht werden und obendrein auch Sicherheit vor Einbruch gewährleisten.

Die besondere Bedeutung des Fensters liegt in der Belichtung und Belüftung der Wohnräume sowie der Herstellung einer visuellen Verbindung mit der Außenwelt. Eine gute, natürliche Belichtung des Innenraums trägt nicht nur wesentlich zum Wohlbefinden bei, sondern führt gleichzeitig auch zu einem sparsamen Verbrauch an elektrischer Energie für Beleuchtung: Wird die Dauer des künstlichen Lichtes im Schnitt nur um täglich 2 Stunden verkürzt, so kann der Stromverbrauch in einem Einfamilienhaus um 100 - 250 kWh/a) gesenkt werden. Kurz gesagt: Fenster sollen den Innen- und Außenraum visuell verbinden, aber klimatisch trennen.

Der Wunsch nach transparenten Außenwandflächen und großzügig verglasten Gebäuden geht einher mit steigenden Anforderungen an Fenster und Verglasungen: Es soll so viel Tageslicht wie möglich ins Gebäude gelangen, ohne dabei auf die Qualitäten gedämmter Außenwände verzichten zu müssen. Die rasante Entwicklung der Glastechnologie (Reduzierung der Wärmeverluste von U= 3,0 W/m²K bei der herkömmlichen Zweifach-Isolierverglasung auf U = 0,5 W/m²K bei Dreifach-Wärmeschutzverglasung) und die Möglichkeit, Energie- und Tageslichtgewinne genau zu steuern, haben dazu geführt, dass Fenster nicht mehr als Schwachpunkt in der Außenwand, sondern als das vielseitigste und gestalterisch wichtigste Bauteil der Gebäudehülle betrachtet werden.

Selbst wenn keine Vergrößerung oder Veränderung vorgenommen wird, findet eine energetische Verbesserung bereits beim Austausch alt gegen neu statt. Fenster mit einem U-Wert ≥ 1,3 W/m²K werden heute nicht mehr hergestellt. Ein solcher Austausch ist im günstigsten Fall an einem Tag erledigt. Der Arbeitsaufwand am Haus ist für alle unterschiedlichen Glas- und Rahmenstandards gleich hoch, auch die inneren und äußeren Anschlusspunkte unterscheiden sich nicht.

Bei der Sanierung alter Häuser sind – anders als beim Neubau – die äußeren Rahmenbedingungen wie Nachbarbebauung, Außenraumgestaltung, Zuwegungen etc. definiert und nur schwer zu verändern. Dagegen bietet der Einbau neuer Fenster und Öffnungen eine Reihe von Gestaltungsmöglichkeiten, zumal sich die Kriterien für Ausrichtung, Form und Größe der Fenster in den letzten Jahrzehnten verändert haben. Zur Belüftung der Räume werden Fenster gerade im Altbau weiter einen hohen Stellenwert behalten. Traditionell bildet man in Deutschland alle Teile eines Fensters als Flügel aus, in Holland wird dagegen ein kleiner Lüftungsflügel in Verbindung mit großflächiger Festverglasung bevorzugt, eine deutlich kostengünstigere Lösung.

8.1
Sie müssen nicht unglücklich sein, wenn die Fenster Ihrer frisch erworbenen Immobilie so aussehen. Nehmen Sie es einfach als Chance, Ihrem Haus wirklich etwas Gutes zu tun, und denken Sie über ein neues Gestaltungs- und Tageslichtkonzept nach. Es lohnt sich.

8.2 bis 8.4
Fassadensanierung eines Reihenendhauses in Hamburg. Das Wohnzimmer im EG wurde durch einen Glasanbau erweitert, dessen Dach gleichzeitig als vergrößerter Balkon für die darüber liegenden Kinderzimmer dient. Durch eine fassadenbündige bodentiefe Festverglasung entstand in Verbindung mit 20 cm Wärmdämmung eine mehr als 50 cm tiefe, bewohnbare Fensterleibung, was dem Raum mehr Tageslicht und Großzügigkeit beschert.

8.1 Fensteröffnungen und -gestaltung

Mit Ausnahme von denkmalgeschützten Gebäuden besteht bei fast allen Häusern die Möglichkeit, im Rahmen einer Sanierung die Fenster zu vergrößern. Das ist unter dem Aspekt der Tageslichterhaltung und -verbesserung sogar unbedingt erforderlich. Findet ein reiner Fensteraustausch statt, so würde sich bei einer neuen Dreifachverglasung der Tageslichtanteil um 30 - 50% verringern, da sich nicht nur die Lichtdurchlässigkeit der Verglasung reduziert, sondern auch die Fensterrahmen breiter geworden sind, um die Last der schwereren Scheiben aufzunehmen. Sollte eine Fenstervergrößerung nicht vorgenommen werden, sind Planer bzw. Handwerker gegenüber dem Bauherrn hinsichtlich der verschlechterten Tageslichtverhältnisse in der Aufklärungspflicht.

Fenstervergrößerung

Die konstruktiv einfachste Fenstervergrößerung entsteht durch Entfernen der Brüstungen. Dadurch kann die verglaste Fläche um bis zu 70% vergrößert werden. Rechnet man die gegenüber der Isolierverglasung geringere Lichtdurchlässigkeit des Wärmeschutzglases (rund 30%) ab, so verbleibt noch knapp 1/3 mehr Tageslicht und Solarenergieeintrag.

Soll das Gebäude eine neue Außenfassade erhalten, so ist auch eine Verbreiterung der Fensteröffnungen denkbar. Dabei sind statisch-konstruktive Rahmenbedingungen kostenbestimmend: Das Einziehen eines neuen Trägers und die Ausbildung neuer Leibungen verdoppeln die Fensterkosten nahezu, erhöhen jedoch Wohn- und Lichtqualität. Wenn die Entscheidung zur Vergrößerung im Grundsatz einmal gefallen ist, können die Fenster nicht groß genug werden. Es ist letztlich eine Frage von Nutzung und Gestaltung, ob man sich für eine große Öffnung oder für mehrere kleine entscheidet. Große Öffnungen bieten mehr gestalterische Möglichkeiten beim Fenster selbst, z.B. durch ein Wechselspiel aus Festverglasungen und Flügeln; mehrere kleine Fensterelemente lassen sich oft besser auf die vorhandene Fassadenstruktur oder auf die Möblierung abstimmen.

Aus konstruktiven, ökonomischen und energetischen Gründen ist eine große Öffnung gegenüber mehreren kleinen zu bevorzugen. Die Länge der konstruktiv zu beherrschenden und bauphysikalisch wirksamen Anschlussfugen wird reduziert; der Rahmenanteil nimmt bei großen Fenstern deutlich ab und die flächenbezogenen Kosten lassen sich bis auf die Hälfte senken.

Wünsche / Ziele	Gestaltungsmöglichkeiten
Energetische Aspekte • Verbesserung der Energiebilanz u. der natürlichen Belichtung • Erhöhung des thermischen und visuellen Wohnkomforts	• Himmelsrichtung der Fenster • Größe und Proportionen der Fenster • Glasart und Rahmenstärke bzw. –anteil
Belichtung der Räume • Gezielte Betonung einzelner Himmelsrichtungen (Morgen-/ Abendsonne)	• Sonnenverlauf simulieren und Schattenkanten markieren
Räumliche Beziehungen • Optimierung der visuellen Kontakte zwischen Innen- und Außenraum • Abstimmung auf nachbarschaftliche Einblicke	• Änderung der Fensteranordnung in der Wand • Größe, Höhe und Breite • Sichtschutzmaßnahmen im Außenbereich

Tabelle 8.1: Planungsziele und Gestaltungsmöglichkeiten bei der Fenstererneuerung.

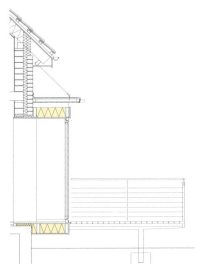

8.5 bis 8.8
Verbesserung der Wohnqualität durch Fenstervergrößerung und Terrassenerweiterung. Nach Entfernen der Fensterbrüstung wurde die neue Terrassentür weit nach außen gesetzt. Eine beidseitige Festverglasung schafft nun eine dreiseitige Belichtung und eine Vergrößerung des Essplatzes. Der höhengleiche Zugang zur Terrasse erweitert den Raum optisch und bietet eine reizvolle Innen-/Aussenbeziehung. Das langgestreckte Vordach verbindet die gedämmte Erkerkonstruktion mit der Eingangsüberdachung.

8.2 Bestandteile des Fensters

Verglasung

Die heute gängigen Wärmeschutzverglasungen sind dem Isolierglas (Einsatz ca. 1960 – 1990) vom Grundaufbau her ähnlich; bei beiden sind zwei Glasscheiben in einem Abstand von 8 bis 20 mm durch ein Umfassungsprofil miteinander verbunden. Der Scheibenzwischenraum der Wärmeschutzverglasung ist mit Edelgas gefüllt, dessen Wärmeleitfähigkeit wesentlich geringer ist als die der früher verwendeten getrockneten Luft. Die Außenseite der raumseitigen Scheibe ist mit einer dünnen, farbneutralen, kaum sichtbaren Metalloxidschicht versehen. Diese reflektiert die Wärmestrahlung aus den Räumen.

Der Wärmeverlust einer Glasscheibe wird durch folgende Faktoren beeinflusst:
- Anzahl der Glasscheiben
- Größe der Glasscheiben
- Beschichtung der Glasscheiben
- Scheibenzwischenraum und Art des Gases
- Wärmeleitfähigkeit des Randverbundes

Anzahl der Glasscheiben

Infolge der Preisentwicklung von Verglasungen in den letzten Jahren haben sich die Preise für Dreifachverglasungen (U_g = 0,7 - 0,5 W/m²K) dem Zweischeiben-Wärmeschutzglas (U_g = 1,2 - 1,0 W/m²K) immer mehr angenähert, so dass sich diese mittlerweile zur Standardlösung entwickelt haben. Beim Dreischeibenwärmeschutzglas sind das um 1/3 höhere Gewicht (min. 30kg/m²), der geringere solare Energiegewinn, höhere Scheibenreflexionen und das Beschlagen der äußeren Scheibe an kalten, und feuchten Wintertagen zu berücksichtigen.

Größe der Scheibe

Je größer die Glasscheibe ist, desto besser der U-Wert, da der Einfluss des Randverbundes geringer ist. Der angegebene U-Wert bezieht sich immer auf eine Norm-Fenstergröße von 1,23 x 1,48 m. Bei kleinen Scheiben (z.B. 0,60 x 0,60 m) verschlechtert sich der U-Wert um bis zu 50%. Ab 2 m² Scheibengröße steigt der Preis der Scheiben, vor allem bei Dreifachverglasungen überproportional an.

Füllung im Scheibenzwischenraum

Edelgas leitet die Wärme schlechter als Luft. Derzeit werden ausschließlich Argon und Krypton als Gasfüllung verwendet. Der Preisunterschied zwischen Argon- und Krypton ist relativ gering, die Füllung mit Krypton verbessert den U-Wert aber um 0,1 - 0,2 W/m²K und damit die Energiebilanz des Fensters wesentlich. Jedoch kann auch mit einer Argonfüllung bei Dreifachverglasungen ein U-Wert von 0,5 W/m²K erreicht werden, al-

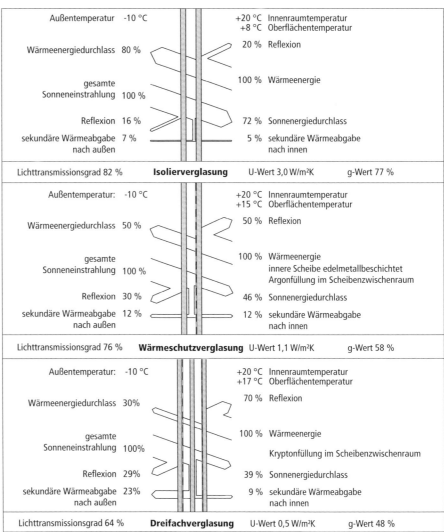

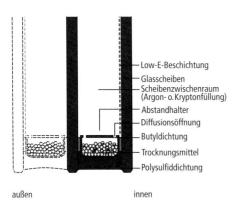

8.9
Aufbau einer heutigen 2-fach- bzw. 3fach-Wärmeschutzverglasung. Die Spielräume der einzelnen Komponenten ermöglichen U_g-Werte von 1,2 - 0,5 W/m²K.

8.10: Energieströme im Bereich der Scheibe bei verschiedenen Verglasungsarten.
Die Sonnenenergie, die sogenannte Globalstrahlung, besteht zu ca. 52% aus sichtbarer Strahlung und zu ca. 48% aus nicht sichtbarer Infrarot- (IR-) und Ultraviolett-(UV-) Strahlung. Ein Teil der auf die Glasscheibe auftreffenden Strahlung wird absorbiert, d.h. dieser Strahlungsanteil wird vom Glas aufgenommen und als Wärmestrahlung nach beiden Seiten abgegeben (Absorption). Ein weiterer Teil wird reflektiert, d.h. an der Oberfläche der Scheibe zurückgeworfen (Reflexion), der größte Strahlungsanteil durchdringt das Glas (Transmission). Trifft die Verglasung durchdringende Strahlung im Innenraum auf massive Bauteile, wird sie in Wärme umgewandelt, und in Form von langwelliger Infrarot-Strahlung (Wärmestrahlung) reflektiert. Wenn diese von innen auf die Verglasung trifft, wird sie von der Metalloxydschicht der Wärmeschutzverglasung in den Raum reflektiert.

lerdings nur mit wesentlich größeren Scheibenzwischenräumen (vgl. Abb.8.11), was entsprechend größere Rahmenabmessungen erfordert. Krypton verfügt zwar über die besseren thermischen Eigenschaften, ist allerdings in der Herstellung energieaufwändig. Der Mehraufwand an Herstellungsenergie lässt sich jedoch durch die etwas höhere Energieeinsparung kompensieren. (siehe Abb. 8.12). In den letzten beiden Jahren hat es bei Krypton immer wieder Lieferprobleme gegeben.

Beschichtung der Glasscheiben

Beim Wärmeschutzglas ist die Innenseite der raumseitigen Scheibe mit einer dünnen, farbneutralen, kaum sichtbaren Metalloxidschicht versehen. Diese reflektiert die Wärmestrahlung aus den Räumen. Diese dünnen Schichten aus elektrisch leitenden Metallen wie Gold, Silber, Kupfer oder Aluminium sind farbneutral und vermindern die Wärmeabstrahlung (Emissivität) der Glasoberflächen. Die Beschichtung reduziert allerdings nicht nur die Wärmeabstrahlung, sondern gleichzeitig auch die Tageslicht- und Energiedurchlässigkeit (g-Wert) (vgl. Tab. 8.3: Eigenschaften von Verglasungen). Silber hat mit $\varepsilon = 0{,}1$ die geringste Emissivität, während die einer Glasoberfläche mit $\varepsilon = 0{,}84$ mehr als achtmal so hoch ist. Zur Verhinderung von Fleckenbildung wird die Silberschicht zwischen einer Haftschicht auf der Glasoberfläche und einer Deckschicht aus Zinn-, Zink-, Titan- oder Wismutoxid eingebettet.

Insgesamt wird durch die Beschichtung der Wärmeschutzgläser eine hohe Licht- und Energiedurchlässigkeit (g-Wert) bei einem optimalen U-Wert angestrebt (vgl. Abb. 8.10). Bei Sonnenschutzverglasungen versucht man dagegen bei hoher Lichtdurchlässigkeit die Energiedurchlässigkeit niedrig zu halten und gleichzeitig einen niedrigen U-Wert zu erreichen. Bei der energetischen Sanierung von Wohngebäuden werden Sonnenschutzgläser nur sehr selten eingebaut, z.B. bei großen, flachgeneigten, süd- oder westorientierten Dachflächenfenstern und -verglasungen. Ein temporärer Sonnenschutz ist in den meisten Fällen vorzuziehen.

Randverbund

Mehrscheiben-Verglasungen werden mit umlaufenden, dicht schließenden Abstandhaltern aus Aluminium versehen. Diese verhindern das Ausdiffundieren der Edelgasfüllung und das Eindiffundieren von Wasserdampf in den Scheibenzwischenraum. Die Wärmeleitfähigkeit dieser ca. 0,5 mm starken Stege aus Aluminiumprofil ist wesentlich höher als die der Verglasung in Scheibenmitte. Der Randverbund bildet dadurch eine extreme Wärmebrücke, die bis zu 20 cm vom Rand in die Scheibe wirksam wird.

Seit ca. 15 Jahren werden Abstandshaltern aus Edelstahl bzw. Kunststoff (sog. warme Kante) mit ψ-Werten von 0,03 W/mK bis 0,05 W/mK hergestellt, die eine Wärmebrückenreduzierung um bis zu 60% bewirken. Bei kleinen Fenstern bzw. kleinen Scheibenformaten (z.B. bei Sprossenfenstern) kann der Unterschied bis zu 0,25 W/m²K, bei großen immerhin noch 0,10 W/m²K bezogen auf den mittleren U-Wert der Scheibe ausmachen. Die Erhöhung der Oberflächentemperatur von bis zu 3 K hält den Glasrand überwiegend kondensatfrei. Der thermisch verbesserte Randverbund sollte zum Standard bei einer heutigen Verglasung gehören, er muss aber immer noch ausdrücklich mitbestellt werden (Mehrkosten ca. 2 - 4 €/lfdm).

Energiestandards für Fenster			
	U_w W/(m²·K)	U_g W/(m²·K)	U_f W/(m²·K)
Mindestanforderung f. Altbauten	1,3	1,1	1,5
EnEV Neubau Ref.Haus 2016*	1,04	0,7	1,2
Passivhaus	< 0,8	≤ 0,7	≤ 0,9
Empfohlen	1,0 - 0,8	0,7 - 0,5	1,2 - 0,8

* = Ref.Haus 2009 linear um 20% reduziert

Tabelle 8.2: Energiestandards von Fenstern.
U_w = U-Wert des Fensters,
U_g = U-Wert der Verglasung,
U_F = U-Wert des Rahmens.

Eigenschaften verschiedener Verglasungen			
Verglasung	U-Wert W/m²K	Oberflächentemperatur °C	Energiedurchlass %
1-fach	5,8	-1,5	85
2-fach	3,0	9,0	76
2-fach WSV	1,3 - 1,0	15,0-16,0	50-68
3-fach WSV	0,7 - 0,5	17,4-17,9	40-60
2-fach Vakuum	1,1	15,7	70

Tabelle 8.3
Eigenschaften verschiedener Verglasungsarten.

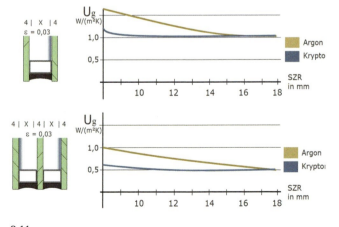

8.11
Abhängigkeit des U_g-Wertes vom Scheibenzwischenraum jeweils für Argon- und Kryptonfüllungen. Mit beiden Gasen lassen sich die gleichen U-Werte erreichen, der wesentliche Unterschied liegt in der Größe des erforderlichen Scheibenzwischenraumes Quelle: IFT Rosenheim

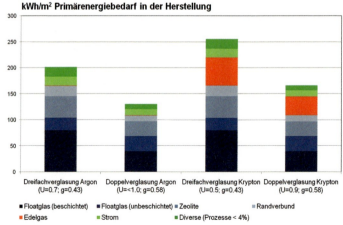

8.12
Herstellungs-Energieaufwand (in kWh/m²) für Zwei- und Dreifachverglasungen in Abhängigkeit der Art der Edelgasfüllung.
Quelle: York Ostermeyer

Eigenschaften von Fenster-Rahmenwerkstoffen					
Rahmenart	Holz	Holz (Passivhaus)	Kunststoff	Holz/Aluminium	Stahl
Thermische Eigenschaften	gut $U_f = 0{,}9 - 1{,}5\ W/m^2K$	sehr gut $U_f = 0{,}7 - 1{,}0\ W/m^2K$	sehr gut - mittel $U_f = 0{,}8 - 1{,}8\ W/m^2K$	sehr gut - mittel $U_f = 0{,}7 - 1{,}5\ W/m^2K$	mittel - schlecht $U_f > 1{,}5 - 3{,}0\ W/m^2K$
Konstruktive Eigenschaften	gut, bei entsprechender Pflege	gut, bei entsprechender Pflege	gut	gut	mittel kondensat- und korrosionsgefährdet
Primärenergieaufwand	20 kWh/m²	40 - 80 kWh/m²	70 kWh/m²	220 kWh/m²	120 kWh/m²
Recyclingfähigkeit	bedingt, von Farbschichten abhängig	bedingt, von Dämmstoff u. Farbschichten abhängig	gut, Rcyclingquote stark ansteigend	sehr gut, demontierbarer Verbundwerkstoff	sehr gut
Instandhaltung	außen alle 5 bis 10 Jahre streichen	außen alle 5 bis 10 Jahre streichen	pflegeleicht, Oberflächen werden evtl. matt u. spröde	pflegeleicht	pflegeleicht b. Verzinkung bzw. Einbrennlackierung
Relative Kosten	100%	120 – 130%	70 – 80%	130 – 150%	120 – 140%
Lebensdauer	> 30 Jahre	> 30 Jahre	> 30 Jahre	> 30 Jahre	> 30 Jahre

Tabelle 8.4: Bewertung von Rahmenwerkstoffen.

Rahmenwerkstoffe

Die Entwicklung wärmegedämmter Rahmenkonstruktionen hat in den letzten Jahren eine Vielzahl von Produkten hervorgebracht, bei denen der U-Wert des Rahmens (U_f) gegenüber einem konventionellen Holzrahmen (Profilstärke 92 mm) um bis zu 0,4 W/m²K verbessert werden konnte. Für ein Normfenster (1,23 x 1,44 m) kann man der Tab. 8.5 entnehmen, welche absolute Energieeinsparung durch eine Rahmenverbesserung erzielt wird. Da die gedämmten Rahmen in der Regel mit Mehrkosten von ca. 100 € verbunden sind, liegen die Amortisationszeiten weit über der Nutzungsdauer des Fensters.

Grundsätzlich sollte die Auswahl des Rahmenmaterials bei der Altbausanierung sehr sorgfältig unter funktionalen und ökonomischen, aber auch unter subjektiv emotionalen Gesichtspunkten getroffen werden. Denken Sie bitte daran: Von allen energetischen Maßnahmen schauen Sie Ihre Fenster am häufigsten an. Sparen Sie nicht am falschen Platz.

In der Tabelle 8.4 sind verschiedene Entscheidungskriterien für die Fensterwahl einander gegenübergestellt.

Holz

Fensterrahmen aus gut abgelagerten europäischen Nadelhölzern wie Kiefer und Lärche genügen den statischen und bauphysikalischen Anforderungen an Fenster. Fachgerecht mit diffusionsoffenen Schutzanstrichen ausreichender Pigmentierung versehen, halten sie den Einwirkungen von UV-Strahlung, Schlagregen und Temperatursprüngen stand. Trotzdem ist bei Holzfenstern der Wartungsaufwand sehr hoch, vor allem an den Wetterschenkeln und an den konstruktiven Fugen. Große Dachüberstände oder eine schlagregengeschützte Lage erhöhen die Lebensdauer von Holzfenstern und verlängern die Wartungsintervalle wesentlich.

Heutige Beschichtungstechniken und -systeme ermöglichen Wartungsintervalle von bis zu 10 Jahren; nur bei konsequenter Verwendung biologisch abbaubarer Beschichtungssysteme ist eine umweltgerechte Entsorgung der alten Rahmenhölzer gewährleistet.

8.13
Holzfenster mit ausgefrästen Holzprofilen. Nach Angaben des Herstellers lassen sich Rahmen-U-Werte bis 0,79 W/m²K erzielen.
Quelle: www.kneer-suedfenster.de

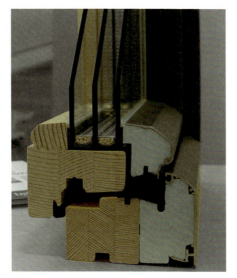

8.14
Wärmegedämmtes Holz-Aluminium-Fenster. Der Einstand der Scheibe in die Dämmschicht ist etwa 10 mm höher als im Normalfall, so dass der Schwachpunkt im Bereich des Randverbundes weiter abgeschwächt wird. www.internorm.de

8.15
Innovation im Fensterbau: tragende Holzkonstruktion mit gedämmter Polyesteraußenschale. Der Flügel ist extrem schmal, da die Scheibe mit dem Polyesterprofil verklebt ist. Laut Herstellerangabe $U_f = 0{,}65\ W/m^2K$. Quelle: www.enersign.de

Passivhaus-Holzfenster

Seit einigen Jahren werden konstruktiv weiterentwickelte Holzfenster mit einem gedämmten Kern aus PU-Schaum, Weichfaser, Kork o.ä. angeboten (sog. Passivhausfenster), bei denen die Wärmeverluste des Rahmens gegenüber konventionellen Holzfenstern um bis zu 35% geringer sind. Bei einem Rahmen-U-Wert von 0,8 W/m²K erhält man in Verbindung mit einer Dreifachverglasung ein Fenster mit besten Wärmedämmeigenschaften und gleichmäßig hohen Oberflächentemperaturen über das gesamte Bauteil. Die Rahmenkonstruktionen wirken bisweilen etwas klobig.

Aluminium-Holz-Verbund

Durch die Kombination der Werkstoffe Aluminium und Holz sind zweischalige Konstruktionen möglich, bei denen die Eigenschaften beider Materialien jeweils optimal genutzt werden: Holz als Rahmenmaterial mit guten Wärmedämmeigenschaften und Aluminium als wartungsfreier Wetterschutz auf der Außenseite. Rahmen und Flügel aus Holz sind nach innen sichtbar und bilden den tragenden Unterbau für die Außenschale aus stranggepressten Aluminium-Profilen. Diese weisen bei minimalem Erhaltungsaufwand eine hohe Witterungsbeständigkeit sowie hohe Wind- und Schlagregendichtheit auf. Holz-Aluminium-Konstruktionen haben sich seit langem im Wintergartenbau bewährt. Sie sind im Entsorgungsfall problemlos zu zerlegen und getrennt zu kompostieren bzw. zu recyceln. In Verbindung mit einer Dämmstoffeinlage zwischen Glas und Alu-Schale werden alle Anforderungen an eine passivhausgeeignete Fensterkonstruktion erfüllt.

Kunststoff

Kunststoff-Fenster bestehen heute aus PVC-Hohlkammerprofilen mit bis zu sieben Kammern, die teilweise sogar ausgeschäumt sind. Die Dämmeigenschaften kommen denen von Holz sehr nahe. PVC ist relativ widerstandsfähig gegen Verkratzen und unempfindlich gegen Verunreinigungen. Es hat im Vergleich zu Holz eine geringere Temperaturbeständigkeit, d.h. hohe Temperaturen können zu Verformungen und Farbveränderungen führen, die auf molekulare Veränderungen im Material zurückzuführen sind. Helle Profile erreichen eine Oberflächentemperatur von ca. 45°C, während dunkle Farbtöne leicht zu einer Erwärmung auf 80°C führen können. Im Brandfall wird durch PVC unter anderem hochgiftiges Dioxin freigesetzt. PVC-Fenster werden den letzten Jahren überwiegend gesammelt und recycelt.

Aluminium

Aluminiumfenster haben eine hohe Lebensdauer und Formstabilität. Sie werden heute aus wärmegedämmten Verbundprofilen hergestellt, d.h. die Innen- und Außenprofile sind durch einen Kunststoffsteg verbunden und dadurch thermisch getrennt. Dieser Kunststoffsteg muss die gesamten mechanischen Beanspruchungen aufnehmen, die sich aus den äußeren Belastungen durch Wind sowie aus der Temperaturdifferenz zwischen Innen- und Außenrahmen ergeben. Die Profilhohlräume werden mit PU-Dämmprofilen ausgelegt. Thermisch optimierte Aluminiumfenster sind mittlerweile sogar im Passivhausstandard erhältlich.

Stahl

Stahl als Rahmenmaterial in Form von einfachen Fensterprofilen (Winkel-, T- oder Z-Profile) aus Walzstahl oder in Form von Hohlprofilen kommt nur selten zum Einsatz, z.B. in Form von thermisch getrennten Einzelprofilen mit eingeschobenen Abstandshaltern oder mit Dämmstoffeinlage bei großflächigen Verglasungen. Der Korrosionsschutz wird durch Verzinkung, Beschichtungen mit Lacken bzw. Zinkstaubfarben oder durch Kunststoffüberzüge erreicht. Stahl als Material für Fensterrahmen wird bei Industriedenkmälern eingesetzt, oder bei Fenstern, bei denen die Schlankheit der Profile gegenüber einer Energieoptimierung absolute Priorität erhält.

8.16
Passivhaustaugliches Mehrkammer-Kunststofffenster mit eingelegten Schaumkunststoffprofilen. Quelle: www.koemmerling.de

8.17
Aluminiumfenster können heute durch thermische Trennung von Innen- und Außenschale sowie durch Einlegen von Schaum und einen größeren Glaseinstand U_w-Werte < 0,8 W/m²K erreichen. Quelle: www.schueco.de

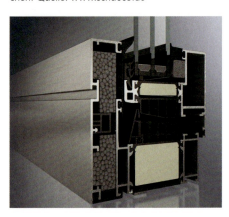

8.18
Stahlfenster können als vorgesetzte Außenverglasung einen reizvollen gestalterischen Beitrag z.B. bei historischen Ziegelgebäuden leisten.

Tabelle 8.5
Wärmeverluste von Fensterrahmen in Abhängigkeit vom U-Wert (U_f) und Kostenrelevanz bezogen auf eine 30-jährige Nutzungsdauer.

Wärmeverluste von Fensterrahmen			
U_F W/(m²·K)	Verluste/a kWh/a	Verlust/30a kWh/30a	Kosten/30a* €
1,5	57,7	1732	121,25
1,0	38,5	1155	80,83
0,8	30,8	924	64,67
0,6	23,1	693	48,50

* Gaspreis: 6,5 ct/kWh, 5% Energiepreissteigerung /a

8.3 Energiebilanz

Das Fenster ist ein zusammengesetztes Bauteil: entsprechend setzt sich der U-Wert des Fensters (U_w) flächenanteilig aus den U-Werten der Verglasung (U_g) und des Rahmens (U_f) zusammen. Er berechnet sich nach folgender Formel:

$$U_w = \frac{U_f \cdot A_f + U_g \cdot A_g + \psi_g \cdot l}{A_w}$$

mit U = Wärmedurchgangskoeffizient, Ψ Wärmedurchgangskoeffizient des Randverbundes in W/m, A = Fläche, l = Länge, w = window, g = glass und f = frame.

Durch die heutigen Verglasungen mit einem U-Wert von 0,5 W/m²K (Dreischeiben-Isolierverglasung mit Krypton-Füllung) hat sich im Fensterbau Entscheidendes geändert: War früher die Verglasung der Schwachpunkt des Fensters, so kann jetzt der Wärmeschutz der Verglasung bis um den Faktor 2 besser sein als der eines konventionellen Fensterrahmens. Der U-Wert eines Fensters wird aber nicht nur über Verglasungsart, Randverbund und Rahmen definiert, sondern entscheidend auch durch die absolute Größe und Teilung des Rahmens, also durch Anzahl der Flügel und Sprossen. Je höher der Rahmenanteil beim Fenster ist, desto schlechter ist die Energiebilanz des Fensters. Festverglaste Fenster haben im Vergleich zu einem Fenster mit Flügeln nur ca. 60% des Rahmenanteils.

Grundsätzlich gilt: Wenige große Fenster sind energetisch wie kostenmäßig wesentlich günstiger als viele kleine.

Energiegewinne durch das Fenster

Das Nachweisverfahren der EnEV berücksichtigt die solaren Energiegewinne nur für Fenster. Dabei finden Anzahl, Größe und Himmelsrichtung der Fenster sowie der Energiedurchlassgrad (g-Wert) des Glases Berücksichtigung. Den Gewinnen stehen die Wärmeverluste durch Transmission und Fugenlüftung gegenüber. Folglich definiert erst das Zusammenwirken von Verglasung, Randverbund, Rahmen und Wandanschluss die energetische Qualität eines Fensters. Durch die Sonneneinstrahlung wird ein Heizbeitrag geleistet, der mit dem winterlichen Transmissionswärmeverlust verrechnet wird.

Die solaren Strahlungsgewinne werden in Form einer monatlichen Bilanzierung ermittelt. Die in der DIN 4108–2 gelisteten monatlichen Einstrahlwerte für die verschiede-

8.19
Pfarrhaus Bonaduz/Graubünden: Das kleine Fenster mit Flügel kann bei gleichem Rahmenmaterial und gleicher Scheibenqualität einen bis zu 30% schlechteren U-Wert aufweisen als das große, im Rahmen festverglaste Fenster.

8.20
Flächenanteile des Rahmens bei verschiedenen Fenstergrößen und -gestaltungen. Da der Rahmen gegenüber der Scheibe in der Regel die schlechteren U-Werte aufweist, sowie im Hinblick auf eine Optimierung des Lichtgewinns empfiehlt sich die Minimierung des Rahmenanteils.

55,2% Rahmenanteil
18,7% Rahmenanteil

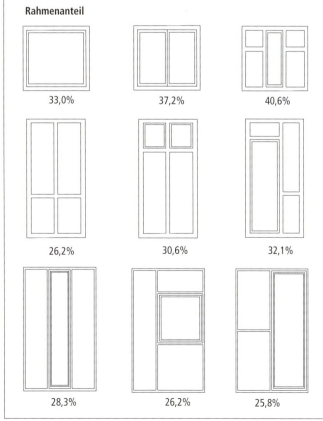

33,2% Rahmenanteil
23,6% Rahmenanteil

Einflussfaktoren auf den U_w-Wert durch unterschiedliche Größe und Ausstattung von Fenstern			
Grundausstattung	Holzfenster, IV68, 115 mm Rahmenbreite einflüglig, Kiefer endlackiert, U_F=1,5 W/m²K	Größe 0,80 x 0,80 m	Größe 1,20 x 2,40 m
	Zweischeiben WSG, U_G = 1,1W/m²K	1,52 W/m²K	1,34 W/m²K
Konstruktion	festverglast im Rahmen (ohne Flügel)	-0,04 W/m²K	-0,05 W/m²K
	gedämmter Rahmen/Flügel U_F= 0,9 W/m²K	-0,30 W/m²K	-0,16 W/m²K
	Holz-Alu-Konstruktion, gedämmt U_F=0,7 W/m²K	-0,40 W/m²K	-0,22 W/m²K
	zweiter Flügel	0,25 W/m²K	0,14 W/m²K
	Echtsprosse horizontal	0,13 W/m²K	0,08 W/m²K
	ein Teil Feststehend (Oberlicht)	0,20 W/m²K	0,12 W/m²K
Verglasung	Dreischeiben WSG, U_G= 0,6 W/m²K	-0,25 W/m²K	-0,36 W/m²K
	verbesserter Randverbund	-0,10 W/m²K	-0,05 W/m²K
Einbausituation	im WDVS	0,15 - 0,20 W/m²K	0,06 - 0,10 W/m²K
	im monolihischer Außenwand	0,45 - 0,60 W/m²K	0,25 - 0,30 W/m²K

Tabelle 8.6
Einflussfaktoren auf den U_w-Wert durch unterschiedliche Größe und Ausstattung von Fenstern.

Ausrichtung	Fensterqualität		Wärmeverlust	Solare Gewinne/ Heizperiode			äquivalenter U_w-Wert U_{Weq}		
	U_W W/m²K	U_G (g) W/m²K (%)	Okt-Mär kWh/m²a	Nov-Feb	Okt-Mär kWh/m²a	Sep-Apr	Nov-Feb	Okt-Mär W/m²K	Sep-Apr
Süd	1,3	1,1(62)	85,8	53,3	97,5	164,5	0,33	-0,18	-1,17
	0,8	0,5(50)	52,8	43,0	78,7	132,6	0,06	-0,39	-1,24
Ost/West	1,3	1,1(62)	85,8	29,2	59,4	119,9	0,65	0,40	-0,43
	0,8	0,5(50)	52,8	23,6	47,9	96,7	0,33	0,07	-0,64
Nord	1,3	1,1(62)	85,8	18,1	37,5	69,0	0,81	0,73	0,42
	0,8	0,5(50)	52,8	14,6	30,3	55,7	0,45	0,34	0,04

Tabelle 8.7
Energieverluste und -gewinne von 2- und 3-fach-Verglasungen in Abhängigkeit der Himmelsrichtung und der Länge der Heizperiode gemäß DIN 4108-2. Je länger die Heizperiode eines Gebäudes ist, desto geringer fällt der Unterschied zwischen 2- und 3-fach-Verglasungen aus.

nen Himmelrichtungen werden dazu mit der Nettoglasfläche und dem g-Wert des Glases multipliziert.

Für die gesamte Heizperiode wird in günstigen Fällen eine positive Energiebilanz erreicht, so dass, vereinfacht dargestellt, ein negativer U-Wert auftreten kann (siehe Tab. 8.7 Einstrahlungsbilanz). Dieser ist abhängig von der Länge der Heizperiode. Beim schlecht gedämmten Altbau kann die Heizperiode durchaus bis zu 9 Monate dauern, während beim Passivhaus nur ca. 4 Monate zugeheizt werden muss. Somit kann ein dreifach verglastes Südfenster von 1 m² (= 0,7 m² Glasfläche) eines ungedämmten Altbaus passive Energiegewinne von bis zu 130 kWh/a generieren, während beim Passivhaus bis ca. 2/3 dieser Gewinne ungenutzt bleiben und weggelüftet oder verschattet werden müssen. Im Sommer kann es dann bei gut gedämmten Gebäuden zur Überwärmung in süd- und westorientierten Räumen kommen. Allerdings verfügt die Mehrzahl der Altbauten über ausreichende Speichermassen (massive Wände und Decken) im Gebäudeinneren, die am Tage überschüssige Wärmeenergie aufnehmen und sie zeitversetzt nachts an den Raum zurückgeben.

Die tatsächlich nutzbare solare Einstrahlung variiert in Abhängigkeit vom Dämmstandard, dem Anteil der inneren Wärmequellen (Geräte und Personen) am Wärmebedarf sowie vom Komfortanspruch (individuelles Heizverhalten). Grundsätzlich gilt: Je besser die energetische Gebäudequalität, desto kürzer ist die Heizperiode und umso kleiner sind die nutzbaren Solargewinne. Im Umkehrschluss heißt das: schlechter gedämmte Gebäude nutzen aufgrund der längeren Heizperiode auch entsprechend mehr Solarstrahlung.

8.21
Energetische Auswirkungen bei Vergrößerung der Fensterflächen. Die Vergrößerung der Fensterflächen ermöglicht auf der Südseite neben einer energetischen Verbesserung den Zugang zum Garten sowie eine vielfältige Fassadengestaltung. Auf der Nordseite bringt die Vergrößerung vor allem zusätzliches Tageslicht.

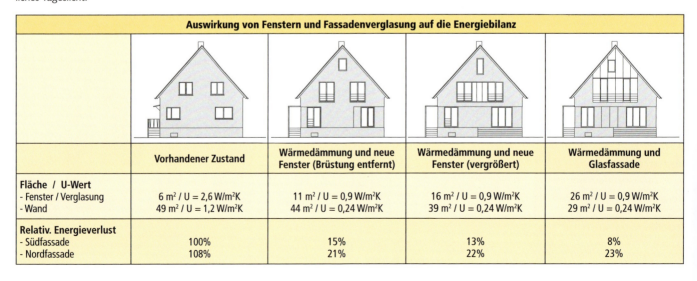

Auswirkung von Fenstern und Fassadenverglasung auf die Energiebilanz				
	Vorhandener Zustand	Wärmedämmung und neue Fenster (Brüstung entfernt)	Wärmedämmung und neue Fenster (vergrößert)	Wärmedämmung und Glasfassade
Fläche / U-Wert - Fenster / Verglasung - Wand	6 m² / U = 2,6 W/m²K 49 m² / U = 1,2 W/m²K	11 m² / U = 0,9 W/m²K 44 m² / U = 0,24 W/m²K	16 m² / U = 0,9 W/m²K 39 m² / U = 0,24 W/m²K	26 m² / U = 0,9 W/m²K 29 m² / U = 0,24 W/m²K
Relativ. Energieverlust - Südfassade - Nordfassade	100% 108%	15% 21%	13% 22%	8% 23%

Die Verschattung durch Nachbarbebauung und Bäume ist individuell zu berücksichtigen. Gerade bei Verglasungen im Erdgeschoss muss in den Wintermonaten mit großen Einbußen bei der Direkteinstrahlung gerechnet werden. Auch die aus der Lage des Fensters in der Wand resultierende Verschattung der Glasfläche wird oft vernachlässigt.

Die Energiebilanz eines Fensters hängt nicht nur von seiner konstruktiven und technischen Qualität ab, sondern auch ganz entscheidend vom Nutzerverhalten. Im bewohnten Zustand wirken sich z.B. Gardinen, Jalousien, Blumenkästen o.ä. negativ aus, da diese den nutzbaren Teil der Verglasung und damit die solaren Gewinne reduzieren.

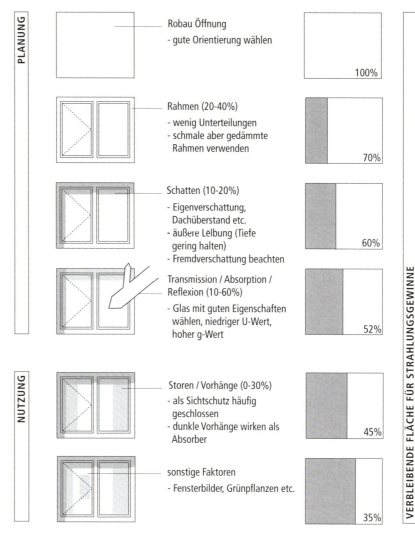

8.22
Einflussfaktoren bei der Wahl des Fensters. Die Tabelle stellt die planerischen und nutzungsbedingten Einflussfaktoren auf den resultierenden Lichteinfall dar. Bezogen auf die Bruttostrahlungsgewinne der Rohbauöffnung bleibt manchmal nur noch ein Drittel der einfallenden Strahlung nutzbar.

8.4 Einbau von Fenstern

Der hohe energetische Standard von Rahmen und Verglasungen ist nur in Verbindung mit einer fachgerechten wärmebrückenreduzierten Ausführung der Anschlussfuge zwischen Fensterrahmen und Wandöffnung gewährleistet. Diese wirkt sich positiv auf die Funktionstüchtigkeit und Dauerhaftigkeit des Fensters aus und hilft, Bauschäden an den anschließenden Bauteilen zu vermeiden. Bei der Fugenausbildung müssen Maßungenauigkeiten im Rohbau sowie die Verformungen angrenzender Bauteile (Durchbiegung von Stürzen und Decken) und das Kriech- und Schwindverhalten aller angrenzenden Materialien berücksichtigt werden.

An die Anschlussfuge werden hohe Anforderungen im Hinblick auf Schlagregen- und Fugendichtheit, Vermeidung von Tauwasserbildung, Wärme- und Schalldämmung sowie Befestigung gestellt. Es ist wichtig, dass weder von außen durch Schlagregen noch von innen durch Diffusion oder Konvektion Feuchtigkeit in die Anschlussfuge gelangt, da diese innerhalb der Konstruktion kondensieren und zu Schäden führen kann. Bei einer Innentemperatur von 20°C, einer Außentemperatur von –15°C und einer relativen Raumluftfeuchte von etwa 50% liegt die Taupunkttemperatur bei 9,3°C. Es muss also dafür gesorgt werden, dass an den Fenstern und besonders am Übergang Fenster–Wand eine Mindest-Oberflächentemperatur von über 12°C erreicht wird.

Die Anschlussfugen sind daher mit Wärmedämm-Materialien auszufüllen und mit einem diffusionshemmenden Folienstreifen von innen luftdicht zu verkleben. Auf der Außenseite muss zwischen Fenster und Fassade ein vorkomprimiertes Dichtungsband eingelegt werden, um das Eindringen von Schlagregen zu verhindern. Häufig wird zum Schutz des vorkomprimierten Dich-

8.23
Luftdichtes Fensterklebeband. Vor dem Einbau wird dieses umlaufend an die Außenseite des Fensters geklebt, anschließend am Mauerwerk. Eine Schutzfolie verhindert unbeabsichtigtes Verkleben beim Einsetzen des Fensters.
Quelle: www.proclima.de

Einbaumöglichkeiten	Vorteile	Nachteile
außen / innen	Zusätzliche Dämmung auf der kondensatgefährdeten Innenseite der Leibung. Außendämmung auch später möglich	Fenster können außenöffnend nur mit breiterem Blendrahmen problemlos eingebaut werden
	Optimale Fensterdämmung, Wettergeschützte Lage. Außendämmung auch später möglich	Breiterer Fensterrahmen erforderlich. Sehr schmale Innenfensterbank
	Breitere Innenfensterbank möglich	Schwieriges Einputzen des freiliegenden Innenanschlages. Fenster wird etwas kleiner
	Einfaches Überdämmen und luftdichtes Abkleben möglich. Gute Lösung bei Verbreiterung der Fensteröffnung	Nur in Verbindung mit zeitgleich ausgeführter Wärmedämmung möglich
	Maximale Breite der Innenfensterbänke. Keine Verschattung durch äußere Leibung	Breiterer Blendrahmen nötig. Fenster ist verstärkt der Witterung ausgesetzt. Nur in Verbindung mit zeitgleich ausgeführter Wärmedämmung möglich
	Verbesserung des Lichteinfalles	Sehr sorgfältiges Anarbeiten der äußeren Leibung erforderlich. Nur in Verbindung mit zeitgleich ausgeführter Wärmedämmung möglich
	Optimaler Lichteinfall durch das Fenster. Wettergeschützte Lage	Abschrägen des äußeren Mauerwerkes notwendig. Sehr sorgfältiges Anarbeiten der äußeren Leibung nötig. Nur in Verbindung mit zeitgleich ausgeführter Wärmedämmung

8.24
Einbau von Fenstern in Verbindung mit einer Außenwanddämmung. Bei der Lage des Fensters innerhalb der Wand sind verschiedene Aspekte abzuwägen: Lichteinfall, Wärmebrücken, Fassadengestaltung, Nutzung der Fensterbank, Bewitterung durch exponierte Lage.

8.25
Die Fugendichtheit am Fenster ist eine wesentliche Voraussetzung, dass keine unkontrollierten Lüftungsverluste entstehen. Wenn im Haus eine kontrollierte Wohnungsentlüftung mit Abluftgebläse eingesetzt wird, können regelbare Zuluftschlitze in der Fensterkonstruktion untergebracht werden, und zwar je nach Hersteller entweder im Rahmen oder in einem der Flügel. Es gibt bereits Fensterkonstruktionen, bei denen die gesamte Lüftungsmechanik integriert ist. Rahmenanteil und Kondensatanfälligkeit sind bei solchen Konstruktionen allerdings höher. Als sinnvolles Detail haben sich elektrische Kontakte an den Fensterflügeln erwiesen, die bei Kippstellung der Fenster die Heizung abschalten. Eine solche Einrichtung führt zwangsläufig zu einem disziplinierten Lüftungsverhalten (Stoßlüftung).

tungsbandes die Anschlussfuge zwischen Holzfenstern und Mauerwerk noch mit einer Leiste abgedeckt.

Die zur Verfüllung der Anschlussfuge verwendeten, fäulnis- und verrottungsbeständigen Dichtungsmaterialien müssen Bewegungen dauerhaft ausgleichen können und die Unebenheiten von Leibungen und Hohlräumen vollständig ausfüllen. Es bieten sich selbstklebende, mit Dichtungsmitteln getränkte Schaumstoff-Dichtungsbänder oder Montageschäume an, aber auch lose Mineralwolle oder andere stopfbare Materialien sind grundsätzlich geeignet.

Der luftdichte Einbau der Fenster sollte in der Phase der Werkplanung sorgfältig detailliert und auf der Baustelle verantwortlich delegiert werden, zumal beim Altbau größere Maßtoleranzen oder ungewöhnliche Einbausituationen (z.B. Berücksichtigung vorhandener Anschläge) häufiger vorkommen als beim Neubau. Es sollte möglichst nur ein Gewerk mit der Ausführungen aller luftdichten Anschlüsse und Verklebungen betraut werden. In jedem Fall sollten im Leistungsverzeichnis Flankenmaterialien, Dichtstoffe, Verbindungsmittel und Arbeitsgänge als separate Position beschrieben werden.

Fugendichtheit

Entscheidend für den Wärmeschutz des Fensters ist auch die Dichtheit der Fuge zwischen Blendrahmen und beweglichem Flügel. Sie wird beschrieben durch den Fugendurchlasskoeffizienten a. Dieser gibt an, wieviel m³ Luft pro Stunde durch 1 m Fensterfuge bei einem Druckunterschied zwischen innen und außen von 1,33 mbar (= 133 Pa) hindurchgehen. Heutige Fenster erreichen ausnahmslos einen a-Wert < 1,0.

Ist die Fuge nicht dicht, führt ein unkontrollierter Luftwechsel zu Wärmeverlusten. Eine größere Fugendurchlässigkeit vermindert außerdem den Schallschutz. Die Fugendurchlässigkeit von Fenstern kann sich im Laufe der Jahre vergrößern, wenn die Fensterflügel verzogen sind oder die Dichtungen spröde werden.

Die konstruktive Dichtheit gegen Schlagregen und die richtige Ausbildung des Falzes zwischen Flügel- und Blendrahmen kann bei allen heute industriell hergestellten Fenstern vorausgesetzt werden. Vor Ort hergestellte Festverglasungen bedürfen einer Belüftung und gezielten Entwässerung des Falzraumes.

Schalldämmung

Fenster müssen Luftschall von außen wirksam absorbieren. Die Schalldämmung wird durch Dicke, Abstand und Einbauart der Verglasung sowie durch Fugendichtheit, Bauwerksanschlüsse und Schalleinfallwinkel beeinflusst.

Zweischeibenverglasungen erreichen ohne zusätzliche Maßnahmen keine besonders gute Schalldämmwirkung, weil das zwischen den Scheiben bestehende Luftpolster nur sehr gering ist und üblicherweise zwei gleich dicke Scheiben (= gleiche Schwingungsfrequenz) eingesetzt werden. Durch Vergrößerung des Scheibenabstandes und durch unterschiedlich dicke Scheiben kann die Luftschalldämpfung gezielt verbessert werden. Das gilt auch für Dreifach-Verglasungen; eine dritte, gleich dicke Scheibe trägt nur geringfügig zur Verbesserung des Schallschutzes bei.

1 vorh. Mauerwerk
2 vorh. Putz anspachteln
3 Armierung
4 hochwertige Dämmplatte z.B. Styrodur
5 Butyl-Dichtband umlaufend auf vorhandenen Putz kleben
6 Blendrahmen
7 vorkomprimiertes Dichtungsband
8 Vormauerwerk
9 Außenputz

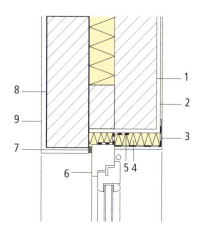

8.26
Dämmung der inneren Fensterleibung. Die Wärmebrücke durch den durchbindenden Stein wird entschärft (Schnitt). Alle Putzanschlussfugen sind mit vorkomprimierten Dichtungsbändern zu hinterlegen.

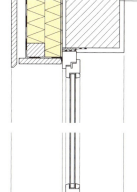

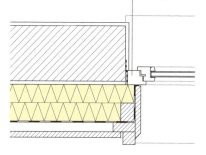

8.27
Fensteranschluss zur Wand bei Außenwand-Dämmung mittels Vorhangfassade (vertikaler u. horizontaler Schnitt).

8.5 Sanierung vorhandener Fenster

Alte Fenster müssen nicht zwangsläufig komplett ausgetauscht werden, solange das Rahmenmaterial nicht morsch geworden und die Öffnungsmechanik noch funktionsfähig ist. Die Fugen können auch nachträglich abgedichtet werden, indem man elastische Dichtungsbänder einfräsen lässt. Die Kosten von ca. 10 € je Laufmeter Dichtung lohnen sich bei einer Restlebensdauer von mindestens 5 Jahren.

Einfachverglasungen (U=5,8 W/m²K) wie auch alte Isolierverglasungen erhaltenswerter Fenster lassen sich durch Zweischeiben-Wärmeschutzglas ersetzen. Hierfür eignen sich vor allem Gläser, die aufgrund eines sehr schmalen Luftzwischenraumes (6 mm) in den vorhandenen Falz passen. Die Wärmeverluste des Fensters lassen sich um bis zu 80% reduzieren. Bei einem Kostenaufwand von ca. 80 - 120 €/m² ist dies die wirt-

8.28 und 8.29
Außen aufgesetztes Kastenfenster an einem denkmalgeschützten Hotel in Weiz/Steiermark. Anstelle der ursprünglichen Fensterläden wurden zusätzliche wärmeschutzverglaste Fensterflügel montiert, so dass in den Sommermonaten die traditionelle Anmutung, im Winter dann sogar eine Vierfachverglasung zum Tragen kommt.

8.30
Das Vakuumglas Pilkington Spacia® mit einer Gesamtstärke von 6,2 Millimetern lässt sich auch in alte Fensterrahmen einsetzen. An einer Scheibenecke befindet sich das Ventil zum Herstellen des Vakuums.

schaftlichste Maßnahme bei der energetischen Altbausanierung. Die neue Scheibe macht mit ca. 30 - 50 €/m² den geringsten Teil der Kosten aus. Eine solche Umglasung lässt sich mit etwas handwerklichem Geschick auch in Eigenleistung ausführen. Die Umglasung sollte auch vorgenommen werden, wenn es sich um intakte isolierverglaste Fenster (ca. 1970 - 1990) handelt.

Das Kastenfenster ist in der Regel eine Sonderlösung für die Sanierung historischer Gebäude (z.B. Fachwerkhäuser) und denkmalgeschützter Fassaden, für die eine nachträgliche Außendämmung nicht in Frage kommt. Es besteht aus zwei separaten Fenstern mit Rahmen und beweglichen Flügeln im Abstand von 10 bis 30 cm. Möglichst in der Ebene der Innendämmung wird wärmebrückenfrei ein Innenfenster mit Wärmeschutzverglasung eingesetzt. Die Fensterfläche ist größtmöglich auszuführen, um den ohnehin geringen Lichteinfall histori-

scher Gebäude so wenig wie möglich einzuschränken.

Eine interessante Neuentwicklung stellt die sog. Vakuumverglasung (z.B. Pilkington Spacia®) dar. Es handelt sich dabei um eine Zweischeibenverglasung mit einem Scheibenzwischenraum nur 0,7 mm. In diesem Zwischenraum wird (wie bei einer Thermoskanne) ein Vakuum hergestellt. Damit die sehr dünnen Scheiben nicht vom Unterdruck zusammengesaugt werden, sind in einem quadratischen Raster von 20 mm transparente Abstandshalter eingesetzt. Die Gesamtstärke der Verglasung beträgt gerade einmal 6,2 mm, so dass sich dieses Produkt besonders für den Scheibenaustausch bei einfachverglasten historischen Fenstern eignet. Der U-Wert ist mit dem konventionellen Wärmeschutzglas (vgl. Tab. 8.3: Eigenschaften) vergleichbar, die Preise könnten sich in den nächsten Jahren im Bereich der heutigen Dreifachverglasung einpendeln.

8.6 Temporäre Schutzmaßnahmen

Die günstigen Eigenschaften heutiger Verglasungen fordern große Fensterflächen regelrecht heraus. Allerdings ist das einfallende Sonnenlicht eine sehr wechselhafte Wärmequelle, die wegen der Energiegewinne erwünscht ist, im Sommer aber zu Überhitzungserscheinungen führen und einen Sonnenschutz erforderlich machen kann. Ähnlich verhält es sich mit dem Tageslichtgewinn, der den Bedarf an künstlicher Beleuchtung reduziert und damit elektrische

Energie spart. Witterungsabhängige hohe Leuchtdichten führen zu unerwünschten Blendwirkungen. Gerade bei Vergrößerung der Süd- bzw. Westverglasung können im Hochsommer Überwärmungen, von Herbst bis Frühjahr Blendungen auftreten. In solchen Fällen ist das Anbringen eines Sonnen- und Blendschutzes notwendig. In der Tabelle 8.9 sind verschiedene Systeme und ihre Anwendungsbereiche aufgelistet. In der EnEV 2014/16 sind bereits erhöhte Anfor-

derungen an den sommerlichen Wärmeschutz festgeschrieben.

Die gefühlten Beeinträchtigungen durch Blendung bzw. Überwärmungen sind individuell sehr unterschiedlich, daher ist es ratsam, die Sonnenschutzmaßnahmen erst nach den ersten Wohnerfahrungen zu entscheiden. Konstruktive und technische Optionen sind bereits in der Planungsphase zu berücksichtigen.

Temporärer Wärmeschutz
Durch die rasante Entwicklung hin zu hochwertigen Wärmeschutzgläsern hat der gedämmte Fensterladen als energetisch relevantes Bauteil an Bedeutung verloren, da er mit hohen Kosten verbunden ist und obendrein viel konstruktive Sorgfalt und ein bewusstes Nutzerverhalten erfordert. So lassen sich die Transmissionsverluste im günstigsten Fall bei allen Fenster- und Verglasungsarten (aber sehr konsequenter Benutzung im Winter bei Dunkelheit!) um ¼ bis ⅓ reduzieren. Voraussetzung hierfür sind jedoch dicht schließende Schiebe- oder Klappläden,

Energiebilanz Fenster mit gedämmten Läden

U-Wert: Fenster ohne Dämmladen W/m²K	Dämmstärke cm	U-Wert: Fenster mit Dämmladen W/m²K	mittlerer U-Wert W/m²K	Bilanz
2,6	4	0,72	1,82	+30%
	8	0,42	1,69	+35%
1,3	4	0,56	0,99	+24%
	8	0,36	0,91	+30%
0,8	4	0,45	0,65	+18%
	8	0,31	0,60	+26%

Tabelle 8.8
Verbesserung der Energiebilanz bei gedämmten Läden. Annahme: Der Laden bleibt während der Heizperiode durchschnittlich 10 Stunden geschlossen. Dämmläden als beidseitig beplankte Holzrahmenkonstruktion mit 4 bzw. 8 cm Dämmung WLG 030.

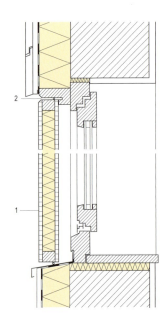

8.31
Montage eines Klappladens vor dem Fenster.
1 Klappladen mit mind. 4 cm Dämmung (WLG 030), beidseitig mit 10 mm Sperrholz beplankt
2 Rahmen des Ladens als seitliche und obere Fensterleibung mit integrierter Lippendichtung

die in der Praxis nur mit hohem Kostenaufwand (≥ 400 €/m²) realisierbar sind und auch nicht unter Wirtschaftlichkeitsaspekten betrachtet werden sollten. Grundsätzlich gilt: Je besser der U-Wert des Fensters, umso geringer ist der Einfluss eines Dämmladens.

Außenliegender Sonnenschutz

Außenliegende Sonnenschutzmaßnahmen verhindern das Auftreffen der Sonnenstrahlen auf die Glasfläche, d.h. die unerwünschte Strahlung wird von vornherein aus dem Gebäude ferngehalten. Bewegliche Systeme sind praktisch ungeschützt der Witterung ausgesetzt. Festinstallierte Verschattungssysteme müssen sorgfältig auf die höchsten Wärmelasten abgestimmt werden und können in der übrigen Jahreszeit störend wirken.

• Bäume und Rankpflanzen

Für den sommerlichen Sonnenschutz stellen laubwerfende Bepflanzungen eine attraktive, kostengünstige und zusätzlich außenraumgestaltende Lösung dar, die den vorhandenen Sonnenschutz ergänzen, aber auch allein als Maßnahme ausreichen können.

Das Wachstum von Bäumen garantiert jedoch keinen verlässlichen Schutz. Der Schattenwurf durch Stamm und Äste liegt auch im Winter bei ca. 20 - 30%. Laubwerfende Rankpflanzen führen, unmittelbar vor Verglasungen angebracht, zu erhöhten Schmutzablagerungen an den Scheiben.

• Dachüberstände und Vordächer

Starre Sonnenschutzmaßnahmen in Form von Dachüberständen und auskragenden Bauteilen sollten gestaltprägend ausgeführt werden. Für die steile Sonneneinstrahlung im Sommer ist eine gewünschte Verschattungslinie zu ermitteln; die Vordächer bzw. Dachüberstände sind entsprechend auszuführen. Allerdings wird der Tageslichteinfall bei starrem Sonnenschutz erheblich reduziert.

• Horizontale und vertikale Lamellen

Horizontale Lamellen erzielen die gleiche Wirkung wie Vordächer, mit dem Vorteil, dass die Einstrahlung von den Metalllamellen reflektiert wird und als diffuses Licht in den Raum gelangt. Die gewählte Lamellenstellung hat Einfluss auf die verbleibende Durchsicht nach außen. Vertikale Lamellen übernehmen zusätzlich Sicht- und Blendschutz und können auch am Altbau als prägendes Gestaltungselement eingesetzt werden.

8.32
Passivhausgeeigneter Rolladenkasten aus Neopor® in Verbindung mit einem Wärmedämmverbundsystem. Quelle: Beck+Heun GmbH

8.33
Bei sehr großen Dämmstärken in der Außenwand lässt sich ein Rolladenkasten unauffällig und wärmebrückenfrei integrieren.

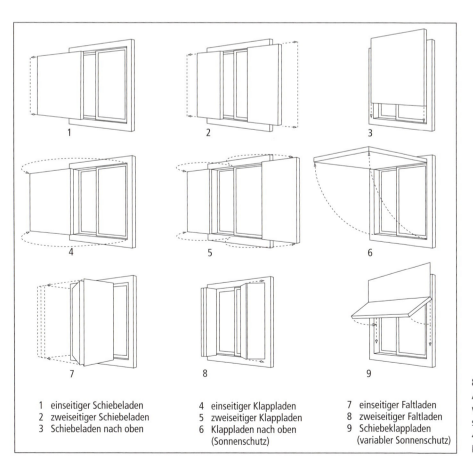

1 einseitiger Schiebeladen
2 zweiseitiger Schiebeladen
3 Schiebeladen nach oben
4 einseitiger Klappladen
5 zweiseitiger Klappladen
6 Klappladen nach oben (Sonnenschutz)
7 einseitiger Faltladen
8 zweiseitiger Faltladen
9 Schiebeklappladen (variabler Sonnenschutz)

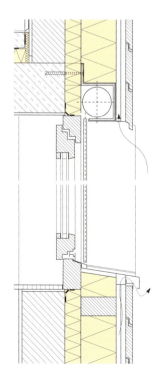

8.34
Ausführung von Klapp- und Schiebeläden. Eine wirksame Verbesserung der Energiebilanz lässt sich nur mit gedämmten Läden erreichen (mind. 4 cm Dämmung der WLG 030) Eine solche Dämmstärke ist nicht mehr rollbar.

• **Rolladen**

Integrierte Rollladenkästen stellen in der Vergangenheit die größte Schwachstelle in der Außenwand dar. Rollläden werden vorwiegend im Wohnungsbau eingesetzt, als sehr wirksamer Sonnenschutz und zur Verdunklung. Der Nutzen als temporärer Wärmeschutz und als Einbruchschutz ist mehr von symbolischer Bedeutung. Moderne Rollladenkästen stellen bei hochgedämmten Wänden immer noch Schwachpunkte dar. Sie bestehen in der Regel aus Schaumkunststoffkörpern, so dass keine Kondensatgefahr besteht; auch die Luftdichtheit stellt kein Problem mehr dar. Rollläden werden heute ausschließlich elektrisch betrieben, so dass sich diese bei Abwesenheit auch thermostatisch steuern lassen. Hohe Fenster und insbesondere Fenstertüren vergrößern die Dicke des Rollladenballens, so dass entweder Wanddicken von mindestens 30 cm erforderlich werden oder der Rollladenkasten nach innen oder außen ragt.

• **Rollos, Markisen, Jalousien, Lamellenstores**

Diese beweglichen Sonnenschutzmaßnahmen sind preiswert und in vielen Ausführungsvarianten erhältlich. Nachteilig sind ihre Störungsanfälligkeit bei Wind und die starke Tendenz zur Verschmutzung. An leicht zugänglichen Stellen und nicht zu hohen Gebäuden angebracht, können sie ein reizvolles, in den Sommermonaten willkommenes Gestaltungselement darstellen.

• **Klapp- und Schiebeläden**

Klapp- und Schiebeläden muss man mögen. Sie sind in ihrer Wirkung sehr effektiv und mit marktüblichen Zubehörteilen (Scharniere, Rollensysteme) handwerklich herzustellen. Nachteilig ist vielleicht, dass sie nur per Hand zu betätigen sind. Dafür lassen sich ihre Funktion und die Fassadengestaltung insbesondere bei Plattenwerkstofffassaden reizvoll verbinden. Ausreichende Parkflächen sind zu berücksichtigen.

Innenliegender Sonnenschutz

Der innenliegende Sonnenschutz wird erst wirksam, wenn die unerwünschte Strahlung das Fenster bereits passiert hat und sich im Gebäudeinneren befindet. Er ist somit weniger effektiv, bietet aber aufgrund seiner geschützten Lage im Innenbereich den Vorteil, keinen direkten Witterungseinflüssen ausgesetzt zu sein. Er ist wesentlich einfacher und kostengünstiger zu montieren, zu warten und zu bedienen.

Vorhänge und Rollos stellen einen sehr einfach zu bedienenden Sonnenschutz dar, am besten eignen sich helle, reflektierende Materialien. Zwischen Fenster und Sonnenschutz gestaute Wärme muss sich nach außen ablüften lassen. Reflektierende Innenjalousetten verhindern unerwünschte Wärmestrahlung in das Gebäudeinnere. Der größte Teil der eintretenden Sonnenstrahlung wird nach außen reflektiert, der verbleibende Teil gelangt als diffuses Licht in den Raum. Für tiefe Räume eignen sich Wärmeschutzverglasungen mit integrierten Spiegelprofilen oder mit innenliegenden Lichtlenkungslamellen zur Tageslichtlenkung.

8.35
In die hinterlüftete Fassade aus Dreischichtplatten integrierte Falt-Schiebeläden. In der offenen Position stehen diese senkrecht zur Fassade und bieten Sichtschutz zur Nachbarwohnung.

8.36
Sonnenschutzmaßnahmen werden auch bei der Altbausanierung als Gestaltungselement eingesetzt.

Tabelle 8.9
Auswahlkriterien für temporäre Schutzmaßnahmen. Jede Sonnenschutzmaßnahme hat angenehme und unangenehme Begleiterscheinungen: Eine Auswahl sollte sorgfältig nach den persönlichen Prioritäten erfolgen.

Systeme	Sichtschutz	Blendschutz	Lichtlenkung	Sonnenschutz	Wärmeschutz	Schallschutz	Einbruchschutz	Abdunkelung	Wind-/oder Regenschutz	Gestaltungselement
Außen beweglich										
Rollläden	+	+	−	+	o	o	o	+	+	−
Klapp-/Schiebe-Fensterläden	+	+	−	+	+	+	+	+	+	+
Außenjalousie	+	+	+	+	−	o	−	+	−	o
Gelenkarmmarkise	−	+	−	+	−	−	−	−	−	o
Markisoletten	+	+	−	+	−	−	−	o	−	o
Lamellenschirm	+	+	o	+	−	o	o	+	o	+
Außen starr										
Auskragung/ Dachüberstand	−	−	−	−	−	−	−	−	+	+
Lamellenschirm vertikal	+	o	o	+	−	o	o	o	−	+
Lamellenschirm horizontal	+	+	o	+	−	−	−	−	−	+
Sonnenschutzgläser	o	o	−	+	−	−	−	o	−	−
Außen natürlich										
Bäume, Berankung	o	o	−	o	−	o	−	−	o	+
Innen										
Vertikal-Lamellenstore	+	+	o	o	−	−	−	+	−	−
Innenjalousie	+	+	+	o	−	−	−	+	−	−
Rollos, Plissee-/Falt-Raffstore	+	+	o	o	−	−	−	+	−	−

8.7 Entscheidungskriterien und Kosten

Das Erneuern von Fenstern einschließlich der Rohbauarbeiten ist eine der kostenintensivsten Maßnahmen der energetischen Altbauerneuerung, eine Wirtschaftlichkeit wird sich nur in den seltensten Fällen erreichen lassen. Die Kosten eines Fensters verteilen sich überschlägig zu ¾ auf Konstruktion, Mechanik und Gliederung und nur zu ¼ auf Verglasung und Einbau. Bei kleinteiligen Fenstern ist das Verhältnis noch ungünstiger. Der Arbeitsaufwand für Zuschneiden, Verklebung und Gasbefüllung ist je Scheibe nahezu konstant, nur die Kosten für das Material steigen linear an. Die verschiedenen 2-Scheiben-Wärmeschutzgläser unterscheiden sich preislich kaum voneinander, die Differenz zur Dreifachverglasung wird immer geringer. Die Spielräume bei der Fensterkonstruktion (Rahmen, Verglasung, Teilung etc.) sind der Tab. 8.10 b zu entnehmen, wobei die Preise regional und anbieterbezogen erheblich voneinander abweichen können. Tabelle 8.10 a zeigt eine beispielhafte Kostenrechnung für eine Fenstervergrößerung (Abb. 8.37 a+b). Es ist deutlich zu erkennen, dass die Rohbaukosten (Fenster, Maurer, Putz- und Malerarbeiten), wesentlich höher liegen, als die Fensterkosten selbst.

Es macht also wenig Sinn, an der Qualität des Fensters zu sparen: Rechnet man alle Kosten, so relativiert sich der Mehrpreis für eine bessere Verglasung; die Dreifachverglasung liegt dann gerade einmal 2 - 3% höher als das Zweifachglas. Passivhausgeeignete Fensterrahmen bzw. die Fensterteilung sind bedeutendere Kostenfaktoren als die bessere Verglasung.

8.3 / a und b
Fenstererneuerung, vorher (oben) und nachher (unten):
Bei einer Fenstervergrößerung lassen sich Energie- und Komfortgewinn ideal verbinden. Bei dieser Gelegenheit lassen sich auch die Heizkörper optimieren und gezielt neu gestalten. Diese mehrfache Komfort- und Werterhöhung kann Hauseigentümern plausibel vermittelt werden.

Kalkulation einer Fenstervergrößerung			
		EP €	GP in €
	Abbruch + Maurer		
1 Std.	Sicherungsmaßnahmen	42,00	42,00
4 Std.	Abbruch Außenwände	42,00	168,00
2 Std.	Abtransport Schutt	42,00	84,00
1	Entsorgung Bauschutt	60,00	60,00
2 Std.	Einbau eines neuen Trägers	42,00	84,00
140 kg	Stahlträger	2,50	350,00
5 Std.	Leibung/Brüstung/Sturz anarbeiten	42,00	210,00
1	Haftputz+Armierungsgeweb.	80,00	80,00
	Fenster		
1	Abdichtungs- u. Befestigungsmaterial	50,00	50,00
1 St.	Fensterelement, Holz, mit 3-fach Verglasung	1800,00	1800,00
2 Std.	Fenster einbauen und luftdicht abkleben	42,00	84,00
0,3 Std	Fensterbank außen einbau.	42,00	12,60
1 St.	Material Fensterbank Alu	25,00	25,00
	Maler innen		
6 Std.	Wand tapezieren+streichen	38,00	228,00
1	Material Malerarbeiten	40,00	40,00
Kosten Fenstervergrößerung netto			**3317,60**

Tabelle 8.10 a
Kalkulationsbeispiel einer Fenstervergrößerung.

Typische Fensterkosten	
Grundkosten	
Holzfenster, IV90, 1,23 x 1,44 m, einflügelig, Kiefer endlackiert Dreischeiben-WSG, $U_G = 0,7$ W/m²K	550,00 €
Mehrkosten für:	
Konstruktion	
- gedämmter Rahmen / Flügel	130,00 €
- Holz-Alu-Konstruktion	180,00 €
- Kunststoff, wärmegedämmt	-150,00 €
Ausstattung	
- zweiter Flügel	130,00 €
- Echtsprossen/Stück	90,00 €
- ein Teil feststehend (Oberlicht)	120,00 €
- wie vor, Oberseite Rundbogen	230,00 €
Verglasung	
- Kryptonfüllung, WSG, $U_G = 0,5$ W/m²K	30,00 €
- verbesserter Randverbund	12,00 €
- verbesserter Schallschutz	70,00 €
- Einbruchschutz (VSG außen)	60,00 €
Montage	
- Einbau und Befestigung	130,00 €
- Herstellen der Luftdichtheit	60,00 €

Tabelle 8.10 b
Kosten von Fensterkonstruktionen mit verschiedenen Ausstattungen (netto ohne Mwst.).

8.8 Glasanbauten und Wintergärten

Nutzung und Funktion

Grundsätzlich ist die Frage zu klären: Sind Wintergarten und Haus thermisch getrennt oder zusammenhängend – oder anders ausgedrückt: Handelt es sich um einen Wintergarten oder um eine verglaste Wohnraumerweiterung?

Voraussetzung für eine sinnvolle Glaskonstruktion ist auch hier die sorgfältige Planung: Klärung von Funktion, Nutzungsspektrum und Gestaltung. Die wesentlichen Einflussfaktoren sind:

- Wann und wie soll dieser Raum genutzt werden,
- Größe, Form und Himmelsrichtung, Dachneigung,
- Konstruktion, Verglasungsart, Lüftung und Verschattung,
- Anordnung von Speicherflächen sowie Ausbildung der Grenzflächen zwischen Glashaus und dahinter liegendem Altbau.

Diese Faktoren bestimmen Energiegewinn, Temperaturniveau und Temperaturamplituden im Glashaus und definieren so das Nutzungsspektrum. Die gefühlte Wärmeleistung von Wintergärten und Glasanbauten für das dahinterliegende Gebäude ist höher als der tatsächlich wirksame Heizbeitrag. Große Südfenster mit Wärmeschutzverglasung sind als System zur passiven Sonnenenergienutzung für das Gebäude energetisch wirksamer als jeder noch so ausgetüftelte Wintergarten. Trotzdem gibt es vielfältige Gründe für einen zusätzlichen lichtdurchfluteten und sonnenbeheizten Raum am Haus. Ein geheizter Wintergarten stellt allerdings eine Energieschleuder dar und eignet sich nicht zum Kokettieren auf Cocktailparties.

Wärmeströme im Glashaus

Die verfügbare Energiemenge im Glashaus und damit das Temperaturniveau und die Nutzungsdauer sind abhängig von der Bilanz aller im Glashaus wirksamen Wärmeströme. Durch gezielte Ausbildung der transparenten und opaken Flächen lässt sich steuern, welche Einstrahlungsanteile dem Glashaus bzw. dem Kernhaus zugutekommen sollen. Soll das Glashaus energetisch optimiert werden, ist es entwurflich und konstruktiv mit dem vorhandenen Gebäude (Kernhaus) zu verbinden, da dort nicht nur die Energiegewinne genutzt werden sollen, sondern auch die massiven Bauteile zur Wärmespeicherung vorhanden sind. Geht es jedoch mehr um Licht- und Lustgewinn, so ist das Glashaus eher als eigenständiges Bauteil zu betrachten.

Form, Ausrichtung, Neigung

Energetisch gewinnbringend sind eng am Haus anliegende Wintergärten. Sie maximieren die winterlichen Energiegewinne bei gleichzeitiger Reduktion der Abstrahlverluste. Ausladende Glasanbauten mit flachgeneigten Dächern überhitzen im Sommer und kühlen im Winter stark aus. Dies lässt sich durch eine thermisch hochwertige Konstruktion kompensieren (z.B. Dreifachverglasung mit niedrigem g-Wert).

Direkt nach Süden ausgerichtet ist der Energiegewinn am höchsten, aber auch andere Orientierungen bieten attraktive Nutzungsprofile: Nach Südosten orientiert, verlagert sich die Nutzung auf die Vormittagsstunden; die Gefahr einer Überhitzung besteht hier kaum. Südwest- und westorientierte Glasanbauten erhöhen die Nutzbarkeit in den Nachmittags- und Feierabendstunden; hierbei geht es weniger um wirtschaftliche Energieeinsparung, sondern um ein warmes Plätzchen in der Abendsonne.

Ein nach Norden ausgerichtetes Glashaus stellt lediglich einen thermischen Puffer dar und ermöglicht eine Nutzung auf niedrigem Temperaturniveau (z.B. Windfang o.ä.).

Konstruktion

Sowohl aus gestalterischen Gründen wie unter energetischen Aspekten empfiehlt es sich, die Profilstärke von Pfosten und Riegeln so schmal wie möglich zu wählen. Für kleinere Wintergärten bietet sich ein Holztragwerk aus BrettSchichtHolz-Profilen (BSH) in Verbindung mit marktgängigen, thermisch getrennten Aluminium-Abdeckprofilen an. Metallkonstruktionen müssen in jedem Fall thermisch getrennt ausgeführt werden.

Zu bedenken ist der verminderte Lichteinfall in die hinter einem Glashaus liegenden Wohnräume, da durch die Konstruktion bis zu 30% und die Verglasung ca. 30 bis 40% des Lichteinfalls absorbiert wird.

Verglasung

Eine Wärmeschutzverglasung ($U_g \leq 1{,}1$ W/m²K) sollte für alle Glashäuser mit Wohnnutzung obligatorisch sein, um im Winter Frostfreiheit zu gewährleisten. Beim Dreifachwärmeschutzglas wirkt sich der geringe g-Wert bei flachgeneigten Überkopfverglasungen günstig auf die Überhitzung im Sommer aus; im Winter werden die Wärmeverluste entscheidend reduziert. Allerdings ist in Verbindung mit der notwendigen Sicherheitsverglasung der Kostenaufwand hoch. Ein gedämmtes Wintergartendach mit integriertem Brauchwasserkollektor verhindert sommerliche Überhitzung und stellt eine wirtschaftliche Alternative dar.

Speicherung

Massive Wände und Fußböden haben im Sommer die Funktion, Temperaturspitzen abzupuffern und in Übergangszeiten die

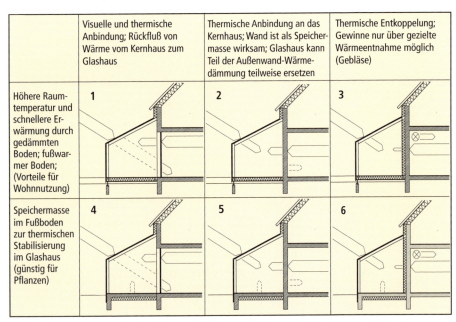

8.38: Wärmeströme im Glashaus für verschiedene Ausbildungen der inneren Oberflächen (Fußboden und Rückwand).

8.39
Anordnung von Wintergärten am Gebäude: Charakteristik und Speichermassen in Abhängigkeit von Form und Himmelsrichtung. Das Spektrum der möglichen Anordnungen reicht vom gewinnmaximierten Glashaus (1) bis zur reinen Pufferzone (6).

Bei Typ 1 ist das Verhältnis von Wärmegewinn zu Wärmeverlust am günstigsten, da die Gewinnfläche (Südverglasung) der Verlustfläche entspricht, während die Seiten- und Rückwände als Wärmeaustauschflächen des Glashauses dienen. Das heißt: Die Wärmeverluste des Glashauses kommen dem Kernhaus zugute und umgekehrt. Allerdings ist der Lichtgewinn (= Lustgewinn?) in den Morgen- und Nachmittagsstunden sehr gering (Schattenwurf), so dass die energetische Optimierung zu Lasten der Wohnqualität geht.

Typ 3 hat weitaus größere geometrische Wärmeverluste (ca. dreimal höher als Typ 1) nach außen, was im Winter zu einer geringeren Nutztemperatur führt. Gleichzeitig ist im Sommer die Überhitzungsgefahr aufgrund der zusätzlichen Strahlungsbeiträge aus Osten und Westen von allen dargestellten Varianten am höchsten.

Typ 2 und 8 sind als Kompromiss zwischen Typ 1 und Typ 3 anzusehen, jeweils mit einer tageszeitlichen Priorität: Typ 2 nutzt Vormittags- und Mittagssonne, so dass das höchste Temperaturniveau in der ersten Tageshälfte liegt, während bei Typ 8 die höchsten Innentemperaturen in der zweiten Tageshälfte erreicht werden.

Typ 9 und 12 verfügen über ein vergleichbares Nutzungsspektrum; aufgrund der geringflächigen Anbindung an das Kernhaus wird nur ein relativ niedriges Temperaturniveau erreicht.

Bei den Typen 7 und 10 bleibt die Wohnnutzung auf sonnige Morgen- und Abendstunden beschränkt; in der übrigen Zeit stellt sich aufgrund der dreiseitigen Anbindung an das Kernhaus ein relativ stabiles Raumklima ein.

Für Typ 5 und Typ 11 sind Morgen- bzw. Abendnutzung aufgrund zusätzlicher Verlustflächen nach Norden reduziert.

Typ 4 wirkt als reine Pufferzone; der Raum empfängt kaum direkte Sonneneinstrahlung, hat jedoch ein relativ stabiles Raumklima.

Typ 6 wird zwar morgens und nachmittags besonnt, die Innentemperaturen sind jedoch von allen dargestellten Varianten am niedrigsten.

Tabelle 8.11
Ausführungskriterien für Glasanbauten im Überblick.

Lage des Wintergartens	im Gebäude	Gebäudeecke	vor dem Gebäude
Norden (Süd)	Typ 01	Typ 02	Typ 03
Norden (Nord)	Typ 04	Typ 05	Typ 06
Norden (West)	Typ 07	Typ 08	Typ 09
Norden (Ost)	Typ 10	Typ 11	Typ 12

Parameter	Variante	Bemerkung / Empfehlung
Ausrichtung	Süden	beste Energiebilanz, große Spielräume b. der Steuerung der Wärmeströme
	Westen	Nachmittags- und Abendnutzung, Überhitzungsgefahr, Speichermasse notwendig
	Osten	Vormittagsnutzung, kaum Überwärmung, wenig Speichermasse notwendig
	Norden	reine Pufferzone, keine Speichermasse erforderlich
Dachneigung	flach < 30°	Überhitzung im Sommer, große Wärmeverluste im Winter, hohe Verschmutzung, evtl. tropfendes Kondensat
	steil > 45°	stabileres Innenklima, effektiver zu lüften (Kamineffekt), selbstreinigend, hohe Außenwand notwendig, evtl. zweigeschossig nutzbar
Verglasung	Einfach	nur für untergeordnete Nutzung (windberuhigter Puffer), hoher Kondensatanfall, konstruktiv einfach auszuführen
	Isoglas, U = 3,0	noch keine Frostfreiheit erreichbar, nicht mehr im Handel
	2-WSG	obligatorisch für Wintergärten, Auswahlkriterien wie bei Fenstern
	3-WSG	evtl. für flachgeneigte Überkopfverglasung und rundum für beheizte Wintergärten und Wohnraumerweiterungen
Dachausbildung	transparent	zur Reduzierung der Überwärmung und Verlustminimierung, evtl. 3-fach WSG
	gedämmt	stabiles Innenklima, bei Südausrichtung auch für aktive Solarnutzung
Trennwand	gedämmt	kein Wärmeaustausch zwischen Kern- und Glashaus, Wärmetransport über Klappen oder Gebläse
Kernhaus - Glashaus	massiv (ungedämmt)	Wand dient als thermischer Puffer, Energiegewinne kommen zeitversetzt dem Kernhaus zugute, im Winter wirken die Wandverluste stabilisierend auf das Glashausklima
	transparent	Einstrahlung wird teilweise direkt ins Kernhaus geleitet, visueller Kontakt (optische Erweiterung) zum Wohnraum, Wärmeströme durch Auswahl der Glasart steuerbar
Oberflächen	leicht	Wärmetransport ins Kernhaus über große Öffnungen oder Gebläse
	massiv	vor allem, wenn die Energiegewinne mehr dem Glashaus als dem Kernhaus zugute kommen sollen
Kosten	Fundamente	ca. 150-180 €/m² incl. Streifenfundamente
	Hülle	ca. 400 – 600 €/m² verglaster Wandfläche, ca. 100 – 150 €/m² Mehrpreis für Dachfläche
	Fußboden	ca. 120 – 200 €/m², je nach Aufbau und Belag
	Lüftung	ca. 700 - 900 €/Lüftungsklappe incl. Antrieb, ca. 800 - 2000 € für Steuerung, Wind- u. Regenmelder

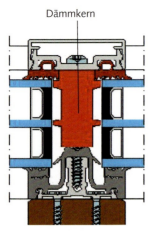

8.40
Passivhaus-geeignete Pfosten-Riegel-Konstruktion für Festverglasungen. Quelle: Fa. Raico

solaren Gewinne bis in die Abendstunden zu bewahren. Im Winter haben sie die eher unangenehme Eigenschaft, auch Kälte zu speichern. In der Regel reicht die Einstrahlung nur aus, um die Luft zu erwärmen. Die Oberflächen bleiben kalt, eine Wohnnutzung ist nicht möglich.

Verfügt das zu sanierende Gebäude über eine massive Fassade (z.B. Verblendmauerwerk), so reicht diese Masse zur Wärmespeicherung völlig aus. Fußböden sollten gedämmt und wenig wärmeleitend (z.B. in Holz) ausgeführt werden. Grundsätzlich gilt: Je geringer die Speichermasse, umso länger ist im Winter eine Nutzung auf hohem Temperaturniveau möglich. Temperaturspitzen an sonnigen Tagen lassen sich dann über große Tür- bzw. Fensteröffnungen oder mittels Gebläse ins Kernhaus weiterleiten.

Lüftung

Die Lüftungsöffnungen sollten so angeordnet werden, dass der Luftaustausch durch die Thermik im Glashaus verstärkt wird: Zuluftöffnungen müssen dazu weit unten angeordnet werden, Abluftklappen so hoch wie möglich. Nach oben/außen öffnend ist der Strömungswiderstand der Abluftklappen am geringsten, sie sollten allerdings nur in Verbindung mit einem Regenmelder eingesetzt werden. Je steiler die Dachfläche geneigt ist, desto niedriger ist der Reibungswiderstand der Luft, und umso geringer ist die Gefahr sommerlicher Überhitzung. Bei (teil-)gedämmten Dächern sind konventionelle Dachflächenfenster als Lüftungselemente am kostengünstigsten, zumal die Hersteller auch einfach handhabbare Steuerungseinrichtungen anbieten.

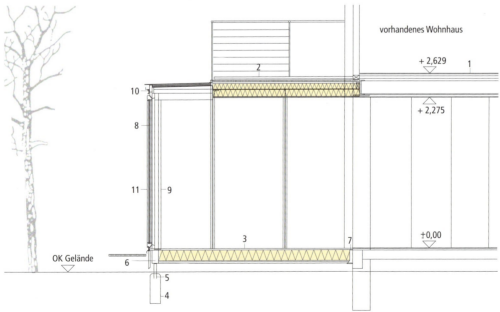

1 Decke vorhanden:
Teppich 1 cm
Estrich incl. Dämmung 7,0 cm
Hobeldielen 2 cm
Deckenbalken 20 cm
Lattung 2,4 cm
Heraklith 3 cm

2 Dachterrasse:
Belag Holz 3 cm
UK Holz 4 x 6 cm
Abklebung
OSB PLatte 2,5 cm
Flachstahl incl. Dämmung 16 cm

3 Boden:
OSB Platte 2,2 cm
Balken incl. Dämmung 20 cm
OSB Platte 1,5 cm

4 Einzelfundamente
5 BMF Stützenfuss
6 Querriegel 6 x 20 cm
7 Balkenschuh
8 3 Scheiben Wärmeschutzverglasung
9 Flachstahl 12 x 120 mm mit Multiplexstreifen aufgedoppelt
10 Abdeckprofile Alu
11 Öffnungsflügel Holz

8.41
Glasanbau als Büroerweiterung. Ein dunkler, wenig besonnter Büroraum mit sehr viel Speichermasse wurde durch einen ausladenden Glaskubus erweitert. Die Überkopfverglasung schafft optimale Belichtung bis in die Tiefe des Raumes. Ein Pflaumenbaum verhindert zwar die sommerliche Überhitzung, führt aber auch zu höherer Verschmutzung auf den flachgeneigten Überkopfscheiben (z.B. stark klebendes Laub im Herbst). Als Nebeneffekt entstand noch eine Dachterrasse für die darüberliegende Wohnung.

Beispiel 6: Sanierung eines denkmalgeschützten Oldenburger Bürgerhauses auf Effizienzhaus-Niveau

Ulf Brannies

Bei dem Gebäude handelt es sich um eine Spätform der Oldenburger Giebelhäuser, es wurde Ende des 19. Jahrhunderts errichtet. Es hat ein hoch liegendes Souterraingeschoss, ein Hochparterre und ein ausgebautes Obergeschoss. Das Dachgeschoss war ursprünglich nicht ausgebaut. Das Treppenhaus ist seitlich vorgelagert und der straßenseitige Altan (Balkonvorbau) war ursprünglich teilweise überdacht. Die reich verzierte, prunkvolle Straßenfassade wird von einem vorkragenden Satteldach mit verzierten Pfetten- und Sparrenköpfen überdacht. Die Häuser wurden von der bürgerlichen Oberschicht bewohnt.

Im Jahre 2011 wurde das Haus von den jetzigen Besitzern, einer Familie mit 2 Kindern, erworben, um selbst in dem Haus zu leben. Die zentrale Lage (500 m zur Innenstadt), die Nähe zu den Schulen und zur eigenen Praxis und die bevorzugte Wohnlage waren die ausschlaggebenden Gründe für den Kauf. Das Grundstück verfügt über eine Südwestausrichtung, straßenseitig ist ein Stellplatz vorhanden, was selten der Fall ist. Die Herausforderung bestand darin, das Hochparterre zu vergrößern, den ebenerdigen Anbau zu integrieren und den Schallschutz innerhalb des Hauses deutlich zu verbessern, damit eine Vermietung des ersten Obergeschosses für die im Hochparterre lebenden Eigentümer gut funktioniert. Die historischen Grundrisse orientierten sich ausschließlich zur Straße, die Gartenseite diente untergeordneten Zwecken. Eine Erweiterung in Richtung Garten bringt Raum und Licht, ein Freisitz den gewünschten Bezug zum Außenraum. Die Integration der Einliegerwohnung zum Hochparterre schafft Raum für die beiden Kinder. Andererseits ist es leicht möglich, in einigen Jahren wieder eine separate Wohnung herzustellen.

Zusätzlich sollte eine weitere Wohnung im bisher nicht genutzten Dachgeschoss entstehen. Die Errichtung der neuen Wohnung führte zu erhöhten Anforderungen beim Brandschutz. Bei allen Maßnahmen waren die Anforderungen des Denkmalschutzes zu beachten, was eine frühzeitige Zusammenarbeit mit der Denkmalschutzbehörde nahe legte.

Energieberechnung

Die Erfahrung mit vielen, ähnlich sanierten Häusern zeigte, dass dieser Haustyp auf Grund der kompakten Bauweise durchaus auf Neubaustandard zu sanieren ist. Eine umfassende Dämmung der Hülle und eine optimierte Haustechnik ermöglichen die Erreichung des Effizienzhausstandards 100. Positiver Nebeneffekt war, dass durch die damit verbundene Förderung die neuen

1 Straßenansicht vor der Sanierung

2 Gartenansicht vor der Sanierung

3 Das Dach samt Dachstuhl wurde komplett erneuert.

4 Straßenansicht nach der Sanierung mit Wintergarten über dem Altan.

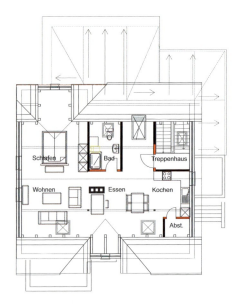

5 Grundrisse

6 Schnitt

7 Gartenansicht nach der Sanierung mit angebautem Appartement und Wintergarten

Holzfenster finanziert werden konnten, eine Maßnahme, die der Eigentümer ursprünglich später durchführen wollte.

Ausführung

Aufgrund der Anforderungen durch Brandschutz und Statik wurde der Dachstuhl komplett erneuert. Diese Maßnahme ist bei alten Häusern häufig sinnvoll, da die energetisch erforderliche Ertüchtigung des alten Gebälks auch aufwendig ist und so eine Dämmung in 28 cm Dicke leicht realisiert werden konnte. Die Flachdachbereiche wurden mit einer 24 cm dicken Aufdachdämmung ausgeführt, die Abdichtung ist für eine Dachbegrünung ausgelegt. Die Außenwände konnten mit einer ca. 8,5 cm starken Kerndämmung verbessert werden, Teilbereiche wie die Erweiterung und der überplante Einliegerbereich wurden mit einem Wärmedämmverbundsystem ausgeführt.

Im vorher nicht ausgebauten Spitzboden war keine Luftschicht vorhanden, hier wurden die Wandflächen mit Holzweichfaserplatten in Lehmputz gedämmt. Die neuen Holzfenster wurden in Abstimmung mit dem Denkmalschutz mit Dreifach-Wärmeschutzverglasung ausgeführt und luftdicht eingebaut. Zur Verringerung von Wärmebrücken sind die Fensterleibungen innenseitig zusätzlich gedämmt. Die Geschossdecken waren hier überraschenderweise gänzlich ohne Einschübe, so dass die Deckenhohlräume komplett mit Zellulose vollgeblasen wurden. Diese Maßnahme dient zum Kellergeschoss hin der Wärmedämmung und verbessert gleichzeitig den Schallschutz zwischen den Wohnungen. Alle Installationen (Heizung, Lüftung, Sanitär und Elektro) mussten komplett erneuert werden.

Neben dem Wärmeschutz war es wichtig, die Geschossdecken auch schallschutztechnisch zu ertüchtigen. Daher wurde die eingeblasene Zellulosedämmung durch einen akustisch entkoppelten neuen Holzboden ergänzt. Nur im Hochparterre über dem Kellergeschoss konnten die alten Dielen abgeschliffen und wieder aufbereitet werden.

Wo es möglich war, wurden die alten Bauteile fachgerecht renoviert. So konnten die alten Türen und die schöne 2-geschossige Holztreppe ebenso wie die alten Wohnungseingangstüren erhalten werden. Um die Brandschutzanforderungen zu erfüllen, mussten diese allerdings mit Brandschutzverglasung ertüchtigt werden.

Heizungstechnik

Durch die Wärmeschutzmaßnahmen wurde insgesamt ein guter Energiestandard erreicht. Der hohe Wohnkomfort und die niedrigen Energiekosten garantieren eine gute Vermietbarkeit.

Um auch die Grenzwerte für den Primärenergieverbrauch einzuhalten, gab es die Möglichkeiten, z.B. eine Solaranlage, eine Pelletheizung oder ein Mini-BHKW einzubauen. Nicht zuletzt aus abrechnungstechnischen Gründen entschieden sich die Auftraggeber für ein gasbetriebenes Mini-BHKW. Die Beheizung erfolgt im Wesentlichen über Heizköper, der großzügig verglaste Koch-Essbereich wird über eine Deckenheizung versorgt.

Lüftungstechnik

Die unterschiedlichen Nutzungseinheiten und die Denkmalschutzanforderungen hätten bei einer zentralen Lüftungsanlage mit Wärmerückgewinnung einen hohen Aufwand erfordert. Andererseits sind hier, bedingt durch die großen Geschoßhöhen, die zur Verfügung stehenden Luftvolumen je Person deutlich größer als z.B. im normalen Geschosswohnungsbau. Daher kamen nicht zuletzt aus Kostengründen dezentrale, feuchtegesteuerte Lüfter zur Ausführung.

Luftdichtigkeit und Energieverbrauch

Die vorhandene Bausubstanz luftdicht auszuführen, ist insbesondere im Bereich der alten Holzbalkendecken schwierig, da ohne ein Freilegen der Deckenauflager eine kontrollierte Abdichtung nicht hergestellt werden kann. Da bei diesem Objekt keine Lüftung mit Wärmerückgewinnung eingesetzt wurde, die alten Stuckdecken und zum Teil auch die Holzdielen erhalten werden mussten bzw. konnten, wurde der Aufwand gering gehalten. Auf eine Blower-Door-Messung wurde verzichtet.

Erfahrungsgemäß liegen die Luftdichtigkeiten nach dem fachgerechten Austausch aller Fenster und Türen, dem Einbau der Kerndämmung, dem Einbau einer kompletten Luftdichtigkeitsebene im Dach bei n_{50}-Werten um 1,0. Aussagen über den Energieverbrauch sind noch nicht möglich.

Fazit

Es ist nicht immer einfach, die komplexen Anforderungen heutiger Standards zu erfüllen, insbesondere wenn es sich um ein Baudenkmal handelt. Aber es ist eine reizvolle Aufgabe, und das Ergebnis kann durchaus überzeugen und den Aufwand rechtfertigen. Die Ausstrahlung eines sanierten Altbaus kann nicht mit einem Neubau verglichen werden. Es ist wichtig, frühzeitig zu besprechen, was möglich ist und wo die Grenzen einer Sanierung liegen. Wer z.B. nur mit perfekt schließenden Türen leben kann oder industriell erstellte Oberflächen erwartet, sollte keine 100 Jahre alte Füllungstür renovieren.

Die Kosten einer energetischen Sanierung, insbesondere von Baudenkmalen, liegen oft auf Neubauniveau, manchmal auch etwas höher. Der realisierte hohe Wohnkomfort und der Charme der alten Bausubstanz haben zu einer hohen Akzeptanz und Zufriedenheit bei den Bewohnern geführt, hinzu kommt die Lage dieses Objektes, stadtnah und umgeben von einer intakten Nachbarschaft.

Kenngrößen

Beheizte Wohnfläche:	242 m² (Bestand), nachher: 348 m² Nutzfläche + KG: ca. 105 m²
A/V-Verhältnis:	0,586 /m
Gebäudenutzfläche:	387 m²
Transmissionswärmeverlust H'_T	0,46 W/(m² K)
Luftwechsel	nicht gemessen
Heizwärmebedarf Q_h	33.433 kWh/a
Trinkwasserwärmebedarf	12,5 kWh/(m² a)
Anlagenaufwandszahl e_P	0,86
Primärenergiebedarf	85 kWh/(m² a)
Endenergieverbrauch Gas	45.100 kWh/a

Projekt: Oldenburger Giebelhaus
Architekt: Team 3 Architekturbüro,
  Dipl.-Ing. Ulf Brannies und Rita Fredeweß
Baujahr/Umbau: ca. 1900 / 2012

8 Einblasen von Zellulosedämmstoff in die Deckenhohlräume zur Schalldämmung

9 Als Heizung wurde ein Gas-Mini-BHKW mit integriertem Kessel für die Spitzenkessellast und Wärmespeicher eingebaut.

10 Durch die verglaste, lichtdurchflutete, großzügige Erweiterung Richtung Garten ist ein ganz neuer zentraler Wohn-Eßbereich entstanden.

Beispiel 7: Passivhaus auf historischem Fundament

Martin Endhardt

Dieser Umbau eines unter Denkmalschutz stehenden Gebäudes aus dem 18. Jhd. zeigt, dass sogar bei denkmalgeschützten Objekten eine Sanierung bis auf Passivhaus-Standard möglich ist. Der Umbau wurde nach Erfahrungen mit mehreren Passivhausneubauten vom Planer, der zugleich der spätere Bewohner ist, selbst durchgeführt.

Das Wohnhaus ist Teil eines denkmalgeschützten Ensembles von Arme-Leute-Häusern, die Mitte des 18. Jahrhunderts entlang der Stadtmauer gebaut wurden. Es hat drei Stockwerke, wobei das zweite Stockwerk zur Straße hin auskragt. Es ist an die Stadtmauer angebaut und von der seitlichen Bebauung durch eine Feuergasse getrennt. Im 2. OG ist die Feuergasse durch einen, der alten Wehrgangstruktur folgenden Überbau geschlossen. Die beiden oberen Stockwerke verfügen über je drei Fenster nach Süden, das Erdgeschoss zeigt nur ein, allerdings breitformatig liegendes Fenster neben der Eingangstür, das nach Wunsch der Denkmalpflege geteilt werden sollte. Das Dachgeschoss war nicht genutzt, nur der alte Kranbalken ragt durch eine Holzluke in die seitliche Feuergasse.

Für den Bauherrn war das Ziel der Sanierung, als Bewohner der Altstadt die Qualitäten eines Passivhauses selbst erleben zu können. Das Objekt sollte zu einem Passivhaus mit einem Jahresheizwärme-Bedarf von 15 kWh/(m²·a) umgebaut werden, das die Vorgaben der Denkmalpflege erfüllt.

Gewölbekeller und massives Mauerwerk

Die Sanierung wurde im Gewölbe der alten Substanz begonnen. Der Boden im Keller wurde von Hand um 50 cm tiefer gegraben, um ausreichende Stehhöhe im zukünftigen Weinkeller zu schaffen. Dazu mussten die Gewölbewände unterfangen werden und konnten dabei gleichzeitig gegen aufsteigende Feuchte isoliert werden.

Erdgeschoss

Auch der Erdgeschossfussboden, der Teil der thermischen Hülle ist, sollte tiefer gelegt werden. Dazu wurde das Gewölbe von oben bis auf die Ziegelkonstruktion freigelegt. Um die Wärmebrücke durch das aufgehende Mauerwerk zu beseitigen, wurden die Wände im Erdgeschoss abschnittsweise unterfangen und statisch tragende, 10 cm dicke Foamglasstreifen als Dämmung in das Mauerwerk eingebaut. Die Gewölbekonstruktion (d.h. der Erdgeschossfußboden) wird 60 - 10 cm stark mit Dämmstoff (WLG 040) überdämmt. Die Luke zum Keller wird mit begehbarem Glas mit untergeklebtem Isolierglas ausgeführt.

Die Ziegel-Außenwände im Erdgeschoss wurden außen mit 16 cm dicken Sto-Therm Cell Platten (WLG 045) gedämmt. Auf der Innenseite wurden zusätzlich 8 cm starke Sto-ThermCell-Platten (WLG 045) aufgeklebt.

Wandkonstruktion im Obergeschoss

Nach der statischen und thermischen Sanierung des Erdgeschosses konnten dann die Fachwerkaußenwände ab dem Obergeschoss passivhausgerecht saniert werden. Dazu wurden die alten Ausfachungen entfernt und die Gefache mit 16 cm dicken Sto-ThermCell-Platten (WLG 045) ausgemauert, wobei die Platten durch Dämmstreifen von den Balken entkoppelt sind. Anschließend wurde die gesamte Fachwerkkonstruktionen von außen mit 16 cm dicken Sto-ThermCell-Platten (WLG 045) überdämmt. Die äußere Dämmschicht wurde zusätzlich zum Verkleben durch Dübel in die Fachwerkbalken verankert. Da die Ausfachungen und die Außendämmung keine aussteifende Wirkung haben, wurde die Innenseite des Fachwerks aufgedoppelt und mit OSB-Platten beplankt, so dass auf der Innenseite eine 10 cm starke Perlite-Schüttung eingebracht werden konnte. Die Außenwanddämmung hat damit eine Stärke von ca 40 cm.

Straßenansichten des Hauses alt, vor und nach der Sanierung.

Zur Trocknung und thermischen Trennung des aufgehenden Mauerwerks vom Keller wurde abschnittsweise unterfangen, so dass Schaumglasblöcke (schwarze Schicht) eingesetzt und vermauert werden konnten.

Links: OSB-Platten als Luftdichtigkeitsschicht auf Rahmenhölzern vor der Fachwerkaußenwand.
Rechts: Wärmedämmung der Fachwerkwand mit Kalziumsilikatplatten in und vor den Gefachen.

Ansicht Straßenseite

Schnitt

Grundriss EG

Grundriss 1. OG

Grundriss 2. OG

125

Dachkonstruktion

Die Baugenehmigungsbehörde und das Denkmalamt stimmten einer Erneuerung des Dachstuhles zu. Dadurch konnte ein neuer Dachstuhl mit Sparren aus Konstruktionholz und mit einem Ringanker aus Leimbinder aufgesetzt werden. Die Dämmung erfolgte als Aufdachdämmung mit 14 cm starken PU-Platten (WLG 025), wobei zwischen die darauffolgende Konterlattung noch einmal 6 cm PU-Platten (WLG 030) verlegt wurden. Darauf folgten Unterspannbahn, Lattung, Biberdeckung.

Fenster

Die Fenster sollten soweit wie möglich in der Fassade erhalten bleiben. Dazu wurden alle alten Fenster ausgebaut, restauriert und anschließend in der Außendämmebene wieder eingebaut und eingeschäumt. Um eine passivhaustaugliche Fensterkonstruktion zu erlangen, wurden zusätzlich auf der Innenseite dreifachverglaste Passivhausfenster als Kastenfenster eingebaut. Um hier einen möglichst wärmebrückenfreien Anschluss an die Wandkonstruktion zu erhalten, wurden die Fenster an die innere Raumschale (OSB-Platte) punktuell angeschraubt und in die innere Dämmebene (Perlite-Schüttung WLG 045) eingebunden.

Gemeinsam mit der Einfachverglasung der zusätzlich gedichteten alten Fenstern dürften die neuen Passivhaus-Kastenfenster einen U_w von 0,8 W/m²·K erzielen, auch wenn der Nachweis messtechnisch erbracht werden müsste. Dass der g-Wert der Konstruktion nicht annähernd dem Passivhausstandard im Neubaubereich entspricht, fällt bei der starken Verschattung im Innenstadtbereich nicht sehr ins Gewicht.

Anlagentechnik

Für die Heizung und Lüftung wurde ein Zentrallüftungsgerät mit Gegenstrom-Plattenwärmetauscher, Wärmepumpe, Gleichstromventilatoren und integrierten Luftschalldämpfern der Firma Maico Haustechnik (System Aerex BW 160) mit einer Nennwärmeleistung von 1410 W eingebaut. Für die Warmwasserbereitung wurde zusätzlich ein 400 l-Speicher mit integriertem Wärmetauscher und Elektro-Heizstab installiert. Denn aus Denkmalschutzgründen konnte auf dem Hausdach keine Solaranlage zur Brauchwassererwärmung installiert werden. Deshalb wurde die Nachrüstung eines Pellet-Primärofens (Fa. Wodtke) eingeplant, um bei nicht ausreichender Wärmeleistung des Lüftungsgerätes ggf. nachheizen zu können.

Luftdichtheit

Insgesamt zeigt sich, dass ein schlüssiges Konzept zur Herstellung einer ausreichenden Luftdichtheit sehr schwierig umzusetzen war. Dahingehende Überlegungen mündeten schließlich in der Ausführung der Außenwände mit einer zusätzlichen Innenbeplankung aus OSB-Platten, wie sie beim Holztafelbau erfolgreich angewendet wird. Damit bot sich auch eine optimale Einbaumöglichkeit für die Fenster, die aus der OSB-Beplankung ausgeschnitten und nur punktuell über Konstruktionshölzer an der Innenschale befestigt wurden. Da der Fensterstock innenbündig gesetzt wurde, war eine optimale Abdichtung des Fenster-Wand-Übergangs mit Klebebänder möglich. Zusätzlich wurde die Fuge bei der nachfolgenden Gipskartonbeplankung nochmals überdeckt.

Ein weiterer schwieriger Punkt war die Einbindung der Sanitärzelle in die Luftdichtheitsebene. Nur mit großem Aufwand konnten die dreidimensionalen Anschlüsse an die Zellenschale hergestellt werden.

Überhaupt dürfte die Luftdichtheit bei dieser Sanierung zum Passivhaus mit der schwierigste Faktor sein. Das Ergebnis muss sicher von Zeit zu Zeit überprüft werden, da die Fachwerkkonstruktion weiterer Verformung unterworfen sein dürfte.

Links: Blick aus dem neuen Wohnzimmer zum Treppenaufgang, der durch eine Glasscheibe abgetrennt ist.

Rechts: Aufsetzen des neuen Dachstuhls mit Gauben.

Fazit

Die Sanierung begann im Sommer 1999, die Baumaßnahme wurde größtenteils mit engagierten Studenten ausgeführt, die ihre Passivhauserfahrungen bereits beim Projekt Sengotta (erstes Passivhaus in Bayern) gesammelt hatten, wenn auch mit völlig anderen Baustoffen. Im Sommer 2001 konnte das Altstadthaus von der Familie des Planers bezogen werden.

Projekt: Frauengasse 5, Günzburg
Architekt/Bauherr: Dipl.-Ing Martin Endhardt
Baujahr/Umbau: 18. Jhd./ 1999-2001

Bauteil	Maßnahmen	U [W/m²K]
Außenwand Mauerwerk	8 cm Innendämmung mit Sto-ThermCell, 30 cm Vollziegel-Mauerwerk, 16 cm St-ThermCell Außendämmung	0,16
Außenwand Fachwerk	12 mm Gipskarton,, 16 mm OSB-Platten, 100 mm Perlite-Schüttung, 18 cm Sto-ThermCell im Gefach + 16 cm Sto-ThermCell außen, Putz	0,11/ 0,14
Dach	Neue Tragstruktur aus Konstruktionsholz, Aufsparrendämmung mit 14 cm PU-Platten (WLG025) + 6 cm PU-Platten (WLG030) zwischen Konterlattung, Unterspannbahn, Lattung, Biberdeckung	0,13
Kellerdecke	10 – 70 cm Wärmedämmung unter Estrich	0,08
Fenster	Innen: IV68 aus Puren Kandel mit 3fach-Verglasung SG iplus 3c, außen in der Fassade: restaurierte Einfach-Fenster aus Bestand	U_F = 0,8
Haustechnik	Warmwasserbereitung: 400 l Brauchwasserspeicher, beheizt über Lüftungsgerät Aerex BW160 (Fa. Maico), ausgestattet mit Wärmepumpe Lüftung + Heizung: Kontrollierte Zu- und Abluftanlage mit WRG, Aerex BW160 (Fa. Maico) ausgestattet mit Wärmepumpe	Jahresheizwärmebedarf = 15 kWh/m²·a
Wohnfläche: 94,6 m²	A/V-Verhältnis: 287 m⁻¹	Baukosten: 1321 €/m²

9 Übersicht der haustechnischen Maßnahmen

Im Bereich Haustechnik (Heizung, Lüftung, Sanitär- und Elektroinstallation) sind eine ganze Reihe von Veränderungen und Verbesserungen möglich, welche die zuvor behandelten, energetisch wirksamen bautechnischen Maßnahmen (Kapitel 4 bis 8) sinnvoll ergänzen. Während die Wärmedämmmaßnahmen überwiegend in die äußere Hülle des Gebäudes eingreifen, geht es bei der Verbesserung der Haustechnik hauptsächlich um die innere Ausstattung des Hauses. Die haustechnischen Maßnahmen sind daher am besten im Zusammenhang mit Renovierungsmaßnahmen im Innenbereich auszuführen. Umgekehrt können notwendige Reparaturen an der Haustechnik natürlich auch Erneuerungsarbeiten in den Innenräumen anstoßen. Tabelle 9.1 gibt einen Überblick über gängige Maßnahmen im Bereich der Haustechnik mit Hinweisen zu den Auswirkung auf den Energieverbrauch.

Optionen offenhalten

Die Nutzung des Hauses unterliegt im Laufe der Zeit Wandlungen entsprechend der Lebenssituation der Bewohner: Soll etwa mittelfristig die Wohnung verkleinert und eine Einliegerwohnung abgeteilt werden? Oder müssen zusätzliche Räume erschlossen oder angeschlossen werden, z.B. zur Schaffung eines Kinderzimmers oder von Arbeitsräumen? Größere Erneuerungsmaßnahmen im und am Haus sollten zum Anlass genommen werden, auch die zukünftige Nutzung des Hauses und die eigenen Perspektiven zu überdenken, um absehbare Änderungen, z.B. der Raumaufteilung und der technischen Ausstattung (Heizung, Wasser/Abwasser, Strom), frühzeitig einzuplanen.

Eine entsprechende Anpassung der Installationsstruktur einzuplanen, heißt insbesondere

- bei Heizung und Warmwasserversorgung: Versorgungsleitungen legen und/oder soweit trennen, dass eine individuelle Nutzung und Verbrauchsabrechnung (z.B. über Wärmemengenzähler oder Warmwasserzähler) möglich ist;
- bei der Elektroinstallation: eine strukturierte Elektroinstallation mit separater Absicherung der Räume und ggf. Schaffung eines eigenen Zählerplatzes vorsehen;
- bei Einbau einer Lüftungsanlage für die Räume mit separater Nutzung eine eigenständige Luftführung und individuelle Einstellbarkeit der Lüftungsintensität vorsehen.

Wenn sowieso schon Handwerker im Haus sind und Dreck anfällt, kann die eine und andere Arbeit oftmals günstig mit erledigt werden. Und wenn für aufwendigere Maßnahmen gerade das Geld fehlt, ist es gut, im Zuge der laufenden Arbeiten Optionen für die Zukunft offenzuhalten bzw. zu schaffen.

Insgesamt wird der Installationsaufwand durch den technischen Fortschritt tendenziell größer; dem Rechnung zu tragen heißt zum Beispiel, Leerrohre für Telekommunikation, Computervernetzung oder neue Elektroinstallationen zu verlegen, einen Kanal für die Hauptleitung einer Photovoltaikanlage einzuplanen oder vorsorglich schon einmal die Leitungen zur Nachrüstung einer Solaranlage zu verlegen. Dabei hilft ein klar strukturierter und aufgeräumter Installations-/Hausanschlussraum, die Übersicht zu behalten.

Heizungstechnische Maßnahmen

Am Anfang der Heizungsplanung steht die Frage: Welcher Energiestandard soll im Zuge der energetischen Modernisierung erreicht werden? Grundsätzlich sollte die Leistung des Wärmeerzeugers, d.h. des Heizkessels, nicht größer gewählt werden als der Wärmebedarf des zu versorgenden Gebäudes. Nur dann ist ein optimaler Betrieb des Heizkessels mit niedrigen Bereitschaftsverlusten auch in der Übergangszeit gewährleistet. Aus diesem Grund ist der optimale Zeitpunkt für die Erneuerung des Heizkessels dann gekommen, wenn die Wärmedämmmaßnahmen am Haus weitgehend abgeschlossen sind. Mindestens aber sollten Umfang und Ziel der Wärmeschutzmaßnahmen sowie der Zeitpunkt der Realisierung feststehen, um die Leistung des neuen Wärmeerzeugers richtig bemessen zu können. Kurz: Die genaue Ermittlung des Heizenergiebedarfes nach Abschluss der Wärmedämmmaßnahmen ist die Voraussetzung für die Planung der Heizungstechnik.

Der deutlich niedrigere Wärme- und Heizenergiebedarf als Folge des verbesserten Wärmeschutzes (mit Einsparungen von 40 bis 80%) bietet Chancen zur Veränderung:

- Kleinere Heizkessel mit geringerer Leistung und ein geringerer Platzbedarf für das Brennstofflager schaffen Platz für anderweitige Nutzungen.
- Der geringere Brennstoffverbrauch ermöglicht auch die Nutzung von Holzenergie (z.B. Pellets) in Gebäuden, in denen dies bisher aus Platz- und Komfortgründen nicht möglich war.
- Niedrigere Vorlauf-/Rücklauftemperaturen (von 70/50°C oder gar 60/40°C) verbessern die Ausbeute der Brennwertnutzung bei Öl- und Gaskesseln spürbar, ermöglichen den Einsatz von Solarenergie zur Heizungsunterstützung und schaffen auch für eine Wärmepumpe günstigere Betriebsbedingungen.

Immer dann, wenn ein Kesselaustausch ansteht, sind auch grundlegendere Veränderungen erwägenswert, die vor dem Hintergrund des sowieso zu finanzierenden Erhaltungsaufwandes auch in der Kosten-Nutzen-Rechnung durchaus akzeptabel sind:

- Beispielsweise kann bei Umstellung von einem voluminösen Ölkessel auf eine wandhängende Gas-Brennwerttherme ein ganzer Kellerraum für andere Zwecke frei gemacht werden. Neben dem Platz-

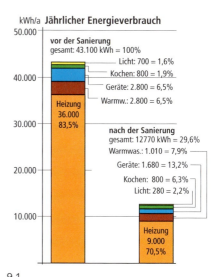

9.1
Beispiel für die anteiligen Energieverbräuche in einem Durchschnittshaushalt: Der überragende Anteil der Raumwärme einschließlich Warmwasserbereitung am Gesamtverbrauch unterstreicht die Bedeutung des Wärmeschutzes und der Heizungs- und Lüftungstechnik, wenn es darum geht, den Energieverbrauch zu senken.
Andererseits steigt der relative Anteil des Stromverbrauchs merklich an, sofern nicht auch in den Sektoren Geräte, Beleuchtung und Kochen energiesparende Maßnahmen durchgeführt werden.

gewinn und einer erheblich verbesserten Energieausnutzung ist als Folge eine Kaminsanierung unter Umständen unumgänglich.
- Wer sich für die Nutzung des erneuerbaren Energieträgers Holz entschieden hat, wird die Kombination des Stückholz- oder Holzpelletkessels mit einer Solaranlage – für die Warmwasserbereitung und ggf. auch zur Heizungsunterstützung in der Übergangszeit – sehr zu schätzen wissen; sie hilft nicht nur, Brennstoff zu sparen, sondern bringt auch eine Heizungspause im Sommerhalbjahr und damit einen beträchtlichen Komfortgewinn (entfallende Bedienung). Holz und Solarenergienutzung passen gut zusammen.
- In der Reihenhauszeile oder in Mehrfamilienhäusern sprechen energietechnische Gründe eindeutig für eine zentrale Heizungsanlage, weil so eine Heiztechnik mit optimalem Nutzungsgrad verwirklicht werden kann. Hier macht unter Umständen auch die Aufstellung eines Mini-Blockheizkraftwerkes zur Erzeugung der Grundlast an Wärme für die Warmwasserbereitung und Heizung einen Sinn.

Insgesamt gilt es bei der Entscheidung für eine neue Heizungsform zu bedenken, dass die Vorräte der fossilen Energieträger Erdöl und Gas begrenzt sind und sich daher Preis und Verfügbarkeit in den kommenden 10 bis 20 Jahren (die typische Lebensdauer eines neuen Heizkessels) empfindlich verändern können. Vor diesem Hintergrund ist es ein Zeichen von Weitsicht, wenn jemand die höheren Wärmekosten z.B. einer solaren Heizungsunterstützung oder eines Pflanzenöl-Blockheizkraftwerkes in Kauf nimmt, um dafür unabhängig(er) von importierten Brennstoffen zu werden.

Wenn vom Leitungsnetz berührte Bauteile erneuert werden (z.B. Fußboden, Wand bei Innendämmung, Vormauerung im Bad und WC), ist auch die Neuverlegung der Heizungsverteilung (ggf. einschließlich der Kalt- und Warmwasserversorgung) ernsthaft in Erwägung zu ziehen. Im Zweifelsfall wird man den Zustand der Rohre vom Fachmann genau untersuchen lassen. Dagegen kann eine zu sparsame Haltung („das hält noch…") sehr unliebsame Folgen haben, wenn schon bald nach einer aufwendigen Renovierung der Wohnräume durch die Erneuerung der Heizungsverteilung wieder Dreck und zusätzliche Kosten entstehen.

Ähnliches gilt für bestehende Heizkörper: Sind an einzelnen Heizkörpern oder an einer Fußbodenheizung bereits Undichtigkeiten festgestellt worden, kann dies Indiz für einen insgesamt schlechten Allgemeinzustand der Heizkörper bzw. der Fußbodenheizung sein und sollte zu einer generellen Prüfung Anlass geben. Die grundlegende Erneuerung dieser Bauteile lässt sich dann nur noch für einen begrenzten Zeitraum aufschieben, vielleicht solange, bis genügend Geld angespart ist oder bis eine günstige Gelegenheit für den Austausch der Heizkörper in Verbindung mit anderen Renovierungsarbeiten gegeben ist.

Lüftungstechnische Maßnahmen

Nach einer fachgerecht ausgeführten Wärmedämmung und Einbau neuer dicht schließender Fenster funktioniert die vom Altbau gewohnte Fugenlüftung nicht mehr. Wo nicht durch dauernd gekippte Fenster übermäßig gelüftet und Heizenergie verschwendet wird, macht sich im Winter die erhöhte Luftfeuchtigkeit vor allem in den kühleren Ruheräumen (Schlafzimmer, Gästezimmer) als Kondensat an den Scheiben bemerkbar und führt in ungünstigen Fällen zur Schimmelbildung am Fensterrahmen. In einer großen Wohnung, in der sich nur wenige Personen dauernd aufhalten, wird die Sorptionsfähigkeit der Wände und Decken ausreichen, um die anfallende Feuchtigkeit in ausreichendem Maße soweit zu puffern, dass sie durch konsequente Stoßlüftung (regelmäßiges kurzzeitiges Öffnen der Fenster) abgeführt werden kann. Bei beengten Wohnverhältnissen, „intensivem" Wohnen mehrerer Personen und erhöhter Feuchteproduktion durch Pflanzen, Kochen und Waschen funktioniert die manuell gesteuerte Bedarfslüftung in vielen Fällen nicht mehr, um die Feuchtigkeit wirksam abzuführen. Kondensat, ggf. in Verbindung mit Schimmelbildung an kühlen Flächen (Wärmebrücken, Fensterscheiben), ist die unweigerliche Folge.

Aus diesem Grund ist der Trend zur mechanischen, d.h. ventilatorgetriebenen Be- und Entlüftung verständlich und der richtige Weg, nicht nur in Neubauten, sondern auch in umfassend gedämmten Altbauten. Dabei zielt die mechanische Lüftung nicht in erster Linie auf Energieeinsparung, sondern vielmehr darauf, die Regulierung des Feuchtehaushaltes bei vertretbaren Lüftungswärmeverlusten sicherzustellen.

Erneuerungsmaßnahmen an der Haustechnik			
Heizungstechnische Maßnahmen	Einfluss auf den Energieverbrauch	**Lüftungstechnische Maßnahmen**	Einfluss auf den Energieverbrauch
Erneuerung des Heizkessels (NT- oder Brennwert-Kessel)	+ - ++	Einbau einer Abluftanlage	o
Einbau einer Kesselsteuerung (meist mit Kessel)	+	Einbau einer Zuluft-/Abluft-Anlage mit Wärmerückgewinnung	+ - ++
Umstellung auf anderen Brennstoff (z.B. von Öl auf Gas oder Holz)	o	**Maßnahmen an der Sanitärinstallation**	
Einbau einer Wärme-Kraft-Kopplung oder Wärmepumpe	++	Umstellung der Warmwasserbereitung auf zentrale Versorgung	- - o
Einbau einer Solaranlage zur Heizungsunterstützung	++	Einbau einer Solaranlage zur Brauchwasserbereitung	+
Umstellung v. Einzelöfen auf Zentralheizung	o	Erweiterung d. neue Zapfstellen (Komfort)	-
Umstellung von Etagen- auf Zentralheizung	o - +	Erneuerung der Rohrleitungen (Instandhalt.)	o
Kaminsanierung bzw. neuer Kamin	o	Einbau Regenwassersammelanlage	o
Erweiterung der Heizungsanlage (neue Heizkörper, neue Räume)	-	**Maßnahmen an der Elektroinstallation**	
Erneuerung des Rohrnetzes (Verteilung)	o	Erneuerung der Leitungen (Instandhaltung)	o
Umstellung von Schwerkraft- auf Pumpenanlage	o - +	Erweiterung der Installation (Steckdosen, Schalter Lampen etc.)	- - o
Verbesserung der Rohrwärmedämmung	+	Einführung einer Bus-Installation mit Kontroll- und Regeltechnik	o - +
Erneuerung der Heizkörper	o	Umstellung von Elektro- auf Gasherd	+
Einbau von Fußboden- und/oder Wandheizungen	o - +	Anschaffung stromsparender Haushaltsgeräte	++
Einbau stromsparende Umwälzpumpe	+	Umrüstung auf Energiesparlampen	+ - ++
Thermostatventile (EnEV-Anforderung)	+	Einbau netzgekoppelte PV-Anlage	+ - ++
++ hohe Energieeinsparung, + Energieeinsparung möglich, o verbrauchsneutral, – steigender Verbrauch			

Tabelle 9.1: Einfluss von Erneuerungsmaßnahmen an der Haustechnik auf den Energieverbrauch.

Die einfache Ausführung in Form einer *Abluftanlage* wird für Altbauten deswegen häufig gewählt, weil sie mit vergleichsweise geringem baulichem Aufwand auskommt und wenig Platz braucht. Neben einfachen Zuluftventilen in den Außenwänden der Wohn- und Schlafräume ist lediglich ein Abluft-Sammelkanal in Küche, Bad und WC mit einer Öffnung nach draußen zu verlegen. Ein regelbarer, möglichst geräuscharmer Abluftventilator sorgt dabei für einen kontinuierlichen, bedarfsgerecht einstellbaren Luftaustausch. Sofern die Lüftungsanlage nicht gleich im Zuge der allgemeinen wärmetechnischen Erneuerung eingebaut wird, sollten bei baulichen Änderungen an Decken oder Böden vorsorglich schon einmal entsprechende Kanäle für eine solche Anlage eingebaut werden.

Erheblich aufwendiger ist der Einbau einer *Lüftungsanlage mit Wärmerückgewinnung* (Be- und Entlüftung), vor allem im Altbau. Denn dabei müssen sowohl für die Zuluft Kanäle über ein Lüftungsgerät in die Wohn- und Schlafräume geführt, als auch für die Abluft entsprechende Kanäle wieder über das Lüftungsgerät nach draußen geführt werden. Im Lüftungsgerät ist der Wärmeaustauscher untergebracht (sowie die antreibenden Ventilatoren), der einen Teil der Wärme aus dem Abluft- auf den Zuluftstrom überträgt (50 bis 80%).

Hauptvorteil der *Lüftungsanlage mit Wärmerückgewinnung* (WRG) ist neben der gesicherten Entfeuchtung die Reduktion der Lüftungswärmeverluste. Der gegenüber einer Abluftanlage deutlich erhöhte Aufwand (mehr Rohre, mehr Platzbedarf, höhere Kosten) lohnt sich umso eher, je höher der Dämmstandard des Gebäudes ist. Für Gebäude mit Eiffizienzhaus 70-Standard oder besser ist die Lüftungsanlage mit WRG unverzichtbar, da sich diese Standards anders gar nicht erreichen lassen.

Sanitärinstallation

Die Erzeugung und Vorhaltung von warmem Wasser ist eine der wichtigsten energierelevanten Maßnahmen im Bereich Sanitärinstallation. Vor allem dort, wo die Warmwasserbereitung bisher dezentral erfolgte (in Elektroboilern oder Durchflussthermen), geht es bei der Erneuerung der Heizung auch um die Frage, ob sich die Umstellung auf eine zentrale Warmwasserbereitung lohnt. Vorteil der zentralen Lösung ist die effiziente Wassererwärmung durch die Heizungsanlage, die schnelle und komfortable Bereitstellung größerer Wassermengen (z.B. für ein Wannenbad oder bei mehreren gleichzeitig genutzten Zapfstellen) sowie die Möglichkeit, eine Solaranlage zu integrieren. Nachteilig gegenüber kleinen dezentralen Boilern sind die erhöhten Leitungsverluste, vor allem in Gebäuden mit weitverzweigtem Wasserleitungsnetz. Welche Lösung am Ende vorteilhafter ist, muss anhand der örtlichen Gegebenheiten im Einzelfall geprüft werden.

Im Übrigen werden Veränderungen an der Sanitärinstallation meist veranlasst durch den Wunsch nach einem neugestalteten Badezimmer und/oder zusätzlichen Wasserzapfstellen im Haus. Da die Wasserleitungen in der Regel unter Putz, im Boden oder hinter Vormauerungen liegen, sind Stemmarbeiten und damit verbundenem Schmutz fast unvermeidlich. Das spricht unbedingt dafür, fällige Leitungserneuerungen (z.B. erkennbar an starker Rostfärbung des Trinkwassers oder gar bei Leckage an Trinkwasser führenden Leitungen) nicht stückweise, sondern vollständig durchführen zu lassen. In diesem Zusammenhang bringt die Verlegung einer zusätzlichen Leitung zu den Toilettenspülkästen oft nur geringe Mehrkosten, ermöglicht dafür aber, gleich oder später, die Toilettenspülung mit Regenwasser betreiben zu können.

Elektroinstallation

Bei den Maßnahmen an der Elektroinstallation stehen oftmals weniger Energiesparaspekte im Vordergrund, sondern vielmehr die Anlagensicherheit und geänderte Ausstattungsansprüche. Aus Gründen der elektrischen Sicherheit ist es bei einer umfassenderen Renovierung angebracht, die 40 oder 50 Jahre alte Elektroleitungen und das ebenso alte Installationsmaterial zu ersetzen. Wenn die Leitungen bereits in Leerrohren geführt sind, ist das relativ leicht und schnell zu erledigen. Bei dieser Gelegenheit kann dann auch die Ausstattung mit Steckdosen, Lichtschaltern und Lampenanschlüssen den heutigen Bedürfnissen entsprechend ergänzt werden.

Energiesparende Maßnahmen sind vorwiegend bei der Anschaffung von Elektro-Haushaltsgeräten (Kühl- und Gefrierschrank, Elektroherd, Waschmaschine, Trockner etc.) möglich, indem alte Geräte nach und nach durch neue mit hoher Effizienz (möglichst Effizienzklasse A oder besser) ersetzt werden. Auch die Umstellung der Beleuchtung auf Energiesparlampen oder LED erfordert keinerlei bauliche Maßnahmen, sondern kann schrittweise überall vollzogen werden, sofern die gewünschte Lichtqualität und Leuchtkörper den Einsatz solcher Lampen erlauben. Auf die Auswahl energiesparsamer Hilfsaggregate (Motoren, Pumpen, Ventilatoren) bei der Heizung und Lüftung zu achten, sollte bei der Erneuerung bzw. Neuinstallation selbstverständlich sein.

Außerdem kann jeder, der über unverschattete südorientierte Flächen auf dem Dach oder an der Fassade verfügt, Sonnenenergie für die Stromerzeugung nutzen und den umweltfreundlich erzeugten Strom in das öffentliche Netz einspeisen. Eine Fotovoltaikanlage ist mittlerweile so günstig geworden (Baukosten ca. 1300 bis 1500 €/kW Nenn-/Spitzenleistung), so dass eine solche Investition hinsichtlich ihrer Wirtschaftlichkeit hohe Priorität genießt. Der Stromertrag einer gut installierten Anlage liegt bei ca. 800 - 900 kWh/a je kW Nennleistung; eine solche Energieausbeute wird mit keiner anderen Investition bei der Gebäudesanierung erreicht. Die mittlerweile sehr geringe Einspeisevergütung von 12,20 ct/kWh für Dachanlagen bis 10 kW_p (Stand 12. 2017) führt zu dem Trend, eher kleinere Anlagen mit hoher Eigenbedarfsdeckung zu installieren, d.h. den Strom weitgehend selbst zu nutzen und ggf. auch zu speichern.

Beispiel einer
Kühl-Gefrier-Kombi, Inhalt: 198 l
Energieverbrauch: 171 kWh/a, Effizienzklasse: A^{+++}

9.2
Ohne Baumaßnahmen energiesparend wirksam ist die Anschaffung effizienter Elektrohaushaltsgeräte (Kühl- und Gefrierschrank, Elektroherd, Waschmaschine, Trockner etc. der Energieeffizienzklasse A bis A^{+++}), ebenso die Umstellung der Beleuchtung auf Energiesparlampen, wo Lichtqualität und Leuchtkörper dies erlauben.
Bild: Fa. Liebherr

10 Heizung

Welcher Energieträger genutzt und welche Heiztechnik eingesetzt wird, nicht egal. Mit der EnEV 2002 wurde ein sehr differenziertes Planungs- und Bewertungssystem für Heizsysteme eingeführt. Dabei werden durch ein Bonus-Malus-System u.a. die Umweltfreundlichkeit des Brennstoffes einschließlich der Transport- und Umwandlungsverluste, die Anlageneffizienz und auch der zur Beheizung des Gebäudes erforderliche Primärenergiebedarf ermittelt und bewertet. Interessanterweise sind die Primärenergiefaktoren der in Betracht kommenden Energieträger keine feste Größe: Strom wird gemäß EnEV 2014 aufgrund des in den letzten Jahren stark angestiegenen regenerativen Anteils (aus Sonne, Wind und Biomasse) viel günstiger bewertet als bisher, und für Holzpellets sind z.B. in Österreich und der Schweiz wesentlich höhere Primärenergiefaktoren anzusetzen als in Deutschland. Eine europaweit einheitliche Festlegung der Primärenergiefaktoren ist politisch derzeit nicht in Sicht.

Bei der Entscheidung für eine neue Heizung sind andere Kriterien ausschlaggebend als beispielsweise bei der Dämmung der Gebäudehülle: z.B. kann niemand heute vorhersehen, wie sich der Markt und die Versorgungslage bei den fossilen Energieträgern entwickeln werden. Entsprechend schwierig sind die Aspekte Verfügbarkeit, Umweltverträglichkeit und Preisentwicklung für die einzelnen Energieträger zu beurteilen. Außerdem sind die Heizsysteme abgesehen von den Kosten auch mit unterschiedlicher Wartungsintensität verbunden: Während eine Gasbrennwerttherme nahezu wartungsfrei läuft, erfordert der Betrieb eines Pelletkessels einen vergleichsweise deutlich höheren Wartungs- und Reinigungsaufwand.

Somit bleibt bei der Auswahl eines neuen Heizungssystems nichts anderes übrig, als alle rationalen Gründe ebenso wie die persönlichen emotionalen Vorlieben sorgfältig abzuwägen. Das wird zu einer individuellen Entscheidung führen, die jeder selbst zu treffen und zu verantworten hat. Wer vorab die in den Kapiteln 5 - 8 beschriebenen Dämmmaßnahmen durchgeführt hat, ist in jedem Fall auf der sicheren Seite, da der zukünftige Energieverbrauch des Gebäudes auf ein verträgliches Minimum reduziert ist und damit die Voraussetzungen für eine energiesparende Versorgung gegeben sind.

Paradox erscheint beim Vergleich verschiedener Heizungstechniken folgender Zusammenhang: Je schlechter das Gebäude gedämmt und je größer der Energiebedarf des Hauses ist, umso größer sind die Spielräume für neue Heizsysteme, weil sich relativ hohe Anlageninvestitionen bei hohen Energieumsätzen eher lohnen als bei einem geringen Energieverbrauch. Denn je schlechter die Wärmedämmung eines Gebäudes und je höher der Energiebedarf ist, umso geringer fällt der Investitionskostenanteil (bzw. die Anlagenabschreibung) pro erzeugter Wärmeeinheit aus und umso wirtschaftlicher lässt sich die Investition in eine neue Heizung darstellen.

Deshalb ist der absolute Energiebedarf auch der entscheidende Faktor bei der Bestandsbewertung. Die etwas geringere Effizienz eines Altgerätes spielt bei sehr kleinen Energieumsätzen eine geringere Rolle als bei hohem Wärmebedarf. Somit ist die ungefähre Zielsetzung des Nutzers bei der Bestandsbewertung zu berücksichtigen.

Ein Beispiel: Ihr Gebäude verfügt über einen 15 Jahre alten funktionierenden Niedertemperatur-Gaskessel. Der Wärmebedarf liegt nach der baulichen Sanierung bei ca. 10.000 kWh/a entsprechend ca. 700 € Gaskosten. Würden Sie den alten Kessel sofort gegen einen neuen Brennwertkessel austauschen, ließen sich der Gasverbrauch und die Energiekosten um ca. 20% senken. Den Investitionskosten von ca. 6000 € für die Kesselerneuerung würde eine Energieersparnis von ca. 140 €/a gegenüberstehen. Aufgrund der Energiekostenersparnis würde sich diese Investition erst nach ca. 40 Jahren amortisieren, so dass sogar die Lebensdauer des neuen Kessels bei weitem überschritten wäre. Bei einem schlecht gedämmten Haus und einem jährlichen Wärmebedarf von 40.000 kWh läge die Amortisationszeit unter sonst gleichen Rahmenbedingungen bei etwa 10 Jahren. Auch wenn dieser Vergleich nicht alle Faktoren berücksichtigt, so zeigt er eine wichtige Tendenz: Je höher der Energieverbrauch, umso höhere Investitionen in energiesparende Technik führen zu einem wirtschaftlich vorteilhaften Ergebnis.

10.1
Die Erneuerung der Heizung zieht umfangreiche Konsequenzen nach sich, bietet aber auch die Gelegenheit, sich von manch ungeliebter Altlast zu befreien   Quelle: picture alliance /dpa

Tabelle 10.1
Abhängigkeit des Primärenergiebedarfes vom gewählten Heizungssystem bei einem sanierten Altbau (entspricht Effizienzhaus 115). Je nach Heizsystem lässt sich der erforderliche Primärenergiebedarf bei konstantem Heizwärmebedarf auf ein Drittel gegenüber einem Standard-Niedertemperaturkessel senken.

Primärenergiebedarf bei verschiedenen Heizsystemkombinationen gemäß EnEV (%)				
Heizenergiebedarf	ohne zusätzliche Maßnahmen	m. Brauchwassersolaranlage	mit solare Hz.-Unterstützung	mit Lüftungsanlage m. WRG
Gas-Niedertemperaturkessel	100%	88%	81%	85%
Öl-Niedertemperaturkessel	100%	88%	81%	85%
Gas-Brennwertkessel außerhalb der Gebäudehülle	92%	80%	73%	79%
Gas-Brennwertkessel innerhalb der Gebäudehülle	89%	78%	72%	77%
Pelletkessel	33%	30%	28%	34%
Sole-Wasser-Wärmepumpe	44%	39%	36%	40%
elektr. Direktheizung	109%	101%	92%	87%

10.1 Bestandsaufnahme

Manchmal genügt ein schneller Blick in den Heizungskeller und man weiß: Das Ding muss raus. Das ist insbesondere dann der Fall, wenn die Heizanlage vor 1985 gebaut worden ist, denn dann dürfen gemäß EnEV 2014 alte öl- und gasbetriebene Standardheizkessel nicht mehr betrieben werden. Von dieser Austauschpflicht befreit sind alle Ein- und Zweifamilienhausbesitzer, die ihr Haus seit 1.2.2002 oder länger selbst bewohnen, ebenso alte Niedertemperatur- und Brennwertgeräte. Bei einem Eigentümerwechsel ist der Austauschpflicht innerhalb von zwei Jahren nachzukommen.

Aber meist ist es nicht allein das Alter des Kessels, das zur Entscheidung für eine Erneuerung der gesamten Anlage führt; oft sind es schadhafte oder unzureichende Anlagenbauteile, deren alleiniger Austausch wenig Sinn macht, wie z.B. ein schlecht gedämmter, verkalkter Warmwasserspeicher, korrodierte und schlecht gedämmte Verteilungsrohre oder überdimensionierte Heizungspumpen. Ab einem gewissen Anlagenalter lohnt es in der Regel nicht, nur einzelne Teile der Anlage auszutauschen oder nachzurüsten, weil vielleicht schon in einem Jahr das nächste Bauteil zu ersetzen ist. Dann ist die Installation eines perfekt abgestimmten Gesamtsystems die richtige Lösung.

Allerdings gibt es auch Anlagen, bei denen diese Entscheidung nicht so eindeutig getroffen werden kann. Für diese Fälle hat das Forum Energieeffizienz in der Gebäudetechnik e.V. (www.vdzev.de) ein praxisgerechtes, verbraucherorientiertes Verfahren entwickelt, den Heizungs-Check nach DIN EN15378. Dieses standardisierte Verfahren betrachtet die gesamte Heizungsanlage vom Wärmeerzeuger über die Wärmeverteilung bis zur Wärmeübergabe. In festgelegten Schritten und anhand vorgegebener Parameter werden die einzelnen Anlagenkomponenten beurteilt und mit Negativpunkten bewertet. Am Ende stellt die Punkteverteilung ein Maß für die jeweils mögliche Energieeinsparung dar.

Die Untersuchungen wie auch der Inspektionsbericht orientieren sich eng an dem in der Norm beschriebenen Maßnahmenkatalog, in dem auch die Handlungsschritte beschrieben sind:
- Datenaufnahme, Berechnung und Auswertung unter Anwendung der Bewertungsgrundlagen,
- Einstufung der Ergebnisse,
- Auflistung der daraus abzuleitenden Modernisierungsempfehlungen.

Der Heizungs-Check besteht aus:
- Messungen am Wärmeerzeuger mit
  - Abgasverlust bei Volllastbetrieb,
  - Oberflächenverlust bei Volllastbetrieb,
  - Ventilationsverlust (Wärmeverlust durch Abgassystem 30 s nach Brennerschluss),
- einer visuellen Inspektion und
- einer technischen Bewertung der Heizungsanlage unter den Aspekten
  - Wärmeerzeugung: Überdimensionierung, Brennwertnutzung, Kesseltemperaturregelung
  - Wärmeverteilung: hydraulischer Abgleich, Heizungspumpe, Dämmung von Leitungen und Armaturen
  - Wärmeübergabe: Wirksamkeit der Raumtemperaturregelung.

Tabelle 10.2:
Heizungscheck gemäß DIN EN 15378. Es werden max. 100 Maluspunkte vergeben, 0 Maluspunkte bedeutet eine optimale Heizungsanlage. So entsteht ein differenziertes Bild hinsichtlich der vorhandenen Qualität.

Heizungscheck gemäß DIN EN15378		
1.	Wärmeerzeugung	mögliche Punktzahl
1.1	Abgasverlust nach 1.BImSchV	0 - 15
1.2	Oberflächenverlust	0 - 8
1.3	Ventilationsverlust	0 - 5
1.4	Brennwertnutzung	0 - 5
1.5	Heizanlage überdimensioniert	
1.6	Regelung	
	mit Kesselthermostat/ohne Regelung (ohne zeitabhängige Regelung) oder	10
	raumgeführte Regeleinrichtungen ohne Zeitsteuerung oder	7
	raumgeführte Regeleinrichtungen mit Zeitsteuerung oder	5
	außentemperaturgeführte Regelung ohne Zeitsteuerung oder	2
	außentemperaturgeführte Regelung mit Zeitsteuerung	0
	Regelung richtig (0) oder erkennbar falsch (2) eingestellt	0-2
	Zwischensumme 1	max. 48
2.	Wärmeverteilung	
2.1	Hydraulischer Abgleich	
	nicht durchgeführt oder	7
	durchgeführt in Einrohranlagen	3
	durchgeführt in Zweirohranlagen	0
2.2	Pumpe	
	ungeregelt, überdimensioniert oder	10
	ungeregelt, korrekt dimensioniert o.	5
	geregelt, zu hoch eingestellt oder	5
	geregelt, korrekt eingestellt	0
2.3	Rohrleitungsdämmung	
	ohne Dämmung oder	20
	mäßige Dämmung oder	10
	Dämmung gem. EnEV	0
	Zwischensumme 2	max. 37
3.	Wärmeübergabe	
3.1	Heizkörper	
	Handrad oder	15
	Thermostatvent. ohne CENCER-Mark	10
	oder Thermostatventil alt oder	6
	Thermostatventil neu oder	2
	Regler mit Zeitprogramm	0
3.2	oder Fußbodenheizung	
	Handventil oder	15
	Einzelraumregelung oder	3
	Einzelraumregel. mit Zeitprogramm	5
	Zwischensumme 3	max. 15
	Gesamtsumme	**max. 100**

10.2
Die Thermographieaufnahme zeigt Schwachstellen im Bereich der Heizkörpernischen und der Heizungssteigleitung. Hier steht der warme Heizkörper direkt vor dem schwächsten Punkt der Aussenwand. Man erkennt sogar die Heizkörperbefestigung in der Wand (rechts oben im Bild).

10.3
Heizkörper waren in schlecht gedämmten Altbauten ohnehin sehr groß, zur Sicherheit wurden diese gerne zusätzlich überdimensioniert.

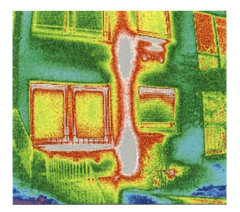

10.4
Die Wärmedämmung der Heizungsrohre im Keller sind ein eindeutiger Indikator für das Alter des Rohrsystems: Eine gipsummantelte Rohrdämmung wird seit über 50 Jahren nicht mehr ausgeführt.

Der zeitliche Aufwand für die Inspektion einer kleineren Heizungsanlage beträgt etwa 1 Stunde zuzüglich Beratung. Anhand der max. 100 zu vergebenden Negativpunkte entsteht ein transparentes und aussagekräftiges Bild über die Schwachstellen der drei Anlagenkomponenten. Ergänzend können Thermographieaufnahmen dazu beitragen, Schwachstellen im Zusammenhang mit einer schlecht gedämmten Gebäudehülle offenzulegen.

Nach einer solchen Bestandsaufnahme gibt es grundsätzlich drei Möglichkeiten:

1. die gesamte Anlage muss/soll erneuert werden,
2. die Anlage wird in Teilen erneuert oder optimiert,
3. die Anlage kann im Wesentlichen so bleiben wie sie ist.

Wenn Sie nach der Beratung durch Ihren Architekten oder Fachhandwerker zum Ergebnis kommen, dass die Anlage am besten komplett zu erneuern ist, lohnt es sich, auch alternative Heizungsformen in Betracht zu ziehen, selbst wenn der Ersatz vorhandener Komponenten wie Kessel, Regelung, Leitungen und Heizkörper durch ihre technisch verbesserten Nachfolger vielleicht am ehesten naheliegt. Das gilt besonders dann, wenn im Rahmen der Modernisierung so gravierende Eingriffe wie neue Fensteröffnungen und Fußböden anstehen, dass Änderungen von Lage und Größe der vorhandenen Heizkörper unumgänglich sind. Aber auch bei kleinerer Lösungen lohnt es sich, über Optionen nachzudenken, denn bei der Gebäudeheizung wird sich in den nächsten 20 Jahren mit Sicherheit mehr ändern als z.B. bei den Maßnahmen zur Wärmedämmung.

10.2 Auswahl des Energieträgers

Womit wird in Deutschland geheizt? Von den insgesamt 38,4 Mio. Wohnungen in deutschen Alt- und Neubauten wurde im Jahr 2012 knapp die Hälfte mit Erdgas beheizt (49,2%), Heizöl kommt in 29% aller Wohnungen zum Einsatz, während 12,8% aller Wohnungen an die Fernwärme angeschlossen sind. In 5,4% der Wohnungen wird Strom mit Hilfe von Wärmepumpen und Nachtspeicherheizungen zur Heizenergieerzeugung genutzt (Quelle: Bundesverband der Energie- und Wasserwirtschaft, www.bdew.de).

Bei einer Kompletterneuerung der Heizungsanlage kann ggf. auch der Energieträger neu gewählt werden. Dabei sind folgende Kriterien bedenkenswert und die Antworten anhand einer persönlichen Prioritätenliste zu werten:

- Welche Versorgungssicherheit ist gegeben, welche Preiserhöhungen sind zu erwarten?
- Welche Versorgungsinfrastruktur ist vorhanden (z.B. Erdgas- oder Fernwärme-Anschluss, Öltank)?
- Ist ausreichend Lagerraum für den Energieträger verfügbar? Ist die Erreichbarkeit mittels LKW gewährleistet?
- Welche Investitions- und Verbrauchskosten sind zu erwarten?
- Welcher Bedienungskomfort soll erreicht werden?
- Welche Anforderungen an die Primärenergiefaktoren ergeben sich aus dem angestrebten Effizienzhausstandard?
- Welche ökologische Zielsetzung ist mit der Wahl des Energieträgers verbunden?
- Wird der gesetzliche vorgeschriebene regenerative Mindestanteil zur Deckung des Wärmebedarfs erreicht?
- Bei welchem Energieträger können Sie am besten schlafen?

Konventionelle Energieträger

Erdgas

Erdgas ist ein hochwertiger, relativ sauberer Energieträger, der mit geringen Schadstoffemissionen verbrannt werden kann. Etwa die Hälfte alle Haushalte in Deutschland heizt derzeit mit Erdgas. Allerdings ist zu bedenken, dass der größte Teil der Weltreserven aus politisch schwierigen Ländern (ca. 55% aus Russland, Iran, Katar, Quelle: Bundesanstalt für Geowissenschaften und Rohstoffe) herangeführt wird. Das Erdgasnetz ist in nahezu allen größeren und kleineren Städten sehr gut ausgebaut, für den ländlichen Bereich fernab vom Gasnetz bietet sich *Flüssiggas* als etwas teurere Alternative zum Erdgas an. Man benötigt hierfür einen Tank, der oberirdisch oder unterirdisch außerhalb des Gebäudes untergebracht werden muss. Alle

Tabelle 10.3:
Was kosten 10.000 kWh/a Heizenergie in den nächsten 20 Jahren in Abhängigkeit von den zu erwartenden Preissteigerungen? Preisstand der Brennstoffe: 12.2017

Brennstoff	spez. Brennstoffkosten ct/kWh	Kosten bei linearer Energiepreissteigerung		
		3%/a	5%/a	8%/a
20 x 1000 m³ Erdgas	0,058	15.585 €	19.178 €	26.542 €
20 x 714 kg Flüssiggas	0,070	18.809 €	23.146 €	32.033 €
20 x 1000 l Heizöl	0,059	15.853 €	19.509 €	27.000 €
20 x 2041 kg Pellets Siloware	0,048	12.898 €	15.872 €	21.966 €
20 x 2041 kg Pellets Sackware	0,055	14.778 €	18.186 €	25.169 €
20 x 5,6 rm Stückholz	0,060	16.122 €	19.839 €	27.457 €
200.000 · 0,33 kWh Strom (WP, Lz=3,0)	0,189	16.847 €	20.732 €	28.693 €
200.000 kWh Strom (Haushalt)	0,270	27.549 €	89.278 €	123.557 €

Eigenschaften verschiedener Energieträger

Brennstoff	Energie-inhalt H_o	Primär-energie-faktor	Verfügbarkeit lokal	Verfügbarkeit global	Emissionen CO_2	Emissionen sonst.	Lager-raum nötig?	Brenn-wert-nutzung	Anmerkung
Erdgas	11,0 kWh/m³	1,1	+/−	−	+/−	++	nein	ja	z.Zt. günstigste Gesamtlösung
Flüssiggas	14,0 kWh/kg	1,1	+/−	−	+/−	++	ja	ja	Flüssiggaspreis hoch
Heizöl	11,9 kWh/kg	1,1	+	−	+/−	+	ja	ja	nur noch empfehlenswert bei fehlender Alternative
Steinkohle			+/−	+/−			ja	nein	für reine Heizzwecke ungeeignet
Fernwärme	1,0 kWh	0,5 - 0,8	?		++	++	nein	nein	bei Erzeugung in KWK sehr sinnvoll, z.T. hohe Kosten
Strom direkt	1,0 kWh	1,8	+	+	− −	− −	nein		hohe Verbrauchskosten und Emissionen, bei sehr kleinen Energieumsätzen attraktiv
elektrische Wärmepumpe	2,8 - 3,8 kWh/kWh	1,8	+	+	+/−	+/−	nein		bei guter Auslegung akzeptabel, Flächenheizung erforderlich, gute Zukunftsperspektive
Stückholz	4,3 kWh/kg	0,1	+	+	++	+/−	ja	nein	hohe Anschaffungskosten, bis 50 kW Leistung sinnvoll
Holzschnitzel	3,3 kWh/kg	0,1	+	+	++	+/−	ja	nein	hohe Anschaffungskosten, ab 80 kW Leistung sinnvoll
Holzpellets	4,9 kWh/kg	0,2	+	+	++	+/−	ja	eingeschr.	hohe Anschaffungskosten, ab 10 kW sinnvoll
Sonnen-energie	<500 kWh/m²a$_{therm}$ <180 kWh/m²a$_{elektr}$	0	+	+	++	+/−	ja	nein	nur als ergänzender Energieträger nutzbar

++ sehr gut; + gut; +/− unterschiedlich, situationsabhängig; − schlecht; − − sehr ungünstig

Tabelle 10.4: Eigenschaften verschiedener Energieträger.

aktuell lieferbaren Gaskessel können auch auf Flüssiggas umgestellt werden.

Heizöl

Der Anteil des Heizöls an der Wärmeerzeugung geht kontinuierlich zurück. Dafür sind folgende Gründe ausschlaggebend:

- hohe Preisschwankungen in den letzten Jahren,
- sehr hoher CO_2-Ausstoß,
- höhere Aufwendungen in der Vorratshaltung,
- höhere Kosten und geringere Effizienz der Brennwerttechnik gegenüber Gas,
- Geruchsbelästigung.

Die Versorgungssicherheit ist aller Voraussicht nach ungünstiger einzuschätzen als beim Erdgas, da der weltweite Anstieg der Mobilität einen wachsenden Ölbedarf und somit unvorhersehbare Preissteigerungen zur Folge haben kann. Auch hier müssen die wesentlichen Lieferländer als politisch nicht besonders zuverlässig eingestuft werden.

Nur für den Fall, dass ein funktionsfähiges Heizöl-Lager besteht, ein Gasanschluss nicht vorhanden ist und auch sonstige Heizsysteme (Pellets, Wärmepumpe etc.) ausgeschlossen werden, sollte weiter mit Öl geheizt werden. Argumente wie Versorgungssicherheit und geringe Schadstoffemissionen könnten eine Umstellung auf Holzpellets oder Gas begünstigen. Bei den Investitions-, Wartungs- und Energiekosten ist die Gasheizung der Ölheizung überlegen. Die Brennwertnutzung ist bei Heizöl weniger effizient als bei Gas.

Fern- und Nahwärme

Fernwärme aus Heizkraftwerken ist ein Abfallprodukt der Stromerzeugung, wobei ggf. genauer zu prüfen ist, wie die tatsächliche Energiebilanz des erzeugenden Kraftwerks einzuschätzen ist. Fernwärmeversorger müssen darüber Auskunft geben, welcher Primärenergiefaktor für die gelieferte Wärme anzusetzen ist. In die Primärenergiebilanz fließen der Brennstoff (fossil oder regenerativ), die Effizienz der Stromerzeugung und die Leitungsverluste mit ein. Fernwärme aus reinen Heizwerken ist nur dann interessant, wenn dieses weitgehend mit regenerativen Brennstoffen befeuert wird.

Nahwärme (d.h. Wärme aus einem kleinen, dezentralen Netz) aus dezentraler Kraft-Wärme-Kopplung wird an Bedeutung zunehmen, da diese im Gegensatz zu Großanlagen sehr schnell auf die Lastwechsel des öffentlichen Stromnetzes reagieren können. Sind viele Einspeiser (Wind, Fotovoltaik) am Netz, dann ruht die Anlage, bei hohem Stromverbrauch und geringem Anteil regenerativer Energie läuft die Anlage. Hierfür ist ein abgestimmtes Pufferspeichersystem in Verbindung mit einem Spitzenlastheizsystem notwendig. Auch wenn die Wärmebezugskosten (€/kWh) von Fern- und Nahwärmesystemen durchweg höher sind als bei konventioneller Wärmeerzeugung (ohne Anlagenabschreibung gerechnet), so spart der Endkunde die Investition in eine

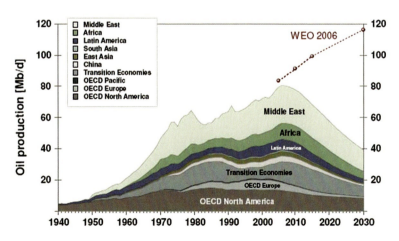

10.5: Entwicklung und Prognose zur weltweiten Erdölförderung. Quelle: Energy Watch Group 2008

eigene Heizung einschließlich Wartung und somit Kosten, die im Wärmekostenvergleich durch Abschreibung und Betriebskosten den reinen Energieverbrauchskosten hinzugerechnet werden müssen.

Strom

Aufgrund der Veränderung des Strommarktes und des zunehmenden Anteils an regenerativem Strom im Netz (2012 = 23%, Quelle: www.bdew.de) wird der Primärenergiefaktor in der EnEV 2014/2016 neu bewertet. Damit ist die Umwandlung von Strom in Wärme auch kein Tabu mehr. Die naheliegende Verwendung ist der Betrieb von Wärmepumpen, welche Umweltwärme auf geringem Temperaturniveau (Erdreich, Grundwasser, Ab- oder Außenluft) auf ein für Heizzwecke nutzbares Niveau verdichten. Diese Art der Wärmeerzeugung wird in den nächsten Jahren hohe Zuwachsraten erzielen.

Eine *elektrische Direktheizung* ist bei sehr kleinen Energieumsätzen (z.B. im Passivhaus) oder zur Abdeckung von Spitzenlasten durchaus überlegenswert, da die Investition in eine Heizanlage in keinem Verhältnis zu den Verbrauchskosten steht. Auch wenn der Primärenergiefaktor durch zunehmende regenerative Stromerzeugung zukünftig weiter gesenkt wird, ist dieser trotzdem noch so hoch, dass der KfW-Effizienzhausstandard bei gegebenem baulichem Wärmeschutz durch die reine Stromheizung um mindestens ein bis zwei Stufen schlechter wird.

Erneuerbare Energieträger

Seit 2008 fordert das Erneuerbare-Energien-Wärmegesetz (EEWärmeG) für alle Neubauten und sanierten Altbauten der öffentlichen Hand einen Mindestanteil an erneuerbarer Energie bei der Gebäudeheizung, und zwar

- 15% des Wärmebedarfes bei Nutzung solarthermischer Systeme einschließlich passiver Nutzung durch transparente Bauteile (z.B. Fenster),
- 30% des Energieeinsatzes bei Nutzung von Biogas,
- 50% des Heizenergiebedarfes bei Nutzung von Holz, Biodiesel oder geothermischen Anlagen.

Auch wenn diese Quoten nur bei der Sanierung von Altbauten der öffentlichen Hand gesetzlich vorgeschrieben sind, so bieten sie doch einen Anhaltswert für private Sanierungen, da ähnliche Quoten mittelfristig für alle Gebäude zu erwarten sind.

Holz

Heizen mit Holz war früher eher eine körperlich anstrengende, unkomfortable und mit Schmutz- und Geruchsbelästigungen verbundene Art der Wärmeerzeugung. Durch industrielle Restholz-Verarbeitungstechniken (schreddern, pressen etc.) sind in den vergangenen Jahren genormte Holzprodukte wie Pellets und Hackschnitzel entstanden, die eine vollautomatische Beschickung und lastabhängige Regulierung von Holzheizkesseln ermöglichen.

Wesentliche Argumente für eine Holzheizung sind:

- Holz ist ein regenerativer und nahezu CO_2-neutraler Brennstoff mit niedrigem Primärenergiefaktor.
- Die Holzheizung ermöglicht die Restholzverwertung sowie die Verarbeitung von unbehandelten Holzabfällen aus holzverarbeitenden Betrieben.
- Sie dient der Stabilisierung der regionalen Forstwirtschaft sowie der Erhaltung und Schaffung von regionalen Arbeitsplätzen.

Sehr große Verbreitung haben inzwischen Pelletheizungen gefunden. 2013 waren in Deutschland ca. bereits 300.000 Pelletheizungen und -öfen in Betrieb, was allerdings weniger als 4% aller deutschen Haushalte ausmacht. Aufgrund der im Vergleich zu Heizöl und Gas sehr günstigen Pelletpreise ist auch in den nächsten Jahren mit Zuwächsen bei dieser Heizungsform zu rechnen. Mit der aktuellen deutschen Pelletproduktion (Stand 09/2013) von derzeit ca. 2.200.000 Tonnen/a können alle derzeit betriebenen Pelletheizungen und -öfen aus einheimischen Wäldern versorgt werden. Abb. 10.6 zeigt die momentan in Deutschland verfügbaren Produktionskapazitäten.

Holzpellets gemäß DIN 51731 sind Presslinge aus naturbelassenem, geschreddertem Holz. Pellets der Größe HP 5 haben einen Durchmesser von 4 bis 10 mm und eine Länge unter 5 cm. Der Heizwert (4,9 kWh/kg) von 1 kg Pellets entspricht etwa 0,5 l Heizöl bzw. 0,5 m³ Erdgas. Die verbleibende Asche (ca. 1% des Pelletvolumens) kann über den Hausmüll entsorgt oder als Gartendünger genutzt werden. Der durch Pressen homogenisierte Brennstoff eignet sich hervorragend für den automatisierten Betrieb in Heizkesseln kleiner bis mittlerer Leistung. Pelletheizungen werden ähnlich wie Heizöl eingekauft, in Tankwagen angeliefert und in trockenen Räumen oder in Silos als Schüttgut gelagert. Das Lagervolumen sollte etwa für einen Jahresbedarf ausreichen.

Stückholz wird als Haupt-Brennstoff in Zentralheizungskesseln vor allem in ländlichen Regionen genutzt, kommt aber auch als Ergänzungs-/Reserve-Brennstoff in Kaminöfen begeisterter Stadtbewohner zum Einsatz. Da bei einem gut gedämmten Altbau die Heizleistung der Holzöfen weit größer ist als der Wärmebedarf des Aufstellraumes, sollten Holzöfen möglichst mit integrierter Wassertasche in Verbindung mit einem Pufferspeicher betrieben werden. Aufgrund der Anforderungen der novellierten 1. BImschV müssen neu errichtete Stückholz-Kessel und -Öfen ab 31.12.2014 verschärfte Anforderungen hinsichtlich Feinstaub- und CO-Emissionen einhalten.

Stückholzkessel für größere Gebäude mit einem Wärmebedarf von mindestens 20 kW sind vor allem in ländlichen Gegenden mit entsprechendem Holzangebot und kur-

Pelletproduktion und Inlandsbedarf in Deutschland

Pellets in Tausend t — Kapazitäten, Produktion, Verbrauch

Jahr	Kapazitäten	Produktion	Verbrauch
2011	2.700	1.880	1.400
2012	3.100	2.200	1.700
2013	3.200	2.250	2.000
2014	3.200	2.100	1.800
2015	3.200	2.000	1.850
2016	3.300	1.950	2.000
2017 (Prognose)	3.400	2.300	2.200

10.6: Pelletproduktion und Inlandsbedarf. Quelle: Deutsches Pelletinstitut/DEPI

zen Transportwegen sinnvoll, sofern ausreichend Platz für die Trocknung und Bevorratung des Brennstoffes vorhanden ist. Die Brennstoffkosten sind günstiger als bei der Pelletheizung, dafür ist ein höherer Bedienungsaufwand für die Brennstoffzufuhr in Kauf zu nehmen.

Bei *Hackschnitzeln* handelt es sich um geschreddertes Holz in genormten Größen, das aus Waldholz, Landschaftspflegeholz, aus Sägewerksnebenprodukten und aus naturbelassenem Altholz hergestellt wird. Die Verbrennungstechnik ist aufwendiger und der Platzbedarf für Kessel und für Speicherung des Brennstoffs höher als bei Öl oder Flüssiggas. Hackschnitzelheizungen sind bei guter Verfügbarkeit des Brennstoffs zu günstigen Preisen (z.B. Land- und Forstwirtschaft, holzverarbeitendes Gewerbe etc.) sinnvoll, sofern das zu versorgende Gebäude eine so hohe Anschlussleistung besitzt, dass die beträchtlichen Investitionskosten durch den niedrigen Brennstoffpreis aufgewogen werden. Verschiedene Anreizprogramme von Bund und Ländern fördern den Einbau effizienter Holzheizungen.

Solarthermische Systeme

Die Wärmeerzeugung mit einer thermischen Sonnenkollektoranlage ist grundsätzlich die umweltfreundlichste Variante der Wärmebereitstellung, da außer dem Strom für die Umwälzpumpe keine Energie benötigt wird. Sonnenenergie kann jedoch nur im Sommer und in Übergangszeiten spürbare Wärmeerträge liefern, im Winter sind die eingestrahlten Energiemengen hierzulande einfach zu gering.

Thermische Solaranlagen mit einer relativ geringen Kollektorfläche (1,2 - 1,8 m² Kollektorfläche/Person) werden überwiegend für die Erwärmung von Trinkwasser installiert (siehe Kapitel 12.2). Wo eine solche Anlage ohnehin geplant ist, sollte eine etwas größere Kollektorfläche (7 - 10 m²/100 m² Wohnfläche) mit ebenfalls größerem Heizwärmespeicher in Erwägung gezogen werden. Solche Solaranlagen zur Brauchwassererwärmung und Heizungsunterstützung erzeugen entsprechend mehr Solarwärme, die auch zur Heizung in der Übergangszeit Beiträge liefert. Reicht die Wärme vom Sonnenkollektor nicht mehr aus, kann ein Heizkessel, eine Wärmepumpe oder in Ausnahmefällen ein elektrischer Heizstab den Rest der Wärme nachliefern. Zur Optimierung des Anlagenwirkungsgrades sollte das Heizsystem auf niedrige Vorlauf-/Rücklauftemperaturen (max. 55/45°C, besser 45/35°C) ausgelegt werden, entweder durch großzügig bemessene Heizkörper oder besser durch eine Fußboden- oder Wandheizung.

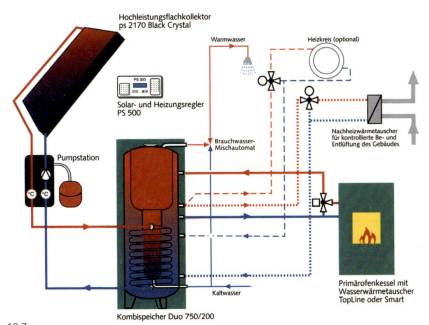

10.7
Schema eines Pelletkessels bzw. Pelletofens mit Heizungsanschluss in Verbindung mit einer Solaranlage zur Warmwasserbereitung und Heizungsunterstützung. Quelle: Pro Solar

Die Mehrkosten für den größeren Kollektor und Wärmespeicher, ca. 600 bis 800 €/m² Kollektorfläche, bleiben gegenüber einer reinen Brauchwasser-Solaranlage durchaus im vertretbaren Rahmen, zumal die solare Heizungsunterstützung weiterhin öffentlich gefördert wird (www.bafa.de). Solare Heizbeiträge von 10 bis 20% des jährlichen Wärmebedarfes können als realistisches Planungsziel angesehen werden. Die spezifischen Wärmekosten steigen mit einer weiteren Zunahme der Kollektorfläche und des resultierenden Heizbeitrages erheblich an, so dass es finanziell nicht lohnt, eine solare Vollversorgung anzustreben.

Bei unsanierten Altbauten ist die Effizienz einer heizungsunterstützenden Solaranlage höher, da aufgrund der längeren Heizperiode im Herbst und Frühjahr höhere solare Deckungsbeiträge erreicht werden. Denn durch die Gebäudedämmung wird nicht nur der absolute Wärmebedarf gesenkt, sondern auch die Heizperiode verkürzt, so dass die ohnehin geringe Effizienz der solaren Heizungsunterstützung mit zunehmenden Dämmstandard weiter zurückgeht.

Von einer Beheizung des Hauses überwiegend mit Sonnenenergie ist in unseren Breiten abzuraten, da der Aufwand für die (Langzeit-) Wärmespeicherung um ca. einen Faktor 10 höher liegt als für die solare Warmwasserbereitung.

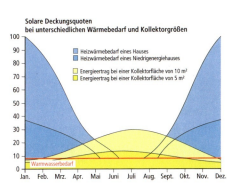

10.8
Eine auf Heizungsunterstützung ausgelegte Solaranlage deckt den Wärmebedarf zur Trinkwassererwärmung weitgehend und liefert in der Übergangszeit Beiträge zur Raumheizung.

10.9
Fassadenkollektoranlage im Geschossbau. Wenn die Fassadenfläche nicht für große Fensterflächen gebraucht wird und das Dach für Fotovoltaik freigehalten werden soll, stellt die Südfassade durchaus eine Alternative dar: zwar mit weitaus geringerer sommerlicher Leistung, dafür mit höherem Winterwirkungsgrad.

Brennstofflager – Größen und Anforderungen	
Brennstoff / Lagervolumen	Anforderungen an die Lagerräume
Heizöl 1 bis 2 facher Jahresverbrauch, d.h. bei 15 MWh/a Wärmebedarf (150 m² WF im sanierten EFH/ZFH) ca. 1500 – 3000 l	Bei kleinen Volumina (< 3000 l) vorzugsweise im belüfteten Innenraum in Kunststofftanks mit Auffangwanne, z.B. im Heizraum hinter einer Abmauerung; Lagerung im Erdreich nur in doppelwandigen Stahl- oder GFK-Tanks.
Flüssiggas 0,6 bis 1 facher Jahresverbrauch: d.h. bei 15 MWh/a Wärmebedarf ist ein 800 – 1200 l Drucktank erforderlich	Am besten außerhalb von Gebäuden; Drucktank oberirdisch mit 3 m Sicherheitszone, oder im Erdreich eingegraben (Sicherheitszone beachten)
Holzpellets 1,2 - 1,5 facher Jahresverbrauch: d.h. bei 15 MWh/a Wärmebedarf also 5,5 - 7 m³/a; für Pelletkaminöfen, die nur gelegentlich betrieben werden, ist Sackware günstiger (3000 kWh=1m³, raumhoch stapelbar)	Trockener Raum (3 - 8 m²) im Haus (Pelletsbunker mit Trichter) nahe der Heizung, so dass Transport zum Kessel mit Förderschnecke oder Gebläse möglich ist; alternativ: im Pelletssilo unter Dach, in ebenerdigem Nebenraum, Garage o.ä.; zwecks Nachfüllen des Lagers Zufahrt mit LKW erforderlich bis max. 30 m Entfernung, Lagerraum muss sicherheitstechn. Anforderungen genügen.
Stückholz Mind. 2-facher Jahresverbrauch zwecks ausreichender Trocknung; bei 15 MWh/a Wärmebedarf also zweimal 5 Raummeter (5 rm = 15 MWh)	Im Freien, gut belüftet, möglichst unter Dach; möglichst kurzer Transportweg zum Kessel (ohne Treppe), Anlieferungsmöglichkeit mit LKW/Traktor erforderlich.
Holzhackschnitzel Verbrauch für 2 - 4 Wochen bei mittleren Anlagengrößen, bei Großanlagen a. LKW-Transportvolumen abstimmen, z.B. 80-100 m³; bei 15 MWh/a Wärmebedarf 16,7 Schütt-m³ (1000 l Heizöl=11 Schütt-m³)	In Bunkern oder Silobehältern innerhalb oder außerhalb des Gebäudes; möglichst kurzer Transportweg zum Kessel mittels Förderschnecken, zwecks Anlieferung Anfahrt mit LKW zum Bunkerschacht zwingend erforderlich.

Tabelle 10.5: Anforderungen an Brennstofflager für lagerbare Energieträger.

Ergiebigkeit von Umweltwärmequellen		
Medium	spez. Entnahmeleistung	Bedarf für 5 KW Heizleistung
Erdreich horizontal (2 m tief)	10 - 40 W/m²	125 - 500 m² Gartenoberfläche
Erdreich Tiefbohrung	30 - 50 W/m	2 x 50 - 80 m Bohrung
warme Abluft	6 - 10 W/m³	500 - 800 m³ Luftumsatz/h
Außenluft	1,5 - 3 W/m³	500 - 800 m³ Luftumsatz/h

Tabelle 10.6
Wieviel Umweltwärme kann den verschiedenen Medien entnommen werden?

10.10:
Für die Lagerung von Pellets haben sich mittlerweile Trog- oder Sacksilos aus armiertem Kunststoffgewebe durchgesetzt, die in verschiedenen Größen und Formen lieferbar sind.
Foto: Fa. ökofen

Umweltwärme

Umweltwärme aus der Erde, aus Grundwasser oder fließendem Wasser oder aus der Außenluft kann mit Hilfe einer Wärmepumpe auf ein für die Heizung nutzbares Temperaturniveau angehoben werden. Für den Wirkungsgrad der Wärmepumpe ist die Temperaturdifferenz zwischen der Umweltwärmequelle und der gewünschten Nutztemperatur entscheidend. Daher sind Wärmepumpen-Heizungen nur in Verbindung mit Flächenheizungen mit niedrigen Vorlauf-/Rücklauftemperaturen (max. 45/35°C) empfehlenswert.

Zur Erschließung der Umweltwärme werden seit einigen Jahren platzsparende Tiefbohrungen bis in ca. 100 m Tiefe favorisiert, wobei die in die Erde eingebrachten Kunststoffrohr-Wärmetauscher die Erdwärme auf einem relativ hohen und gleichmäßigen Temperaturniveau (ca. 5 - 9°C) erschließen. Horizontal verlegte Rohrsysteme in 1,5 – 2 m Tiefe sind zur Erschließung der Erdwärme ebenfalls möglich, erfordern aber großflächige Erdarbeiten und können die Wachstumsperiode der darüber liegenden Gartenvegetation deutlich verkürzen. Bei der Nutzung der Außenluft als Wärmequelle muss mit erheblich ungünstigeren Temperaturen der Wärmequelle gerechnet werden, so dass bei Außentemperaturen unter -2 bis -4°C ein effizienter Wärmepumpenbetrieb nicht mehr gegeben ist. Die Wärmepumpenheizung wird dann mehr oder weniger zur reinen Stromheizung. Das erforderliche Außenluft-Gebläse kann mit sehr unangenehmen Geräuschentwicklungen verbunden sein, da für eine effiziente Energienutzung hohe Luftmengen umgewälzt werden müssen.

Lagerräume

Für alle *nicht leitungsgebundenen* Energieträger (Öl, Flüssiggas, Holz) ist ein Brennstofflager erforderlich. Dafür bieten diese Brennstoffe eine zeitlich begrenzte Unabhängigkeit vom Energielieferanten. Tabelle 10.5 gibt einen Überblick über die wichtigsten Anforderungen an Brennstofflager.

Bei den *leitungsgebundenen* Energieträgern tritt an die Stelle des Lagerraums der Hausanschlussraum, in dem auch Platz für andere Versorgungsanschlüsse wie Strom, Wasser und Telefon-Kabel ist. Der Platzbedarf ist jedoch wesentlich geringer, mittlerweile ist es bei vielen Energieversorgern möglich, alle Hausanschlüsse einschließlich Zähleinrichtungen in einem Hausanschlussschrank unterzubringen. Soll ein vorhandener Gasanschluss weiter verwendet werden, so ist mit dem örtlichen Netzbetreiber zu klären, ob dieser im Zuge der Heizungserneuerung an die aktuellen Sicherheitsstandards angepasst werden muss. Die Kosten trägt in der Regel der Netzbetreiber.

10.11:
Hausanschlussschrank. Hinter einer Zimmertür lassen sich alle Gas-, Wasser- und Elektro-Hausanschlüsse unterbringen.

10.3 Wärmeerzeugung

Soll ein neuer Wärmeerzeuger installiert werden, gilt es im Vorfeld zwei klare Entscheidungen zu fällen:

- Sollen in Zukunft fossile oder nachwachsende Brennstoffe genutzt werden?
- Wird eine Wärmeerzeugung ohne oder mit dezentraler Stromerzeugung angestrebt?

Unabhängig vom Brennstoff erreichen alle heutigen Heizkessel im praktischen Betrieb Wirkungsgrade von über 90%, wobei die Umweltbelastung durch Schadstoffe wie NO_x, CO und Staub im Abgas in den letzten Jahren spürbar reduziert werden konnte.

Die konventionellen Gas- und Ölkessel verfügen seit langem über einen hohen Bedienungskomfort. Bei den nachwachsenden Energieträgern hat sich der Markt seit Einführung der genormten Holzpellets (EN 14961-2) zugunsten der Pelletkessel verändert, da diese inzwischen einen ähnlich hohen Wirkungs- und Automatisierungsgrad erreichen wie Gas- und Ölheizungen. Die klassischen Holz- oder Hackschnitzelkessel werden fast ausschließlich im ländlichen Bereich betrieben, insbesondere dort, wo die regionale und dezentrale Holznutzung traditionell verankert ist und die Rahmenbedingungen für die Brennstoffgewinnung und -lagerung günstig sind. Der relativ preisgünstige Brennstoff erfordert auf jeden Fall die Mitarbeit und aktivere Rolle des Nutzers.

Die größten Zuwachsraten in wärmetechnisch sanierten Gebäuden werden in Zukunft den Wärmepumpen zugesprochen. Der zunehmende regenerative Anteil bei der Stromproduktion und die effiziente Nutzung von Umweltwärme wird die Attraktivität der Wärmepumpe weiter erhöhen, so dass durch hohe Produktionszahlen mit konstanten bis leicht sinkenden Systempreisen zu rechnen ist.

Neben den konventionellen dezentralen Wärmeerzeugern ist die Kraft-Wärme-Kopplung in Form von Mini-/Mikro-Blockheizkraftwerken und Brennstoffzellen auch für Einfamilienhäuser und kleinere Wohnanlagen attraktiver geworden, nicht zuletzt aufgrund des größeren Angebotsspektrums und der verbesserten Vergütungs- und Förderbedingungen (siehe Tabelle 10.8). Bei der Kraft-Wärmekopplung wird der eingesetzte (in der Regel fossile) Brennstoff energetisch optimal genutzt, wobei Wärme und Strom in einem festen Mengenverhältnis zueinander erzeugt werden. Dieser dezentral erzeugte Strom sollte im Hinblick auf einen wirtschaftlichen Betrieb möglichst selbst verbraucht werden. Bei der Konzeption zukünftiger Hausenergiesysteme werden kleine Blockheizkraftwerke absehbar an Bedeutung gewinnen, insbesondere wenn der Anteil des selbst genutzten Stroms z.B. durch Elektromobilität gesteigert werden kann.

Die Zusammenstellung auf den Seiten 139 bis 141 gibt einen Überblick über die wichtigsten Wärmeerzeugungstechniken mit Hinweisen zu Eigenschaften, Anwendungsbereichen und Investitionskosten.

Kesselleistung richtig anpassen

Die Ermittlung der maximalen Heizleistung, die für ein Gebäude gebraucht wird, ist sowohl für die Anlagenplanung als auch für die Wahl des Wärmeerzeugers entscheidend. Daher sollten vor einer Erneuerung der Heizungsanlage möglichst alle Optionen zur Dämmung der Gebäudehülle ausgeschöpft werden. In vielen Fällen kann der Wärmebedarf durch Dämmmaßnahmen auf 20 - 50% des ursprünglichen Bedarfes reduziert werden; entsprechend muss die Leistung des Wärmeerzeugers anschließend angepasst werden.

Die Heizkessel unterscheiden sich in ihrer Bauweise dadurch, dass sie entweder *modulierend* arbeiten (alle heutigen Gaskessel sowie einige Öl- und Pelletkessel), also lastabhängig nur die Wärmeleistung erzeugen, die witterungsbedingt benötigt wird, oder *takten*, d.h. bei Nennleistung mit optimaler Verbrennung arbeiten und die Wärmeabgabe durch häufiges Ein- und Ausschalten quasi schubweise dosieren (einige Öl- und Pelletkessel). Die taktende Betriebsweise funktioniert nur gut in Verbindung mit einem Pufferspeicher, der die volle Wärmeleistung vom Kessel aufnehmen und bedarfsgerecht an die Räume weiterleiten kann. Ein Heizkessel sollte in keinem Fall größer dimensioniert sein als die maximale Heizlast im Winter.

Moderne Niedertemperatur- und Brennwertkessel weisen einem breiten Modulationsbereich von 20 - 100% der Nennleistung bei hohem Wirkungsgrad auf. Die Nennleistung eines optimal bemessenen Heizkessels (Kesselleistung = Wärmebedarf des Gebäudes bei −12°C Außentemperatur) wird nur an wenigen Tagen im Jahr benötigt (siehe Abb. 10.13), d.h. für mehr als die Hälfte der jährlichen Wärmeerzeugung ist eine Heizleistung von unter 50% der Nennleistung ausreichend. Deshalb ist ein großer Modulationsbereich für einen effizienten Betrieb so wichtig und deshalb sollte jeder Kesselerneuerung unbedingt eine Wärmebedarfsrechnung für das Gebäude vorausgehen.

Für ein Gebäude mit 120 m² beheizter Fläche ergibt sich nach einer energetischen Sanierung auf EnEV-Neubaustandard eine überschlägige Heizleistung von 5 - 8 kW, bei integrierter Warmwasserbereitung ca. 8 - 12 kW, so dass die kleinsten erhältlichen Kesselleistungen vollkommen ausreichen.

Konventionelle Lösung oder Brennwertkessel?

Gas- und Ölkessel werden heute überwiegend als Brennwertkessel ausgeführt. Dabei wird das Abgas an einem Abgaswärmetauscher im Kessel durch den Heizungsrücklauf soweit heruntergekühlt, dass der im Abgas enthaltene Wasserdampf kondensiert. Die freiwerdende Kondensationswärme (sog. Latentwärme) kommt der Heizung zugute, sofern die Heizungsrücklauftemperatur ausreichend niedrig ist, um die Feuchtigkeit im Abgas zu kondensieren. Gegenüber einem Niedertemperaturkessel kann mit einem Brennwertkessel bei Gas ein um ca. 11% und bei Öl ein um ca. 6% höherer Wirkungsgrad werden. Im Vergleich zu Altanlagen (derzeit noch zugelassen) ist damit eine Verbesserung der Wärmeausbeute um 15 - 30% erreichbar.

Voraussetzung für den effizienten Betrieb von Gas-Brennwertkesseln ist eine maximale Rücklauftemperatur von ca. 50°C im Heizungsnetz, damit das Abgas auch bis zur Kondensation abgekühlt werden kann, die unterhalb von 57°C einsetzt. Beim Ölbrennwertkessel liegt die Kondensationstempe-

10.12:
Funktionsweise einer Gas-Brennwerttherme.

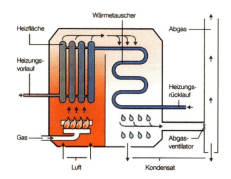

ratur bei nur 47°C. Auch Pelletheizungen werden neuerdings als Brennwertkessel angeboten. Da hier die Kondensationstemperatur des Abgases aber unter 40°C liegt, ist hierfür eine Fußboden- oder Wandheizung zwingend erforderlich. Außerdem verschmutzt der Wärmetauscher aufgrund der Staub-, Ruß- und Teerbestandteile im Abgas stärker als bei Öl- und Gaskesseln.

Bei einer Gas-Heizung, die auf 70°C Vorlauf- und 50°C Rücklauftemperatur ausgelegt ist (bei Auslegungs-Außentemperatur -12°C), kann der Kessel fast die ganze Heizperiode hindurch die Kondensationswärme nutzen (Abb. 10.13). Bei Ölbrennwertkesseln sollte der Heizungskreis auf 60/40°C Vorlauf-/Rücklauftemperatur ausgelegt sein. Das anfallende Kondensat wird ins Abwasser eingeleitet. Liegt der Abwasseranschluss höher als der Kessel, so ist eine Kondensatpumpe erforderlich.

Da die relativ kühlen Abgase nicht allein durch thermischen Auftrieb im Schornstein aufsteigen, sondern herausgeblasen werden müssen, verbrauchen Brennwertanlagen etwa ca. 30 - 40% mehr Strom als Niedertemperaturanlagen (bei Einsatz von Hocheffizienzpumpen). Allerdings liegt der Stromverbrauch des Abgasventilators nur bei ca. 3% des Brennstoffverbrauchs.

Die Mehrkosten eines Gas-Brennwertkessels gegenüber einem Niedertemperaturkessel werden durch den um ca. 10% höheren Wirkungsgrad in wenigen Jahren kompensiert. Beim Öl-Brennwertkessel liegt der Einspareffekt nur halb so hoch bei gleichzeitig höheren Gerätekosten. Hier ist im Einzelfall abzuwägen, welches die wirtschaftlichere Variante ist.

Die Zeitschriften *Stiftung Warentest* und *Öko-Test* geben in den Monatsausgaben und in Sonderheften immer wieder aktuelle Übersichten und Testergebnisse über neue Heizkessel für Öl, Gas und Holzpellets.

Strom- und Wärmeerzeugung: Mini-BHKW und Brennstoffzellen

Kleine dezentrale Blockheizkraftwerke, in Zukunft aber auch Brennstoffzellen, nutzen den eingesetzten Brennstoff (hier vor allem Öl und Gas) dadurch besonders effektiv, dass sie den hochwertigen Exergieanteil im Brennstoff zur Stromerzeugung und die anfallende Abwärme weitgehend zur Heizung und Warmwasserbereitung verwenden. Diese hocheffizienten Techniken sind für Gebäuden interessant, in denen relativ viel Wärme auch außerhalb der eigentlichen Heizperiode benötigt wird, z.B. im Hotel- und Gaststättengewerbe, kleineren Produktionsbetrieben, aber auch in größeren Mehrfamilienhäusern und zentral versorgten Reihenhaussiedlungen. Nur bei entsprechend langer Betriebszeit (Faustregel: Laufzeit > 4000 h/Jahr) und hohem Eigenverbrauchsanteil des erzeugten Stroms macht sich der höhere technische und finanzielle Aufwand für die Wärme- und Stromerzeugung und evtl. Netzeinspeisung durch Einsparungen bei den Brennstoffkosten bezahlt. Blockheizkraftwerke sind daher eine energietechnisch höchst effiziente Lösung, die aber sorgfältig kalkuliert werden muss, besonders wenn es um Klein- und Kleinstanlagen geht.

Tabelle 10.7:
Ausgewählte BAFA-Fördermaßnahmen für energieeffiziente und regenerative Heizungsanlagen. Quelle: www.bafa.de

10.13
Kesselnutzungsgrad in Abhängigkeit von der Aussentemperatur für verschiedene Kesseltypen. Deutlich sichtbar werden der Unterschied zwischen Niedertemperaturkessel und Brennwertkessel, die Wirkungsgradverbesserung und besonders der Vorteil eines Heizungssystems, das auf extrem niedrige Vorlauf-Rücklauf-Temperaturen von 40/30°C ausgelegt ist. Quelle: [2]

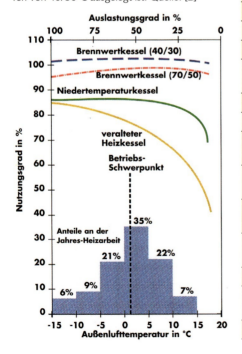

Ausgewählte BAFA-Fördermaßnahmen (Stand 12.2017)	
I. Solarkollektoranlagen (thermisch)	**Förderbetrag**
bis 40 m² Bruttokollektorfläche (Warmwasser) 50 €/m²	500 - 2.000 €
bis 40 m² Bruttokollektorfläche (mit Heizungsunterstützung) 140 €/m²	2.000 - 5.600 €
20 - 100 m² Bruttokollektorfläche in Mehrfamilienhäusern (mit Heizungsunterstützung)	2.000 - 20.000 €
II. Biomasseanlagen	
Pelletöfen mit Wassertasche	2.000 - 3.000 €
Pelletkessel	3.000 - 4.500 €
Pelletkessel mit Pufferspeicher (mind. 30 l / kW)	3.500 - 5.250 €
Hackschnitzelkessel mit Pufferspeicher (mind. 55 l/kW)	3.500 - 5.250 €
Scheitholzvergaserkessel mit Pufferspeicher (mind. 55 l/kW)	2.000 € je Anlage
III. Wärmepumpen	
Sole-Wasser- und Wasser-Wasser-Wärmepumpen, elektrisch JAZ ≥ 3,8; gasbetrieben JAZ ≥ 1,25	4.500 - 8.750 €
Luft-Wasser-Wärmepumpen, elektrisch JAZ ≥ 3,5	1.300 - 4.500 €
Zusätzliche Maßnahmen	
Kesseltauschbonus, sofern gleichzeitig mit der Errichtung der Solarkollektoranlage der bisher betriebene Heizkessel durch einen neuen Gas- o. Öl-Brennwertkessel ersetzt wird	500 €
Kombinationsbonus, sofern gleichzeitig mit der Biomasseanlage oder Wärmepumpe eine Solaranlage erreichtet wird	500 €
Effizienzbonus für die Erreichung einer Solar-, Biomasse- oder Wärmepumpenanlage in einem besonders gut gedämmten Gebäude	0,5 x Basisförderung
Solarkollektorpumpenbonus für den Einbau einer besonders effizienten Solarkollektorpumpe	50 €
Solar-Wärmenetzbonus, sofern erzeugte Wärme ins Wärmenetz eingespeist wird	500 €
Nachrüstung von Anlagenteilen zur Emmissionsminderung bzw. Effizienzsteigerung bei Biomasseanlagen (separat beantragbar)	750 €
Energieberatung: 60% der Beratungskosten	max. 800 €

Übersicht Heiztechniken

Gasbrennwertkessel

Gasbrennwertkessel sind die meistverkauften Kessel in Deutschland. Mit einem feuerungstechnischen Wirkungsgrad von bis zu 109% (im Alltagsbetrieb ca. 103%), bezogen auf den unteren Heizwert, werden sie von keinem anderen Verbrennungskessel übertroffen. Der seit gut 20 Jahren erprobte Kesseltyp ist ausgereift und technisch bis an die Grenze des Möglichen optimiert. Der Mehrinvestition von wenigen hundert Euro gegenüber (veralteten) Niedertemperaturkesseln steht eine bessere Brennstoffausnutzung von bis zu 11% entgegen. Neben der hohen Effizienz und niedrigen Schadstoffemissionen sind Gas-Brennwertkessel kompakt und platzsparend und obendrein komfortabel in der Handhabung. Im Vergleich zu anderen Heizsystemen ist der Gas-Brennwertkessel mit relativ geringen Investitionskosten verbunden.

Das Leistungsspektrum der kompakten gebläseunterstützten Gas-Brennwertkessel beginnt bei ca. 10 - 12 kW Nennleistung, wobei die Wärmeleistung witterungsabhängig bis auf 20% der Nennleistung modulierend heruntergeregelt werden kann. Dadurch lässt sich ein wärmeverlustbehaftetes Takten (Ein- und Ausschalten der Brenners) in Übergangszeiten mit geringem Wärmebedarf weitgehend vermeiden. Durch die gute Regelbarkeit und den geringen Preis eignen sich Brennwertkessel auch als Spitzenlastkessel in Verbindung mit anderen, eher grundlastorientierten Systemen (z.B. BHKW, Luft-Wärmepumpen). Aufgrund der geringen Abgastemperaturen (ca. 60°C) infolge der Wärmerückgewinnung sind die Anforderungen an den Abgasschornstein sehr gering, so dass Anlagen unter 50 kW überall im Haus untergebracht werden können. Sind große Leistungsbandbreiten gefordert, lassen sich mehrere kleinere Kessel zu einer Kaskade zusammenschalten. Die Brennwertkessel werden immer kompakter, dadurch aber auch nicht langlebiger.

Ölkessel

Konventionelle Öl-Niedertemperaturkessel werden heute ebenfalls mit Nennleistungen ab ca. 11 - 14 kW hergestellt und verfügen in der Regel über einen sogenannten Blaubrenner. In der Zuleitung zum Brenner wird das Heizöl durch Wärmeeinwirkung vergast und verbrennt dann unter kontrollierter Luftzufuhr rußminimiert mit blauer Flamme. Dadurch wird ein feuerungstechnischer Wirkungsgrad bezogen auf den unteren Heizwert H_u von über 92% (bei Niedertemperaturkesseln) bzw. 102 – 106% bei Brennwertkesseln erreicht. Gegenüber Altanlagen werden die Verluste nicht zuletzt durch die witterungsgeführte Leistungsregulierung (Modulierung) reduziert. Niedertemperaturkessel werden ausschließlich als Standgeräte hergestellt, sind preisgünstig in der Anschaffung und gelten im Vergleich zu den Brennwertgeräten als sehr robust und weniger störanfällig.

Altgeräte lassen sich mit wenig Aufwand gegen einen neuen Niedertemperaturkessel auswechseln.

Brennwertkessel erreichen einen technischen Wirkungsgrad von 102 - 106%, im praktischen Betrieb werden im Mittel max. 98% erreicht. Sie sind etwa im gleichen Leistungsbereich (ab ca.12 kW Nennleistung, bis 4 kW modulierend) wie Gas-Brennwertgeräte erhältlich und insgesamt wartungsintensiver als Gasgeräte. Auch beim Stromverbrauch (Gebläse) gibt es große Unterschiede. Die kompakten Wandgeräte sind im Betrieb etwas lauter als die Standgeräte und für die Installation in Wohnräumen nicht geeignet.

Aufgrund des größeren Preisunterschiedes (Anschaffung und Wartung) zwischen Brennwert- und Niedertemperatur-Kessel wird die Entscheidung erst bei höheren Energieumsätzen zugunsten der Brennwertvariante ausfallen.

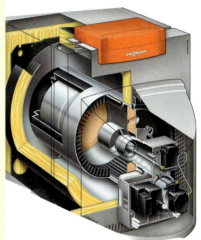

Solare Heizungsunterstützung

Thermische Solaranlagen eignen sich nicht nur für die Warmwasserbereitung, sondern können auch einen nennenswerten Beitrag zur Raumheizung liefern. Aufgrund der geringen winterlichen Sonneneinstrahlung kann auf ein konventionelles Heizsystem (Gas-, Öl-, Holzkessel oder Wärmepumpe) aber nicht verzichtet werden. Für Ein- und Zweifamilienhäuser kommt eine Solaranlage mit 10 bis 15 m² Kollektorfläche in Verbindung mit einem 700 bis 1000 l-Heizungspufferspeicher in Betracht; damit lassen sich etwa 10 bis 20% des Heizenergiebedarfes regenerativ decken. Solaranlagen zur Heizungsunterstützung arbeiten vor allem bei Temperaturen bis 50°C effizient und erfordern daher die Kombination mit einem Flächenheizungssystem wie z.B. Fußboden- oder Wandheizungen.

Der Wärmespeicher (meist mit integriertem Warmwasserboiler oder –wärmetauscher als Multifunktionsspeicher) bezieht die Wärme für Heizung und Warmwasserbereitung entweder aus der Solaranlage oder/und aus dem konventionellen Wärmeerzeuger. Moderne Solarsteuerungen stimmen Kollektordurchsatz, Wärmespeicherung und ergänzende Kesselleistung auf die jeweilige Wärmenachfrage des Hauses optimal ab.

Eine solare Heizungsunterstützung beinhaltet auch immer die solare Brauchwassererwärmung. Der große Pufferspeicher bietet obendrein die Möglichkeit, weitere Wärmequellen, z.B. einen Kaminofen mit Warmwasserregister, einzubinden.

Kurzbewertung	Gasbrennwertkessel	Öl Brennwertkessel	Solare Heizungsunterstützung
üblicher Leistungsbereich kW	10 –> 100 kW	10 –> 100 kW	0,5 - 0,7 kW (15 m²)
Leistung modulierend (%)	20 - 100%	25 - 100%	
Pufferspeicher erforderlich	nein	bedingt	ja
Ab welchem Wärmebedarf sinnvoll?	> 5.000 kWh/a	> 5.000 kWh/a	> 20.000 kWh/a
Anmerkungen zu Nutzung/Komfort	pflegeleicht	der typische Ölgeruch bleibt	nur in Verbindung mit Zusatzheizung
Investitionsvolumen	4.000 - 6.000 € (15 kW)	6.000 - 8.000 € (15 kW)	10.000 € (15m² Kollektorfl.)
Förderfähig	teilweise	teilweise	ja

Übersicht Heiztechniken

Pellet-Öfen

Pellet-Einzelöfen eignen sich als Zusatzheizung oder als Alternative zur konventionellen Heizung nur dort, wo der Wärmebedarf sehr gering ist, z.B. in Passivhäusern. Die Öfen sind mit einer elektrischen Zündung, einer modulierenden Leistungsregelung (Regelbereich 20 - 100%) und einem Brennstoff-Vorratsbehälter für mehrere Tage ausgestattet. Da die Öfen in der Regel zu groß sind, um nur den Aufstellungsraum zu erwärmen, empfiehlt sich die Ausführung mit einem Heizwasser-Wärmetauscher (sog. Wassertasche), der 70 - 80% der erzeugten Wärme in einen Pufferspeicher abführt, so dass die Wärme zeitversetzt in anderen Räumen oder für die Warmwasserbereitung genutzt werden kann. Die Pellets werden aus dem Vorratsbehälter des Ofens über eine Schneckenförderung in eine Brennschale gefördert.

Der Vorratsbehälter wird meist aus Säcken per Hand beschickt (1 Sack = 15 kg Pellets entsprechen dem Heizwert von 7,5 l Heizöl), es sind je nach Nutzung und Größe des Vorratsbehälters und je nach Wärmebedarf ca. 1 - 3 Befüllungen/Woche vorzunehmen.
Ventilator und Schneckenantriebe arbeiten nicht geräuschlos, was bei Aufstellung des Ofens im Wohnzimmer als gewöhnungsbedürftig bis störend empfunden wird. Es empfiehlt sich daher vor der Kaufentscheidung, den Ofen einmal im Betrieb anzusehen und anzuhören. Die anfallende Asche muss je nach Betrieb des Ofens alle drei Tage bis einmal wöchentlich entfernt werden. Selbst wenn diese abgesaugt wird, sind Staubbelastungen im Wohnbereich kaum zu vermeiden. Eingefleischte Kaminofenkenner stören sich am gleichmäßigen Flammenbild und dem fehlenden Knistern des Feuers.

Pelletkessel

Pelletkessel stellen für Ein- und Zweifamilienhäuser (auch für größere) eine attraktive Alternative zu konventionellen Gas- oder Ölkesseln dar. Sie werden wie ein fossil befeuerter Kessel im Heizungsraum aufgestellt und von einem möglichst nahegelegenen Pelletlager aus automatisch beschickt. Die Kessel arbeiten vollautomatisch; die Wärmeerzeugung lässt sich in einem großen Leistungsbereich (20-100%) modulierend dem Wärmebedarf anpassen. Trotzdem kann ein Pufferspeicher, der gleichzeitig auch der (solare) Warmwasserbereitung dient, die Effizienz der Anlage noch verbessern.

Wichtige Kriterien bei der Auswahl eines Kessels sind der Kesselwirkungsgrad und die Schadstoffemissionen, vor allem im Teillastbereich. Automatische Entaschung und Aschekomprimierung sollten ebenso Standard sein wie ein gutes Servicenetz des Kesselherstellers. Für den Transport des Brennstoffs zum Kessel (Austragungssystem) werden entweder Förderschnecken oder Saugsysteme verwendet, mit denen die Pellets aus einem Silo per Schnecke oder Unterdruck über Schläuche zum Kessel transportiert werden. Das Fördergeräusch ist etwas gewöhnungsbedürftig. Pelletkessel laufen nahezu vollautomatisch, müssen aber regelmäßig inspiziert und 1 - 2 mal pro Jahr gewartet werden. Die hohen Anschaffungskosten werden öffentlich bezuschusst (www.bafa.de). Die Pelletpreise sind vergleichsweise niedrig, der CO_2-Ausstoß (gemeint ist der fossile Anteil) ist sehr gering, daher werden Pelletheizungen in der EnEV sehr wohlwollend mit einem geringen Primärenergiefaktor bewertet.

Festbrennstoffkessel (Stückholzkessel)

Aus dem traditionellen Scheitholzkessel von früher ist längst eine moderne Heizungsanlage geworden, bei der mittels λ-Sonde der Sauerstoffgehalt im Abgas gemessen und der Verbrennungsprozess mikroprozessorgesteuert geregelt wird. Durch die optimierte Verbrennungstechnik werden Kesselwirkungsgrade von 85 - 93% erreicht, bei gleichzeitig niedrigen Staub- und Schadstoff-Emissionen. Trotzdem laufen Stückholzkessel nicht vollautomatisch, da zur Beschickung und Entaschung nach wie vor einige Handarbeit notwendig ist.

In ländlichen Gegenden, in denen ausreichend Holz und genügend Lagerraum zur Verfügung stehen, kann der Stückholzkessel in Verbindung mit einem Kombi-Pufferspeicher als alleinige Heizung, oder auch in Kombination mit einem Gas- oder Ölkessel, eine sinnvolle Lösung sein.

Solche Kombianlagen sind in der Anschaffung natürlich deutlich teurer als ein einfacher Ölkessel. Dafür ist das Scheitholz aus lokalem Waldbestand ein vergleichsweise preiswerter Brennstoff mit günstiger CO_2-Bilanz. Wegen der notwendigen Handarbeit ist allerdings auch eine emotionale Bindung zu dieser Heizungsart notwendig. Für städtische Gebiete sind Stückholzkessel völlig ungeeignet.

Marktgängig sind Kessel zwischen 17 - 25 kW Nennleistung. Die Kessel unterscheiden sich in der Brennraumgröße (Holzscheite von 40 bis ca. 55 cm Länge), der Beschickungs- und Reinigungstechnik. Feststoffkessel sind durch ihre Bauweise sehr robust und langlebig.

Kurzbewertung	Pelletofen	Pellet-Kessel	Stückholz-Kessel
üblicher Leistungsbereich kW	3 - 10 kW	6 –> 100 kW	1,5 - 50 kW
Leistung modulierend (%)	30 - 100%	20 - 100%	60 - 100%
Pufferspeicher erforderlich	sinnvoll	ja	ja
Bei welchem Wärmebedarf sinnvoll?	3.000 - 10.000 kWh/a	> 10.000 kWh/a	> 20.000 kWh/a
Anmerkungen zu Nutzung/Komfort	periodisches Kümmern	periodisches Kümmern	viel Handarbeit
Investitionsvolumen	ab ca. 6.000 € incl. Wassertasche	ab ca. 16.000 €	5.000 - 7.000 € (15 kW)
Förderfähig	ja	ja	ja

Übersicht Heiztechniken

Wärmepumpen

Die Wärmepumpe pumpt unter Einsatz von Antriebsenergie (z.B. Strom) Wärme aus der Umwelt auf ein höheres für die Heizung nutzbares Temperaturniveau. Die Wärmepumpe arbeitet umso effizienter, je mehr Nutzwärme je Einheit Antriebsenergie erzeugt wird. Dieses Verhältnis, die Arbeitszahl, sollte bei Elektro-Wärmepumpen einen Wert von ca. 4 im Jahresdurchschnitt erreichen, d.h. aus 1 Teil Strom und 3 Teile Umweltwärme entstehen 4 Teile Heizwärme, was in der Praxis selten erreicht wird. Dazu darf die Temperaturdifferenz zwischen Umweltwärmequelle und Heizwärme nicht über 35 K liegen.

Nur Wärmepumpen, welche Wärme aus dem Erdreich nutzen (Rohrregister in 1 - 2 m Tiefe oder Tiefbohrungen mit Rohrschleifen), erfüllen diese Anforderung, wenn gleichzeitig Niedertemperatur-Flächenheizungen als Heizkörper installiert sind. Die Kopplung der Wärmepumpe mit einer zentralen Warmwasserbereitung, ggf. in Verbindung mit einer thermischen Solaranlage, ist ebenso möglich wie die Kombination mit einer Fotovoltaikanlage, die auch die sommerliche Nacherwärmung des Warmwassers übernehmen kann und in Übergangszeiten die Stromversorgung der Wärmepumpe. Die Investitionskosten für eine Wärmepumpenheizung einschließlich Gerät und Bohrung/Heizregister sind relativ hoch (ca. 18.000 - 22.000 €), so dass ein wirtschaftlicher Betrieb erst bei größeren Energieumsätzen gegeben ist.

Wärmepumpen werden immer mit einem Pufferspeicher betrieben, da die Einschalthäufigkeit bei dem begünstigten Wärmepumpen-Stromtarif begrenzt ist und gewisse Stillstandszeiten überbrückt werden müssen. Gas-Absorptions-Wärmepumpen (ab ca. 30 kW) stellen bei größeren Wohnanlagen oder im gewerblichen Bereich eine Alternative dar.

Mini-/Mikro-Blockheizkraftwerke

Das Marktangebot kleiner und kleinster Aggregate ist in den letzten 5 Jahren stark angewachsen; es gibt inzwischen Mikro-Blockheizkraftwerke ab 1 kW_{el} aufwärts. Folgendes Konzept scheint sich für Ein- und Zweifamilienhäuser durchzusetzen: Das System besteht aus handelsüblichen Gas-Verbrennungsmotor bzw. einem Stirlingmotor und Generator, einem Wärmeauskopplungsmodul sowie einem integrierten Brennwertgerät für Spitzenlasten. Ein in der Größe abgestimmter Multi-Funktionsspeicher dient zur Pufferung von überschüssiger Wärme sowie zur Warmwasserbereitung. Die Geräte sind sehr kompakt, laufen leise und sind stromseitig auf einen hohen Eigenversorgungsanteil ausgelegt, Überschüsse werden ins öffentliche Netz eingespeist werden. Der Nachweis der Langlebigkeit und Wirtschaftlichkeit muss aber noch erbracht werden.

In der nächst größeren Kategorie, den Klein-BHKWs mit 5,5 $kW_{el.}$ und 12 kW_{therm} Leistung liegen mittlerweile genügend Betriebserfahrungen vor (z.B. Modell Dachs der Fa. Senertec mit weit über 30.000 installierten Einheiten).

Der Haupteinsatzbereich liegt hier bei Mehrfamilienhäusern oder kleinen Gewerbebetrieben, in denen relativ kontinuierlich Wärme und Strom benötigt werden. Hier liegt der Schwerpunkt auf einer möglichst kontinuierlichen Stromerzeugung und langen Laufzeit des BHKW.

Als anzustrebende Laufzeit gelten ca. 4000 Betriebsstunden jährlich (entsprechend einem fünfmonatigem Dauerbetrieb) als Minimum für einen wirtschaftlichen Betrieb.

Brennstoffzellen

In Brennstoffzellen reagieren Sauerstoff und Wasserstoff in der Nähe eines Katalysators auf chemischem Wege zu Wasser, wobei elektrische Energie und Reaktionswärme freigesetzt werden. Die mehrfache Umwandlung von Wärme in mechanische Energie und dann erst in elektrische Energie, wie beim BHKW, wird damit vermieden. Die Umsetzung erfolgt nahezu ohne bewegte Teile. Vorteilhaft gegenüber dem BHKW sind die geringeren Schadstoffemissionen, der höhere elektrische Wirkungsgrad (30 - 50%), die Geräuscharmut und ein wesentlich größeres Leistungsspektrum.

Der für den Prozess benötigte Wasserstoff muss allerdings erst erzeugt werden, bei den für die Hausheizung entwickelten Geräten geschieht dies durch Reformierung von Erdgas. Die verschiedenen Brennstoffzellentypen unterscheiden sich durch die Art des Elektrolyten sowie durch die Prozessführung und Zellentemperatur.

Seit 2008 werden in Einfamilienhäusern derzeit ca. 800 Prototypen von mehreren Herstellern (u.a. Baxi, Buderus, Elcore, Hexis, Vaillant und Viessmann) in einem großangelegten Feldversuch (www.callux.net) getestet. Dabei wird die Brennstoffzellenanlage jeweils mit einem konventionellen Brennwertkessel kombiniert, der den Wärmebedarf des Gebäudes zu Spitzenzeiten und ersatzweise auch ganz decken kann. Eine Markteinführung hat 2014 in Zusammenarbeit mit japanischen Unternehmen stattgefunden. Japan gilt momentan als technologischer Vorreiter; es sind dort, vor allem aufgrund massiver Förderprogramme, bis 2015 etwa 110.000 Geräte aufgestellt worden.

Kurzbewertung	Wärmepumpen	Mini-/Mikro-Blockheizkraftwerk	Brennstoffzellen-BHKW
üblicher Leistungsbereich kW	3 –> 50 kW	2,5 –> 25 $kW_{therm.}$ 1 –> 10 $kW_{elektr.}$	0,5-2 $kW_{therm.}$/0,7-1 $kW_{elek.}$
Leistung modulierend (%)	10 - 100%	ja	ja
Pufferspeicher erforderlich	ja	ja	ja
Ab welchem Wärmebedarf sinnvoll?	> 10.000 kWh/a	> 10.000 kWh/a	> 3.000 kWh/a
Anmerkungen zu Nutzung/Komfort	Luft-Wasser-WP sehr laut	regelmäßige Inspektion	noch in der Erprobung
Investitionsvolumen	L-W-WP: 12.000 €, W-W-WP: 20.000 € (10 kW)	15.000 - 30.000 €	25.000 - 30.000 €
Förderfähig	ja	ja	ja

BHKW-Förderung und -Vergütungen		
Förderung	Rahmenbedingungen	Förderbetrag/Vergüt.
BAFA-Förderung	KWK-Anlagen bis 1 kW_{el} + für Leistungen 1 bis 4 kW_{el} + für Leistungen 4 bis 10 kW_{el} + für Leistungen 10 bis 20 kW_{el}	1.900 €/kW + 300 €/kW + 100 €/kW + 10 €/kW
KfW-Zuschuss	Zuschuss bis 7,5% der Investitionskosten o. günstiges KfW-Darlehen	7,5% Investitionszusch.
KWK-Bonus	Vergütung für eingespeisten KWK-Strom bis 60.000 Std. Vollbenutz. Vergütung für selbstverbrauchten KWK-Strom Einmalige Pauschalvergütung für Anlagen bis 2 kW_{el}	8,0 ct/kWh 4,0 ct/kWh 4.800 €
Einspeise-vergütung	Vergütung des eingespeisten Stroms auf Basis des Strompreises an der Leipziger Strombörse (EEX) (Quartalswert der Handelspreise)	3,27 ct/kWh
Erstattung	- Energiesteuer für das eingesetzte Erdgas (unter Bedingungen) - Vermiedene Netznutzungskosten für das Stromnetz	0,55 ct/kWh 0,2 - 1,0 ct/kWh

Tabelle 10.8:
Förderungen und Vergütungen für den Betrieb von Mini-/Mikro-BHKWs (Stand 12.2017)
Unter www.bafa.de werden Details zu den Rahmenbedingungen der Förderung erläutert.

Tabelle 10.9
Vergleich der System- und Betriebskosten für verschiedene Heizungssysteme bei bereitzustellenden Wärmemengen von 10.000 und 25.000 kWh/a (Preise incl. Mwst). Bei der Berechnung der CO_2-Menge wurde für Holzfeuerungen nur der CO_2-Beitrag aus Aufarbeitung und Transport angesetzt.
Preisstand für Brennstoffe: 12.2017

Kostenvergleich für verschiedene Heizanlagen bei 10 und 25 MWh/a Nutzenergiebedarf							
	Einheit	Pellets	Scheit-holz	Gas Brennwert	Heizöl	Flüssiggas Brennwert	Wärme-pumpe
Investition							
Wärmeerzeuger komplett	€	12.000	8.000	3.800	4.200	3.800	9.000
Lagerung/Anschluss/Bohrung	€	3.000	500	2.200	3.000	4.000	8.000
WW/Pufferspeicher	€	1.500	2.000	800	800	800	2.000
Schornstein/Abgasleitung	€	1.700	1.700	1.000	1.700	1.000	0
Montage/Anschlussarbeiten	€	2.000	2.000	1.000	1.000	1.000	1.500
Summe Investitionen	€	20.200	14.200	8.800	10.700	10.600	20.500
Kapitalgebundene Kosten *)	€/a	1.599	1.124	697	847	839	1.623
Betriebsgebundene Kosten							
Wartung/Reinigung/Instandh.	€/a	220	180	120	160	120	100
Schornsteinfeger	€/a	120	120	60	60	60	0
Σ betriebsgeb. Kosten	€/a	340	300	180	220	180	100
Verbrauchsgebundene Kosten bei 25 MWh/a Nutzenergiebedarf für Heizung + WW							
Anlagennutzungsgrad	%	80	80	97	86	97	300
Jahresbrennstoffbedarf	MWh	31,3	31,3	25,8	29,1	25,8	8,3
Brennstoffpreis	ct/kWh	4,8	6,0	5,8	5,9	7,0	19,0
Σ verbrauchsgebund. Kost.	€/a	1.500	1.875	1.495	1.715	1.804	1.583
Gesamtkosten b. 25 MWh/a	€/a	3.439	3.299	2.371	2.782	2.823	3.306
spez. Wärmekosten	€/kWh	0,172	0,165	0,119	0,139	0,141	0,165
CO_2-Emissionen kg/Jahr	kg/a	438	281	6.392	9.070	6.392	5.183
Verbrauchsgebundene Kosten bei 10 MWh/a Nutzenergiebedarf für Heizung + WW							
Anlagennutzungsgrad	%	87	81	97	89	95	300
Jahresbrennstoffbedarf	MWh	11,5	12,3	10,3	11,2	10,5	3,3
Brennstoffpreis	ct/kWh	4,8	6,0	5,8	5,9	7,0	19,0
Σ verbrauchsgebund. Kost.	€/a	552	741	598	663	737	633
Gesamtkosten b. 10 MWh/a	€/a	2.491	2.165	1.475	1.730	1.756	2.356
spez. Wärmekosten	€/kWh	0,249	0,216	0,147	0,173	0,176	0,236
CO_2-Emissionen kg/Jahr	kg/a	165	113	2.557	3.759	2.611	2.073
Spez. CO_2- Emissionen	kg/kWh	0,014	0,009	0,248	0,312	0,248	0,622

*) bei 15 Jahren Nutzungsdauer und 2,5% Zins

Ein BHKW wird wie ein Heizkessel betrieben: es deckt dabei die *Grundlast* an Wärme- und Strombedarf, um die gewünschten langen Betriebszeiten zu erreichen. Die erzeugte Wärme wird in einem Wasserspeicher gepuffert und von dort bedarfsabhängig an den Heizungskreislauf abgegeben. Für die *Spitzenlast* bei niedrigen Außentemperaturen bzw. als Reserve bei Wartung und Ausfall des BHKW läuft ein konventioneller Öl- oder Gas-Brennwertkessel parallel zu BHKW und Pufferspeicher.

Brennstoffzellen wandeln Erdgas in einem mehrfach chemischen Prozess zu Strom und Wärme um. Sie werden z.Zt. in noch kleineren Leistungsbereichen erprobt. Der erzeugte Stromanteil ist höher als beim Mini-BHKW. Hieraus resultiert für die meisten Gebäude eine wesentlich günstigere Verteilung von Strom und Wärme.

Aufstellungsort der Heizung

Für den Aufstellungsort der Heizanlage können etliche Kriterien ausschlaggebend sein. Hinsichtlich der Energieeffizienz liegt ein wesentlicher Unterschied darin, ob Heizkessel, Warmwasserspeicher und Wärmeverteilung *innerhalb* oder *außerhalb* der beheizten Gebäudehülle liegen. Liegen Kessel und Speicher im unbeheizten Gebäudeteil, ergibt sich gemäß EnEV-Berechnung bei einem Gasbrennwertkessel ein um ca. 5 - 10% höherer Primärenergiebedarf für das Gebäude.

Eine kostengünstige Lösung für einen Gaskessel ist daher die Aufstellung im beheizten Dachgeschoss, da von dort das Abgasrohr unmittelbar ins Freie geführt werden kann. Bei Öl- und Pelletkesseln ist diese Lösung nicht möglich, da sie wesentlich schwerer, sondern auch an die Nähe zum Brennstofflager gebunden sind. Das Gewicht des Warmwasserspeichers (der bei heizungsunterstützenden Solaranlagen ca. 1 t wiegt!) muss bei der Standortwahl unbedingt berücksichtigt werden. Eine zentrale Positionierung der Heizanlage im Haus reduziert die Länge der Heizleitungen.

Brandschutz

In den meisten Landesbauordnungen wird ab 50 kW Heizleistung ein separater Heizraum gefordert. Unterhalb dieses Grenzwertes, d.h. bei allen gedämmten Ein-und Zweifamilienhäusern, bestehen keine besonderen Anforderungen hinsichtlich Brandschutz. So kann die Aufstellung des Kessels nach praktischen Gesichtspunkten erfolgen.

Höchste Effizienz – gemeinsame Heizung für mehrere Wohneinheiten

Je geringer der Energiebedarf nach der Sanierung eines Hauses ausfällt, desto größer ist der Anteil der Anlagenabschreibung und der jährlichen Betriebskosten an den Heizkosten. Der Preis für einen Brennwertkessel von 5 kW Nennleistung unterscheidet sich nur unerheblich von einer 20 kW-Anlage. Gleichzeitig kann ein 20 kW-Heizgerät 4 Wohneinheiten à 5 kW Nennleistung versorgen, auch die Wartungs- und Schornsteinfegerkosten fallen nur einmal an. Alle Wohneinheiten, die sich in einem Gebäude befinden, sollten generell durch eine Heizung versorgt werden, bei Reihenhäusern kann es in der Praxis schwierig sein, alle Nachbarn für eine gemeinsame Heizanlage zu begeistern. Eine gemeinschaftliche Anlage ist in Anschaffung und Wartung wesentlich kostengünstiger; obendrein lassen sich energie- und CO_2-optimierte Anlagenkonzepte (z.B. BHKW, thermische Solaranlagen o.ä.) bei größeren Anlagen einfacher und flexibler umsetzen. Den geringeren Betriebskosten (Grundgebühren, Wartung, Schornsteinfeger) stehen der mit steigender Entfernung höhere Aufwand für die Verteilung sowie Mess- und Abrechnungskosten gegenüber.

Wurde in Gebäuden mit mehreren Wohneinheiten früher häufig jede Wohnung mit einer eigenen Gas-Kombitherme ausgerüstet, so ist dieser Ansatz wegen Ineffizienz überholt. Mit elektronischen Wärmemengenzählern ist ein exaktes, individuelles Abrechnungssystem möglich, durch das nicht nur beträchtliche Investitions- und Wartungskosten gespart werden. Eine größere Anlage läuft energieeffizienter und dauerhafter als viele kleine und obendrein muss der Platz für den Kessel nur einmal vorgehalten werden.

Die Erfassung des wohnungsbezogenen Verbrauchs kann entweder über dezentrale Heizkostenverteiler oder elektronische Wärmemengenzählern erfolgen (vgl. Tabelle 10.8). Ein einfaches Abrechnungsverfahren mittels Verdunstungsröhrchen ist mit geringem Installationsaufwand verbunden. Verfügt jede Wohneinheit über einen eigenen Heizkreis, sind Wärmemengenzähler wegen der einfachen Ablesbarkeit des Wärmeverbrauches und der genaueren Verbrauchserfassung vorzuziehen. Gleichzeitig kann der Energieverbrauch für die Umwälzpumpe wohnungsweise zugeordnet werden. Trotzdem gilt: Je besser der Wärmedämmstandard der Gebäudehülle, desto höher wird der Anteil der Abrechnungskosten an den zu verteilenden Heizkosten.

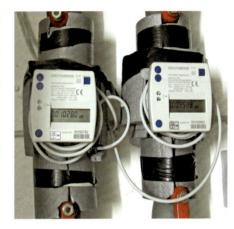

10.14: Wärmemengenzähler
Die elektronischen Wärmemengenzähler berechnen den tatsächlichen Wärmeverbrauch aus der Temperaturdifferenz zwischen Vor- und Rücklauf sowie der Durchflussmenge.

10.4 Abgasanlagen

Wenn der zukünftig genutzte Energieträger feststeht, sollte in Absprache mit dem Schornsteinfeger geklärt werden, ob der vorhandene Kamin weiter genutzt werden kann, ob ggf. eine Sanierung nötig bzw. möglich ist, oder eine neue Abgasanlage notwendig ist. Eine evtl. später gewünschte Ergänzungsheizung, z.B. ein Kamin- oder Pelletofen, sollte beizeiten in die planerischen Überlegungen einfließen.

Beim Abgas handelt es sich um ein Gemisch aus Gasen, festen Schwebstoffen und Wasserdampf, dessen Zusammensetzung brennstoffabhängig ist. Bei gemauerten (diffusionsfähigen) Schornsteinen muss gewährleistet sein, dass die Temperatur im Schacht bis zum Kaminkopf höher ist als die Kondensationstemperatur des Abgases. Anderenfalls kondensiert Wasserdampf im Kamin, was zur Durchfeuchtung und Versottung führt.

Um niedrige Abgastemperaturen auch unterhalb der Kondensationsgrenze zu ermöglichen, sind die abgasführenden Bauteile in den meisten Fällen aus Materialien gefertigt, bei denen ein Tauwasseranfall zeitweise oder dauerhaft möglich ist. Die wichtigsten Bauarten von Abgasanlagen und ihr möglicher Einsatzbereich sind in Tabelle 10.10 zusammengestellt.

Kaminsanierung

Moderne Kessel stellen hohen Anforderungen an die Abgasanlage, daher ist eine Kaminsanierung beim Einbau eines neuen Kessels oft unumgänglich. Die DIN 18160 regelt die Anforderungen an die Abgasanlage in Abhängigkeit von der Kesselbauart.
Wird z.B. ein Brennwertkessel eingebaut, so muss eine feuchteunempfindliche, korrosionsfeste und überdruckdichte Abgasleitung für Temperaturen bis 80°C eingebaut werden. Alle Kesselhersteller liefern für ihre Brennwertkessel eigene Abgassysteme einschließlich aller Form- und Anschlussteile auf Kunststoff oder Edelstahlbasis, mit denen die Abgasanlage entsprechend den örtlichen Rahmenbedingungen angepasst werden kann. Die vielfältigen Möglichkeiten für Kesselstandorte und Abgasführung bei Gaskesseln sind in Abb. 10.17 schematisch dargestellt.

10.15
An der Außenwand geführter doppelwandiger Edelstahl-Kamin.

Abgasanlagen für verschiedene Wärmeerzeuger						
	NT-Kessel		**Brennwertkessel**		**Holzkessel**	
	Öl	Gas	Öl	Gas	Pellets	Stückholz
Anforderungen an Kamin						
- Temperaturbeständigkeit	>120	>120	> 80°C	> 80°C	> 160°C	> 160°C
- Kondensatbeständigkeit	nein	nein	ja	ja	nein	nein
- für Überdruck geeignet			ja	ja	ja	nein
Eignung der Kaminbauarten						
Einschaliger Kamin	–	–	– –	– –	– –	+?
Gemauert, zweischalig	–?	–?	–	–	+?	+
Gemauert, dreischalig	+	+	–	–	+	+
Dreischalig, kondensatbeständig	+	+	+	+	+	+
Sanierung mit Edelstahlrohr	+	+	+	+	+	+
Sanierung mit Kunststoffrohr	?	?	+	+	-	-
Sanierung mit Glasrohr	+	+	+	+	+?	+?
Edelstahlrohr an Fassade	+	+	+	+	+	+
-- völlig ungeeignet; – nicht geeignet; –? im Einzelfall möglich; +? bedingt geeignet; + geeignet						

Tabelle 10.10: Abgasanlagen für verschiedene Wärmeerzeuger.

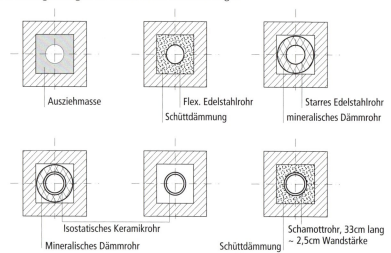

10.16: Möglichkeiten der Schornsteinsanierung.

Raumluftabhängige Betriebsweise:
AS1/AS4 neues Abgasrohr in altem Kamin oder Schacht
AS3 Anschluss an einen feuchteunempfindlichen Schornstein

Raumluftunabhängige Betriebsweise:
AS2 neues Abgasrohr in altem Kamin oder Schacht
AS5/AS8 Abgasrohr mit Dach- bzw. Wanddurchführung
AS6 Abgasrohr mit Außenwanddurchführung (nur in Ausnahmefällen)
AS7 neues Abgas-Doppelrohr in altem Kamin oder Schacht

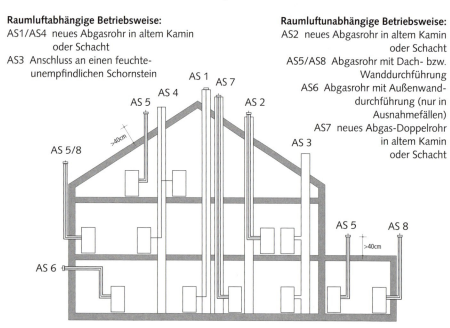

10.17: Einbaumöglichkeiten von Gaskesseln und passende Abgassysteme. nach: Solvis-Firmeninfo

Bei einem *Niedertemperaturkessel* muss das Abgassystem weder druckdicht, noch kondensatbeständig, dafür aber für höhere Abgastemperaturen zugelassen sein. Bei der Kaminsanierung für Gas- und Ölkessel bis 50 kW ist die raumluftunabhängige Betriebsweise (LAS = Luft-Abgas-System) zum Standard geworden: Dabei wird in einem Spalt zwischen Abgasrohr und dem alten Kamin die Frischluft für die Feuerung zugeführt. Der alte Kamin muss einen von der Kesselleistung abhängigen Mindestquerschnitt aufweisen, so dass ein Ringspalt von 2 cm um das Abgasrohr herum gewährleistet ist. Bei einer Abgasanlage mit 80 mm Nennweite, ausreichend für Kesselleistungen bis ca. 30 kW, ist damit ein Mindestquerschnitt des alten Kamins von 140 x 140 mm erforderlich.

Eine Kaminsanierung für eine Gas-Brennwerttherme bei Kesselleistungen unter 30 kW kostet zwischen 800 und 1200 € (100 bis 150 €/m) ohne Nebenarbeiten.

Lässt sich ein bestehender Kamin nicht mehr sanieren oder ist die Benutzung aus anderen Gründen nicht sinnvoll, wird entweder innerhalb des Gebäudes ein neuer Schacht errichtet oder ein doppelwandiges Edelstahlrohr außerhalb des Gebäudes entlang geführt. Hierbei sind die konstruktiven (Brandschutz) und gestalterischen Konsequenzen sorgfältig abzuwägen.

Die kostengünstigste Lösung besteht darin, den Gas-Brennwertkessel mit Warmwasserspeicher im Dachbereich zu installieren. Über ein Doppelrohr (LAS-Kamin = Luft-Abgas-System) können hier die Zuluft und die Abgase auf kurzem Wege direkt über Dach angesaugt bzw. abgeführt werden. Die Mindestabstände zur Bedachung, zu Gauben und Dachflächenfenstern sind zu berücksichtigen (vgl. Abb. 10.18 u. 10.19).

Sonstiges

Alle Veränderungen der Heiz- und Abgasanlage sollten auf jeden Fall und frühzeitig mit dem örtlichen Bezirksschornsteinfeger abgestimmt werden, um späteren Ärger zu vermeiden. Erfahrungsgemäß ist dieser im Vorfeld kooperativer, als wenn er mit einer fertigen Anlage konfrontiert wird.

Beim Einbau von Kaminöfen (auch Pelletöfen) in Wohnräumen muss eine ausreichende Verbrennungsluftzufuhr – möglichst raumluftunabhängig direkt von draußen – gewährleistet sein. Auf keinen Fall darf durch den Betrieb einer Lüftungsanlage oder der Dunstabzugshaube in der Küche die Verbrennungsluftzufuhr eines solchen Ofens/Kamins behindert werden.

Der gleichzeitige Betrieb eines Kaminofens und einer Lüftungsanlage ist nur in Verbindung mit einem Druckdifferenzschalter möglich, der die Lüftungsanlage ausschaltet, sobald giftiges Kohlenmonoxyd bei offener Ofenklappe in den Raum gesaugt wird. Die Kosten liegen incl. Montage bei ca. 600 €.

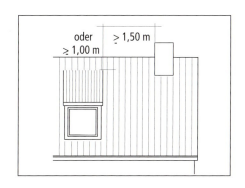

10.18 *links*
Dachdurchführung eines konzentrischen Luft-Abgas-Kamins mit typischen Abmessungen. Quelle: Buderus-Firmeninfo

10.19 *rechts oben*
Abstände der Kaminöffnung von ungeschützten brennbaren Bauteilen. Quelle: [1]

10.20 *rechts unten*
Druckdifferenzschalter. Quelle: www.ehuber.de

10.5 Wärmeverteilung

Man unterscheidet Einrohr- und Zweirohrheizungen. Bei Einrohrheizungen, von denen überwiegend zwischen 1975 und 1985 nahezu 1.500.000 Anlagen in Deutschland installiert worden sind, sind in der Regel alle Heizkörper einer Wohnung bzw. einer Etage an eine gemeinsame waagerechte Ringverteilung angeschlossen. Im Gegensatz dazu ist beim Zweirohrsystem jeder Heizkörper separat an eine Vorlauf- und Rücklauf-Verteilung angeschlossen. Beim Einrohr-System werden die Heizkörper eines Kreises nacheinander durchströmt: der erste Heizkörper erreicht die höchste Temperatur, der letzte die geringste. Ein solches System ist schlecht regelbar und verursacht hohe Stromkosten, da auch bei geschlossenem Heizkörperventil das gesamte System durch sogenannte Überstromventile versorgt werden muss. Bei einer Sanierung sollten solche Anlagen möglichst auf das heute allgemein übliche Zweirohrsystem umgestellt werden.

Rohrleitungsmaterialien

Bis in die 1960er Jahre wurde zur Wärmeverteilung überwiegend Stahlrohr verarbeitet, danach überwiegend Kupferrohr und seit einigen Jahren im Altbau häufig auch Kunststoffrohre, die sich aufgrund der höheren Flexibilität relativ leicht verlegen lassen. Eine integrierte Leichtmetallfolie verhindert das Eindringen von Sauerstoff in den Heizungskreislauf und mindert dadurch mögliche Korrosion. Werden Holzdecken oder die Estriche erneuert, so kommt auch die Verlegung von PE-Rohren als Rohr-im-Rohr-System in Betracht. Edelstahlrohre werden bei der Altbausanierung nur bei einer offenen Rohrverlegung auf der Wand verwendet.

Auch wenn die Kunststoff-Verbundrohre teurer sind als herkömmliches Kupferrohr, so lassen sich diese wesentlich einfacher biegen, verlegen und verpressen. Schließlich ist der Lohnanteil für das Verlegen der Heizungsrohre weit höher als die Materialkosten. Bei einer Verlegung außerhalb der gedämmten Gebäudehülle ist die Dämmung der Verteilungsrohre mindestens gemäß den EnEV-Anforderungen durchzuführen (siehe Tab. 10.11)

Rohrleitungen

Mit der Einführung der Pumpenwarmwasserheizung konnten die Leitungsquerschnitte deutlich reduziert und die Leitungen ohne Rücksicht auf Gefälle frei verlegt, d.h. auch im Fußboden geführt werden. Diese Art der

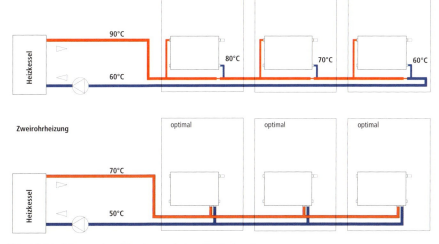

Abb. 10.21: Schema einer Einrohr- und einer Zweirohranlage.

10.22
Offene Leitungsverlegung mit Edelstahlrohren

Tabelle 10.11
Wärmedämmung von Wärmeverteilungs- und Warmwasserleitungen, Kälteverteilungs- und Kaltwasserleitungen sowie Armaturen gem. EnEV 2014, Anhang 5, Tabelle 1

\multicolumn{3}{c}{Wärmedämmung von Rohrleitungen und Armaturen}
Zeile	Art der Leitungen/Armaturen	Mindestdicke der Dämmschicht *)
1	Innendurchmesser bis 22 mm	20 mm
2	Innendurchmesser über 22 mm bis 35 mm	30 mm
3	Innendurchmesser über 35 mm bis 100 mm	gleich Innendurchmesser
4	Innendurchmesser über 100 mm	100 mm
5	Leitungen und Armaturen nach Zeile 1 - 4 in Wand- und Deckendurchbrüchen, im Kreuzungsbereich von Leitungen, an Leitungsverbindungsstellen, bei zentralen Leitungsnetzverteilern	1/2 der Anforderungen der Zeilen 1 - 4
6	Wärmeverteilungsleitungen nach Zeile 1 - 4, die nach dem 31.1. 2002 in Bauteilen zwischen beheizten Räumen verschiedener Nutzer verlegt werden	1/2 der Anforderungen der Zeilen 1 - 4
7	Leitungen nach Zeile 6 im Fußbodenaufbau	6 mm
8	Kälteverteilungs- u. Kaltwasserleitungen sowie Armaturen von Raumlufttechnik- und Klimakältesystemen	6 mm

*) bei einer Wärmeleitfähigkeit von 0,035 W/(m·K)
Soweit in Fällen des §14 Absatz 4 Wärmeverteilungs- und Warmwasserleitungen an Außenluft grenzen, sind diese mit dem Zweifachen der Mindestdicke nach Tabelle 1 Zeile 1 bis 4 zu dämmen.

Verlegung erlaubt nicht nur eine Optimierung der Leitungslängen und -kosten, sondern auch eine freie Anordnung der Heizkörper im Raum. Allerdings hat die versteckte Verlegung auch Nachteile: Treten Korrosionsschäden auf, ist eine Sanierung aufwendig und kostspielig, besonders wenn die Leitungen im Estrich vergossen sind. Außerdem wurde der Wärme- und Schallschutz von Rohrleitungen im Estrich früher oft vernachlässigt. Bei Schäden sollten die alten Leitungen freigelegt und repariert oder ganz neue Steigstränge und Heizkörperanbindungen offen verlegt werden.

Die Heizungsverteilung in den Bereichen mit funktionstüchtigen Rohrleitungen kann beibehalten werden. Auf Wärmebrücken und den Frostschutz des Verteilungssystems ist zu achten: Während der Steigstrang in einer Innenwand auch ohne nachträgliche Dämmung der Rohre erhalten bleiben kann, muss dieser in einer von innen gedämmten 24 cm dicken Ziegel-Außenwand saniert werden. Bei einer Innendämmung sind alle wasserführenden Leitungen in der Außenwand in das Gebäude zu verlegen, da anderenfalls die Gefahr des Einfrierens besteht.

Wärmedämmung der Rohrleitungen

Die Wärmeverluste von ungedämmten Rohrleitungen in einem unbeheizten Raum (ca. 15°C) sind beträchtlich. In einer Heizperiode von ca. 5000 h/a (im Altbau) belaufen sich die Wärmeverluste je Meter ungedämmtes Kupferrohr auf ca. 60 kWh/a (bei 45°C Wassertemperatur). Daher müssen alle Rohrleitungen gemäß EnEV 2014/16 gedämmt werden (siehe Tab. 10.11) und zwar nicht nur die Rohrleitungen, sondern auch alle Armaturen, Ventile und Pumpen, da deren Verluste anderenfalls unproportional zunehmen würden.

Zur Dämmung von Rohrleitungen im Einfamilienhaus werden aufgrund geringer Brandschutzanforderungen überwiegend Schaumstoffrohrschalen verwendet. Steinwoll-Rohrschalen mit Alu-Gitterummantelung erfüllen die Brandklasse A2 (nicht brennbar, Schmelzpunkt 1000°C).

Schallschutz: Grundsätzlich sollten Rohrleitungen von der Baukonstruktion akustisch entkoppelt angebracht werden, Schall übertragende starre Verbindungen zur Wand- oder Deckenkonstruktion sind zu vermeiden. Als Schallerreger im Heizungssystem kommen vor allem Ventile sowie Fittings, Winkel- und T-Stücke in Betracht. Zur Vermeidung von Geräuschen im Rohrnetz sollten Ventil- und Rohrnetzquerschnitte ausreichend bemessen (Fließgeschwindigkeit im Rohrnetz < 0,3 - 0,5 m/s) und die Pumpenleistung nicht zu groß sein.

Hydraulischer Abgleich

Aufgrund zahlreicher Einflussfaktoren wie unterschiedliche Rohrlängen und -querschnitte, verschiedene Reibungswiderstände in Heizkörpern und Ventilen etc. ist es zwingend notwendig, bei (Wieder-)Inbetriebnahme der Heizung einen hydraulischen Abgleich durchzuführen. Ziel dieses Einstellungsverfahrens ist es:

- eine gleichmäßige Wärmeverteilung in den einzelnen Räumen zu erzielen,
- für gleichmäßige Aufheizzeiten zu sorgen,
- das Regelverhalten der Thermostatventile zu optimieren,

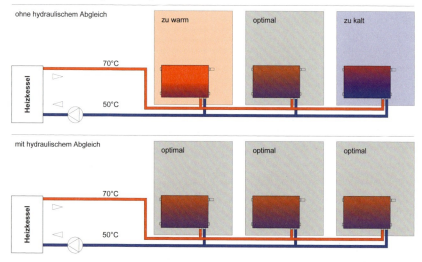

10.23: Wärmeverteilung in Heizkörpern oben vor und unten nach einem hydraulischen Abgleich.

- Laufgeräusche im Rohrsystem zu vermeiden,
- zu hohe oder zu niedrige Rücklauftemperaturen zu korrigieren
- und einen optimierten Energieverbrauch sicherzustellen.

Die Durchführung eines hydraulischen Abgleich ist nicht nur sinnvoll, sondern auch Voraussetzung für die Auszahlung von Fördermitteln im Heizungsbereich. Mit der Durchführung sollte unbedingt ein Fachhandwerker beauftragt werden, der diese Arbeit bescheinigt und die vollzogenen Einstellungen dokumentiert. Im schlimmsten Fall kann der Handwerker auch zum Ergebnis kommen, dass ein ordentlicher hydraulischer Abgleich im gegebenen Rohrnetz nicht möglich ist.

Die Kosten für den hydraulischen Abgleich betragen je nach Gebäudegröße ab ca. 300 €, wobei Energieeinsparungen von bis zu 10% (je nach Heizungsanlage) möglich sind und obendrein einen besseren Wohnkomfort bringen. Darüber hinaus ist der Nachweis des hydraulischen Abgleichs Voraussetzung für die Auszahlung von Fördermitteln für die Heizungssanierung (z.B. KfW, BAFA etc.).

Heizungspumpen

Bis vor einigen Jahren wurden ausschließlich Pumpen mit handbetriebenen Mehrstufenschaltern eingebaut, die man im Winter (nach Gefühl) einfach ein- oder zwei Stufen höher schaltete, um die Wärmeleistung zu erhöhen. Auch wenn man die alte Heizung beibehält, so sollte man solche Pumpen in jedem Fall gegen elektronisch druckgeregelte Pumpen austauschen. Diese halten den Förderdruck konstant, unabhängig davon, wie viele Heizkörperventile offen oder geschlossen sind. Somit laufen sie nur mit der jeweils notwendigen Minimaldrehzahl, wodurch bis zu 80% Strom eingespart wird. Die Kosten incl. Einbau liegen bei ca. 200 € und machen sich innerhalb von fünf Jahren bezahlt.

10.24
Dämmschale für ein Absperrventil
(Quelle: www.kemper-olpe.de)

10.25
Elektronisch geregelte Heizungspumpe. Die neuesten Modelle verfügen auch über wärmegedämmte Pumpengehäuse. Quelle: Grundfos

10.6 Wärmeübertragung

Bevor die Frage des Wärmeübertragungssystems, also Art und Form der Heizkörper, bei einer energetischen Altbausanierung entschieden wird, sind die Rahmenbedingungen und Nutzungsanforderungen zu definieren. Nachdem der Dämmstandard der Gebäudehülle verbessert ist, sollte in jedem Fall raumweise eine Berechnung der Normheizlast nach DIN EN 12831 erfolgen. Hierbei werden die Transmissionswärmeverluste der einzelnen Umfassungsflächen (U-Wert x Fläche x Temperaturdifferenz von Innentemperatur und Außenluft/oder benachbarten Räumen) aufsummiert. Außerdem wird der Lüftungswärmeverlust (Luftwechselrate x spezifische Wärme der Luft x Temperaturdifferenz zur Außenluft abzüglich eines evtl. Wärmerückgewinnungsgrades) ermittelt und hinzuaddiert. Um kürzere Aufheizzeiten zu erreichen, kann diese Summe aus Transmissions- und Lüftungswärmebedarf ggf. mit einem *Komfortfaktor* von max. 1,15 multipliziert werden, um die Leistung bzw. die Größe des für den Raum ausreichenden Heizkörpers zu ermitteln. Die Leistung eines Heizkörpers ist bei gegebener Größe (Heizoberfläche) von der Vorlauf-/Rücklauftemperatur des Heizkreises abhängig. Fußboden- und Wandheizungen können aufgrund der großen Wärmeübertragungsflächen mit geringeren Vorlauftemperaturen gefahren werden als normale Plattenheizkörper oder Radiatoren, was beim Betrieb von Wärmepumpen oder solarer Heizungsunterstützung die Anlageneffizienz um bis zu 20% erhöht.

Grundsätzlich gilt die Aussage: Je besser die Gebäudehülle gedämmt ist, desto geringer ist der Einfluss der wärmeübertragenden Flächen auf das Raumklima.

Heizkörper

Nach einer energetischen Sanierung der Gebäudehülle sind die vorhandenen Heizkörper bei gegebener Vorlauf-/Rücklauftemperatur in der Regel stark überdimensioniert. Das heißt nicht, dass diese durch neue ersetzt werden müssen. Sind alle Heizkörper um einen ähnlichen Faktor zu groß, kann die Vorlauftemperatur einfach durch Veränderung der Heizkurve an der Kesselsteuerung (siehe Kasten S. 151) gesenkt werden, wodurch der Wirkungsgrad der Anlage obendrein um einige Prozent verbessert wird. Ein angenehmer Nebeneffekt der großzügig bemessenen Heizflächen besteht in der schnelleren Aufheizung der Räume, was bei periodischen Raumtemperaturabsenkungen von Vorteil ist.

In der Praxis werden aus technischen und gestalterischen Erwägungen oft neue Heizkörper installiert. Der Markt bietet heute eine fast unüberschaubare Vielfalt an Bauarten, die sich in Funktionsprinzip, Wärmeleistung, Gestaltung und Kosten unterscheiden. Nach Ermittlung des Raumwärmebedarfes sollte man die verschiedenen Heizkörperbauarten anhand ihrer tatsächlichen erforderlichen Größe und Wärmeleistung vergleichen. Dabei werden auch große Preisunterschiede der einzelnen Modelle deutlich.

Eigenschaften verschiedener Heizkörpertypen

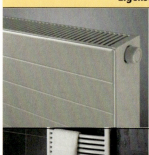

Plattenheizkörper
- meistverwendeter Heizkörper-Typ
- hoher Anteil an Strahlungswärme (50-70%)
- ein-, zwei- und dreireihige Anordnung mit und ohne Konvektorblechen
- kompakt, platzsparend, leicht, energiesparend
- geringer Wasserdurchsatz
- günstiger Preis

Röhrenheizkörper
- ein- oder mehrreihige Anordnungsmöglichkeit und dadurch gute Anpassung an räumliche Gegebenheiten
- unterschiedlichste Sonderformen und Farben erhältlich (z.B. Handtuchtrockner, Raumteiler etc.)
- alle Heizflächen leicht zu reinigen

Konvektoren
- geringe Trägheit, daher schnelle Aufheizung der Räume
- als Bodenkonvektoren ideal vor großen Fensterflächen
- hoher Anteil an Konvektionswärme
- Staubaufwirbelungen und starke Luftzirkulation
- schwierige Reinigung
- hohe Anschaffungskosten und bauliche Maßnahmen (Bodenvertiefung)

Tabelle 10.12: Bauarten von Heizkörpern und ihre Eigenschaften

10.26:
Die Anordnung des Heizkörpers neben der Zimmertür verhindert die Möblierung an dieser Stelle und schafft eine dauerhaft komfortable Zugänglichkeit.

10.27
Bei optimaler Wärmedämmung und Dreifachverglasung fallen die Heizkörper sehr klein aus.

Bauarten und Anordnung im Raum

Die Bauarten heutiger Heizkörper lassen sich grob in Plattenheizkörper, Röhrenheizkörper und Konvektoren unterscheiden. Durch die Produktvielfalt wird jedoch eine klare Zuordnung zunehmend schwierig. Tabelle 10.12 versucht, die wesentlichen Charakteristika aufzuzeigen.

Je besser der U-Werte von Wand und Fenster sind, desto näher liegt deren Oberflächentemperatur im Bereich der Innenlufttemperatur. Da nun der Heizkörper nicht mehr die Aufgabe übernehmen muss, die kalte Oberfläche z.B. eines undichten einfach- oder doppelverglasten alten Fensters zu kompensieren, entstehen höhere Freiheiten in der Wahl und Anordnung der Heizflächen im Raum. Die wesentlich geringere Wärmeleistung infolge optimaler Dämmung der Gebäudehülle ermöglicht wesentlich kleinere Heizflächen, die (relativ) freie Wahl des Heizkörperstandortes sowie geringere Vorlauftemperaturen. Gleichzeitig schwinden die gefühlten Behaglichkeitsunterschiede zwischen Räumen mit Heizkörpern und solchen mit Flächenheizungen, da die Konvektions- und Strahlungsanteile der verschiedenen Heizflächen stark von der Temperaturdifferenz zwischen wärmeabgebender Heizfläche und Oberflächentemperatur der Umfassungsfläche abhängen.

Vereinfachend kann die empfundene Temperatur als Maß für die Wärmebehaglichkeit gelten. Diese wird bestimmt durch die Lufttemperatur, die mittlere Oberflächentemperatur der Umfassungswände, die Luftfeuchte und -bewegung sowie die körperliche Aktivität der Bewohner. Grundsätzlich gilt: je geringer der Wärmestrom zwischen Körper und Umfassungsflächen ist, desto weniger Wärme verliert der Körper durch Strahlung, Konvektion und Leitung an die Umgebung und umso angenehmer wird die Raumtemperatur empfunden, sofern nicht bei zu hoher Raumtemperatur eine Überwärmung eintritt.

Fußboden- und Wandheizungen

Fußbodenheizungen werden seit den 1970er Jahren eingebaut. Es gibt hierfür verschiedene Gründe:

- größere Strahlungsanteile im Vergleich zu konventionellen Radiatoren oder Konvektoren,
- keine störenden Heizkörper im Raum,
- warme Füße,
- geringe Vorlauf-/Rücklauftemperaturen möglich bzw. erforderlich, die beim Einsatz einer Wärmepumpe bzw. bei solarer Heizungsunterstützung unbedingt notwendig sind.

Ob die Installation einer Fußbodenheizung im Rahmen einer Altbausanierung sinnvoll ist, bleibt letztlich den Wünschen der Bewohner überlassen. Sie verbessert auf jedem Fall den Wirkungsgrad bzw. die Jahresarbeitszahl einer Wärmepumpe (nutzbare Wärme im Verhältnis zur elektrischen Antriebsleistung), da diese von der Temperaturdifferenz zwischen Umweltwärmequelle (Außenluft, Erdreich, Grundwasser) und der Heizungsvorlauftemperatur abhängig ist. Bei Installation einer Fußbodenheizung sind auch im Altbau die Anforderungen der EnEV einzuhalten (d.h. U-Wert des Fußbodens < 0,35 W/m²K).

Alternativ und in Anlehnung an das Prinzip der Fußbodenheizung kann die Heizleistung auch über beheizte Wandflächen an den Raum abgegeben werden. Wandheizungsbefürworter argumentieren mit den hohen Strahlungsanteilen und den angeblich positiven Auswirkungen auf das Raumklima. Wandheizungen werden seit den 1990er Jahren gebaut, Installationssystem,

Regeltechnik und Vorlauftemperaturen entsprechen denen einer Fußbodenheizung. Einige Hersteller bieten dünne Kunststoffrohrleitungen an, die mit einem Putzträger und Spezialputz auf die Wand gebracht werden. Andere Systeme arbeiten mit Kupferrohren, die mäanderförmig oder als Rohrregister auf Dämmplatten (Heraklith, Kork) aufgebracht werden. Diese werden dann entweder mit einer Trockenbaukonstruktion verkleidet oder verputzt. Wandheizungen sollten wegen der größeren Wärmeströme nicht auf ungedämmten Außenwänden installiert werden. (Ausnahme: bewusstes Erhöhen der Oberflächentemperatur bei kondensatgefährdeten Bauteilen). Haarrissbildung bei den Putzoberflächen lässt sich aufgrund der Temperaturspannungen nicht vermeiden. Beheizte Wände dürfen nicht großflächig möbliert werden, da hierdurch die Wärmeabgabe behindert wird. Und Vorsicht beim Einschlagen von Nägeln oder Bohren von Dübellöchern: das kann unangenehme Wasserschäden zur Folge haben.

Fußboden- und Wandheizungen reagieren gleichermaßen sehr träge auf Lastwechsel. Das betrifft vor allem Räume mit hohen solaren Gewinnen durch Fenster. Jedes thermostatisch geführte Heizsystem schaltet ab, sobald die Sonne scheint. Allerdings strahlt eine Flächenheizung auch nach dem Abschalten noch bis zu mehreren Stunden Wärme ab, so dass der Raum im ungünstigsten Fall überwärmt wird und diese Wärme weggelüftet werden muss. Insofern eignen sich Flächenheizungen weder für temporär genutzte Räume, noch für Wohnräume mit hohen solaren Einstrahlungsgewinnen. Im Gegensatz zu einem Konvektor ist viel Wärme in der Heizfläche gebunden, so dass Überwärmungen nicht vermieden werden können und somit eine effektive Nutzung der passiven Solargewinne kaum möglich ist.

Der konstruktive und finanzielle Grundaufwand für Fußboden- und Wandheizung ist hoch. Die Wärmeverteilung und die raumweisen Regelungen sind auch bei kleinen Heizleistungen aufwändig, während die tatsächliche Heizleistung (ein paar Meter Rohr mehr oder weniger) dabei nicht besonders kostenrelevant ist.

Bei vorhandenen Fußbodenheizungen ist zu prüfen, ob die Dichtigkeit noch gewährleistet ist. Bei alten Kunststoffrohren treten häufig Probleme infolge Sauerstoffdiffusion auf; durch das Kunststoffrohr diffundiert Sauerstoff in den Heizungskreislauf und führt zu Korrosion mit Schlammablagerungen, bis hin zum Ausfall von Pumpen und Kessel.

Fußbodenheizungen (in Räumen ≥ 6m² Grundfläche), die vor dem 1.1.2002 eingebaut worden sind, müssen gemäß EnEV mit einer Raumtemperaturregelung nachgerüstet werden, z.B. durch eine funkgesteuerte Regelung. Ein Temperaturbegrenzer drosselt den Durchfluss und die Rücklauftemperatur auf einen fest einstellbaren Wert und unterstützt das Selbstregelverhalten des Fußbodens bei internen Gewinnen. Dies ist besonders dann angebracht, wenn die Fußbodenheizung überdimensioniert ist (nach umfassenden Dämmmaßnahmen) und die Vorlauftemperatur erheblich abgesenkt wurde.

Der Fußboden zum Keller muss ausreichend gedämmt sein (vgl. Kap. 7.1). Bei nicht unterkellerten Gebäuden ist entweder ein neuer Fußbodenaufbau oder die Umrüstung auf Heizkörper zu empfehlen. Auch ein dauerhafter Wasserverlust infolge Versprödung der Rohre sollte zum Anlass genommen werden, die Heizkörperfrage neu zu überdenken.

10.28
Fußbodenheizungen werden heute auf Noppenmatten verlegt, auf der die benötigte Leitungslänge (= Heizleistung) verlegt wird. Bei hochgedämmten Gebäuden beträgt der Leitungsabstand teilweise bis zu 30 cm.

10.29
Wandheizung auf Schienensystem verlegt. Die dahinter angebrachte Schilfrohrmatte reduziert die Abstrahlung nach außen und dient als Putzträger. Quelle: Wikipedia

Tabelle 10.13
Vor- und Nachteile von Heizkörpern und Flächenheizungen.

	Vergleich Heizkörper/Flächenheizungen		
	Heizkörper	**Fußbodenheizung**	**Wandheizung**
Vorteile	• Schnelle Reaktion auf Heizlastwechsel • große Gestaltungsmöglichkeiten durch vielfältiges Heizkörperangebot • kostengünstigstes System	• geeignet für Wärmepumpen und solare Heizungsunterstützung • keine störenden Heizkörper • hoher Strahlungsanteil • fußwarm	• geeignet für Wärmepumpen und solare Heizungsunterstützung • keine störenden Heizkörper • hoher Strahlungsanteil
Nachteile	• Flächenkonkurrenz zur Möblierung • bedingt für Wärmepumpeneinsatz geeignet • Temperaturdifferenzen innerhalb des Raumes möglich	• sehr träges System, nicht für passive Sonnenenergienutzung geeignet • Dämmung des Fußbodens zwingend erforderlich • nicht für alle Bodenbeläge geeignet	• träges System • Möblierbarkeit des Raumes eingeschränkt • nicht beliebig anzubohren • in der Außenwand Dämmung zwingend erforderlich
Kosten (50 W/m²)	40 - 55 € /m² WF	70 - 90 € /m² WF	90 - 110 € /m² WF

10.7 Heizungsregelung

Heutige Heizungen verfügen durchweg über zwei unabhängig voneinander funktionierende Regelsysteme:

- **Regelung der Wärmeerzeugung**
  - Steuerung der Vorlauftemperatur in Abhängigkeit von der Außentemperatur, indem die Kesselleistung dem witterungsbedingten Wärmebedarf angepasst wird (Kesselregelung);
  - Absenkung der Heizleistung bei Nacht und bei Nichtanwesenheit (durch Absenken der Vorlauftemperatur);
  - Bei mehreren Wärmeerzeugern wie Solaranlage, Holzofen, Wärmepumpe etc. übernimmt die Regelung die Koordination der Wärmeerzeuger und der bedarfsgerechten Wärmeverteilung, und ggf. auch die Bewirtschaftung des Wärmespeichers.
- **Regelung der Raumtemperatur**
  - Regelung der Wärmeabgabe der Heizkörper zur Einhaltung der gewünschten Raumtemperatur, z.B. durch Thermostatventile und Wohnungstemperaturregler,
  - Ansteuerung mehrerer Verbraucher wie Heizkörper, Fußbodenheizung, Lüftung.

10.30
Heizungssteuerung mit Display für die wesentlichen Funktionsanzeigen, Nachtabsenkung und Wochenschaltung. Quelle: www.junkers.de

10.31
Alle heutigen Kesselsteuerungen lassen sich auch mittels Zusatzmodul über das Smartphone steuern. Bei temporärer Anwesenheit kann die Heizung rechtzeitig von unterwegs angeschaltet werden. Ob es sich dabei um eine technische Optimierung oder eine Spielerei handelt, muss jeder selbst entscheiden. Quelle: www.tado.com

Alle Altanlagen müssen gemäß EnEV mit Thermostatventilen zur individuellen Regelung der Raumtemperatur und mit einer Kessel- bzw. Vorlauftemperaturregelung zur Leistungssteuerung des Wärmeerzeugers nachgerüstet werden.

Selbst bei kleinen neuen Kesselanlagen übernehmen die elektronischen Regelungen auch Zusatzfunktionen wie Leistungsmodulation, Fehlerüberwachung etc., so dass sich der Anlagenbetrieb sehr präzise, energiesparend und schadstoffminimierend steuern lässt. Gleichzeitig bietet die Programmierbarkeit durch den Nutzer (Nachtabsenkung, Wochentags- und Ferienprogramme etc.) viele Möglichkeiten für einen optimierten Betrieb. Grundsätzlich ist aber eine einfache, witterungsgeführte Regelung der Kessel- bzw. Vorlauftemperatur zusammen mit gut arbeitenden Thermostatventilen und einem hydraulisch eingeregelten Netz in den meisten Fällen völlig ausreichend.

Kesselregelungen

Die Wärmeabgabe eines Heizkörpers steigt

- mit zunehmender Heizfläche, d.h. mit zunehmender Größe des Heizkörpers,
- mit zunehmender Vorlauftemperatur am Heizkörper,
- mit sinkender Temperaturdifferenz zwischen Eintritts- und Austrittstemperatur im Heizkörper.

Die thermisch wirksamen Oberflächen der Heizkörper (Heizflächen) werden heute bei der Heizlastberechnung so ausgelegt, dass an kalten Wintertagen (z.B. bei -12°C Aussentemperatur) eine Vorlauftemperatur von 70°C und eine Rücklauftemperatur von 50°C (Auslegung 70/50°C) zur Beheizung der Räume gerade ausreichen. Bei konsequenter Anwendung dieses Prinzips sollten

10.32: Programmierbares Thermostatventil
Quelle: www.conrad.de

alle Räume gleichmäßig erwärmt werden. Bei wärmerem Wetter reicht es zur Reduzierung der Wärmeabgabe aus, die Vorlauftemperatur im ganzen Heizungsnetz, d.h. am Kesselausgang, zu senken.

Witterungsgeführte Kesselregelungen steuern die Vorlauftemperatur des Heizungswassers durch Modulation der Brennerleistung oder durch Takten der Verbrennung in Abhängigkeit von der Außentemperatur. Bei welcher Außentemperatur welche Vorlauftemperatur zur Beheizung ausreicht, hängt von den thermischen Eigenschaften des Gebäudes, der Heizkörperauslegung und vom Nutzerverhalten ab. Dieser Zusammenhang wird durch die Heizkurve beschrieben (vgl. Kasten), die an der Kesselregelung eingestellt werden kann.

Entweder wird die Heizkurve rechnerisch ermittelt, oder der Nutzer tastet sich schrittweise an das individuelle Optimum heran. Mittels Reglereinstellung wird die Heizkurve schrittweise verändert und die Auswirkung beobachtet, bis bei jeder Witterung die gerade notwendige Vorlauftemperatur erzeugt wird (siehe Kasten).

In der Praxis ist die sorgfältige Einstellung der Regelung eine zeitaufwendige, aber lohnenswerte Arbeit; sie wird von Handwerkern in den seltensten Fällen mit der gebührenden Sorgfalt ausgeführt.

Moderne, selbstlernende Regelungen sind in der Lage, die optimale Heizkurve im Laufe der Zeit selbsttätig zu ermitteln und einzustellen. Zu beachten ist, dass solche Regelungen bei längerem Stromausfall bzw. alternden Akkus im Gerät die gespeicherten Lerninhalte auch wieder „vergessen" können. Kesselregelungen sind entweder direkt im Kessel installiert oder – mit dem Raumthermostat kombiniert – vom Wohnraum aus steuerbar.

Raumtemperaturregelungen

Thermostatventile: Thermostatventile dienen dazu, die Raumtemperatur auf ein gewünschtes Niveau einzustellen. Sofern sie nicht ungünstig montiert sind oder hinter Gardinen verschwinden (Wärmestau), messen sie die Raumtemperatur, beeinflussen die Durchströmung des Heizkörpers und steuern dadurch dessen Wärmeabgabe. Wird die Temperaturmessung am Ort des Ventils verfälscht (durch Wärmestau), kann auch mit wenig Aufwand ein Thermostatventil mit Fernfühler montiert werden.

Programmierbare Thermostatventile: Mit diesem Thermostat kann genau festgelegt werden, an welchem Tag und zu welcher Uhrzeit eine gewünschte Raumtemperatur erreicht werden soll, wobei sich die Tage einzeln oder gruppenweise programmieren lassen. Eine manuelle Änderung des Programms ist jederzeit durch Drehen am Thermostat-Kopf möglich. Die Montage ist sehr einfach, der Thermostat wird ohne Öffnen des Heizkreislaufes nur auf das vorhandene Ventil aufgeschraubt.

Raumthermostate: Raumthermostate sind elektromechanische oder elektronische Regler mit Zweipunktschaltung zur Steuerung der Umwälzpumpe. Hierbei wird die Temperatur in einem Referenzraum (meist im Wohnraum) erfasst, bei Unter- oder Überschreiten der eingestellten Sollwerttemperatur schaltet die Umwälzpumpe an oder ab. Raumthermostate sind heute mit Tages- und Wochenprogrammen ausgestattet, können aber auch individuell per Hand bedient werden. Sie sollten nicht der direkten Sonneneinstrahlung ausgesetzt sein, da dies unabhängig von der eingestellten Raumtemperatur zur Abschaltung führen kann.

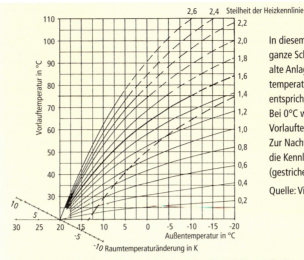

In diesem Diagramm findet sich eine ganze Schar von Regelkennlinien. Eine alte Anlage, ausgelegt für 90°C Vorlauftemperatur bei -12°C Außentemperatur, entspricht hier etwa der Steilheit 1,9. Bei 0°C würde der Kessel auf eine Vorlauftemperatur von ca. 70°C geregelt. Zur Nachtabsenkung um 5°C werden die Kennlinien parallel verschoben (gestrichelte Linie).

Quelle: Viessmann

Einstellung der Kesselsteuerung: die optimale Heizkurve finden

Zum Aufsuchen der optimalen Heizkurve empfiehlt es sich, die Vorlauftemperatur durch Verringern der Steilheit zunächst in größeren Schritten soweit zu senken, bis die gewünschte Raumtemperatur gerade nicht mehr erreicht wird. Eine zu hoch eingestellte Heizkurve wird nie zu Beschwerden („es wird nicht richtig warm") führen, jedoch immer zu erhöhtem Energieverbrauch. Zwischen jedem Schritt ist eine gewisse Zeit (z.B. ein Tag) abzuwarten, bis sich ein neues thermisches Gleichgewicht im Gebäude eingestellt hat. Wenn die Räume gerade nicht mehr ausreichend warm werden, wurde die minimale Vorlauftemperatur unterschritten; dann sollte die Vorlauftemperatur durch vorsichtiges Vergrößern der Steilheit leicht angehoben werden.

Tritt der Fall ein, dass die Vorlauftemperatur zwar bei -5°C ausreichend ist, aber nicht bei einer Außentemperatur von +5°C, dann ist die nächst niedrige Steilheit zu wählen, wobei diese dann aber um 4 bis 5°C nach oben verschoben werden muss (Parallelverschiebung). Dieser Vorgang ist solange zu wiederholen, bis die Regelung bei milder wie bei kalter Witterung die richtige Vorlauftemperatur einstellt.

10.8 Wartung

Der Trend zu höherer Effizienz und elektronischem Komfort bei den Heizsystemen hat auch einen erhöhten bzw. komplexeren Wartungsaufwand zur Folge. In Anbetracht der Tatsache, dass nicht nur viele Nutzer, sondern auch durchschnittliche Heizungsinstallateure mit der immer komplexeren Elektronik und Systemabstimmung oft überfordert sind, stellt sich die Frage, wieviel Technik im eigenen Haus erwünscht ist. Jedenfalls steigen mit jeder neuen Heizungsanlage auch die Anforderungen an die Wartung, die nötig ist, um die gewünschte bzw. zugesagte Effizienz dauerhaft sicherzustellen.

Eine Funktionskontrolle der Heizungsanlage sollte je nach Heiztechnik mehrmals jährlich durch den Betreiber erfolgen. Eine Wartung von Gas-, Öl- und Holzkesseln mit Abgasmessung ist mindestens einmal jährlich sinnvoll.

Folgende Leistungen sollten im Rahmen der Wartung ausgeführt werden:

- Einstellen der Vorlauf- und Kesseltemperatur, auch bei neuen Anlagen,
- Funktionsprüfung der Regelung und Sicherheitseinrichtungen,
- Kessel-, Brenner-, und Heizkörper-Reinigung,
- Entlüften der Heizkörper und Auffüllen mit Wasser,
- Abgasmessung,
- Erneuerung von Verschleißteilen.

Quellen und Literaturhinweise

[1] Schulz, M.; Westkämper, H.: Die neue Heizung. Staufen 2013
[2] Pistohl, W.: Handbuch der Gebäudetechnik. Band 2. Düsseldorf 2010
[3] Forum Energieeffizienz: Heizungs-Check. Berlin 2011
[4] RWE-Bauhandbuch. 2012

Tabelle 10.14
Entscheidungshilfen für die Auswahl des Heizsystems.

Entscheidungshilfen zur Heizungswahl

Grundsätzlich
- Wollen Sie wirklich Energie sparen oder nur Geld?
- Wollen Sie einen Beitrag zum Klimaschutz leisten (geringerer CO_2-Ausstoß)?
- Setzen Sie Prioritäten!

Energieträger
- Wie schätzen Sie die zukünftige Versorgungslage konventioneller Energieträger (Öl, Gas, Strom) ein?
- Möchten Sie sich von nur einem Versorger abhängig machen (Strom)?
- Welche gesetzgeberischen Auflagen erwarten Sie?

Komfort
- Möchten Sie ein Rundum-Sorglos-Paket?
- Möchten Sie sich hin und wieder einmal kümmern?
- Oder sind Sie gar bewusste Aktiv-Heizer?

Infrastruktur
- Welche technische Infrastruktur liegt vor (z.B. Gasanschluss)?
- Ist die Wärmeverteilung (Heizkörper, Fußbodenheizung) erhaltenswürdig?
- Möchten Sie nicht doch lieber neue Heizkörper?
- In welchem Zusammenhang soll die Erneuerung stattfinden, z.B. Fußbodenerneuerung o.ä.?

Kosten
- Sind Sie bereit, eine langfristige Investition zu tätigen oder geht es eher um kurzfristiges Geldsparen?
- Haben Sie die Gesamtkosten in den nächsten 20 Jahren ernsthaft verglichen?

Emotion
- Bei welcher Heizung schlafen Sie am ruhigsten?
- Freuen Sie sich, wenn die Sonne Ihren Speicher füllt?
- Hätten Sie auch sonst genügend Gesprächsthemen für die nächste Party?

Beispiel 8: Mehrfamilienhaus-Sanierung auf Beinahe-Passivhaus-Standard

Karl Viridén

Das Gebäude vor der Sanierung...

...und nach der Sanierung: Das Haus Magnusstr. 23 ist eingeklemmt zwischen einem zweistöckigen Gebäude zur Linken und gleich hohen Gebäuden zur Rechten.   Photo: Nina Mann

Ende des 19 Jahrhunderts wuchs die Stadt Zürich rasant an. Neue Gebiete wurden eingemeindet und überbaut. Die ersten elektrischen Straßenbahnen lösten die Pferdebahn ab. Der Beginn des neuen urbanen Zeitalters zeigte sich auch daran, dass Wohn- und Geschäftsbauten mit modernstem Komfort ausgestattet wurden. So wurden beim 1894 erbauten Fünffamilienhaus an der Magnusstrasse 23 auch alle Wohnungen mit Einzelöfen ausgestattet. Von solchem Luxus wagten die meisten Stadtbewohner damals nicht einmal zu träumen. Holz und Kohle waren kostbar und manch einer hatte nicht einmal ein eigenes Bett.

Abbruch oder Sanierung?

Im Laufe der Jahrzehnte war aus dem einstigen Komforthaus ein Abbruchobjekt geworden. Über 50 Jahre lang wurde das Gebäude nur minimal unterhalten. Für viele Investoren war der Erwerb des Gebäude längst uninteressant geworden.

Im Architekturbüro Viridén + Partner erkannte man, dank zwölfjähriger Erfahrung mit der Sanierung von Gebäuden, das Potential, das in der soliden Grundsubstanz des Mehrfamilienhauses steckte. Das Ziel war aber keine einfache Sanierung oder ein Umbau auf Minergiestandard (ein schweizerischer Niedrigenergiehaus-Standard mit einem Energieverbrauch von 90 kWh/m²a für Heizung und Warmwasser). Die Planer wollten weiter gehen und strebten den Passivhausstandard (Heizenergie 15 kWh/m²a) an. Bis zu diesem Zeitpunkt (2001) wurde dieser Standard, so weit bekannt, erst einmal bei einem Umbau in Deutschland erreicht. Dass dies bei der Magnusstrasse 23 nicht vollumfänglich gelingen konnte, ist den Auflagen der Denkmalpflege zuzuschreiben.

Konzept Passivhaus

Die maßgeblichen Anforderungen an eine Passivhauskonstruktion wurden erfüllt, mit Ausnahme der straßenseitigen Außenwand. Wegen denkmalpflegerischer Auflagen waren bei der Straßenfassade außen nicht mehr als 3 cm Dämmschicht unterzubringen. Deshalb liegt der Heizwärmebedarf mit 21 kWh/m²a etwas über der Vorgabe des Passivhausstandards.

Das Haus mit einer Grundfläche von 111 m² hat dank seiner Form ein günstiges Verhältnis von Oberfläche zu Energiebezugsfläche. 70% der sanierten Gebäudehülle erreicht einen U-Wert von 0,15 W/m²K; die Dämmung aus Mineralwolle ist zwischen 16 und 40 cm dick.

Die Straßenfassade umfasst etwa ein Fünftel der Gebäudehülle. Sie durfte optisch nur minimal verändert werden. Dank jeweils 3 cm Wärmedämmung innen und außen resultiert immerhin ein U-Wert von 0,36 W/m²K.

Die restlichen 10% der Gebäudehülle sind Fenster. Mit einem U-Wert unter 0,7 W/m²K sind sie zwar gut gedämmt, jedoch auch relativ teuer. Zur Straße hin wurden die Fensterrahmen mit Weichfaserplatten wärmetechnisch verbessert. Dadurch entsteht eine um 2°C höhere Oberflächentemperatur. Die hofseitigen Fenster liegen in der Dämmschicht, wodurch ein nahezu wär-

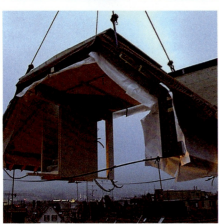

Das Aufsetzen des vormontierten Daches mittels Autokran war Präzisionsarbeit des Kranführers.

mebrückenfreier Übergang gewährleistet ist. Durch Abkleben der Fensterrahmenanschlüsse konnte die Luftdichtigkeit verbessert werden.

Haustechnik

Beheizt wurden die Wohnungen vor der Sanierung mit Einzel-Ölöfen, ergänzt durch Elektroradiatoren mit einem respektablen Stromverbrauch. Im Keller fand sich ein beeindruckendes Lager von hunderten von Zehn-Liter-Ölkanistern, die mühsam hochzuschleppen waren.

Beim Passivhausstandard soll möglichst viel an erneuerbarer Energie eingesetzt werden. Am hier beschriebenen Objekt liefern 15 m² Sonnenkollektoren die Hauptenergie für Warmwasser und Heizung. An sonnenarmen Tagen schaltet sich eine auf dem Dach stehende Luft-Wasser-Wärmepumpe zu. Beide Energieerzeuger liefern die Wärme in einen 2600 l-Pufferspeicher mit integriertem 300 l-Warmwasserboiler. Diese Speichereinheit wiederum versorgt alle Zapfstellen und die Waschmaschine mit Brauchwarmwasser sowie die Heizregister der kontrollierten Wohnungslüftung mit Heizwärme.

Die kontrollierte Wohnungslüftung ist ein weiterer fester Bestandteil des Passivhauskonzeptes. Durch die dichte Gebäudehülle und um Lüftungsverluste zu verhindern, drängt sich eine solche Anlage auf. Jede Wohnung ist mit einem eigenen Lüftungsgerät (Maico) mit integrierter Wärmerückgewinnung ausgestattet. Die Bewohner können selber die gewünschte Luftmenge mit einem dreistufigen Regler bestimmen. Der Platzbedarf für die Geräte und die Luftkanäle ist relativ groß und bedarf gerade im Umbau einer sehr detaillierten Planung. Im Fall der Magnusstrasse wurden die ehemaligen Vorratsschränke komplett mit Leitungen und Geräten ausgefüllt.

Neben der Komfortsteigerung für die Bewohner garantiert die mechanische Wohnungslüftung eine konstante relative Luftfeuchtigkeit. Auch bei Oberflächentemperaturen um 10°C, die im bewohnten Passivhaus eigentlich nicht auftreten, würden infolgedessen keine Feuchtigkeitsschäden durch Kondensat auftreten. Intergriert in die Lüftungsanlage ist ein Heizregister (Wasser-Luft-Wärmetauscher), mit dem die in der Wärmerückgewinnung aufgewärmte Luft nachgeheizt werden kann. Diese Nachheizung erlaubt eine begrenzte Beheizung der Räume ohne zusätzliche Heizungsinstallationen in den Räumen.

Sinkt die Außentemperatur unter –2°C (in der Regel während rund 20 Tagen pro Jahr), reicht die Warmluftheizung allein zur

Oben: Nach Entfernen des alten Putzes wurden außen 3 cm dicke Wärmedämmplatten angebracht und neu verputzt.
Unten: Die Fensterrahmen sind fassadenbündig angeschlagen und luftdicht verklebt. Um Wärmebrücken zu vermeiden, überdeckt die Wärmedämmung später fast den ganzen Rahmen.

Holzspeicheröfen im ganzen Haus ergänzen die Lüftungsheizung, die aus Sonnenkollektoren, Wärmepumpe und Wärmerückgewinnung gespeist wird.

Der neue Dachstock ermöglicht eine großzügige, schön belichtete Wohnung im Dachgeschoss.

Bei der Sanierung wurden z.T. einfache Standard-Bauelemente von der Bauteilbörse eingesetzt.

Projekt: Magnusstr. 23, Zürich
Planung: Dipl.-Ing. Karl Viridén + Partner, Zürich, Prof. W. Dubach, Zürich
Baujahr / Sanierung: 1894 / 2001

Beheizung der Räume nicht aus. Zur Erzeugung der Restwärme sind deshalb in jeder Wohnung Holzspeicheröfen vom Typ T-Loft bzw. T-Swing mit einem Wirkungsgrad von über 80% installiert. Weil die so schön behagliche Wärme ausstrahlen, werden sie auch bei weniger tiefen Temperaturen benützt. Das steigert zwar den Gesamtenergieverbrauch, aber hoher Wohnkomfort ist schließlich auch eines der Ziele energieeffizienter Bauweisen.

Der Primärenergieverbrauch für Heizung, Warmwasser, Lüftung und Haushaltstrom lag vor dem Umbau bei 1000 kWh pro m^2 Nettofläche und Jahr. Heute ist dieser zehnmal geringer.

Ökologische Materialien, Konstruktion

Die alte Baustruktur blieb weitgehend unverändert. Die Wohnungen haben trotz der kleinen Zimmer ihren Charme behalten. Im Sinne der Bauökologie wurde so wenig wie nötig abgebrochen und so viel wie möglich erhalten, z.B. Innentüren, Zargen, Sockelvertäfelungen. Das neue Birnbaum-Parkett besteht aus „Lothar"-Sturmholz und wurde geölt. Weitere Holzeinbauteile sind gewachst statt lackiert und die Küchenkombinationen wurden in gestrichener Dreischichtplatte ausgeführt. Die Nasszellen sind neu und zum Teil mit Waschbecken aus der Bauteilbörse versehen.

Insgesamt sind bei der Sanierung 43 t Material abgeführt und 96 t neue Baumaterialien eingebracht worden. Die in den neuen Materialien steckende Graue Energie liegt bei 1890 MJ/m^2 (= 525 kWh/m^2). Bei einer durchschnittlichen Lebensdauer von 32 Jahren entspricht dies 60 MJ/m^2 (= 17 kWh/m^2) und Jahr. Weil das Haus über hundert Jahre alt ist, kann die ursprünglich in den Bau gesteckte graue Energie vernachlässigt werden.

Das Dachgeschoss befand sich in einem derart bedenklichen Zustand, dass jeder Sanierungsversuch zum Scheitern verurteilt war. Es wurde abgebrochen und durch eine vorfabrizierte Holzkonstruktion mit integrierten Lukarnen, Fenstern, Installationen usw. ersetzt. Um die drei Elemente unbeschadet auf das 3. Obergeschoss zu setzen, wurde vom Kranführer und dem leitenden Zimmermann einiges abverlangt.

Die Investitionen lagen in diesem Fall etwas höher als bei einer herkömmlichen Sanierung. Dank des hohen Ausbaustandards konnten die Wohnungen zu marktüblichen Mietpreisen vermietet werden. Dabei wird eine Verzinsung der gesamten Sanierungs- und Anlagekosten von 6,1% erreicht.

Gebäudedaten	Fläche m^2	U (alt) W/m^2K	Sanierungsmaßnahmen	U (neu) W/m^2K
Dach	99,6		neuer Dachstuhl mit 40 cm Wärmedämmung	0,09
Außenwand Straßenseite übrige Außenwand	396 79 317		3 cm Dämmung innen und außen 16 bis 32 cm Wärmeverbundsystem	0,36 0,10
Kellerdecke	95		23 cm Dämmung unter der Kellerdecke	0,14
Fenster und Türen	59		neue Fenster, 3fach Wärmeschutzverglasung und gedämmte Rahmen	U_F = 0,75
Haustechnik vor der Sanierung			**Sanierungsmaßnahmen**	
Lüftung	Fensterlüftung manuell		mechanische Wohnungslüftung mit Wärmerückgewinnung	Luftwechsel neu 0,3 – 0,5
Heizung	Einzelöfen Öl und Elektro		Heizregister in den Lüftungsgeräten, Holz-Einzelöfen für Spitzenlast	Meßprojekt läuft noch
Warmwasserbereitung			15 m^2 Sonnenkollektoren + 9 kW Luft-Wasser-WP, 2600 l Wärmespeicher + 300 l WW-Boiler	
Wohnfläche alt : 375 m^2	**Verbrauch:** Heizung + WW vorher: nicht bekannt		**Wohnfläche** neu : 375 m^2	**Verbrauch** Heizung + WW: nachher 13,3 kWh/m^2a

Beispiel 9: Sanierung eines denkmalgeschützten Bürgerhauses

Dieter Herz

Auf der Suche nach einer Wohnung im Raum Memmingen stießen die Bauherren im Stadtzentrum von Memmingen auf ein denkmalgeschütztes Bürgerhaus, das im 16. Jahrhundert errichtet und im 17. und 18. Jahrhundert zur aktuellen Größe erweitert wurde. Das Haus hatte zum Zeitpunkt des Erwerbs 15 Jahre lang mehr oder weniger leer gestanden und war nur noch von einem angrenzenden Ladengeschäft als Lager genutzt worden. In einem entsprechend schlechten Zustand war das Gebäude, das Dach war undicht, was Feuchteschäden im Gebäude zur Folge hatte.

Dennoch erkannten die Bauherren die Möglichkeiten, die in diesem Haus steckten, und nahmen sich vor, das Haus so gründlich zu sanieren, dass es für die weitere Zukunft funktionstüchtig bleibt. Als problematisch wurden von den Bauherren, die fast alles selbst machen wollten, die Auseinandersetzungen mit der Denkmalbehörde empfunden; denn anstelle von konstruktiven Vorschlägen kamen immer nur einschränkende Reglementierungen, welche die Bauausführung behinderten. Trotzdem hat sich rückblickend der Spagat, die Anforderungen des Denkmalschutzes mit der Realisierung moderner Dämm- und Energiestandards in Einklang zu bringen, gelohnt. Denn die Sanierung des Bürgerhauses aus dem 16.Jahrhundert erhielt 2009 nicht nur einen 1. Preis beim Wettbewerb „Allgäuhaus – aus alt mach neu", die Bewohner sind vom Wohnen in den historischen Mauern auch überaus begeistert, denn der Wohnkomfort im renovierten Stadthaus steht dem eines Neubaus in nichts nach. Dank gründlicher und umsichtiger Planung und deren konsequenter Umsetzung konnte der Energieverbrauch um 80% gesenkt werden, so dass der Heizenergiebedarf den EnEV-Neubaustandard von 2007 um 30% unterbietet.

Das Haus präsentierte sich vor dem Umbau in einem abbruchreifen Zustand. Durch den Abriss der angrenzenden Häuser und den Neubau auf beiden Seiten sowie durch die Errichtung einer Tiefgarage erlitt das Gebäude eine gravierende Schiefstellung, die unbedingt korrigiert werden musste. Nur weil die Holzbalkendecke und das Holzfachwerk die Verschiebung mitmachten, war das Gebäude noch nicht eingestürzt.

Das Sanierungskonzept der Bauherren sah vor, sich von oben nach unten vorzuarbeiten. Als erstes ging es darum, das marode Dach wieder funktionsfähig zu machen. Dafür wurde zunächst der alte Dachstuhl denkmalschutzgerecht saniert – sprich die verfaulten Teile des alten Gebälks (rund 25% waren beschädigt) mussten herausgeschnitten und ersetzt werden. Gleichzeitig verstärkten die Bauherren sämtliche Sparren seitlich, da die alten Sparren stark durchhingen. Anschließend konnte eine Zwischensparrendämmung in Form einer rund 25 cm dicken Schicht aus Mineralsteinwolle eingebracht werden.

Dann wurde ein Versorgungsschacht vom Keller bis zum Dach geschaffen, in dem nicht nur ein zweizügiger Kamin für einen Kachelofen und das Brennwertgerät im Keller, sondern auch Wasserleitungen und Heizungsrohre Platz fanden. Später wurden die Geschossbalkendecken von oben abgebaut, jedoch die unten angebrachten Putzausführungen (zum Teil Stuckdecken) belassen. Sämtliche Balken bekamen eine seitliche Verstärkung, durch die auch die Grundlage für einen ebenen Fußboden geschaffen werden konnte.

Auch unsaniert (oben und links unten) zeigt das Bürgerhaus seine erhaltenswerte Fassade, rechts unten im sanierten Zustand.
Alle Bilder: WEG Henkel

Als nächstes standen die Dämmarbeiten der Außenwände an. Die an die Nachbarhäuser angrenzenden Giebelwände mussten, nachdem der alte Putz komplett entfernt worden war, lediglich innen neu verputzt werden. Weil die Fassade zur Straße denkmalgeschützt ist, gab es hier keine andere Lösung, als die Wand auf der Innenseite zu dämmen, obwohl das gegenüber der Außenwanddämmung bauphysikalisch natürlich die schwierigere Lösung ist. Auf der Suche nach einem Wandaufbau, der zum Gebäude passt, fiel die Entscheidung auf 8 cm starke Styrodur-Platten, die innen auf den bestehenden Putz aufgebracht wurden. Darüber ist zwischen einer senkrechten Lattung eine zusätzliche Schicht Mineralsteinwoll-Dämmung aufgebracht, die mit einer feuchteadaptive Dampfbremse raumseitig dicht abgeschlossen wurde (an die Latten getackert). Den raumseitigen Abschluss bildeten Lehmbauplatten, die für eine gute Feuchteregulierung sorgen. Die Rückseite des Gebäudes, die nicht unter Denkmalschutz steht, wurde mit einem Wärmedämmverbundsystem aus 14 cm Mineralsteinplatten und Putzoberfläche gedämmt. Aufgrund der Schiefstellung der bestehenden Wand entstand ein Spalt zu den Mineralsteinplatten, die mit Ankern am Mauerwerk befestigt sind. Dieser Spalt wurde mit Bituperl verfüllt. Sämtliche Fenster mussten ausgetauscht werden. Auf der

Oben: Hofseite vor (links) und nach der Sanierung (rechts).
Darunter: Dachdämmung m. Sparrenverstärkung + luftdichter Verklebung (links), Sanierung Decken (rechts)
Darunter: Außenwand Hofseite vorher + nachher
Ganz unten: Innendämmung auf der Straßenseite
Alle Bilder: WEG Henkel

Vorderseite des Gebäudes wurden Kastenfernster eingebaut, bei denen außen jeweils ein einfachverglastes Fenster mit schmalen Sprossen sitzt. Diese Ausführung entsprach der ursprünglichen Gestaltung und war eine Auflage des Landesamtes für Denkmalpflege. Dahinter wurden zusätzlich noch Fenster mit Zweischeiben-Isolierverglasung eingebaut. Die ebenfalls neuen Fenster auf der Rückseite des Gebäudes erhielten eine Sprossengliederung mit zweilagiger Wärmeschutzverglasung.

Als äußerst zeitaufwändig erwies sich die Restauration der alten Türen und Türstöcke, die aus der Barockzeit stammten und teilweise erhöht werden mussten. Nach dem Ausbau – die Türstöcke waren mit langen handgeschmiedeten Nägeln am Fachwerk der Zwischenwände befestigt – wurden die alten Farbschichten entfernt, Schadstellen ausgebessert, und die mit einem diffusionsoffenen Anstrich versehenen Türen wieder eingebaut.

Den Keller mussten die Bauherren ebenfalls sanieren. Über dem gut gelüfteten Keller oberhalb der gemauerten Kellerdecke erfolgte die Abdichtung mit einer Dampfsperre. Hierauf wurde eine Wärmedämmung mit Schüttdämmstoffen aufgebracht, auf dem dann der Fußbodenaufbau erfolgte.

Ein wichtiger Bestandteil des Sanierungskonzepts war der Einbau dezentraler Komfortlüftungsanlagen, um den notwendigen Luftaustausch und Feuchteausgleich sicherzustellen. Denn durch die Gebäudesanierung und den Fensteraustausch entstand eine weitgehend luftdichte Gebäudehülle, die im Hinblick auf die Energiebilanz zwar sehr erwünscht ist, aber ein verstärktes aktives Lüften notwendig macht. Die Bauherren konnten schnell von den Vorzügen einer Lüftungsanlage mit Wärmerückgewinnung überzeugt werden. Ihre Entscheidung hat sich rückblickend als absolut richtig erwiesen, schon wegen des guten Raumklimas, das von den Bewohnern des Hauses gelobt wird. Zum guten Raumklima tragen im Übrigen auch die teilweise in die Innenwände eingearbeiteten Lehmbauplatten bei, die feuchtigkeitsregulierend wirken.

Beim Heizsystem entschied man sich für einen Gas-Brennwertkessel, der im sanierten Kellergewölbe untergebracht ist. Die Nutzung von Solarenergie war keine Option, da die dafür nötige Installation entsprechender Paneele auf dem Dach aus Gründen des Denkmalschutzes nicht möglich war.

Am Ende konnten durch die Sanierung des Gebäudes zwei äußerst attraktive Wohnungen – über jeweils zwei Etagen – mit zeitgemäßem Energiestandard geschaffen werden, die beide rund 120 m² Wohnfläche bieten. Dabei konnte der Energiebedarf für das gesamte Gebäude von 300 kWh/m²a vor der Sanierung auf rund 66 kWh/m²a gesenkt werden. Die Bauherren sind im Nachhinein erfreut und immer noch verwundert darüber, dass die vor dem Umbau errechnete Energieeinsparung mit dem tatsächlichen Wärmeverbrauch exakt übereinstimmt.

Das Haus ist ein gelungenes Beispiel dafür, dass auch ein altes, denkmalgeschütztes Gebäude energetisch optimiert werden kann, ohne dass der Charme verloren geht – auch wenn der Aufwand hoch und nur dank unzähliger Arbeitsstunden in Eigenleistung für den Bauherren zu finanzieren war.

Projekt: Denkmalgeschütztes Bürgerhaus in Memmingen
Planung: Dipl.-Ing. Dieter Herz, Herz & Lang GmbH, Weitnau
Baujahr/Umbau: 16. Bis 18. Jahrh./ 2008

Projektdaten

Endenergiebedarf: vorher: 300 kWh/m²a
nach der Sanierung: 66 kWh/m²a
Energiebezugsfläche/Wohnfläche: 280 m²
Außenwand: Ziegel-Mauerw. z.T. 32 cm, z.T. 50 cm
Sanierungsmaßnahmen Hofseite: WDVS, 14 cm Mineralsteinplatten (WLG 045) + 2 cm Bituperl Straßenseite (Denkmalsch.): Innendämmung, 8 cm Styrodurplatten + 3 cm Mineralwolle zwischen Holzlattung + Lehmbauplatten

Dach: Sparren (beidseitig seitlich verstärkt), darüber Biberschwanzziegel auf Lattung mit darunterliegenden 1,5 cm DWD-Platten (auch zur Flächenaussteifung), Zwischensparren-Dämmung m. Holzweichfaserplatten und Mineralsteinwolle (gesamt ca. 26 cm), Dampfbremse auf der Unterseite (auch Luftdichtung) Raumseitig zwei Lagen Fermacellplatten, Kalkputz 0,4 cm

Kellerdecke/Bodenplatte: Ziegelgewölbe, z.T. Betonplatten, PE Folie, 2 cm Holzfaserplatten bitumiert, 6 cm extrud. Schaumplatten

Fenster: Straßenseite Holz-Kastenfenster (1-Scheiben-F. + 2-fach WSV-Verglasung), Rückseite Holzfenster mit 2-fach WSV

Heizung: Gas-Brennwert, Kachelofen i. 2.OG

Oben: Lüftungsgerät mit Kanälen in der Abseite
Rechts: Zimmertür nach der Restaurierung
Unten links: Bad mit Dusche + Badewanne
Unten rechts: Dachgeschoss mit Kachelofen
Alle Bilder: WEG Henkel

Sanierung eines Wohn- und Geschäftshauses zum Passivhaus

Herbert Hanser, Martin Sambale, eza!

Das heutige eza!-Haus, das ursprünglich als Wohn- und Geschäftshaus mit Kfz-Reparaturwerkstatt im UG genutzt war, liegt am Altstadtrand von Kempten. Es wurde mit der Zielsetzung „Vom Altbau zum Passivhaus" vom Energie- und Umweltzentrum Allgäu (eza!) gemeinsam mit der Fachhochschule Kempten zum Demonstrations- und Ausstellungsgebäude saniert und erweitert.

Um das geforderte Raumprogramm für das neu zu schaffende Energiekompetenzzentrum zu realisieren, wurde der Altbau um vier Meter nach Osten (zum Anbau hin) erweitert. An dieser prägnanten Gebäudeecke ist jetzt der Haupteingang mit zweigeschossigem Foyer untergebracht. Die vorgefundene Gebäude- und Dachform wurde bewusst aufgenommen und fortgesetzt. Aus wirtschaftlichen Gründen wurde bereits in der Entwurfsphase darauf geachtet, dass die bestehenden Fensteröffnungen, die Geschosshöhen und das Treppenhaus in die neue Struktur integriert werden können. Im nun abrückenden Nebengebäude, einem eigenständigen Flachbau aus vorgefertigten Holzbauelementen in Niedrigenergiebauweise, war zunächst ein Blumenladen untergebracht. Mittlerweile wird das Nebengebäude als Schulungs- und Ausstellungsraum (eza!-Treff) genutzt. Durch das Zurücksetzen dieses Baukörpers wurde ein gemeinsamer Vorplatz geschaffen, an dem nun die beiden Haupteingänge liegen. Zum Gesamtkonzept der Sanierung gehört auch die Entsiegelung von Parkflächen mittels Rasenfugenpflaster sowie die Begrünung des Flachdachbaus.

Die Ausstellungsflächen im Erd- und Obergeschoss werden über den Haupteingang an der Burgstraße erschlossen. Die Ebenen sind durch eine separate Treppe direkt miteinander verbunden. Ein zweiter Eingang mit direktem Zugang zum bestehenden Treppenhaus liegt an der um ein Geschoss tieferliegenden Gebäudenordseite. Von hier ist auch ein Schulungsraum über ein eigenes Foyer erreichbar.

Im Schulungsraum, der Platz für ca. 30 Personen bietet, wurde die Vertiefung der ehemaligen Montagegrube genutzt, um zu einer tauglichen Raumhöhe zu gelangen. Da das Untergeschoss mit den vorhandenen Wärmebrücken (z.B. angrenzende Wand zum Nachbargebäude) energetisch nur aufwendig auf ein gutes Niveau zu bringen gewesen wäre, ist es mit temporärer Nutzung belegt und als Puffer zu den darüber liegenden Räumen zu sehen. Um den Schulungsraum thermisch von den angrenzenden kalten Nebenräumen (WC-Anlage, Lager) zu entkoppeln, wurde dieser mit einem 36,5 cm dicken Außenwandziegel ummauert. Durch die direkte Zugänglichkeit wurde außerdem die Möglichkeit geschaffen, die Seminarräume an externe Nutzer zu vermieten.

Energetische Sanierung (Passivhauskonzept)

Bei der Sanierung wurde darauf geachtet, alle den beheizten Bereich umgebenden Flächen so gut wie möglich energetisch zu verbessern und so eine vollständig gedämmte Hülle herzustellen. Direkt an das Erdreich bzw. zu den Nachbarhäusern angrenzende Räume sind i.d.R. unbeheizt und dienen als Pufferzonen. Sämtliche Anschlüsse wurden unter dem Aspekt der Wärmebrückenfreiheit analysiert und optimiert. Die Luftdichtheitsebene wird hauptsächlich durch den (neuen) Innenputz, die innere OSB-Ebene im Dach sowie durch eine Abdichtungsbahn auf der Bodenplatte hergestellt. Auch hier wurde den Anschlüssen besondere Aufmerksamkeit gewidmet. Während der Bauphase wurden zur Überprüfung der Anschlüsse insgesamt zwei Luftdichtheits-Messungen durchgeführt. Nach Abschluss der Ausbauarbeiten wurde eine Dichtheit von $n_{50} = 0{,}78$ /h ermittelt.

Fassade: Das bestehende Sockelgeschoss (UG), auf dem die beiden Baukörper stehen, ist mit einem Wärmedämmverbundsystem (20 cm Steinwolle, WLG 035) gedämmt und mineralisch verputzt. Die hinterlüftete Fassade ist mit Faserzementplatten verkleidet und ebenfalls mit 20 cm Mineralfaser (WLG 035) gedämmt. Die Abstandhalter sind thermisch getrennt montiert. Sämtliche Fenster- und Türstöcke sind ca. 30 mm überdämmt.

Das Wohn- und Geschäftshaus vor der Sanierung. Auf der Rückseite war im Kellergeschoss eine KFZ-Werkstatt untergebracht.

Ansicht des sanierten Gebäudes mit der verglasten Fassade in Pfosten-Riegel-Konstruktion und integrierten Kollektoren. Fotos: eza!

Oben: Grundrisse und Schnitt

Unten: Ansicht des sanierten Gebäudes mit dem neu gebauten eza!-Treff-Pavillon, von Südosten gesehen. Foto: eza! / Rupp

Dämmung des Kellerfußbodens mit Vakuum-Isolationspanelen, um die Raumhöhe so weit wie möglich zu erhalten.

Pfosten-Riegel-Fassade mit integrierten Sonnenkollektoren.

Montage der Lüftungsanlage für das Gebäude. Diese wurde später durch ein neues Modell mit besserem Wirkungsgrad erstetzt.

Frostschürze und Kelleraußenwand: Die in einem wirtschaftlich vertretbaren Aufwand zugänglichen Bereiche wurden von außen gedämmt und neu abgedichtet. Die Frostschürze an der Gebäudenordseite wurde komplett freigelegt und mit 14 cm Perimeterdämmung versehen. Eine Kelleraußenwand konnte nur bis auf ca. 1,20 m aufgegraben und ebenfalls mit 14 cm gedämmt werden.

Bodenplatte mit Vakuumdämmung: Der Fußboden im Untergeschoss wurde im nicht abgesenkten Bereich durch eine Vakuumdämmung und im tiefer liegenden Schulungsraum durch konventionelle Schüttdämmung unter dem schwimmend verlegten Bodenbelag energetisch verbessert. Der nicht überbaute Teil der Kellerdecke zwischen dem eza!-Gebäude und dem Nebengebäude eza!-Treff wird ebenfalls durch die Vakuumdämmung von außen gedämmt.

Pfosten-Riegel-Fassade und Fenster: Vor die Südseite und den Großteil der Ostfassade wurde eine passivhaustaugliche Pfosten-Riegel-Konstruktion mit Dreifachverglasung gestellt. In sieben dieser Fassadenfelder ist ein Fassadenkollektor integriert. Es wurde ein einheitliches Raster über den gesamten Baukörper gelegt, damit einfache Vorfertigung und die Verwendung von genormten Bauteilen (z.B. Fassadenplatten) möglich ist. Sämtliche Fenster und Türen sind ebenfalls in Passivhausqualität mit der entsprechenden Verglasung ausgeführt. Der Einbau der passivhaustauglichen Fenster erfolgte vor die massive, teilweise bestehende Konstruktion, die Fenster liegen somit innerhalb der Dämmebene. Die Verschattung ist außen montiert und wird tageslichtabhängig gesteuert.

Dachfläche: Die Dachkonstruktion wurde mit insgesamt 38 cm Zellulose als Vollsparrendämmung ausgeblasen und erfüllt somit die Passivhausanforderungen. Der Ansatz, den bestehenden Dachstuhl zu erhalten, wurde während der Bauphase aus wirtschaftlichen Gründen aufgegeben. Die zur Belichtung der Büros notwendigen Flächen sind als passivhaustaugliche Dachflächenfenster ausgeführt. In die Dachdeckung ist eine ca. 27 m² große Photovoltaikanlage mit einer Nennleistung von 2,1 kW_p flächenbündig integriert.

Energiekonzept: Die notwendige Haustechnik ist in die Ausstellungsflächen integriert, so steht im Erdgeschoss der Holzpelletkessel mit dem Pufferspeicher, in den auch die Solaranlage ihre Wärme liefert, im Obergeschoss sind die Lüftungsanlagen für den Ausstellungs- und Verwaltungsbereich untergebracht. Vom Obergeschoss kann über einen Steg die Freifläche auf dem Dach des Nebengebäudes erreicht werden, auf der verschiedene Demonstrationsgeräte wie z.B. Sonnenkollektoren, PV-Anlage und eine Wetterstation ausgestellt sind.

Aufgrund der Größe der einzelnen Nutzungsbereiche sowie zu Demonstrationszwecken wurden zunächst mehrere Lüftungsgeräte verschiedener Hersteller zur kontrollierten Be- und Entlüftung mit Wärmerückgewinnung eingesetzt, wie sie für Passivhäuser marktüblich sind. Sie wurden inzwischen durch ein effizienteres, in vielen Passivhäusern erprobtes Gerät ersetzt, das nun alle Geschosse mit Frischluft versorgt.

Rückansicht des Gebäudes mit dem neu gebauten eza!-Treff-Pavillon in Niedrigenergiebauweise.

In den Ausstellungs- und Büroebenen im Erd- und Obergeschoss wurden zusätzlich zur Wärmezufuhr über die Lüftung eine Strahlungsplatte im Eingangsbereich und Wandflächenheizungen als statische Heizflächen eingesetzt. Die Wärmeerzeugung erfolgt durch den automatisch beschickten Holzpelletkessel. Das Pelletlager ist im Untergeschoss in einer ehemaligen Montagegrube untergebracht, die Pelletförderung erfolgt über eine Saugleitung.

Die in die Pfosten-Riegel-Fassade integrierten Kollektoren liefern ihre Wärme in einen Schichtspeicher, der die Lüftungsanlagen im eza!-Haus und im Nebengebäude sowie die statischen Heizflächen mit Wärme versorgt. Zum energetischen Gesamtkonzept gehört, dass alle Demonstrationsgeräte in den Wärmekreislauf eingebunden sind. In Verbindung mit der gedämmten Gebäudehülle ergibt sich ein Jahresheizwärmebedarf von 19,5 kWh/m²a (gerechnet nach PHPP), in der Praxis hat sich aufgrund intensiver Nutzung ein etwas höherer Verbrauch von rund 25 kWh/m²a eingestellt.

Erfahrungen

Die Wärmeversorgung mit dem Holzpelletskessel, den Sonnenkollektoren in der Fassade und auf dem Dach von eza!-Treff und einem Schichtspeicher funktioniert problemlos.

Zur Unterstützung des sommerlichen Wärmeschutzes wurden bei den Dachflächenfenstern südseitig außenliegende Verschattungselemente nachgerüstet. Grundsätzlicher Nachteil (regional bedingt?!) ist gerade bei gut gedämmten Dachflächenfenstern, dass der Schnee im Winter nur sehr langsam abtaut und daher unnötigerweise Kunstlicht eingesetzt werden muss.

Bei den Lüftungsgräten zeigte sich, dass sich Kompromisse bei der Auswahl der Geräte nachteilig auf die Leistung und auf den Gesamtenergiebedarf des Hauses auswirkten. Die Vorerwärmung der Zuluft über einen Erdkollektor oder eine Erdsoleleitung hätte noch eine entscheidende Verbesserung der Energiebilanz gebracht, wurde aber während der Bauphase aufgrund der speziellen Situation im Altbau verworfen.

Projekt:, Burgstr. 26, Kempten
Architekten: ARGE Prill + Schurr, bestehend aus may.schurr.architekten und hbp architekten
Baujahr/Umbau: 1958/ 2001

Bauteil	Maßnahmen	U [W/m²K]
Außenwand	Wärmedämmverbundsystem im Sockelgeschoss bzw. hinterlüftete Fassade EG/OG mit jeweils 20 cm Dämmung, WLG 035	0,138 – 0,148
Keller-Außenw.	Perimeterdämmung 14 cm, WLG 035 bis auf ca. 120 cm unter Gelände	
Dach	Zwischensparrendämmung mit 38 cm Zellulosedämmung	0,10
Bodenplatte	Stahlbetonplatte mit Feuchtigkeitssperre, Ausgleichsschüttung, Verlegeplatte u. 2 cm Vakuumdämmplatten, OSB-Boden schwimmend verlegt	0,133
Kellerdecke gg. Außenluft	Stahlbetondecke, Dampfsperre, 2 cm Vakuumdämmplatten in PS-Platten, Trennlage, Flachdachabdichtung, Schutzvlies, Pflaster in Sandbett	0,141
Fenster, Türen	Passivhaustaugliche Fenster-/Türelemente mit Dämm-Mittellage	0,8
Pfosten-Riegel-Fassade	Passivhaustaugliches System mit Dreischeibenverglasung und thermisch getrennten Abstandshaltern	0,80
Trennwand z. Nachbargeb.	Treppenhauswand – Bestand; Innenwand zu Lagerräumen aus verputztem Ziegelmauerwerk 36,5 cm	0,748 0,277
Haustechnik	Heizung: Holzpelletkessel mit Pufferspeicher, sowie Demo-Geräte: Brennwertgeräte Gas + Öl, Wärmepumpe, Scheitholzkessel Lüftung: 4 Kontrollierte Zu- und Abluftanlagen verschiedener Hersteller Sonnenkollektoren in der Fassade, PV-Anlage mit 2,1 kW$_{peak}$ im Dach	Heizwärmebedarf n. PHPP = 19,5 kWh/(m²·a)
Nutzfläche eza!: 560 m²		beheiztes Gebäudevolumen 1331 m³

Im Dachgeschoss sind helle, großzügige Büroräume entstanden.
Foto: Thomas Drexel

Innenansicht mit Treppe vor der Pfosten-Riegel-Fassade. Foto: Thomas Drexel

11 Lüftung

11.1 Luftqualität

Der durchschnittliche Mitteleuropäer verbringt bis zu 90% seiner Lebenszeit in geschlossenen Räumen. Um Hygiene und Wohlbefinden zu gewährleisten, muss die Luft regelmäßig ausgetauscht werden, damit Feuchtigkeit und Luftschadstoffe aus den Innenräumen abgeführt werden und frische, unverbrauchte Luft zum Atmen hereingebracht wird. Ein optimaler Luftwechsel muss einerseits eine hohe Luftqualität gewährleisten und andererseits für möglichst niedrige Energieverluste durch Lüftung sorgen.

Bis in die 1990er Jahre war das hygienische Minimum an Frischluft auch ohne konsequentes Lüften bereits durch die Undichtheit der Gebäudehülle gewährleistet. Ein gegenüber damals unverändertes Nutzerverhalten kann heute bei einer weitgehend luftdichten Gebäudehülle zu Schimmelbildung an kalten Oberflächen (Wärmebrücken) führen, da kein natürlicher Abtransport der Luftfeuchtigkeit mehr stattfindet. Andererseits ist die Luftdichtheit der Gebäudehülle (vgl. Kap.4) aber eine wesentliche Voraussetzung, um Tauwasserschäden in den Hüllkonstruktionen zu vermeiden und übermäßige Wärmeverluste durch unkontrolliert hohen Luftwechsel zu vermeiden. Daher ist es heute notwendig, ein Lüftungskonzept (siehe Kap. 11.2) zu erstellen, um den hygienisch erforderlichen Luftwechsel zu ermitteln und zu gewährleisten. Mechanische Lüftungsanlagen können dabei für eine optimale Luftqualität sorgen, ohne dass sich die Bewohner regelmäßig um das Öffnen und Schließen der Fenster kümmern müssen.

Raumluftqualität

Die Qualität der Innenluft lässt sich anhand objektiver und subjektiver Einflussfaktoren definieren. Je nach Art und Intensität der Raumnutzung können die Anforderungen an den Luftwechsel sehr unterschiedlich ausfallen. Es geht um Fragen wie z.B.:

- Wieviele Menschen halten sich regelmäßig in dem Raum auf und wie lange (wg. Transpiration, CO_2-Ausstoß)?
- Wird in dem Raum geraucht?
- Wieviel Feuchtigkeit wird freigesetzt, z.B. durch Kochen, Duschen, Wäschetrocknen, Zimmerpflanzen?
- Wie hoch sind die Schadstoffbelastungen aus Möbeln, Oberflächen und Heimtextilien?

Auch wenn die Wahrnehmung und Gewichtung dieser Einflussfaktoren sehr unterschiedlich beurteilt wird, lassen sich doch ein paar wesentliche, allgemeingültige und wissenschaftlich belegte Maßstäbe definieren:

- **Temperatur**

Die behaglich empfundene Lufttemperatur wird entscheidend von der Oberflächentemperatur der Umfassungsflächen beeinflusst (siehe Kap.3.1), aber auch von der körperlichen und psychischen Befindlichkeit und den körperlichen Aktivitäten der Bewohner. Sie variiert zwischen 18°C und 23°C.

- **Luftfeuchte**

Wasserdampf entsteht sowohl durch menschliche Transpiration, als auch durch die Verdunstung von Wasser durch Pflanzen, Duschen, Waschen, Kochen usw. Eine relative Luftfeuchtigkeit von 50% bei einer Temperatur von ca. 20°C kann als Richtwert für angenehmes Raumklima angenommen werden. Bei geringerer Luftfeuchte ist mit Reizung der Atemwege zu rechnen, steigt der Wert über 60%, so ist bei einer schlecht gedämmten Gebäudehülle mit Schimmelbildung zu rechnen. Die Fähigkeit der Luft, Feuchtigkeit aufzunehmen, ist temperaturabhängig. Bei 20°C kann die Luft bis zu 9,3 g Wasser/m³ aufnehmen, bei 24°C sind es bereits 12,9 g Wasser/m³ Luft. Bei einem 22 m² großen Raum (2,5 m Höhe) macht das einen Unterschied von ca. 200 g (= 0,2 l) Wasser aus.

- **CO_2-Konzentration**

Kohlendioxid (CO_2) entsteht beim menschlichen Stoffwechsel (Atmung) oder bei Ver-

Tabelle 11.1
Mittlere Feuchtigkeitsabgabe durch Verdunstung. Quelle [4]

Wasserdampfabgabe in Wohnungen	
Menschen	
– leichte Aktivität	30 – 60 g/h
– mittelschwere Arbeit	120 – 200 g/h
– schwere Arbeit	200 – 300 g/h
Bad	
– Wannenbad	ca. 700 g/h
– Duschen	ca. 2600 g/h
Küche	
– Koch- und Arbeitsvorgänge	600 – 1500 g/h
– im Tagesmittel	100 g/h
Zimmerblumen und Pflanzen	
– z.B. Veilchen (Viola)	5 – 10 g/h
– Farn	7 – 15 g/h
– mittelgroßer Gummibaum	10 – 20 g/h
Trocknende Wäsche, 4,5 kg-Füll.	
– geschleudert	50 – 200 g/h
– tropfnass	100 – 500 g/h

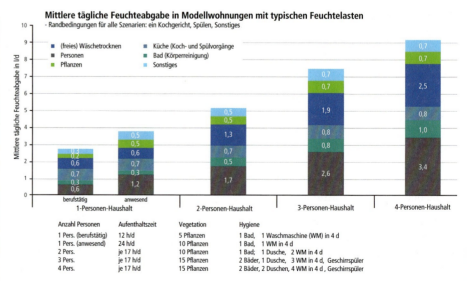

11.1: Mittlere tägliche Feuchtigkeitsabgabe in Modellwohnungen mit typischen Feuchtelasten.

brennungsvorgängen (Gasherd, Kerzen, Rauchen). Die natürliche CO_2-Konzentration der Außenluft beträgt ca. 380 ppm (parts per million, Teile pro Million). Dieser Wert kann durch Umwelteinflüsse (z.B. an stark befahrenen Straßen) nach oben abweichen. Seit Mitte des 19. Jahrhunderts gilt für Wohnräume ein Grenzwert von 1000 ppm (sogenannte Pettenkofer-Grenze) für Arbeitsstätten gelten heute 1500 ppm als Maximalwert. In der DIN EN 13779: 2007-09 sind die verschiedenen Raumluftqualitäten nachvollziehbar definiert worden (siehe Tab. 11.2).

- **Sonstige Luftschadstoffe**

In der Raumluft können standort-, nutzer- und ausstattungsabhängig folgende Schadstoffe vorhanden sein:
- Staub/Feinstaub aus Straßenverkehr, Industrie und Verbrennungsprozessen,
- Ruß aus Verkehr und Verbrennungsprozessen,
- flüchtige organische Komponenten (VOC = Volatile Organic Compounds) aus der Raumausstattung sowie aus Pflege- und Reinigungsmitteln (z.B. Stickoxide, Aldehyde, Lösungsmittel),
- Nikotin aus Tabakrauch,
- Ozon aus der Atmosphäre, fotochemischen Prozessen, Kopiergeräten,
- Radon aus Baumaterialien, Möbeln und Erdreich,
- Allergene aus Pollen und Mikroorganismen (Hausstaubmilben, Schimmelpilze).

Viele dieser Schadstoffe lassen sich durch sorgfältige Auswahl der Materialien, Ausstattungen, Anstriche und Pflegemittel minimieren oder durch Verzicht (Rauchen) ganz vermeiden.

- **Der notwendige Luftwechsel**

ergibt sich aus folgenden Anforderungen:

- Je Bewohner ist bei Anwesenheit ein Luftwechsel von 30 m³/h erforderlich. Bei mittlerer körperlicher Tätigkeit reicht diese Luftmenge aus, um sowohl die CO_2-Konzentration unter 1000 ppm als auch die Luftfeuchtigkeit auf einem Wert von ca. 50% zu halten.
- In Bädern, Küchen und WC muss ausreichend Luft abgesaugt werden, um Gerüche und Schadstoffe abzuführen.

Tabelle 11.4 zeigt an einem Beispiel, wie aus diesen Anforderungen der für eine angemessene Lüftung erforderliche Nennvolumenstrom ermittelt wird.

Klassifizierung der Raumluftqualität nach DIN EN 13779: 2007–09				
Raumluft-Kategorie (Indoor Air)	Beschreibung	Erhöhung der CO_2-Konzentration gegenüber der Außenluft [ppm]	Absolute CO_2-Konzentration in der Innenraumluft [ppm]	Lüftungsrate [l/s Person] ([m³/h Person])
IDA 1	hohe Raumluftqualität	≤ 400	≤ 800	> 15 (> 54)
IDA 2	Mittlere Raumluftqualität	> 400–600	> 800–1000	10–15 (> 36–54)
IDA 3	Mäßige Raumluftqualität	> 600–1000	> 1000–1400	6–10 (> 22–36)
IDA 4	Niedrige Raumluftqualität	> 1000	> 1400	< 6 (< 22)

Tabelle 11.2: Klassifizierung der Raumluftqualität nach DIN EN 13779: 2007–09

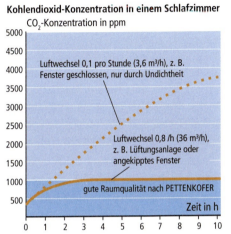

11.2
Kohlendioxid-Konzentration in einem Schlafzimmer mit einer Grundfläche von 18 m² bei 2 schlafenden Personen. Quelle [4]

Skala der CO_2-Konzentrationen	
Vol%	Auswirkungen
0,038	natürliche Konzentration in der Luft (Freiland)
0,07	innerstädtische Konzentration der Luft
0,1	Innenraumluft-Richtwert für frische Luft (nach Pettenkofer)
0,15	Hygienischer Innenraumluftrichtwert für frische Luft (gemäß DIN 1946-2)
0,3	MIK-Wert, darunter keine Gesundheitsbedenken bei dauerhafter Einwirkung
0,5	MAK-Grenzwert für tägliche Exposition von acht Stunden pro Tag
1,5	Zunahme des Atemzeitvolumens um mehr als 40%
4,0	Atemluft beim Ausatmen
5,0	Auftreten von Kopfschmerzen, Schwindel und Bewusstlosigkeit
8,0	Bewusstlosigkeit, Eintreten des Todes nach 30 – 60 Minuten

Tabelle 11.3 rechts
Verschiedene CO_2-Konzentrationen und ihre Auswirkungen.

Tabelle 11.4
Ermittlung des erforderlichen Frischluftbedarfs (d.h. der Nennvolumenströme) für ein Einfamilienhaus.

Ermittlung der Volumenströme							
Annahme: Frischluftzufuhr für 4 Personen à 30 m³/h = 120 m³/h, gewählter Nennvolumenstrom: 160 m³/h							
Raum	Fläche	Luftvolumen	Zonen	Luftwechsel/Volumenstrom			
	m²	m³		LW 1/h	ZU m³/h	AB m³/h	ÜB m³/h
Hausarbeitsraum	10	25	Abluft	0,8		20	
Windfang	5	12,5	Überströmung	1,6			20
Wohnen	24	60	Zuluft	0,7	40		
Essen	11	27,5	Zuluft	0,7	20		
Kochen	9	22,5	Abluft	2,2		50	
WC/DU	4	10	Abluft	3,0		30	
Arbeiten	12	30	Zuluft	0,7	20		
Diele	8	20	Überströmung	4,0			80
Abstellraum	6	15		0,0			
Eltern	16	40	Zuluft	0,8	30		
Kind 1	13	32,5	Zuluft	0,8	25		
Kind 2	13	32,5	Zuluft	0,8	25		
Bad	8	20	Abluft	3,0		60	
Flur	7	17,5	Überströmung	3,4			60
Summe	**146**	**365**		**0,44**	**160**	**160**	**160**

11.2 Lüftungskonzept

Da sich aufgrund der immer höher gewordenen Anforderungen an die Luftdichtheit (vgl. Kap. 4) ein Gebäude nicht mehr von selbst lüftet, ist es bei schlecht geplanten bzw. unzulänglich ausgeführten Sanierungen in manchen Fällen zu Feuchteschäden, Schimmelbefall oder hohen Schadstoffkonzentrationen gekommen. Insbesondere bei Mietwohnungen stellte sich die Frage, wie oft ein Nutzer lüften muss, um den *hygienisch notwendigen Feuchteschutz* sicherzustellen. Als Konsequenz wurde bereits 2009 die DIN 1946 Teil 6 aktualisiert und die Erstellung eines Lüftungskonzeptes sowohl für Neubauten als auch für Sanierungen festgelegt. Darin wird der für den *Feuchteschutz* notwendige Mindestluftwechsel ohne aktive Mitwirkung des Nutzers vorgeschrieben.

Bei Sanierungen ist bereits dann ein Lüftungskonzept notwendig, wenn im Ein- und Mehrfamilienhaus mehr als ein Drittel der vorhandenen Fenster ausgetauscht bzw. im Einfamilienhaus mehr als ein Drittel der Dachfläche erneuert wird. Somit muss der verantwortliche Planer oder Handwerker festlegen, wie der zur Hygiene und zum Bautenschutz notwendige Luftaustausch erfolgen kann. Das Lüftungskonzept kann von jeder qualifizierten Person erstellt werden, die in der Planung, Ausführung oder Instandhaltung von lüftungstechnischen Maßnahmen oder von Gebäuden tätig ist. Berechnungstools zur Erstellung eines Lüftungskonzeptes können aus dem Internet (z.B. www.wohnungslueftung-ev.de) heruntergeladen werden.

Die Norm definiert vier Lüftungsstufen mit unterschiedlichen Luftwechselraten:

Stufe 1: Lüftung zum Feuchteschutz (FL)
Lüftung zur Gewährleistung des Bautenschutzes (Feuchte) in Abhängigkeit vom Wärmeschutzniveau des Gebäudes und unter üblichen Nutzungsbedingungen bei teilweise reduzierten Feuchtelasten (z.B. zeitweilige Abwesenheit der Nutzer, Verzicht auf Wäschetrockner). Diese Stufe muss gemäß Norm ständig und nutzerunabhängig sicher gestellt sein.

Stufe 2: Reduzierte Lüftung (RL)
Zusätzlich notwendige Lüftung zur Gewährleistung des hygienische Mindeststandards (Schadstoffbelastung) und Bautenschutzes bei zeitweiliger Abwesenheit des Nutzers. Diese Stufe muss weitestgehend nutzerunabhängig sicher gestellt sein.

Stufe 3: Nennlüftung (NL)
Diese beschreibt die notwendige Lüftung zur Gewährleistung der hygienischen und gesundheitlichen Erfordernisse sowie des Bautenschutzes bei Normalnutzung der Wohnung. Dabei kann der Nutzer teilweise zu aktiver Fensterlüftung herangezogen werden.

Stufe 4: Intensivlüftung (IL)
Die Intensivlüftung ist notwendig, um sog. *Lastspitzen* abzupuffern, die vor allem beim Duschen und Kochen entstehen. Für diese Lastspitzen kann der Nutzer ebenfalls zu aktiver Fensterlüftung herangezogen werden.

In die Berechnung der resultierenden Infiltration durch Undichtheit einerseits und des notwendigen Luftwechsels andererseits fließen Faktoren, wie Dämmstandard, Bauweise, Größe und Lage des Gebäudes ein. Erstere geben Hinweise darauf, mit welchen Undichtheiten in der Haushülle gerechnet werden kann. Die Wohnfläche gilt als Hauptparameter für den erforderlichen Frischluftbedarf. Die regionale Lage des Hauses lässt Rückschlüsse auf die zu erwartenden Windbelastungen zu: je mehr Wind desto größer die natürliche Infiltration.

11.3 Systeme der Wohnungslüftung

Die DIN 1946-6 unterscheidet grundsätzlich zwischen einer freien und einer ventilatorgestützten Wohnungslüftung. Die bekannteste Form der freien Lüftung ist die Querlüftung; will man jedoch eine optimale Lüftung mit größtmöglicher Energieeinsparung, sind ventilatorgestützte Systeme heute nahezu unumgänglich.

Freie Lüftung
Die freie Lüftung als *Lüftung zum Feuchteschutz* ist die minimale Lüftung zur Vermeidung von Schimmelschäden. Diese muss ohne manuelles Fensteröffnen entweder durch die Infiltration über die Undichtheit der Gebäudehülle (funktioniert bei unsanierten Altbauten) oder durch Einbau von Außenluftdurchlässen bzw. Lüftungsschächten für jeden einzelnen Raum einer Wohnung sichergestellt werden.

Bei Quer- und Schachtlüftungssystemen sind die Einrichtungen zur freien Lüftung mindestens für die *reduzierte Lüftung* auszulegen, die Auslegung für *Nennlüftung* ist empfehlenswert. Es ist davon auszugehen, dass die Nutzer durch manuelles Fensteröff-

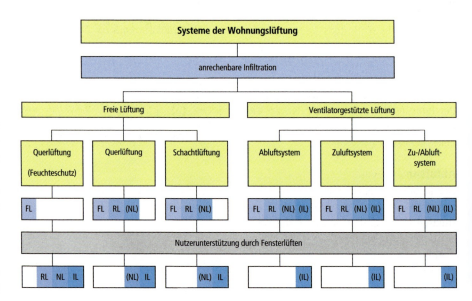

11.3: Systeme der Wohnungslüftung.
Quelle: DIN 1946 Teil 6
FL: Lüftung zum Feuchteschutz; RL: Reduzierte Lüftung; NL: Nennlüftung; IL: Intensivlüftung

nen den notwendigen Außenluftvolumenstrom für die Lüftungsstufen, für die die Einrichtungen zur freien Lüftung nicht ausgelegt sind, unterschiedlich intensiv ergänzen.

Fensterlüftung

Diese Lösung ist allen vertraut, es handelt sich um traditionelle Gewohnheit, die entsprechend dem subjektiven Bedürfnis nach frischer Luft gehandhabt wird. Allerdings lassen sich mit dieser Methode weder ein energieoptimierter Luftwechsel, noch der notwendige *Feuchteschutz* sicherstellen. Wer jedoch ständig zuhause ist und diszipliniert lüftet, kann auch weiterhin ohne Lüftungsanlage auskommen. Allerdings empfiehlt sich hierfür die Aufstellung eines Messgerätes zur Anzeige der Luftfeuchte (siehe Abb. 11.4).

Die heutigen Lebensumstände lassen ein regelmäßiges Lüften aber kaum mehr zu. So kann einem Mieter z.B. nach geltender Rechtssprechung ein regelmäßiges Lüften nicht mehr zugemutet werden. Ein offenes Fenster ist im Winter eher unkomfortabel, somit unterbleibt das Lüften einfach. Häufig bemerken die Bewohner den Anstieg der CO_2-Konzentration (auftretende Müdigkeit) und der Luftfeuchtigkeit (Schimmelbildung bzw. Durchfeuchtung von Bauteilen) nicht rechtzeitig. Zu hoher Luftwechsel entsteht einfach dadurch, dass schlicht vergessen wird, die Fenster rechtzeitig wieder zu schließen. Durch das dauerhafte Kippen der Fenster findet nur ein geringer Luftaustausch statt. Da die Luft aber durch das Dauerlüften stark abkühlt, wird sie subjektiv als frischer empfunden.

Ventilatorgestützte Lüftung

Ein ventilatorgestütztes Lüftungssystem muss für jeden Raum einer Wohnung nutzerunabhängig mindestens die *Nennlüftung* sicherstellen. Die *Nennlüftung* schließt die dauernde *Lüftung zum Feuchteschutz* (24 Stunden pro Tag bei geschlossenen Fenstern) und die *reduzierte Lüftung* mit ein. Bei der *Intensivlüftung* kann dem Nutzer eine zeitweilige Fensterlüftung zugemutet werden.

Abluftanlagen

Die Installation einer Abluftanlage ist die einfachste Möglichkeit einer ventilatorgestützten Lüftung, da keine oder nur wenig Lüftungsleitungen verlegt werden müssen.

Abb. 11.5 zeigt das Prinzip: Über einen Ventilator wird die Luft aus den Bädern, den WC und den Küchen abgesaugt und über einen Kanal oder Schacht aus dem Gebäude geführt; die Frischluft strömt über Luftdurchlässe in den Außenbauteilen (Wand, Dach, Fenster) in die Wohn- und Schlafräume nach. Im Bereich dieser Lufteinlässe sollte sich ein Heizkörper befinden, um Zugerscheinungen zu vermeiden. Außerdem ist es sinnvoll, das Zuluftelement (siehe Abb. 11.7) im oberen Drittel der Wand anzuordnen, damit die zuströmende Frischluft sich mit der Raumluft vermischen kann. Eine Installation der Zuluftöffnungen hinter Heizkörpern ist nicht sinnvoll, da die Elemente regelmäßig (mindestens jährlich) auf Funktion überprüft werden sollten (evtl. Filterwechsel).

Zuluftelemente sind für nahezu alle Einbauarten lieferbar (Wand, Fenster, etc.). Schallgedämpfte und sturmsichere Ausführungen sind ebenso erhältlich wie Varianten mit Grob- und Feinfiltern.

11.4
Einfache Messgeräte ermöglichen es auch ohne Lüftungsanlage, den Luftwechsel bedarfsgerecht zu steuern. Ein kombiniertes Feuchtigkeits-, Temperatur- und CO_2-Messgerät ist schon für unter 200 € im Fachhandel erhältlich. Leuchtdioden in den Ampelfarben signalisieren dem Nutzer, ob er lüften muss oder nicht. Foto: Voltcraft

11.5 *rechts*
Funktion einer Abluftanlage.
Quelle: Fresh

11.6 *unten*
Beispiel für einen stromsparenden Lüfter in einer Box mit Luftfilter und Schalldämpfer.
Bild: Fresh-Firmeninformation

11.7
Beispiel für einen Außenwanddurchlass.
Bild: Fresh-Firmeninformation

11.8 *rechts*
Luftführung und Luftmengen am Beispiel einer Wohnung. Die Abluft kann auch gebündelt werden und durch einen zentralen Abluftventilator abgesaugt werden.

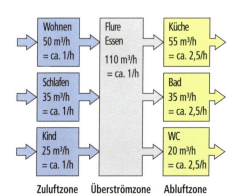

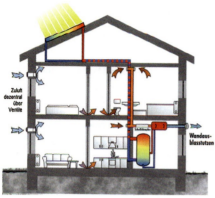

11.9
Abluftsystem in Kombination mit der solaren Warmwasserbereitung. Die Abluftwärmepumpe erzeugt im günstigsten Fall den Restwärmebedarf für das Warmwasser im Winterhalbjahr.
Quelle: Fresh-Firmeninformation

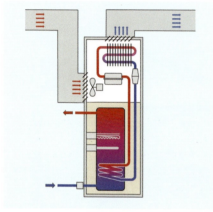

11.10
Aufbau einer Abluftwärmepumpe, Preis ohne Installation ab ca. 2500 €.
Quelle: www.solargrafik.de

11.11 *unten links*
Wärmerückgewinnung mit zwei Einzelraumgeräten. Quelle: www.inventer.de

11.12 *unten rechts*
Lüftungsanlage mit Wärmerückgewinnung und Erdwärmetauscher.

Der Volumenstrom des Ventilators sollte sowohl feuchtegesteuert wie auch manuell über einen Mehrstufenschalter reguliert werden können. Auch wenn ein zentraler Abluftventilator bei gleicher Luftleistung gegenüber mehreren kleineren dezentralen Ventilatoren weniger Strom und Wartungsaufwand erfordert, so können die baulichen und individuellen Gegebenheiten auch die dezentrale Abluftvariante sinnvoll erscheinen lassen (z.B. feuchtegesteuerter Ventilator im Bad, dreistufig geschalteter Ventilator in der Küche).

Lüftungsanlagen mit Wärmerückgewinnung (Komfortlüftung)

Dezentrale (Einzelraum-) Systeme

Insbesondere bei Klein- und Kleinstwohnungen sind Einzelraumlüfter mit Wärmerückgewinnung mit weniger Aufwand (Kernbohrung und Stromanschluss) zu installieren als eine zentrale Anlage, da keine Lüftungsleitungen nachgerüstet werden. Die sehr kompakten Anlagen arbeiten nach dem Querlüftungsprinzip: Dabei werden zwei Lüfter im Parallelbetrieb eingesetzt: der eine Lüfter saugt frische Luft an, der zweite führt die verbrauchte Luft parallel dazu ab. Nach ca. einer Minute wird jeweils per Funk die Richtung gewechselt. Die Lüfter verfügen über einen kleinen Keramikspeicher, der die Wärme der Abluft aufnimmt und bei der nächsten Zuluftphase wieder an die Raumluft abgibt. Die Hersteller versprechen Rückgewinnungsgrade bis 90%, die aber in der Praxis nicht annähernd erreicht werden. Die Geräuschentwicklung (innen und außen) ist höher als bei zentralen Anlagen.

Vor- und Nachteile von Einzelraumgeräten gegenüber zentraler Komfortlüftung:

+ Keine Lüftungsleitungen
+ kein zusätzlicher Platzbedarf
+ kurze Montagezeit
− ein Gerät für jeden Raum erforderlich
− Schallquelle in jedem Raum
− Kondensatabfluss bei jedem Gerät
− Keine freie Wahl des Ansaugortes
− Mäßige Filtermöglichkeiten

Zentrale Systeme

Reine Abluftanlagen sorgen als offenes System für frische Raumluft und ausreichende Entfeuchtung, die warme Raumluft wird in der Regel als Abwärme ungenutzt nach außen geführt (Verluste ca. 15 - 25 kWh/m²a). Eine Wärmerückgewinnung kann hierbei nur mittels Abluftwärmepumpe realisiert werden. Das Marktangebot an dafür geeigneten Wärmepumpen ist steigend. Allerdings ist zu berücksichtigen, dass ein solches System nur bei dauerhaft hohen Abluftmengen sinnvoll zu betreiben ist. Bei einem Wohnhaus, welches in der Woche tagsüber nur die Entlüftung zum *Feuchteschutz* benötigt, ist der Aufwand unverhältnismäßig hoch.

Die zentrale Lüftungsanlage mit Wärmerückgewinnung (WRG) ist die komfortabelste, aber auch planerisch und finanziell aufwendigste Lösung. Die Frischluft wird zentral angesaugt und über einen Wärmetauscher im Lüftungsgerät geführt. Dort wird der Abluft die Wärme entzogen; die damit vorgewärmte Zuluft wird den Wohn- und Schlafräumen zugeführt. In der Praxis können bis zu 80% der Wärme aus der Abluft zurück gewonnen werden. Manche Hersteller werben mit Rückgewinnungsquoten von 90% und mehr, was aber nur unter praxisfernen Bedingungen erreichbar ist.

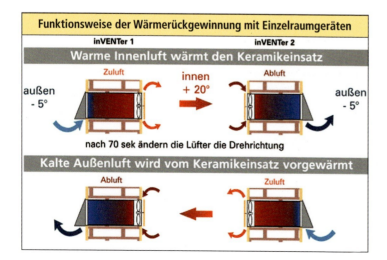

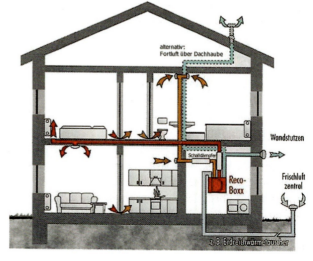

Zuluft und Abluft werden in getrennten Kanälen geführt. Das Kanalnetz für die Zuluft muss ebenso sorgfältig geplant und in die Baukonstruktion integriert werden wie die Abluftkanäle. Je dichter die Gebäudehülle (empfohlener n_{50}-Wert < 1,0/h), desto effizienter arbeitet die Wärmerückgewinnungsanlage. Leckagen beeinträchtigen die Funktion der Lüftungsanlage bei Windeinwirkung bzw. hohen Luftwechselraten und mindern den Wirkungsgrad der Wärmerückgewinnung.

Sinnvoll ist der Einbau einer Lüftungsanlage mit Wärmerückgewinnung, wenn ein Wärmedämmstandard angestrebt wird, der das Niveau des EnEV-Neubaustandards übertrifft. Bei noch höheren Standards wie Effizienzhaus 70 oder besser ist eine Lüftungsanlage mit WRG sogar unumgänglich.

Vor- und Nachteile verschiedener Lüftungssysteme

Lüftungsart	Fensterlüftung	Abluftanlagen	Komfortlüftung mit WRG
Vorteile	• kein Installationsaufwand • nur geringe Gewohnheitsänderungen gegenüber traditionellem Lüften • mittels Luftfeuchte- und CO_2-Messgerät kontrollierbar	• hoher Lüftungskomfort • bedarfsgerechte Luftmengen • geringer Installationsaufwand • gefilterte Luft für Allergiker • Abluftwärmepumpe später nachrüstbar	• höchster Lüftungskomfort • gefilterte Luft für Allergiker • minimale Lüftungswärmeverluste • CO_2- oder feuchtegesteuerte Regelung möglich • Erdwärmetauscher möglich
Nachteile	• optimale Luftmenge zufällig • hohe Disziplin beim Lüften • keine Pollenfilterung • Schimmelbildung bei zu geringem Luftwechsel • hohe Feinstaubentwicklung beim Stoßlüften	• evtl. Zuglufterscheinungen bei Zuluftöffnungen • Energiespareffekt nur in Verbindung mit Wärmepumpe • Filter müssen an allen Zuluftöffnungen gewartet werden • zahlreiche Außenwanddurchbrüche mit Wärmebrücken	• Geräuschbildung bei hohen Luftleistungen möglich • aufwändige Leitungsführung besonders im Altbau • Platzbedarf für Lüftungsgerät • regelmäßiger Wartungsaufwand
Kosten/WE	< 200 € (Messgerät)	2.500 - 3.000 €, mit Abluft-WP 5.500 - 6.000 €	7.000 - 9.000 €

Tabelle 11.5: Vor- und Nachteile verschiedener Lüftungsarten.

11.4 Planung und Auslegung

Nach der grundsätzlichen Entscheidung für den Einbau einer Lüftungsanlage ist folgendes zu klären:

- Systementscheidung: Abluftanlage oder Lüftung mit Wärmerückgewinnung?
- Lage der Ein- und Auslassventile,
- Ausführung des Rohrsystems,
- Geräteauswahl,
- Auswahl der Regelung (CO_2- oder feuchtigkeitsgesteuert oder manuell),
- Standort des Lüftungsgerätes (Geräuschemissionen, Leitungsführung).

Ob eine Lüftungsanlage mit oder ohne Wärmerückgewinnung ausgeführt werden soll, hängt zum einen von der energetischen Zielsetzung (Effizienzhausstandard), zum anderen vom konstruktiven Aufwand sowie vom Investitionsvolumen ab. Darüber hinaus gibt es immer noch emotionale Vorbehalte gegen die rohrgeführte Lüftung.

Für die Anlagenplanung sollten die Planungsbeteiligten (Bauherr, Nutzer, Haustechniker und Architekt) in einem ersten Schritt die baulichen und nutzungsbedingten Rahmenbedingungen erfassen und die Anforderungen festlegen (11.13). Hierzu gehören insbesondere Dämmstandard, angestrebter Heizenergiebedarf, Wohnungszuschnitt etc., aber auch Fragen wie: Werden die bestehenden Grundrisse durch die Sanierung verändert? Ermöglicht die vorhandene bzw. gewählte Zonierung ein Querströmungskonzept (Abb. 11.4)? Es muss dauerhaft gewährleistet sein, dass die eingebrachte Frischluft das Gebäude von den Zuluftzonen (wie Wohn- und Schlafräumen) hin zu den Abluftzonen (wie Bad, WC und Küche) durchströmt. Erschließungsbereiche wie Treppenhaus und Flur sowie offene Wohnbereiche (Esszimmer, Spielecken) werden als Überströmzonen bezeichnet und sollten als solche funktionieren.

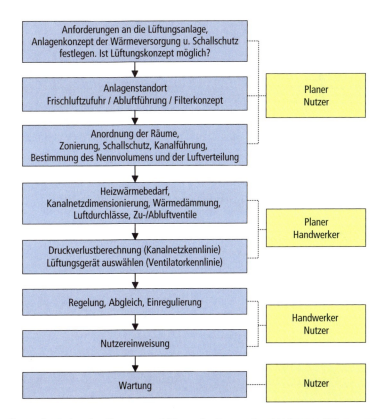

11.13: Arbeitsschritte bei der Planung und Dimensionierung einer Wohnungslüftungsanlage.

Leistungsaufnahme vom Lüftungsanlagen		
Leistungsaufnahme von Lüftungsanlagen	Grenzwert	Zielwert
Zu-/Abluftanlagen mit Wärmerückgewinnung	0,50 Wh/m³	0,25 Wh/m³
- bei 100 m³/h	= 50 W	= 25 W
Abluftanlagen	0,20 Wh/m³	0,13 Wh/m³
- bei 100 m³/h	= 20 W	= 13 W

Tabelle 11.6
Spezifische elektrische Leistungsaufnahme von Wohnungslüftungsanlagen im Nennbetriebszustand. Quelle: [2]

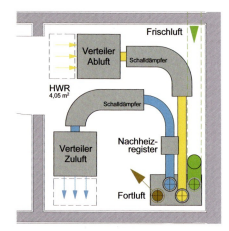

11.14: Installationsplan Lüftungsanlage

11.15
Lüftungsgerät mit Verrohrung und Schalldämpfern.

11.16 *Bilder Mitte und rechts*
Rohrsystem aus vorkonfektioniertem Polystyrol-Hartschaum für die nachträgliche Installation in Geschosswohnungen. Das System wird in einem Arbeitsgang malerfertig im Flur installiert. Mittels Kernbohrung werden die Räume erschlossen. Quelle: Fa. Helios

Planungs- und Ausführungsgrundsätze für einen energieeffizienten Anlagenbetrieb:

- Die Luftdichtheit der Gebäudehülle sollte einen n_{50}-Wert von < 1,0 aufweisen.
- Ventilator, Wärmetauscher und das Kanalnetz müssen richtig ausgelegt sein.
- Die Anlage ist einfach und überschaubar aufgebaut und kann gut in das Gebäude integriert werden. Die notwendigen Luftmengen je Raum bzw. Wohneinheit werden eingehalten.
- Die Anlage wird bei Inbetriebnahme einreguliert und dem tatsächlichen Nutzerverhalten entsprechend nachjustiert.
- Nutzer/Hausbesitzer werden in die Anlage eingewiesen und können souverän mit den Einflussmöglichkeiten (Luftmengen/Vorwärmung etc.) umgehen.
- Die Filter werden regelmäßig gereinigt bzw. getauscht, ebenso muss der Wärmetauscher regelmäßig gereinigt werden.

Zur Effizienz von Lüftungsanlagen werden in Tabelle 11.6 einige Grenz- und Zielwerte für die spezifische elektrische Leistungsaufnahme genannt. Zur Ermittlung der spezifischen Leistungsaufnahme ist die im Herstellerdatenblatt genannte elektrische Leistung des Lüftungsgerätes bzw. des Ventilators durch den umgewälzten Volumenstrom in der Anlage zu teilen. Die Verbrauchswerte sollten sich stets auf das Gesamtsystem Lüftungsanlage und nicht allein auf das Zentralgerät beziehen. Es sollten nur Anlagen eingebaut werden, die mindestens den Grenzwertvorgaben entsprechen.

Anlagenstandort und Kanalführung

Das Lüftungsgerät sollte schallgetrennt möglichst weit von Schlaf- und Wohnräumen warm (möglichst innerhalb der gedämmten Hülle) und trocken aufgehängt werden, z.B. in Nebenräumen, Hausarbeitsräumen und gedämmten Dachböden oder trockenen Kellern. Es sollte gut zugänglich sein, damit die Filter regelmäßig gewechselt und der Wärmetauscher herausgezogen und gereinigt werden können. Auch wenn der Platzbedarf für ein Gerät mit Wärmerückgewinnung (Größe ca. 70/70/30 cm) selbst nicht besonders groß ist, so nehmen die zum und vom Gerät laufenden Lüftungsleitungen, Schalldämpfer, Nachheizregister und evtl. Rohrverteiler noch einmal doppelt soviel Platz in Anspruch. Eine sorgfältige Ausführungsplanung der unmittelbaren Infrastruktur ist daher ratsam.

Zwischen Zulufträumen und Überströmzone sowie zwischen Überströmzone und Ablufträumen müssen ausreichend große Überströmöffnungen vorhanden (und stets geöffnet) sein. Zwischen Zuluft- und Überströmzone reicht ein ca. 1 cm hoher Spalt im unteren Türbereich, andere Konstruktionen (z.B. Türzargen mit Lüftungsöffnung oder spezielle Überströmöffnungen) sind denkbar. Ebenso müssen zwischen Überström- und Abluftzone ausreichend große Öffnungen vorgesehen werden. Die von den Gasthermen bekannten 150 cm² großen Gitter in oder über den Türen stellen eine kostengünstige Lösung dar.

Luftkanäle

Für die Ausführung der Lüftungsleitungen gibt es heute zwei grundsätzlich unterschiedliche Philosophien: klassische Wickelfalzrohre oder Kunststoffrohre.

Die klassischen Wickelfalzrohre (siehe Abb. 11.18 und 11.19) gibt es in den Ausführungen Rund-, Oval- und Flachkanal. Das klassische Lüftungsrohr im Wohnungsbau hat einen Durchmesser von 100 mm und ist damit ausreichend groß, um Luftgeschwindigkeiten unter 3 m/s zu erreichen. Der Reibungswiderstand der Wickelfalzrohre ist bei geraden Rohren gering, in Bögen und Abzweigen erhöht er sich um ein Mehrfaches durch den Übergang zu turbulenter Strömung.

Tabelle 11.7: Luftkanalabmessungen und Volumenströme

Luftkanal rund Durchmesser	Luftkanal eckig z.B.	Volumenstrom bei 2 m/s	Volumenstrom bei 3 m/s
63 mm	45 x 70 mm	22 m³/h	34 m³/h
75 mm	45 x 100 mm	32 m³/h	48 m³/h
100 mm	50 x 160 mm	57 m³/h	85 m³/h
112 mm	50 x 200 mm	71 m³/h	106 m³/h
125 mm	50 x 250 mm	88 m³/h	132 m³/h
140 mm	50 x 310 mm	111 m³/h	166 m³/h
150 mm	50 x 350 mm	127 m³/h	191 m³/h
160 mm	50 x 400 mm	145 m³/h	217 m³/h

Tabelle 11.7
Luftkanalabmessungen und mögliche Volumenströme bei 2 bzw. 3 m/s Luftgeschwindigkeit.

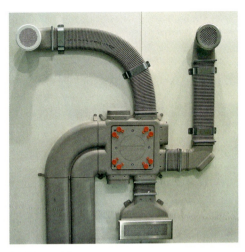

11.17 a und b
Alle Anbieter von Lüftungsanlagen führen auch Rohrleitungsbauteile als Systemzubehör, welche alle Anforderungen an nachträgliche Installationen im Altbau erfüllen. Links ein System mit Flachkanälen und geringer Einbauhöhe, rechts ein System mit runden Flexrohren. Fotos: Zehnder

Wickelfalzrohre werden in 6 m Länge geliefert, und dazu passend alle notwendigen Formteile wie Bögen und Abzweige. Das Leitungsbild entspricht einer sich verzweigenden Baumstruktur. Wickelfalzrohre sind aufwändig zu verbinden und zu verlegen.

Ein Rohrsystem aus glattwandigen runden Wickelfalzrohren und wenigen Bögen stellt die klassische und verlustärmste Lösung dar. Die Verlegung ist vergleichsweise platzaufwändig, so dass die Rohrleitungen in Raumecken nur mit entsprechenden Verkleidungen eingebaut werden können. Das zwingt Planer und Handwerker zu einer hohen Ausführungsdisziplin.

Mittlerweile scheinen sich flexible PE-HD-Kunststoffrohre (siehe Abb.11.17) mehr und mehr durchzusetzen. Diese Systeme arbeiten mit Rund- oder Ovalrohren und Durchmessern von 60 - 75 mm. Die einzelnen Räume werden über zwei zentrale Verteiler (Zu- und Abluft) sternförmig angesteuert. Reicht die Luftmenge aufgrund der relativ kleinen Rohrquerschnitte nicht aus, werden einfach zwei nebeneinander verlegt. Die Rohre sind innen glatt und außen lamellenförmig profiliert, so dass sie biegsam sind und wenig Luftschall übertragen. Bei einer Mindestrohrlänge von 5 m ist kein Telefonieschalldämpfer erforderlich. Die dünnen und biegsamen Rohre bieten eine hohe Flexibilität beim Verlegen. Sie werden als Rollenware (50 m Rollen) geliefert und mit Steckverbindern verklebt.

Dabei steht die einfache und schnelle Verlegung im Vordergrund, nicht jedoch die Minimierung der Reibungsverluste. Die zentralen Verteiler sind mit einer Revisionsklappe versehen, von dort aus können die einzelnen Leitungen gereinigt werden.

In jedem Fall sollte in der Planungsphase eine Rohrnetzberechnung erfolgen. Viele Hersteller bieten diesen Service für ihre eigenen Produkte an bzw. stellen eine entsprechende Software bereit. Neben dem Rohrdurchmesser, der Rohrinnenoberfläche und der Rohrlänge sind vor allem Bögen und Filter die wesentlichen Bemessungsparameter. Je größer die Druckverluste des Rohrnetzes sind, desto höher sind die Ventilatorleistung, die Stromkosten und die Geräuschentwicklung.

Daher sollten auch bei Lüftungsanlagen kurze Leitungswege angestrebt werden, um einen stromsparenden Betrieb bei geringem Installationsaufwand zu gewährleisten. Gerade bei der nachträglichen Installation sind die Nebenkosten durch Öffnen und erneutes Verschließen vorhandener Wand- und Deckenkonstruktionen oft höher als die Kosten der Rohrmontage. Bei einer sternförmigen Verlegung der Zuluftkanäle (kurze Wege) in Decken und Innenwänden wird

11.18
Offene Installation von Wickelfalzrohren. Bei Bedarf können diese später umkleidet werden.

11.19 (rechts)
Wickelfalz-Flachkanäle können nachträglich problemlos in Leichtbauwände eingebaut werden.

11.20: Weitwurfdüse

11.21: Stufenlos regelbares Zuluftventil für Wand und Decke.

Filterklassen gemäß DIN EN 779

Partikelgröße	Partikelbeispiele	Klasse	Anwendungsbeispiele
Grobstaubfilter für Partikel > 10 µm	- Insekten - Textilfaser und Haare - Sand - Flugasche - Blütenstaub - Sporen, Pollen - Zementstaub	G 1 G 2 G 3 G 4	- Für einfache Anwendungen z.B. Insektenschutz in Kompaktgeräten - Vor- und Umluftfilter für Zivilschutzanlagen - Abluft Farbspritzkabinen, Küchenabluft etc. - Verschmutzungsschutz für Klimageräte u. Kompaktgeräte (z.B. Fensterklimageräte, Ventilatoren) - Vorfilter für Filterklassen F 6 bis F 8
Feinstaubfilter für Partikel 1 ... 10 µm	- Blütenstaub - Sporen, Pollen - Zementstaub	F 5	- Außenluftfilter für Räume mit geringen Anforderungen (z.B. Werkhallen, Lagerräume, Garagen)
	- Partikel, die Flecken u. Staubablagerungen verursachen - Bakterien und Keime auf Wirtpartikel	F 5 F 6 F 7	- Vor- und Umluftfiltrierung in Lüftungszentralen - Endfilter in Klimaanlagen f. Verkaufsräume, Warenhäuser, Büros u. gewisse Produktionsräume - Vorfilter für Filterklassen F 9 bis H 11
	- Ölrauch und agglomerierter Ruß - Tabakrauch - Metalloxidrauch	F 7 F 8 F 9	- Endfilter in Klimaanlagen für Büros, Produktionsräume, Schaltzentralen, Krankenhäuser, EDV-Zentren - Vorfilter für Filterklasse H 11 bis H 13 und Aktivkohle

Tabelle 11.8:
Die DIN EN 779 unterscheidet Grobstaubfiltern (Filterklassen G1 bis G4) und Feinstaubfilter (Klassen F5 bis F9). Für Wohnungslüftungsanlagen werden Filter der Klassen G4 bis F8 eingesetzt.

Wärmetransportvermögen durch die Lüftung

LWR	Luftmenge m³/h	Luftaustrittstemperatur			
		24°C	28°C	32°C	36°C
0,4	150	204 W	408 W	612 W	816 W
0,6	225	306 W	612 W	918 W	1224 W
0,8	300	408 W	816 W	1224 W	1632 W
1,0	375	510 W	1020 W	1530 W	2040 W

Tabelle 11.9
Mögliche Heizleistung der Lüftungsanlage über die nacherwärmte Zuluft (durch Nachheizregister. Wärmeabgabe (in Watt) in Abhängigkeit von Luftwechselrate LWR und Luftaustrittstemperatur für ein Wohnhaus mit 150 m² Wohnfläche und 20°C Raumtemperatur.

11.22:
Das warmwasserführende Nachheizregister wird wie ein normaler Heizkörper in das Heizsystem eingebunden und mit einem normalen Standard-Thermostatventil geregelt.

bei Verwendung normaler Luftauslässe der Raum nicht optimal durchströmt. Mittels *Weitwurfdüsen*, die oberhalb oder in der Nähe der Zimmertür installiert werden, wird die Luft ohne Komforteinbuße bis an die gegenüberliegende Außenwand befördert und verteilt sich von dort aus großflächig. Bei allen Zu- und Abluftventilen sollte die Luftmenge stufenlos regelbar sein.

Warmluftführende (Zu-/Abluft-) Kanäle, die in kalten Räumen verlaufen, müssen ebenso gedämmt werden wie kaltluftführende (Frisch-/Fortluft-) Kanäle, die in warmen Räumen verlegt sind.

Luftfilterung

Jede Außenluft enthält Bestandteile (Staub, Pollen, Schadstoffe etc), die weder der Raumluft zugeführt werden, noch sich im Lüftungsgerät und in den Rohrleitungen ablagern sollen. Um die Luftbelastung so gering wie möglich zu halten, sollte die Frischluft dort angesaugt werden, wo diese möglichst wenig ungewollte Stoffe enthält: nicht zu nahe am Boden oder an der Vegetation (Gras und Blätter), nicht an einer vielbefahrenen Straße und nicht in der Nähe von Abgasrohren. Trotzdem sind im Lüftungsgerät frischluftseitig, je nach Gerät, ein Grobfilter und ein Feinfilter vorgesehen, um die von außen angesaugten Schadstoffe und Pollen herauszufiltern.

Filter werden gem. EN779 in Grobfilter (G1 - G4), Feinfilter (F5 - F9) und Hochfeinfilter (H10 - H14) unterschieden. Ziel der Luftfilterung ist es, den Eintrag von Stäuben und Insekten sowohl in das Gebäude, als auch in die Lüftungsanlage selbst zu minimieren.

Praxistipp

Feinfilter müssen regelmäßig gereinigt oder erneuert werden. Das ist mit Aufwand und Kosten verbunden (ca. 60 – 90 €/a). Da der Feinfilter ausschließlich in der Pollenflugphase notwendig ist, empfiehlt es sich, diesen in den Jahreszeiten, in denen kein Pollenflug zu erwarten ist, auch aus dem Gerät herauszuziehen. Auf diese Weise muss der Pollenfilter nur ca. alle drei Jahre erneuert werden.

Nacherwärmung

Alle marktgängigen Lüftungsanlagen mit WRG verfügen über eine Möglichkeit, die im Wärmetauscher vorgewärmte Luft um einige Grad nachzuwärmen. Dadurch erreicht die Zuluft eine Temperatur oberhalb der Raumluft, wodurch unangenehme Zugerscheinungen vermieden werden. In Passivhäusern kann eine solche noch etwas intensivere Nacherwärmung der Zuluft ausreichen, um den Wärmebedarf weitestgehend zu decken (Ersatz für eine Heizungsanlage).

Das Nachheizregister kann entweder an den Vorlauf einer wasserführenden Heizung angeschlossen werden oder durch einen Elektroheizstab erwärmt werden.

Erdwärmetauscher

Direkter (Luft-) Wärmetauscher

Ein Erdwärmetauscher perfektioniert die Lüftungsanlage mit Wärmerückgewinnung. Dabei wird die Frischluft über ein 35 – 50 m langes, in ca. 1,5 m Tiefe verlegtes Kunststoffrohr angesaugt. Im Winter wird dadurch selbst bei Minustemperaturen die Luft auf Erdreichtemperatur (ca. 6 - 8°C) vorgewärmt, so dass eine Nacherwärmung der Frischluft nur noch bei extremen Minusgraden erforderlich ist. Im Sommer wird die Zuluft durch das Erdreich (8 - 12°C) heruntergekühlt. Eine thermostatisch geregelte Steuerklappe leitet je nach Boden- und Umgebungstemperatur die Frischluft automatisch auf die günstigere Ansaugart um (vgl. Abb.11.23 a).

Die PE-Kunststoffrohre mit Durchmessern von 150 – 200 mm werden mit Gefälle im Erdreich verlegt, damit auftretendes Kondensat am tiefsten Punkt abfließen kann. Bei unterkellerten Gebäuden kann das Kondensat im Keller gesammelt und in die Abwasserleitung geführt werden, bei nicht unterkellerten Gebäuden wird dieses in einem

Schacht gesammelt und mittels Kondensatpumpe verrieselt.

Indirekter (Sole-) Wärmetauscher

Beim indirekten Wärmetausch werden ca. 80 – 100 m lange PE-Rohrleitungen (Ø 25 - 32 mm) im Erdreich (in ca. 1,5 - 2m Tiefe ums Haus herum oder in ohnehin notwendigen Rohrtrassen) verlegt. Durch sie fließt, ähnlich wie bei der Wärmepumpe, eine Sole als Wärmeträgerflüssigkeit. In der Frischluftleitung der Lüftungsanlage befindet sich ein Sole-Luft-Wärmetauscher, über den die Erdwärme (bzw. –kühle) aus der umgewälzten Sole auf die Luft übertragen wird. Eine stufenlose Regelung der Durchflussgeschwindigkeit sorgt für eine gute Ausnutzung der Erdwärme bzw. Abschaltung bei ausreichend hohen Außentemperaturen (vgl. Abb.11.23 b). Das System ist technisch aufwändiger und verursacht durch die Pumpe einen zusätzlichen Stromverbrauch von bis zu 50 kWh/a. Der größte Vorteil liegt im Wegfall aller hygienischen Risiken, wie z.B. Kondensatbildung und Sporenansammlungen während der Stillstandszeit bei Luft-Erdwärmetauschern.

Der Erdwärmetauscher ist im Verhältnis zu seinem energetischen und Komfortnutzen vergleichsweise aufwendig, da er umfangreiche Erdarbeiten erfordert. Bei einem bewohnten und entsprechend bepflanzten Grundstück ist die Hemmschwelle hoch, den Garten auf einer entsprechenden Länge aufzugraben. Sollten allerdings ohnehin im Rahmen der Sanierung z.B. die Grundleitungen erneuert werden oder Erdbewegungen im Zuge einer Neugestaltung des Gartens notwendig sein, ist eine solche Maßnahme durchaus in Betracht zu ziehen.

11.24
Leitungsführung in einer verkleideten Holzbalkendecke. Die Höhe der Holzbalken eignet sich zur Leitungsführung ebenso wie zur Unterbringung von Schalldämpfern.

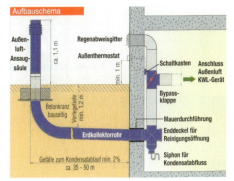

11.23 a
Luft-Erdwärmetauscher bei unterkellerten Gebäuden. Quelle: www.Helios-Ventilatoren.de

11.23 b *rechts*
Aufbau eines Sole-Erdwärmetauschers. Die Erdwärme wird über eine Rohrschlange im Boden gewonnen und über den Solekreislauf dem Luftwärmetauscher zugeführt.
V* = Verrohrung bauseits
Quelle: www.Helios-Ventilatoren.de

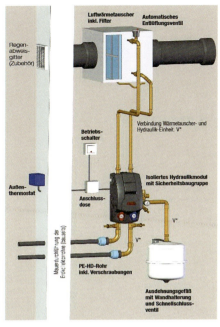

Schall- und Brandschutz

Besondere Beachtung erfordert der Schallschutz, um die Übertragung von Geräuschen aus der Lüftungsanlage und von außen, vor allem aber zwischen den Wohnräumen auf akzeptable Werte zu begrenzen. Die Geräusche der Lüftungsanlage sollten im Aufstellraum unter 35 dB(A) und in Wohnräumen unter 25 dB(A) liegen.

Durch Auswahl geeigneter Schalldämpfer und Ventile können diese Anforderungen leicht eingehalten werden. Vorzusehen sind auf jeden Fall Schalldämpfer vor und hinter dem Zentralgerät (Ventilator), um eine Schallübertragung in die Räume und nach außen zu verhindern. *Telefonieschalldämpfer* müssen zwischen den einzelnen Räumen ins Rohrsystem integriert werden, um Luftschallübertragungen zu reduzieren.

Bei normalen Wohngebäuden (nicht mehr als 2 Vollgeschosse) sind im Hinblick auf den Brandschutz keine besonderen Maßnahmen notwendig. Bei Gebäuden mit mehr als 2 Vollgeschossen muss ein Lüftungsgesuch gestellt werden, welches auch Aussagen zum Brandschutz enthält. Bei Wohnungslüftungsanlagen sind hier wartungsfreie Brandschotts in den Trenndecken und zwischen den einzelnen Brandabschnitten vorzusehen.

Auswahl des Lüftungsgerätes

Die Nennleistung eines Gerätes beschreibt dessen maximale Luftleistung. Diese ist aber nur von untergeordneter Bedeutung und für die Auswahl des Gerätes nicht ausschlaggebend, sondern die Leistung der untersten Stufe. Diese muss ausreichend sein, um den *Feuchteschutz* zu gewährleisten.

Wichtige Kriterien bei der Auswahl des Wohnungslüftungsgerätes sind

- die Nennleistung und die Luftleistung der untersten Regelungsstufe,
- die Anzahl der Schaltstufen,
- die Stromaufnahme,
- der Wärmebereitstellungsgrad sowie
- Lautstärke, Gerätegröße und Bedienkomfort.

Das Angebot an Lüftungsanlagen wurde in den letzten Jahren stark erweitert, wobei Entwicklungen vor allem hinsichtlich Luftleistung, Größe, Effizienz, Geräuschentwicklung und Bedienkomfort stattgefunden haben. Daraus lässt sich auch die Reihenfolge der Prioritäten ablesen. Die Kosten werden stark von der Bauart und vom Wirkungsgrad des Wärmetauschers und der Ventilatoren bestimmt, aber auch von der Geräuschdämmung und der Art der Regelung (mehrstufig manuell oder automatisch). Die CO_2-geführte Steuerung ist am teuersten, eine feuchtigkeitsgeführte Regelung ist in den allermeisten Fällen völlig ausreichend. Die Anlagen unterscheiden sich auch in der Wartungsfreundlichkeit und der Handhabung im Sommerfall, wenn kein Wärmeaustausch erwünscht ist. Hier reicht das Spektrum vom thermostatisch geregelten Bypass bis zur manuellen Umstellung.

Entsprechende Daten erhalten Sie vom Hersteller oder beim europäischen Testzentrum für Wohnungslüftungsgeräte in Dortmund (www.TZWL.de). Hilfreich ist es,

Bauformen und Merkmale von Lüftungswärmetauschern			
Bauform	**Funktion**	**typ. Wirkungsgrad**	**Bemerkung**
Kreuzstrom-Plattenwärmetauscher		60 – 80 %	mittlerer Wirkungsgrad, geringer Druckverlust, kompakte Bauform, günstige Anschlüsse
Zwei Kreuzstrom-Wärmetauscher in Serie		70 – 80 %	besserer Wirkungsgrad bei höherem Druckverlust, günstige Anschlüsse
Gegenstrom-Plattenwärmetauscher		80 – 90 %	guter Wirkungsgrad bei akzeptablem Druckverlust, großer Platzbedarf, aufwendigere Bauform
Gegenstrom-Kanalwärmetauscher		85 – 95 %	bester Wirkungsgrad, relativ hoher Druckverlust, großer Platzbedarf, für Einzelwohnanlagen
Rotor-Wärmetauscher		75 – 85 %	Wegen des Risikos von Geruchsübertragung nur bei Einzelwohnungen, geringer Strömungswiderstand

Tabelle 11.10
Bauformen und Merkmale von Lüftungswärmetauschern.

11.25
Kompaktgeräte lassen sich mittlerweile problemlos in jeder Wandnische integrieren.

11.26
Deckenintegrierte Lüftungsanlage: Diese sind platzsparend in abgehängten Decken unterzubringen, allerdings auch unkomfortabel zu warten.

wenn Sie sich eine im Betrieb befindliche Anlage von Ihrem Anbieter oder Installateur vorführen lassen, um sich mit Geräuschpegel und Bedienung vertraut zu machen.

Lüftungsanlagen werden heute durchweg mit elektronisch geregelten Gleichstrommotoren ausgestattet, da diese im betreffenden Leistungsbereich besser steuerbar sind und weniger Strom benötigen. Wesentlicher Vorteil dieser Ventilatoren ist außerdem, dass sie über Schalterkombinationen auf den erforderlichen Volumenstrom eingestellt werden können und diesen nahezu unabhängig vom Luftwiderstand im Kanalnetz konstant halten.

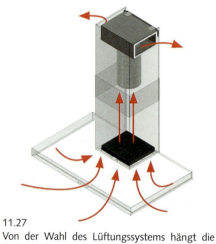

11.27
Von der Wahl des Lüftungssystems hängt die Wahl der Dunstabzugshaube ab. Bei einer reinen Abluftanlage kann jede konventionelle Dunstabzugshaube verwendet werden. Bei Anlagen mit Wärmerückgewinnung empfiehlt es sich, eine Umlufthaube mit eingebautem Fettfilter zu verwenden. Diese arbeiten zwar nicht so effektiv, allerdings werden die Strömungsverhältnisse im Haus auch nicht gestört. In keinem Fall dürfen Dunstabzugshauben an die Abluftkanäle angeschlossen werden, da die fetthaltige Luft das Rohrsystem verschmutzt.

Die effizientesten am Markt erhältlichen Zentralgeräte enthalten Gegenstromwärmetauscher, die einen Rückgewinnungsfaktor von bis zu 90% der Wärme in der Abluft erreichen. In Verbindung mit einem Gleichstromventilator sollten Jahresarbeitszahlen von 5 erreicht werden, d.h. es wird das Fünffache der eingesetzten elektrischen Energie an Wärme zurückgewonnen.

Regelung

Für die Regelung von Lüftungsanlagen haben sich zwei unterschiedliche Philosophien durchgesetzt. Die einfachere Variante ist die Drei-Stufen-Regelung. Mit der ersten Stufe wird die *Mindestlüftung für den Feuchteschutz* gewährleistet, mit den beiden höheren Stufen kann eine individuelle Lastanpassung vorgenommen werden.

Allerdings gibt es eine Tendenz zu elektronischen Regelungen, die nicht nur eine lastabhängige Frischluftzufuhr ermöglichen, sondern auch zu unterschiedlichen Zeiten verschiedene Grundeinstellungen erlauben, z.B. bei An- oder Abwesenheit. Mittels eines CO_2- und/oder eines Feuchtigkeitsfühlers wird die Frischluftmenge bei Überschreiten eines individuell einstellbaren Grenzwertes erhöht und bei Unterschreitung wieder auf das voreingestellte Maß reduziert. Neuerdings können diese Steuerungen auch über ein Smartphone bedient werden, ohne dass ein fest installiertes Regeldisplay in der Wohnung erforderlich ist.

11.28 a: Einfacher Drei-Stufen-Schalter

11.28 b: Bedienelement einer Komfortlüftungsanlage. Die besseren Anlagen messen alle Systemtemperaturen sowie den Feuchtigkeits- und CO_2-Gehalt und ermitteln daraus die bedarfsgerechte Luftmenge.

Allerdings ist sorgfältig abzuwägen, welche Lösung nutzergerechter ist: bei Mietwohnungen oder älteren Nutzern erscheint der klassische 3-Stufen-Schalter alltagstauglicher.

Einregulierung

Die Einregulierung einer Anlage muss nach Fertigstellung von einem Fachbetrieb durchgeführt werden. Hierfür wird ein Thermo-Anemometer sowie ein Messtrichter benötigt. Bei allen Zu- und Abluftventilen wird eine Luftstrommessung durchgeführt und die jeweils erforderliche oder gewünschte Luftmenge eingestellt (ein ständig genutztes Arbeitszimmer erfordert einen mehr als doppelt so hohen Luftdurchsatz wie ein gleichgroßes Gästezimmer). Die Summe aller Zuluft- und Abluftströme muss gleich sein, die Zuluftströme werden im Zuge der Einstellung bedarfsgerecht auf die Auslassventile verteilt, wobei Zugerscheinungen in einzelnen Räumen zu vermeiden sind. Einstellwerte von Gittern und Blenden sollten in der Anlagendokumentation bzw. im Messprotokoll festgehalten werden, damit die Anlage bei einer Wartung oder nach einer Säuberung wieder in den eingemessenen Zustand versetzt werden kann. Hilfreich ist auch ein detailliertes Anlagenschema als Anlage zum Messprotokoll.

Wartung

Eine Lüftungsanlage mit Wärmerückgewinnung ist wartungsintensiv. Der Aufwand besteht im Wesentlichen in der Reinigung und dem Wechsel der Filter. Der Grobfilter (G4) besteht aus einem Kunststoffvlies, welches mehrmals einfach in der Waschmaschine gewaschen werden kann. Der in der Zuluft hinter dem Grobfilter angeordnete Pollenfilter (F7) aus gefaltetem Filterpapier kann einige Male mit einem normalen Staubsauger abgesaugt werden, bis er durch einen neuen ersetzt werden muss. Beide Reinigungsvorgänge müssen je nach Außenluftverhältnissen (Verschmutzung, Feuchtigkeit) in ein- bis dreimonatlichen Intervallen erfolgen. Die Nutzer sind vorher über diese Pflichten aufzuklären, eine Einweisung in den Filterwechsel sollte durchgeführt werden. Bei Mietwohnungen sollten die Wartungspflichten im Mietvertrag schriftlich festgehalten werden.

Eine Inspektion und eventuell notwendige Reinigung der Rohrleitungen sollte ca. alle 5 Jahre von einem Fachbetrieb vorgenommen werden.

Kosten von Lüftungsanlagen

Lüftungsanlagen arbeiten nur dann effizient und wirtschaftlich, wenn

- das Kanalsystem effizient ausgelegt und ohne enge Bögen, Querschnittsveränderungen oder Flexrohre (turbulente Strömung!) ausgeführt wurde,
- das Lüftungsgerät im Regelfall auf der niedrigsten Stufe läuft und
- die Nutzer keinen höheren Luftwechsel einstellen als notwendig.

Allerdings werden in modernen Lüftungsgeräten hocheffiziente EC-Gleichstrommotoren eingebaut, so dass auch eine suboptimale Auslegung die Strombilanz eines Gebäudes nur um ca. 2 - 5% verschlechtert. Der Autor weiß aus eigener langjähriger Erfahrung, dass die Freude über die gute Luftqualität höher zu bewerten ist als kleinere Auslegungs- und Bedienungsmängel.

Die Wirtschaftlichkeit von Lüftungsanlagen ist abhängig von den tatsächlichen Luftumsatz: Je größer die Luftwechselrate, umso höher ist die Einsparung. Eine Wirtschaftlichkeit aufgrund eingesparter Energiekosten lässt sich bei den derzeitigen Energiepreisen nicht nachweisen. Trotzdem sollte der Einbau einer Lüftungsanlage zur Standardausstattung bei einer Sanierung gehören, um die Raumluftqualität zu sichern, die Feuchtebelastung in den Räumen zu vermindern und damit die Schimmelgefahr zu vermeiden.

Investitionsvolumen und Einsparpotential einer Lüftungsanlage sind mit denen einer Brauchwasser-Solaranlage vergleichbar. Aufgrund der relativ großen Rohrquerschnitte ist es durchaus sinnvoll, die notwendigen Kanäle während der Rohbauarbeiten zu verlegen, auch wenn das Lüftungsgerät erst später eingebaut werden sollte.

11.29
Mobiles Volumenstrommessgerät mit Messtrichter. Werksfoto www.testo.de

Tabelle 11.12: Kosten von Lüftungsanlagen.

	Bestandteile	Anzahl	Kosten
Abluftanlage	Ventilator incl. Regelung	1 St.	1000 €
	Rohrleitung	10 lfm	400 €
	Abluftdurchführung	1 St.	300 €
	Außenwanddurchlässe	6 St.	900 €
	Summe		**2.600 €**
Komfortlüftung mit WRG	Lüftungsgerät mit WRG	1 St.	3000 €
	Fernsteuerung	1 St.	200 €
	Feuchtigkeitsfühler	1 St.	200 €
	Nachheizregister	1 St.	400 €
	Hauptschalldämpfer	2 St.	300 €
	Telefonieschalldämpfer	5 St.	300 €
	flexible Lüftungsleitung	150 lfm	2400 €
	Verteiler	2 St.	400 €
	Tellerventile	10 St.	300 €
	Frisch-/Abluftdurchführ.	2 St.	500 €
	Summe		**8.000 €**
Erdwärmetauscher	Wärmetauscherrohr (m)	40 lfm	1600 €
	Ansaugstutzen V2A	1 St.	300 €
	Kondensatablaufschacht	1 St.	300 €
	Pumpe	1 St.	300 €
	Regeleinheit	1 St.	1000 €
	Summe		**3.500 €**

Quellen

[1] DIN 1946 (2009) Raumlufttechnik, Teil 6 – Lüftung von Wohnungen
[2] RWE-Bauhandbuch, VWEW Energieverlag, 2010
[3] Bundesverband für Wohnungslüftung e.V., Lüften nach Konzept
[4] Sächsische Energie-Agentur, Wohnungslüftung Energiesparen und Wohlfühlen
[5] VFV-Information 07/2009: Lüftung von Wohnungen

Internetadressen

Europäisches Testzentrum für Wohnungslüftungsgeräte e.V. Dortmund: www.tzwl.de
Verband der Wohnungslüftung e.V.: www. Wohnungslueftung-eV.de

Tabelle 11.11
Zeitintervalle für Wartungsarbeiten an Lüftungsanlagen.

Wartungsintervalle bei Lüftungsanlagen	
Monate	Umfang
2 - 4	Reinigung des Grobfilters
6 - 12	Aussaugen/Auswechsel des Feinfilters
12 - 24	Aussaugen/Spülen des Wärmetauschers
36 - 60	Reinigen des Rohrsystems

12 Sanitärinstallationen

Bewertung der Warmwasser-Bereitung in der EnEV

Seit 2002 wird der Primärenergiebedarf für die Warmwasserbereitung in die Energiebilanzierung eines Wohnhauses gemäß EnEV einbezogen. Durch die erhöhten Anforderungen an die Wärmedämmung verringert sich der Heizwärmeverbrauch, gleichzeitig steigt der prozentuale Anteil der Warmwasserbereitung am gesamten Energieverbrauch des Gebäudes. Liegt der Wärmebedarf für Warmwasser beim ungedämmten Altbau bei unter 10%, so steigt dieser Anteil nach Sanierung auf Passivhausstandard unter Umständen auf über 50% des gesamten Wärmebedarfes an.

Aus Vereinfachungsgründen ist in der EnEV der Energieverbrauch für die Warmwasserbereitung auf 12,5 kWh/m²a festgelegt worden ist. Dieser Rechenwert bewertet den theoretischen Gesamtwärmeverbrauch, unabhängig von der Bewohnerzahl und vom Verbraucherverhalten. Bei diesem Ansatz steigt der Warmwasserbedarf mit der Größe der Wohnfläche. Das Verfahren ist für den rechnerischen EnEV-Nachweis (oder auch KfW-Effizienzhausnachweise) notwendig, für die individuelle Versorgungsentscheidung allerdings nicht unbedingt sinnvoll und nicht immer zutreffend.

In der Praxis sind erhebliche Verbrauchsunterschiede möglich: Ein sparsamer 3-Personenhaushalt in einem 120 m² großen Wohnhaus kann einen flächenbezogenen Verbrauch von nur ca. 5 kWh/m²a erreichen, während eine größere Familie mit einem üppigem Wasserverbrauch real bis zu 20 kWh/m²a Wohnfläche aufwenden wird.

Warmwasserverbrauch

Die sofortige und unbegrenzte Verfügbarkeit von Warmwasser gehört zu den Selbstverständlichkeiten heutigen Wohnens. So verwundert es nicht, dass der Energieverbrauch für die Warmwasserbereitung sich seit 1960 etwa verdreifacht hat, obwohl die Warmwasserbereitung immer effizienter geworden ist. Zunehmendes Komfort- und Hygienebedürfnis dürften dabei die größte Rolle spielen.

Der Trinkwasserverbrauch hat insgesamt jedoch abgenommen und liegt in Deutschland momentan bei etwa 120 Liter pro Person und Tag, davon wird etwa ein Drittel erwärmt. Allerdings schwanken die individuellen Gewohnheiten stark, was bei der Bemessung z.B. eines Warmwasserspeichers oder einer Sonnenkollektoranlage von Bedeutung ist.

Es gibt zwei Wege zur Verbrauchsreduzierung: Der sparsame Umgang sowie die effiziente Warmwasserbereitung mit hohem solaren Anteil.

12.1
Auslöser einer Erneuerung der Sanitärinstallation sind nicht immer funktionale Schwächen des Systems, sondern schlichtweg der Wunsch nach einem neuen Bad. Dieser Umstand löst eine Reihe von Entscheidungen aus.

Tabelle 12.1 *links*
Absoluter Warmwasser-Energieverbrauch in kWh/m²a in Abhängigkeit von Verbraucherverhalten, Nutzeranzahl und Wohnfläche.

Tabelle 12.2 *rechts*
Durchschnittlicher Warmwasserverbrauch für Tätigkeiten im Haushalt.

Tabelle 12.3 *unten*
Anteil des Warmwassers am gesamtem Wärmeverbrauch des Hauses in Abhängigkeit vom Dämmstandard.

Spez. Energieverbrauch für Warmwasser in kWh pro m² Wohnfläche und Jahr

Wohn-fläche m²	bei WW-Verbrauch (Liter/Tag) von		
	40 l/d 2 Pers. niedrig	90 l/d 3 Pers. mittel	150 l/d 4 Pers. hoch
90	7,4 kWh/m²	16,6 kWh/m²	27,7 kWh/m²
120	5,5 kWh/m²	12,5 kWh/m²	20,8 kWh/m²
150	4,4 kWh/m²	10,0 kWh/m²	16,6 kWh/m²

Der in der EnEV definierte Wert von 12,5 kWh/m²a entspricht etwa einem Verbrauch von 30 Liter Warmwasser/Tag bei einer Wohnfläche von 40 m²/Person

Warmwasserbedarf in Küche und Bad

Warmwasserbedarf nach VDI 2067	l/d u. Pers. 60°C (Küche)	l/d u. Pers. 45°C (Bad)
Niedriger Bedarf	10 - 20	15 - 30
Mittlerer Bedarf	20 - 40	30 - 60
Hoher Bedarf	40 - 80	600 - 120

Der durchschnittliche Warmwasserbedarf im Haushalt beträgt 30 Liter pro Person u. Tag bei 45°C Wassertemperatur

Durchschnittlicher Warmwasserverbrauch

Bedarfsfall	Wasserbedarf	Nutztemperatur
Kaffee/Tee (8 Tassen)	1 l	100°C
1 Eimer Putzwasser	10 l	40 - 50°C
Händewaschen	2 - 5 l	37°C
Duschbad	30 - 50 l	38°C
Vollbad	120 - 150 l	38°C
Waschmaschine - Modelle bis 1990 - Sparmodell 2007	pro Waschgang 120 l 60 l	30 - 90°C
Geschirrspülen v. Hand	10 - 15 l	50°C
Geschirrspüler - Modelle bis 1990 - Sparmodell 2007	pro Spülgang 80 l 25 - 40 l	30 - 60°C

Warmwasseranteil am Gesamtwärmeverbrauch von Wohnhäusern

Dämmstandard	Heizwärmebedarf bei 150 m² WF	Warmwasserverbrauch (Liter/Person/Tag)		
		niedrig = 20 l/Pers.·d	mittel = 40 l/Pers.·d	hoch = 60 l/Pers.·d
Altbaubestand	250 kWh/m²·a	3,50%	6,8%	9,8%
EnEV Neubau	70 kWh/m²·a	11,5%	20,6%	28,0%
Passivhaus	15 kWh/m²·a	37,6%	54,7%	64,4%

12.1 Warmwasserbereitung

Bei der Warmwasserbereitung werden zentrale und dezentrale Systeme unterschieden, letztere lassen sich weiter in Gruppen- oder Einzelversorgung unterteilen (vgl. Tab. 12.4).

Neben grundsätzlichen und praktischen Überlegungen sollten die Investitions-, Betriebs- und Energiekosten bei der Anlagenplanung miteinander verglichen werden. Tab. 12.5 gibt einen Überblick über die verschiedenen Kostenfaktoren bei unterschiedlichen Systemkombinationen und einem Warmwasser-Nutzwärmebedarf für 2- und 4-Personen-Haushalte.

Entscheidungskriterien

Die Planung einer Warmwasserversorgung sollte immer im Zusammenhang mit der Heizung erfolgen. Im Falle eines konventionellen Heizsystems (Gas, Öl, Pellets) wird ein Speicher mit einem Volumen von 80 – 150 l (ca. 30 - 50 l/Person) für die zentrale Warmwasserbereitung vorgesehen. Soll dieses System um eine solare Warmwasserbereitung ergänzt werden, so wird ein größerer Speicher mit ca. 300 – 400 l Inhalt erforderlich.

Für den Fall, dass keine konventionelle Heizanlage vorhanden ist (z.B. Wärmepumpe), bleibt in den meisten Fällen nur die elektrische Warmwasserbereitung. Hier werden drei Systeme unterschieden:

- Bei geringem Verbrauch und wenigen, weit auseinander liegenden Zapfstellen kann eine dezentrale Lösung mit elektrischen Durchlauferhitzern bzw. Boilern angemessen sein.
- Bei größeren Wärmeumsätzen könnte eine Systemkombination aus thermischer Solaranlage oder einer Luft-Wasser Wärmepumpe in Verbindung mit einer elektrischen Nacherwärmung angemessen sein.
- Die umweltfreundlichste Variante stellt die thermische Solaranlage in Verbindung mit einem Holz- oder Pelletofen dar. Über ein Warmwasserregister wird die Überschusswärme des Ofens in den Wasserspeicher gepumpt. Diese Variante setzt einen bewussten und disziplinierten Umgang mit Wärme voraus.

Zirkulationsleitungen

Eine Zirkulationsleitung (in Verbindung mit einer Zirkulationspumpe) verläuft parallel zur Warmwasserleitung und bewirkt, dass vom Wärmespeicher ständig (oder zu bestimmten Zeiten, z.B. morgens und abends) warmes Wasser durch das Leitungssystem gepumpt wird, so dass beim Öffnen einer Zapfstelle (Wasserhahn, Dusche) sofort warmes Wasser verfügbar ist. Voraussetzung für eine Zirkulation ist eine gute Wärmedämmung der Warmwasser- und Zirkulationsleitungen, da ansonsten der Wärmeverlust des Systems höher liegen kann als der Energiebedarf für den Warmwasserverbrauch (Nutzenergie). Bei einer kompakten Installation und maximalen Leitungslängen von 6 - 8 m kann auf eine Zirkulationsleitung durchaus verzichtet werden. Tabelle 12.6 vermittelt die Dimension der maximalen Kaltwassermenge, die eventuell ungenutzt verloren geht.

Im Einfamilienhaus sind Zirkulationsleitungen vermeidbar (die beste Lösung), sofern Bäder, Küche und Warmwasserspeicher nahe beieinander liegen. Ist die Warmwas-

12.2
Elektronisch geregelter Durchlauferhitzer mit Funkfernbedienung für alle relevanten Daten: Temperatur, Durchflussmenge, Energieverbrauch und Uhrzeit. Quelle: www.clage.de

Warmwasserbereitungssysteme

Zentrale Warmwasserversorgung, mit der Heizung gekoppelt	Dezentrale Systeme, Gruppenversorgung bei zusammenliegenden Entnahmestellen	Dezentrale Systeme, Einzelversorgung an den Entnahmestellen
• Alle Warmwasserzapfstellen werden aus einem zentralen Speicher versorgt. • Überwiegend indirekt beheizte Speicher, in die Heizungsanlage integriert. Die Wärme aus dem Heizungskreis wird mittels Ladepumpe und Wärmetauscher an das Trinkwasser übertragen. Hoher Versorgungskomfort. • Speichervolumen: 80 – 150 l; bei Solaranlagen: 300 – 400 l • Direktbeheizung nur bei elektrischer Nacherwärmung (in Verbindung mit Solaranlage oder Wärmepumpe)	• häufig in Mehrfamilienhäusern eingesetzt, geringe Investitionskosten, keine Abrechnungskosten für Vermieter • Für benachbarte Verbrauchsstellen (z.B. Bad und Küche), Durchlauf-erhitzer oder Durchflussspeicher • Durchflussspeicher, Speichervolumen zwischen 30 l (Waschbecken und/oder Dusche) und etwa 150 l (für Badewanne), Heizleistung unter 2 kW. • Durchlauferhitzer erwärmen nur das gerade gezapfte Wasser, sehr hohe Anschlussleistung (18 – 27 kW Drehstrom). Alternativ auch Gas-Brennwert-Kombitherme (in Verbindung mit Heizung)	• individuelle Wassererwärmung an jeder Zapfstelle in einem elektrischen Durchlauferhitzer • drucklose, offene, meist schlecht isolierte Kleinspeicher – sog. Untertischgeräte mit 3 bis 5 l Inhalt, Anschlusswert unter 2 kW, sind zu vermeiden. • bei Dusche oder Badewanne ist immer ein Durchlauferhitzer erforderlich (Drehstromanschluss). • Die elektrisch betriebenen Geräte sind in der Anschaffung kostengünstig, sehr energieeffizient und komfortabel in der Handhabung (z. B. Fernbedienung an der Zapfstelle).

Tabelle 12.4: Übersicht über die Warmwasserbereitungssysteme und ihre Eigenschaften.

Kosten der Warmwasserbereitung durch verschiedene Systeme								
Investition			Solaranlage + GasBrennw.	PV-Anlage + GasBrennw.	Gas Brennw. + Speicher	Heizöl + Speicher	Elektro dezentral (3 Zapfst.)	Elektro+ Speicher	Wärmepume + Speicher
Wärmeerzeuger komplett	€	2200	1600			450		2400
Pufferspeicher/Regelung	€	1500	1000	1000	1000		1500	1000
Montage/Anschlußarbeiten	€	800	900	200	200	200	200	800
Summe Investitionen	€	**4500**	**3500**	**1200**	**1200**	**650**	**1700**	**4200**
Kapitalgebundene Kosten bei 2,5% Zins und 20 Jahre Nutzungsdauer								
Summe Zins und Tilgung	€/a	281	219	75	75	41	106	263
Betriebsgebundene Kosten								
Wartung/Reinig./Instandhalt.	€/a	50	0	0	0	0	0	50
Verbrauchsgebundene Kosten (Rahmenbedingungen)								
Energieanteil konventionell	%	35	50	100	100	100	100	33
Energieanteil regenerativ	%	65	50					67
Wirkungsgrad Warmwassersystem	%	80	85	85	85	90	85	85
Brennstoffpreis	ct/kWh	5,8	5,8	5,8	5,9	27,0	19,0	19,0
Warmwasserbereitung für 4-Personen-Haushalt: Nutzenergiebedarf = 2.500 kWh/a								
Jahresbrennstoffbedarf	kWh/a	1.094	1.471	2.941	2.941	2.778	2.941	971
Verbrauchsgebund. Kosten	€/a	63	85	171	174	750	559	184
Gesamtkosten	€/a	**394,70**	**304,00**	**245,60**	**248,50**	**790,50**	**665,10**	**496,90**
Warmwasserbereitung für 2-Personen-Haushalt: Nutzenergiebedarf = 1.200 kWh/a								
Jahresbrennstoffbedarf	kWh/a	600	565	1.500	1.500	1.333	1.412	466
Verbrauchsgebund. Kosten	€/a	38	44	89	90	390	291	96
Gesamtkosten	€/a	**369,00**	**263,10**	**163,70**	**165,20**	**430,60**	**396,80**	**408,40**

Tabelle 12.5
Vergleich von Jahresbrennstoffbedarf und Kosten verschiedener Systeme zur Warmwasserbereitung bei einem Bruttowärmebedarf incl. Verteilungsverluste von 2,5 MWh/a und 1,2 MWh/a (Einfamilienhaus bzw. Eigentumswohnung).

Wasserinhalt von Wasserleitungen				
Rohr-ø	Länge der Warmwasserleitung			
	3 m	5 m	8 m	12 m
15 mm	0,5 l	0,9 l	1,4 l	2,1 l
18 mm	0,8 l	1,3 l	2,0 l	3,1 l
22 mm	1,1 l	1,9 l	3,0 l	4,6 l

Tabelle 12.6: Wasserinhalt von Wasserleitungen

Tabelle 12.7
Vergleich der Wasser- und Energiekosten mit und ohne Zirkulation.

Kostenvergleich Zirkulation oder Wasserverschwendung	
Zirkulation	
Installation	
Zirkulationsleitung	200 €
Zirkulationspumpe	150 €
Zeitschaltuhr	50 €
Summe Installation f. Zirkulation	**400 €**
Jährliche Kosten	
Investition (20 Jahre finanziert)	30,00 €/a
Stromverbrauch (8 h/d · 20 W · 365 d)	14,60 €/a
Wärmeverluste Rohrleitung	12,00 €/a
Summe	**56,60 €/a**
Wasserverschwendung	
(6,00 €/m³ Wasser + Abwasser)	
2 l/Zapfung 10 Zapfungen täglich	36,50 €/a

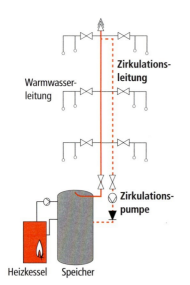

12.3
Leitungsführung der Zirkulation bei zentraler Warmwasserversorgung für mehrere weiter entfernt liegende Zapfstellen.

serleitung zwischen Wärmespeicher und Zapfstellen nicht länger als 6 bis 8 m, kann auf eine Zirkulation ohne weiteres verzichtet werden. Leitungs- und geräteabhängige Daten finden sich in Tabelle 12.7.

In weitläufigen Einfamilienhäusern und zentral versorgten Mehrfamilienhäusern sind Zirkulationssysteme notwendig, an die alle regelmäßig benutzten Warmwasserzapfstellen angeschlossen werden sollten. Bei verzweigten Versorgungsleitungen sind Regulierventile vorzusehen, um eine gleichmäßige Durchströmung in den Strängen einstellen zu können. Für die Umwälzung reicht auch bei längeren Leitungen – ausreichende Leitungsquerschnitte vorausgesetzt – in der Regel eine Pumpe kleiner Leistung (Brauchwasserpumpe mit 8-20 W) aus. Beim Einbau einer Zirkulation ist die sehr gute Dämmung von Warmwasser- und Zirkulationsleitungen unumgänglich.

Zur Reduzierung der Leitungswärmeverluste in der Nacht und zu Zeiten, in denen kein warmes Wasser gebraucht wird, müssen Zirkulationspumpen (gemäß EnEV) mit Zeitschaltuhren ausgerüstet sein bzw. nachgerüstet werden. Gebräuchlich sind Auszeiten in der Nacht, sowie am Vor- und Nachmittag. Wochenzeitschaltuhren reagieren auf die unterschiedliche Anwesenheit an Werktagen und Wochenenden.

12.2 Solaranlagen zur Trinkwassererwärmung

Thermische Sonnenkollektoranlagen sind mittlerweile ein fester Systembestandteil des energiesparenden Bauens und Modernisierens geworden. Ihre Alltagstauglichkeit und Dauerhaftigkeit ist hinreichend nachgewiesen und auch die Kosten können mit den Energiepreisen für konventionelle Warmwasserbereitung konkurrieren. In Einzelfällen mag auch die solare Heizungsunterstützung sinnvoll sein. Da in Mitteleuropa jedoch zwei Drittel der solaren Energiegewinne im Sommerhalbjahr erzeugt werden und lediglich ein Drittel während der Heizperiode, ist eine gute Wirtschaftlichkeit für die solare Heizungsunterstützung nicht zu erzielen.

Systeme und Komponenten

Eine thermische Solaranlage besteht aus vier wesentlichen Komponenten: Kollektor, Speicher, Steuerung und Leitungssystem. Dabei können die Steuerung und das Leitungssystem als feste Größe betrachtet werden, Speicher und Kollektor sollten bedarfsorientiert bzw. unter Kosten-Nutzen-Aspekten ausgelegt werden.

Das Funktionsprinzip thermischer Solaranlagen (Abb. 12.5) ist sehr einfach: Die von den Sonnenkollektoren in Wärme umgewandelte Solarstrahlung wird über eine Rohrleitung (Vor- und Rücklauf des Solarkreislaufes) zum Wärmespeicher geführt. Dieser ist so dimensioniert, dass er im geladenen Zustand den Warmwasserbedarf von ca. 2 - 3 Tagen mit schlechtem Wetter überbrückt. Bei Schlechtwetterperioden und im Winter wird der obere Teil des Speichers durch die Heizung oder elektrisch nacherwärmt.

Es werden zwei Arten von Kollektoren unterschieden:

- *Flachkollektoren*, einfachverglast, mit selektiv beschichtetem Absorber ausgestattet, erreichen im Temperaturbereich 30 - 80°C einen Wirkungsgrad von 50 - 80%; als Standardkollektoren für Anlagen zur Warmwasserbereitung liefern sie bei günstigen Investitionskosten gute Wärmeerträge und lassen sich leicht ins Dach oder in die Fassade integrieren. Der jährliche Bruttoertrag liegt bei 400 - 450 kWh/m²a.
- *Vakuum-Röhren-Kollektoren*, nebeneinander liegende evakuierte Glasröhren, können Temperaturen von weit über 100°C erzeugen und liefern in dem für die Warmwasserbereitung relevanten Bereich zwischen 45 und 70°C bei geringer Sonneneinstrahlung einen besseren Wirkungsgrad als die preiswerteren Flachkollektoren. Ihr jährlicher Bruttoertrag liegt bei 500 - 550 kWh/m²a.

Ein Flachkollektor leistet flächenbezogen zwar ca. 30% weniger als ein Vakuumkollektor, kostet dafür aber auch nur knapp die Hälfte und ist robuster. Der Vakuumkollektor reagiert schneller auf diffuses Licht und erzielt höhere Temperaturen. Beide Vorteile sind aber für die Warmwasserbereitung wenig entscheidend. Die Installation eines Vakuumkollektors erscheint dann empfehlenswert, wenn keine ausreichend großen geeigneten Dachflächen vorhanden sind, bzw. wenn nur wenig Dach- oder Wandfläche für eine thermische Anlage genutzt werden soll.

Durch den Kollektorkreislauf wird die in den Kollektoren erzeugte Wärme zum Speicher transportiert und dort mittels Wärmetauscher an das Trinkwasser übertragen. Als Wärmeträgermedium im Kollektorkreis wird üblicherweise ein frostbeständiges Wasser-Glykol-Gemisch eingesetzt.

Der Speicher sollte sehr gut gedämmt sein und eine möglichst gute Temperaturschichtung halten (heiße Zone oben, Mischzone in der Mitte und kühle Zone unten). Schlanke Solarspeicher vermeiden Verwirbelungen und Durchmischung beim Be- und Entladen des Behälters. Seitlich abgehende Rohranschlüsse vergrößern die Wärmeverluste, bei neueren Solarspeichern werden alle Anschlüsse von unten oder über Siphonbögen an den Speicher herangeführt (Abb. 12.5). Die spez. Speicherverluste sind sehr unterschiedlich, Angabe dazu können den technischen Merkblättern der Hersteller entnommen werden. Ein Verlust von 1,5 kWh/d entspricht immerhin einem jährlichen Verlust von etwa 500 kWh.

Eine fertig vormontierte Installationseinheit enthält alle zwischen Kollektor und Speicher notwendigen Armaturen einschließlich Pumpe, Regelung sowie Sicherheitseinrichtungen und gewährleistet eine schnelle, übersichtliche und platzsparende Montage.

Nachheizung und Temperaturbegrenzung: In sonnenärmeren Zeiten erfolgt die Nachheizung durch die Zentralheizungs-

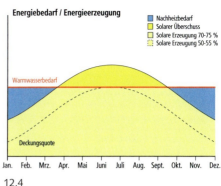

12.4
Prioritätensetzung durch die Anlagengröße, entweder optimale Wirtschaftlichkeit (untere Kurve) oder höhere solare Deckungsrate mit ungenutzten Überschüssen (obere Kurve).

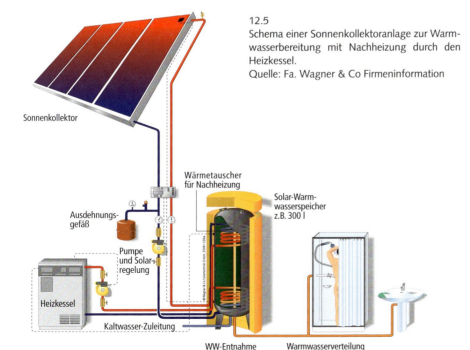

12.5
Schema einer Sonnenkollektoranlage zur Warmwasserbereitung mit Nachheizung durch den Heizkessel.
Quelle: Fa. Wagner & Co Firmeninformation

Legionellen

Legionellen sind eine Bakterienart, die vor Jahren als Verursacher der Legionärskrankheit bekannt wurde. Sie kommen fast überall in der Natur und eben auch im Trinkwasser in sehr geringen Konzentrationen vor; ein Kontakt mit ihnen ist fast unvermeidlich und in der Regel auch nicht gefährlich. Die Gefahr einer Infektion besteht für den Menschen nur dann, wenn sich die Legionellen stark vermehren, d.h. in hoher Konzentration auftreten, und dann als Aerosol (Dampf-Luft-Gemisch) über die Lunge aufgenommen werden, etwa beim Duschen, in Whirlpools oder durch Luftbefeuchter von Klimaanlagen. Der Infektionsweg verläuft ausschließlich über die Lunge. Tückisch ist, dass die Legionellen-Infektion oft mit einer Lungenentzündung verwechselt wird; denn deren typische Behandlung mit Penicillin bleibt bei Legionellen wirkungslos. Gefährdet sind Personen mit geschwächtem Immunsystem, also besonders Menschen in Heimen oder Krankenhäusern.

Optimale Lebens- und Vermehrungsbedingungen finden Legionellen im Wasser bei Temperaturen zwischen 30 und 50°C. Damit bieten die Beläge in Rohren, Armaturen und Totwasserzonen ausgedehnter Warmwasserinstallationen zum Teil gute Wachstumsbedingungen. Durch Temperaturen über 70°C werden sie schnell und zuverlässig abgetötet. Um eine gefährliche Vermehrung von Legionellen zu vermeiden (die bisher fast ausschließlich in größeren Warmwasser-Versorgungsanlagen beobachtet wurde), sind in den DVGW-Arbeitsblättern W551 und W552 (DVGW = Deutscher Verband der Gas- und Wasserwirtschaft) genaue und teilweise sehr aufwendige Verfahren zur regelmäßigen Dekontamination beschrieben.

In Haushalten ist die Gefahr einer Infektion dagegen äußerst gering, da die Bakterienzahl nur langsam wächst und nur wirklich hohe Konzentrationen gefährlich sind. Ein- und Zweifamilienhäuser mit Warmwasserspeichern unter 300 l Inhalt werden in den DVGW-Richtlinien daher ausdrücklich von den besonderen Behandlungsmaßnahmen ausgenommen. Für größere Anlagen werden inzwischen vermehrt Systeme angeboten, die das Wasser im Durchlauferhitzerprinzip erwärmen.

Gemäß Trinkwasserverordnung von 2013 müssen bei Warmwasseranlagen von Mehrfamilienhäusern regelmäßige Wasserproben entnommen und auf ihre Verkeimung hin untersucht werden.

1. Das Ermitteln des tatsächlichen Warmwasserbedarfes: Ist der Verbrauch in der Vergangenheit dokumentiert worden, so lässt sich daraus auch der künftige Bedarf ermitteln. Allerdings lässt sich auch ein Verbrauch anhand der individuellen Vorlieben des Duschens, Badens etc. hochrechnen. Grundsätzlich gilt dabei: Wer viel Wasser verbraucht, kann auch viel sparen oder im Umkehrschluss: bei kleinen Haushalten und sparsamen Umgang macht die Investition in eine thermische Solaranlage wenig Sinn.
2. Welche Zielsetzung ist mit der Solaranlage verbunden? Entweder ist eine möglichst hohe solare Deckungsquote anzustreben oder eine möglichst wirtschaftliche Auslegung. Letztere erreicht man heute dadurch, dass nur während zweier Monate im Sommer eine vollständige solare Deckungsquote erreicht wird, dadurch aber auch nur 50 - 55% des Jahresbedarfes gedeckt wird. Ein um 20% vergrößerter Kollektor erhöht den Solaranteil um max.10 - 15%, führt aber im Sommer auch zu nicht nutzbaren Überschüssen (siehe Abb. 12.4).
3. Wenn die Zielsetzung in Richtung max. solare Deckungsquote geht, dann wäre der nächste Schritt, zu überlegen, ob die Anlage nicht auch für die solare Heizungsunterstützung erweitert werden soll.

12.6
Die wirtschaftlichste Form einer Brauchwasseranlage: 2 Kollektoren à ca. 2,4 m² erreichen zwar im Durchschnitt nur 50 – 55% Jahresdeckungsgrad bei der Warmwasserversorgung, dafür entfallen aber auch die nicht nutzbaren Überschüsse im Sommer.

anlage: oberhalb vom Solarwärmetauscher wird zusätzlich ein Heizungswärmetauscher eingesetzt, der den oberen Teil des Speichers bei Bedarf aus der Heizung nachlädt. Wenn keine konventionelle Heizung vorhanden ist, erfolgt die Nachheizung des Speicherwassers über einen Elektroheizstab.

Zur Temperaturbegrenzung wird ein zentraler thermostatischer Mischer am Warmwasserspeicher eingebaut, um vor Verbrühungen zu schützen. Die Wassertemperatur an den Zapfstellen sollte 60°C nicht überschreiten.

Anlagenkonzeption und –dimensionierung

Für die richtige Dimensionierung einer Brauchwassersolaranlage sind im Vorfeld ein paar grundsätzliche Dinge zu klären:

Tabelle 12.8 gibt wesentliche Hinweise zu typischen Anlagengrößen, solaren Deckungsquoten und Kosten. Bei einer Standard-Dimensionierung sollte eine Solaranlage etwa 60% des jährlichen Wärmebedarfes der Warmwasserbereitung decken, das entspricht einem solaren Energieertrag von etwa 400 - 500 kWh pro Kopf und Jahr. Bei hohem Effizienzhausstandard können damit max. 20% des gesamten Wärmebedarfes (Heizung und Warmwasser) solar gedeckt werden! Die Kosten einer kompletten Solaranlage mit Flachkollektoren einschließlich Speicher liegen bei 800 - 1.000 €/m², mit Röhrenkollektoren bei 1.200 - 1.400 €/m², Förderungen nicht berücksichtigt.

Optimal ist eine Ausrichtung der Kollektoren nach Süden – eine Ausrichtung nach Westen oder Osten ist durchaus möglich, die geringere Einstrahlung kann durch eine entsprechend größere Kollektorfläche kompensiert werden. Der Neigungswinkel für maximalen Jahresnutzungsgrad liegt in unseren Breiten bei ca. 45°, flachere Winkel führen zu einem höheren potentiellen Ertrag im Sommer, der jedoch oft gar nicht

Tabelle 12.8: Marktübliche Solarpaketgrößen

Marktübliche Solarpaketgrößen				
Fläche Flachkollektor	4,8 m²	7,2 m²	9,6 m²	12 m²
alternative Vakuumkollektor-Fläche	3,36 m²	5,04 m²	6,72 m²	8,4 m²
Speichergröße	300 l	400 l	750 l	750 l
Solarer Gewinn	2.112 kWh/a	2.592 kWh/a	3.168 kWh/a	3.480 kWh/a
Deckungsgrad Warmwasser	50 - 65%	60 - 70%	65 - 75%	70 - 75%
Deckungsgrad Heizung	0%	0%	4 - 8%	6 - 12%
Anlagenkosten Flachkollektor	4.400 €	5.800 €	7.700 €	9.200 €
spez. Kosten	**0,17 €/kWh**	**0,18 €/kWh**	**0,19 €/kWh**	**0,21 €/kWh**

genutzt werden kann (z.B. wegen Ferien). Neigungswinkel von 45°- 90° (Fassade) sind im Winterhalbjahr effizienter und für Anlagen mit Heizungsunterstützung empfehlenswert.

Jede Solaranlage sollte mit einem elektronischen Wärmemengenzähler ausgestattet werden. Nur so lässt sich die Funktions- und Leistungsfähigkeit dauerhaft kontrollieren. Im Alltag merkt man sonst nicht, ob das Warmwasser tatsächlich von der Solaranlage geliefert wird, oder ob sich das Nachheizsystem längst automatisch zugeschaltet hat.

Nachrüsten einer Sonnenkollektoranlage

Der nachträgliche Einbau einer thermischen Solaranlage ist problemlos, wenn im Gebäude bereits eine zentrale Warmwasserversorgung vorhanden ist. Bei einer Heizungssanierung sollte gleich ein solartauglicher Warmwasserspeicher gewählt werden. Geeignet für den Anschluss einer Solaranlage sind aufrecht stehende Standspeicher, die mit einem Solarwärmetauscher unten im Behälter und zur Nachheizung durch den Heizkessel mit einem zweiten Wärmetauscher oberhalb vom Solarwärmetauscher ausgerüstet sind.

Wird die Solaranlage nicht sofort realisiert, sollte im Zuge der Renovierungsarbeiten ein vorkonfektioniertes Solarrohr (Vor- + Rücklauf incl. Fühlerkabel) verlegt werden, um zu einem späteren Zeitpunkt mit geringem Arbeits- und Kostenaufwand eine Solaranlage nachrüsten zu können (Abb. 12.7).

An die solare Warmwasserversorgung sollten alle Warmwasser-Verbraucher einschließlich Waschmaschine und Geschirrspülmaschine angeschlossen werden. Waschmaschinen ohne Warmwasseranschluss lassen sich durch ein Vorschaltgerät nachrüsten (Preis ca. 150 - 250 €). Waschmaschinen mit Warmwasseranschluss werden z.Zt. auf dem deutschen Markt kaum angeboten. Geschirrspülmaschinen können ohne weiteres direkt an das Warmwassernetz angeschlossen werden.

Fördermöglichkeiten: Aktuelle Förderkonditionen findet man im Internet unter: www.bafa.de

Fotovoltaik zur Warmwasserbereitung

Noch vor 5 Jahren hätte man es nicht zu denken gewagt: elektrische Warmwasserbereitung mittels Fotovoltaik. Mittlerweile sind im Gegensatz zu den thermischen Anlagen die fotovoltaischen Systeme (siehe Kap. 13.3) so rapide im Preis gesunken, dass es heute teilweise preisgünstiger ist, Warmwasser mittels einer Solarstromanlage herzustellen. Zum einen können die sommerlichen Überschüsse anderweitig genutzt werden, zum anderen erscheint eine hausinterne Umwandlung in Warmwasser auch naheliegend, da ohnehin nicht mehr der gesamte erzeugte Strom vom Versorger vergütet wird. Der wirklich einzige Nachteil der fotovoltaischen Warmwasserbereitung ist ein höherer Platzbedarf auf dem Dach (ca. 20 m² gegenüber 6 m² bei einer thermischen Solaranlage). Wenn die verfügbaren Dach- und Wandflächen aber groß genug sind und keine Konkurrenzsituation mit der übrigen solaren Stromerzeugung besteht, dann ist die fotovoltaische Warmwassererzeugung die einfachere, kostengünstigere und wartungsfreiere Variante.

12.7
Luftdichte Abklebung des Durchstoßungspunktes eines vorkonfektionierten Solarrohres. Ein vorsorglicher Einbau der Verrohrung ist nicht teuer (ca. 25 €/lfm) und erspart viel Detailarbeit bei der nachträglichen Installation der Solaranlage.

12.3 Leitungserneuerung

Trinkwasserleitungen

Bis in die 50er Jahre wurden noch vereinzelt Bleirohre für die Trinkwasserinstallation eingesetzt, später folgten verzinkte Stahlrohre. Seit den 1970er Jahren begann die Verwendung von Kupferrohr, heute ergänzt durch Kunststoff- und Verbundrohre.

Aus alten Bleileitungen waschen Schwermetalle aus, diese sind daher umgehend auszutauschen. Über 30 Jahre alte Installationen aus verzinkten Rohren sollten auf Korrosion sowie Ablagerungen von Kalk und Rost geprüft werden.

Folgende Punkte sprechen für eine möglichst umgehende Sanierung:

- Am Rohrnetz, Warmwasserspeicher oder an den Armaturen sind bereits Undichtigkeiten aufgetreten. Mögliche Ursachen sind innere oder äußere Korrosion, Haarrisse und Poren an Messingarmaturen, zu heiß verlötete Kupferrohre (z.B. an Bögen und Abzweigen) oder Kontaktstellen, an denen Metall mit zementartigen Baustoffen in Berührung gekommen ist.
- In der Nachbarschaft sind bei vergleichbaren Gebäuden und ähnlicher Nutzungsdauer häufiger Rohrschäden aufgetreten, z.B. kann eine Verschlechterung der Wasserqualität, die mehr Chlorzusatz erfordert, die Alterung der Installation und Korrosion beschleunigen.
- Eine verlängerte Nachheizzeit des Warmwasserspeichers gegenüber dem Neuzustand deutet auf starke Verkalkung hin. Bei Durchflusserhitzern wird die anfängliche Warmwassertemperatur nicht mehr erreicht bzw. das Gerät schaltet im Betrieb häufig ab.
- Wenn bei Waschmaschinen, Kaffeemaschinen oder Teekesseln häufig Kalk- oder Kesselstein entfernt werden muss, ist auch in Leitungen verstärkt mit entsprechenden Ablagerungen zu rechnen.

12.8
Auch äußerlich unversehrte Trinkwasserleitungen können von innen völlig korrodiert sein.

12.9
Bei der Installationsführung sind Aspekte der Tragwerksschwächung sowie des Schallschutzes sorgfältig abzuwägen.

Praxistipp

Bei der Erweiterung eines Rohrnetzes aus verschiedenen Rohrwerkstoffen ist unbedingt darauf zu achten, dass das edlere Metall in Fließrichtung stets hinter dem unedleren Metall liegt (z.B. Kupferrohr immer nur *hinter* verzinkten Stahlrohrleitungen); anderenfalls ist bei den unedleren Rohrstrecken mit Lochkorrosion durch ausgeschwemmte edlere Metallpartikel zu rechnen. Im Zweifelsfall bietet die Sanierung mit Kunststoffrohr einen Ausweg. Kupferrohre müssen zur Vermeidung von Korrosion bis DN25 weichgelötet werden, wobei das Material nicht über 400°C erhitzt werden darf. Außerdem sollten in Trinkwasserinstallationen anstelle von Messingarmaturen nur die korrosionsbeständigeren Rotguß-Armaturen eingesetzt werden.

Tabelle 12.9
Wärmedämmung von Wärmeverteilungs- und Warmwasserleitungen, Kälteverteilungs- und Kaltwasserleitungen sowie Armaturen gem. EnEV 2014, §12, Anlage 5

Zeile	Art der Leitungen/Armaturen	Mindestdicke der Dämmschicht*)
	Wärmedämmung von Rohrleitungen	
1	Innendurchmesser bis 22 mm	20 mm
2	Innendurchmesser über 22 mm bis 35 mm	30 mm
3	Innendurchmesser über 35 mm bis 100 mm	gleich Innendurchmesser
4	Innendurchmesser über 100 mm	100 mm
5	Leitungen und Armaturen nach den Zeilen 1 bis 4 in Wand- und Deckendurchbrüchen, im Kreuzungsbereich von Leitungen, an Leitungsverbindungsstellen, bei zentralen Leitungsnetzverteilern	1/2 der Anforderungen der Zeilen 1 bis 4
6	Wärmeverteilungsleitungen nach Zeile 1 - 4, die nach dem 31.1.2002 in Bauteilen zwischen beheizten Räumen verschied. Nutzer verlegt werden	1/2 der Anforderungen der Zeilen 1 bis 4
7	Leitungen nach Zeile 6 im Fußbodenaufbau	6 mm
8	Kälteverteilungs- und Kaltwasserleitungen sowie Armaturen von Raumlufttechnik- und Klimakältesystemen	6 mm

*) bezogen auf eine Wärmeleitfähigkeit von 0,035 W/(m·K)

- Nicht zufriedenstellende Wassermengen bzw. geringer Wasserdruck an allen Entnahmestellen.
- Kontaktkorrosion an den Verbindungsstellen verschiedener Metalle infolge verschiedener, miteinander schlecht verträglicher Materialien im Rohrnetz.

Sanierung von Trinkwasserleitungen

Bei einer umfassenden energetischen Gebäudesanierung sollte man nicht am falschen Platz sparen. Im Zweifelsfall gilt der Grundsatz: Am Besten alles neu!

Kurze Leitungswege bieten die Voraussetzung für eine energiesparende und kostengünstige Installation. Die Lage von Küche, Bad und WC im Grundriss bestimmt den Leitungsverlauf weitgehend. Bei einer umfassenden Sanierung des Gebäudes sollte man die Gelegenheit nutzen, ungünstige Grundrisse zu verändern und die sanitären Bereiche zusammenzufassen. Aufwendige Maßnahmen zur Verlegung der Rohrleitungen wie komplizierte Schachtführungen, Tür- und Fensterumgehungen, gefällekritische Abwasserinstallationen, aufwändige Rohrverkleidungen u.ä. müssen in jedem Falle beseitigt werden. Es dürfen keine toten Leitungen (Leitungsenden, an denen keine Entnahmestelle vorhanden ist) im Rohrnetz verbleiben, weil durch das stehende Wasser eine hohe Verkeimungsgefahr besteht. Viele ältere Gebäude verfügen jedoch über eine disziplinierte Installation, die auch bei der Komfortanhebung durchaus beibehalten werden kann.

Rohrleitungsmaterialien

Bei der Entscheidung für das eine oder andere Rohrmaterial spielen neben praktischen und werkstoffbedingten Aspekten auch wirtschaftliche und ökologische Argumente eine Rolle. Tabelle 12.10 gibt eine Übersicht über die häufig verwendeten Rohrmaterialien. Dabei wurde insbesondere die Eignung für die Altbausanierung und die Verarbeitbarkeit durch geübte Heimwerker bewertet.

Neben den bewährten Kupferrohren gibt es inzwischen eine Vielzahl von Kunststoffrohren am Markt. Polyethylen (HDPE = hochvernetzt/hart, LDPE = gering vernetzt/weich) und Polypropylen (PP) sind relativ reine und umweltverträgliche Kunststoffe, die hauptsächlich aus Kohlenstoff und Wasserstoff bestehen. Grundsätzlich problematisch für eine spätere Wiederaufbereitung sind Rohre aus Verbundmaterialien sowie aus halogenisierten Kunststoffen wie z.B. PVC, die umweltschädigende Stoffe wie Fluor, Chlor und Weichmacher enthalten. Die neuerdings als Rohr-in-Rohr-System angebotenen Kunststoffrohre ermöglichen bei einfacher Verlegung einen späteren Austausch. Dabei kommt zwar eine große Zahl von Spezialbauteilen (insbesondere Fittings) zum Einsatz, andererseits sind die Rohre bei guter Planung gerade im Altbau sehr schnell und wirtschaftlich zu verlegen.

Vor der Installation einer Trinkwasseranlage sollte der Wasserversorger zu den Rohrmaterialien befragt werden. In manchen Versorgungsgebieten wird z.B. von der Verwendung von Kupferrohren abgeraten, da die Wasserinhaltsstoffe Kupferrohre angreifen und durch Korrosion zerstören können. Sofern der pH-Wert des Wassers über 6,5 liegt, gibt es grundsätzlich keine Einwände gegen eine Kupferrohrinstallation.

Wasserqualität und Wasserbehandlung

Trinkwasser ist in Deutschland chemisch, biologisch und hygienisch einwandfrei. Die Qualität wird laufend überwacht, um ein Höchstmaß an Sicherheit zu gewährleisten.

Trotzdem sollte ein Wasserfilter zur Rückhaltung von Sand und Schwebstoffen hinter der Wasseruhr zur Standardausstattung im Hausinstallationsraum gehören. Der Filter sollte rückspülbar sein (ggf. Abwasseranschluss vorsehen) und wird meist als Kompaktstation in Kombination mit einem Druckminderer eingebaut, der Druckschwankungen des Netzes im Haus ausgleicht.

Sehr kalkhaltiges Wasser führt zu Ablagerungen in den Rohrleitungen und kann in Warmwasserboilern und -speichern die Funktion beeinträchtigen (Kennzeichen: schlechte Wärmeübertragung auf das Was-

Übersicht Rohrmaterialien – Eigenschaften und Anwendungen

Material	Beschreibung	Verbindungstechnik	Bewertung
Trinkwasserinstallation			
Kupfer	sehr verbreitetes Material, traditioneller Werkstoff, guter Korrosionsschutz bei innen polierter Qualität	weichlöten, verpressen	sehr gut zu verarbeiten, insbesondere wenn bestehende Leitungen in Kupfer ausgeführt sind. Korrosionsgefahr bei weichem (kalkarmen) Wasser
Stahl verzinkt	traditioneller Werkstoff, bei großen Dimensionen oft kostengünstiger als Kupfer	verschrauben	Nur bei Veränderung/Ergänzung eines vorhandenen Systems, Gefahr von Lochfraß in Verbindung mit Kupfer. Korrosion bei unaus-gewogenem Kalk/Kohlensäure-Verhältnis des Wassers.
Edelstahl	robuster Werkstoff, Übergang auf andere metallische Werkstoffe mit Herstellerrichtlinien abstimmen	verpressen, Armaturen verschraubt	Hohe Korrosionsbeständigkeit, für alle Trinkwasserqualitäten geeignet, gesundheitlich unbedenklichstes Metall, teuerstes System
Polyethylen (HDPE u. LDPE)	gilt als unbedenklicher Kunststoff, als Rollenware erhältlich	verschrauben, verschweißen	Relativ flexible Rohre, gut geeignet für erdverlegte Hausschlüsse sowie Regenwasserinstallation, bedingt warmwassergeeignet
Verbundrohre m. Aluminiumeinlage (PE-X)	Meistverwendetes Kunststoffrohr bei Hausinstallationen, Rollenware	verpressen	Flexibles, kostengünstiges System, schnell zu verarbeiten, korrosionsfest, geeignet für alle Wasserarten,
Polypropylen, PP-Rohr	wie PE-Rohr, jedoch nur als Stangenware im Handel	verschrauben, verschweißen	relativ dicke Rohrwandungen, korrosionsfest DVGW-Zulassung beachten
HI-Rohr PVC-Rohr	kostengünstiges Kunststoffrohr, auch bei aggressivem Wasser; ökologisch bedenklich	verkleben, verschrauben	leicht zu verarbeiten, DVGW-Zulassung beachten – nur vom Hersteller empfohlene Klebstoffe verwenden, nicht für Warmwasser geeignet
Abwasser- und Regenwasserleitungen innen			
Stahlguß SML-Rohr	Muffenloses, massives Gußrohr, sehr schwer	Verschraubung durch Gummi-/Edelstahlschellen	Sehr gute Schalldämmwirkung durch große Masse, aufwändiger zu verarbeiten als Kunststoffabflußrohr
Polypropylen PP, HT-Rohr	Material wie oben unter PP-Rohr, kostengünstig	Muffen-Steckverbindung mit Dichtungsring	einfach zu verlegen, nicht ohne Schallschutzmaßnahmen verwenden, besonders bei Fallrohren
PP, 3-Schicht HT-Rohr	Kostengünstiges, mehrschichtiges, mineralverstärktes Abwasserrohr	Muffen-Steckverbindung mit Dichtungsring	einfach zu verlegen, hoher Schallschutz, temperaturbeständig bis 95°C
Abwasser- und Regenwasserleitung außen			
PVC KG-Rohr	kostengünstiges Rohr aus PVC, im Keller- und Erdbereich verwendet	Muffen-Steckverbindung mit Dichtungsring	leicht zu verarbeiten, nur bis Temperaturen < 80°C geeignet, nicht UV-stabil, daher nicht offen zu verlegen
Stahlguß SML-Rohr	muffenloses Rohr, m.Gummischellen verbunden, geringer PVC-Anteil im Korrosionsschutz	Verschraubung d. Gummi-/Edelstahlschellen	hohe Druckdichtheit (etwa bei Hebeanlagen) gute Schalldämmung, relativ teuer
Ton-Keramik-Rohr	Traditionelles Abwasserrohr aus glasiertem Steinzeug, sehr schwer	Muffenverbindung mit Dichtungsring	Nicht mehr zeitgemäß: zu unflexibel und zu teuer, nur als Reparaturmaßnahme vorh. Steinzeugrohrsysteme geeignet, aufwendig in der Verlegung

Tabelle 12.10 : Rohrmaterialien für die Sanitärinstallation und ihre Einsatzbereiche.

ser). Als Abhilfe wurden früher meist chemische Systeme zur Wasserenthärtung angeboten. Heute sind auch elektromagnetische Verfahren auf dem Markt, die z.B. durch Impfkristalle den Kalk binden und verhindern sollen, dass er sich im Installationssystem festsetzt. Wegen der regional unterschiedlichen Zusammensetzung des Trinkwassers ist eine einheitliche Empfehlung nicht möglich. Auskünfte erteilen die zuständigen Wasserversorgungsunternehmen, örtliche Installationsfirmen oder die Verbraucherzentralen.

Eine chemische Behandlung des zum Trinken verwendeten Wassers sollte jedenfalls vermieden werden, zumal Mängel an einer solchen Anlage die Qualität des Trinkwassers gefährden können.

Abwasserleitungen

Abwasserleitungen aus Blei sollten – wie die Trinkwasserleitungen – schnellstmöglich ausgetauscht werden, ebenso Abwasserrohre aus Gussrohr mit Muffen, da die Muffen undicht werden und nach erfolgter Sanierung für unliebsame Überraschungen sorgen können (Wasser und Fäkalgeruch in den Räumen).

Alte Kunststoffrohre (HT-Rohre) müssen nicht unbedingt ausgetauscht werden. Sie bieten allerdings keinen guten Schallschutz. Beim Freilegen im Zuge der Sanierung ergibt sich die Gelegenheit zur nachträglichen Schalldämmung. Entweder werden die Rohre mit einem schalldämmenden Schlauch ummantelt, oder durch gusseiserne bzw. speziell vergütete Kunststoffrohre ersetzt.

Trinkwasser sparen

Grundsätzlich ist ein sparsamer Umgang mit Trinkwasser ratsam, da der Aufwand zur Herstellung der Trinkwasserqualität ständig steigt. Als Nebeneffekt des Wassersparens haben sich jedoch in der Gegenwart Probleme bei der Abwasserbeseitigung ergeben, da die Selbstreinigung von Abwasserleitungen von Mindestdurchflussmengen abhängt. Allerdings kann die Toilettenspülung auch mit Regenwasser betrieben werden.

Maßnahmen zum Schutz der Trinkwasservorräte und zur sparsamen individuellen Wasserverwendung sollten – analog zu den Energiesparmaßnahmen – etwa folgenden Grundsätzen folgen:

1. **Einsparen:** Sparsame Verwendung von Trinkwasser durch bewussten Umgang, durch Wassersparrmaturen und durch

Personenbezogener Wasserverbrauch und Einsparmöglichkeiten			
	Ist-Verbrauch l/d·Pers.	Wassersparmaßnahmen	Einsparung l/d·Pers.		
			Wasserspararmaturen	Regenwassernutzung
Trinken und Essen **Geschirrspülen**	2 – 5 10 – 15	**Wasserspararmaturen** nicht unter fließendem Wasser und nur bei voller Maschine spülen, bei Neukauf Wasser- und Energieverbrauch beachten	– 6	
Körperpflege – Waschen – Duschen – Baden	 5 - 20 12 - 50 20 - 60	Wasserstop bei Einseifen, Durchflußmengenbegrenzer, Einhebel- o. thermostatischer Mischer statt 2-Griff-Armatur, Duschen statt Baden	2 – 8 3 – 10 20	
Wäschewaschen – Waschmaschine – Handwäsche	 10 – 30 5 – 10	**Wassersparmaßnahmen u./o. Regenwassernutzung** Vorwäsche nur bei stark verschmutzter Wäsche, Wäsche nur b. voller Maschine (Spartaste), bei Neukauf Wasser- u. Energieverbrauch beachten	5 – 10 3	10 – 30
Putzen	3 - 8	**Regenwassernutzung**		8
WC gesamt 1 x Fäkalienspülung 4 x Urinalspülung	20 – 50 9 36	**Wassersparmaßnahmen und Regenwassernutzung** Dichtung vom WC-Spülkasten kontrollieren, Zusatzgewicht einsetzen, Spartaste für Spülkasten	 9 20	 36
Gartenbewässerung	?	**Regenwassernutzung**: Regentonne, heimische Vegetation bevorzugen, Naturrasen benötigt keine Bewässerung		100%

Tabelle 12.11: Personenbezogener Wasserverbrauch und Einsparmöglichkeiten.

Beseitigung von Leckagen (tropfende Wasserhähne).
2. **Ersetzen von Trinkwasser** in Bereichen, in denen auch Regenwasser einsetzbar ist. (Gartenbewässerung und WC-Spülung).

Die Zahlen zum personenbezogenen Wasserverbrauch (Tabelle 12.11) zeigen, in welchen Bereichen und in welchem Umfang Verbrauchsminderungen durch Wassersparmaßnahmen und Regenwassernutzung möglich sind.

Wassersparende Techniken können durch einen bewusst sparsamen Umgang mit der Ressource Wasser unterstützt werden. Die meisten WC-Spülkästen sind mittlerweile mit einer Spartaste ausgestattet. Wassersparende Armaturen wie z.B. durchflussreduzierende Duschköpfe oder Einhebelmischer mit 2 Durchflussstufen sind in der Anschaffung nur geringfügig teurer als konventionelle Modelle.

Ersatz von Trinkwasser durch Regenwasser

Für Toilettenspülung und Gartenbewässerung, die bis zu 40% unseres täglichen Wasserbedarfs ausmachen, ist keine Trinkwasserqualität erforderlich. Hier bietet sich im Zuge von Arbeiten an der Sanitärinstallation der Einbau einer Regenwassersammelanlage an. Die Waschmaschine sollte aus hygienischen Gründen eher nicht mit Regenwasser betrieben werden.

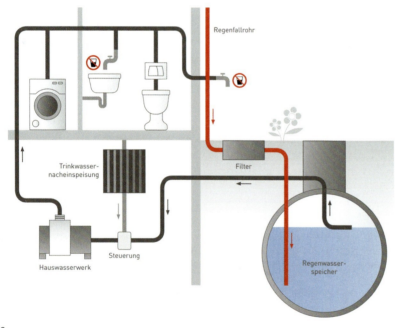

12.10
Regenwasserzisterne mit selbstansaugender Pumpe und Trinkwassernachspeisung. Die 2002 in Kraft getretene DIN 1989 beschreibt nun verbindlich die technische Konzeption und Ausrüstung von Regenwassernutzungsanlagen.

Größe von Regenwassertanks und Dachfläche		
Haushaltsgröße (Pers.)	Dachfläche (m²)	Tankgröße (Liter)
1 - 2	≥ 35 m²	1500 - 3000 l
3 - 4	≥ 65 m²	2600 - 5200 l
4 - 5	≥ 80 m²	5200 - 7600 l
6 - 7	≥ 100 m²	7600 - 10000 l
8 - 9	≥ 120 m²	10000 - 15000 l

Tabelle 12.12
Bemessung des Regenwassertanks und der anzuschließenden Dachfläche in Abhängigkeit von der Zahl der Benutzer im Haushalt.

Quellen
[1] Pistohl, Handbuch der Gebäudetechnik, Düsseldorf 2006
[2] Stiftung Warentest: Sonderheft Energie & Umwelt. Berlin 2005
[4] Späte, F.; Ladener, H.: Solaranlagen. Staufen 2007
[5] Böse, K.-H.: Regenwasser für Garten und Haus. Staufen 2009

13 Elektroinstallationen

13.1 Netze erneuern

Die Elektroinstallation in Wohngebäuden hat sich in den letzten 40 Jahren vom Umfang her nahezu verdreifacht. Hatte man zu Beginn der 1960er Jahre in einem Kinderzimmer vielleicht zwei Steckdosen, so sind es heute mindestens sechs, zuzüglich Steckdosen für Antenne und Telefon: mindestens 4 Steckdosen für die Grundausstattung an Unterhaltungselektronik und EDV, der Rest bleibt für Steh-, Arbeits- oder Leselampe – gemessen am zu erwartenden Zuwachs an elektrischen Geräten nicht einmal üppig. Gleichzeitig war die Absicherung der Leitungen, also das Unterteilen in Stromkreise, früher unkomfortabler als heute. Man lebte im Falle eines Kurzschlusses mit dem Risiko, dass im halben Haus das Licht ausging und vielleicht noch vorübergehend der Fernseher ausfiel. Heute findet man es wenig erheiternd, wenn wertvolle Daten im PC verloren gehen, der Internetzugang ausfällt oder der Inhalt der Tiefkühltruhe auftaut.

Neuinstallation
Wenn die Installation noch aus alten zweiadrigen Leitungen ohne separate Erdung besteht, ist die Entscheidung eindeutig; aber auch in anderen Fällen mit Minimalausstattung gilt im Zweifelsfalle: Neuinstallation statt Gebastel! Zwar ist das Verlegen von neuen Leitungen mit viel Schmutz verbunden (Frässtaub beim nachträglichen Unterputz-Verlegen), andererseits kann man die Neuinstallation eines Stromnetzes im Altbau viel bewusster planen, weil der Mangel nicht vorhandener oder falsch platzierter Schalter und Steckdosen klarer benannt werden kann.

Der Installationsplan sollte nach Abschluss der Arbeiten um die während der Bauphase vollzogenen Änderungen ergänzt und durch Fotos dokumentiert werden, um spätere Veränderungen mit wenig Aufwand vornehmen zu können.

Was ist bei der Neuplanung zu beachten?
Gehen Sie in Ruhe Ihre Tagesabläufe und Gewohnheiten durch:

- Machen Sie einen Plan, oder lassen Sie Ihren Architekten, Fachingenieur oder Elektriker einen solchen anfertigen.
- Achten Sie auf eine saubere, systematische Installationsführung; zu groß ist die Verführung, im Altbau jede verbleibende Ritze mit einem Kabel zu versehen.
- Denken Sie bei der Installation daran, dass ein Schlaf- oder Kinderzimmer schnell zum Arbeitszimmer wird, wenn sich die Bewohnerstruktur und der Lebensrhythmus ändern.
- Bedenken Sie den Fall, dass Teile des Hauses eigenständig genutzt werden könnten (Einliegerwohnung, Büro etc.). Dann ist es sinnvoll, diese Teile mit einer eigenen Unterverteilung zu versehen, damit es auch später ohne weitere Stemmarbeiten verändert werden kann (z.B. die Stromkreise zimmerweise verschalten oder geschossweise eine eigene Unterverteilung vorsehen).
- Auch wenn Sie nicht wollen, dass Ihre Kinder einen eigenen Fernseher bekommen, den Internetanschluss bekommen sie früher oder später.
- Sehen Sie lieber eine Steckdose zu viel vor und für alle Fälle ein paar Leerrohre (z.B. für zusätzliche Datenleitungen oder eine spätere Photovoltaikanlage), am besten mit einem eingeschobenen Draht, damit das Durchfädeln später einfacher wird.
- Berücksichtigen Sie einen Reservezählerplatz im Zählerschrank (z.B. für Einliegerwohnung, Fotovoltaik etc.).
- Bei nachträglicher Außenwanddämmung ergibt sich die Möglichkeit, Leerrohre für die Überarbeitung der Elektroinstallation unter der Außenfassade vorzusehen.
- Ein Überspannungsschutz zur Verhinderung von schädlichen Blitzeinwirkungen in hochwertige Geräte ist ratsam.

13.1
Alte Zähler und Unterverteilungen sollten im Rahmen der Sanierung ausgetauscht werden.

13.2
Nachträgliche Fußleisteninstallation ist dann sinnvoll, wenn das bestehende Netz technisch in Ordnung ist und lediglich ein paar neue Steckdosen (Elektro, TV, EDV) im Sockelbereich nachgerüstet werden sollen. Im gleichen Kanal lassen sich auch Heizungsrohre verlegen, so dass auf schmutz- und kostenintensive Stemm-, Fräs-, Putz- und Malerarbeiten verzichtet werden kann.
Quelle: Rehau GmbH

13.3
Neue Elektroinstallation im Altbau. Die Arbeiten sehen aufwändiger aus als sie tatsächlich sind. Während der Ausführung sollte die Kabelführung dokumentiert werden.

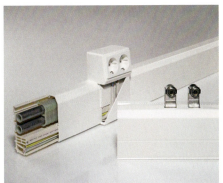

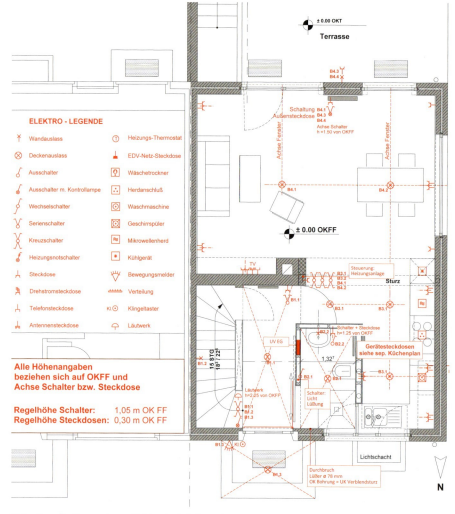

13.3: Ausschnitt aus einem Elektro-Installationsplan.

- Brandmelder dienen dem individuellen Schutz vor Feuer und Brandgasen und sind bereits in einigen Landesbauordnungen auch für Privatwohnungen vorgeschrieben.

Für den Fall, dass ein Stromnetz komplett erneuert werden muss und eine hohe Komfortstufe angestrebt wird, lohnt es sich, ein Bussystem als Installationsvariante in Erwägung zu ziehen.

Der Unterschied zur konventionellen Installation besteht darin, dass die Übertragung von Energie und Information getrennt sind: Alle Lampenauslässe, Steckdosen, Geräteanschlüsse sind mit einer 230 V-Leitung (Energieversorgung) verbunden; zusätzlich sind alle Schalter, Thermostate, Zeitschaltuhren, Windwächter, Bewegungsmelder etc. über eine Steuerleitung miteinander und mit den Geräteanschlüssen verbunden. Alle Steuerfunktionen, also: Welcher Schalter schaltet welche Lampe? Welcher Fühler regelt die Heizung? sind in einem kleinen Rechner verknüpft und gespeichert. Grundsätzlich können alle Schaltfunktionen zu jeder Zeit beliebig gesteuert und verändert werden, also auch temporär bzw. von außerhalb. So können nicht nur Sonnenschutzanlagen bei definierten Wetterbedingungen gesteuert, sondern auch die Heizung von unterwegs ein- und ausgeschaltet werden. Inzwischen gibt es auch funkgesteuerte Bussysteme zum Nachrüsten konventioneller Elektroinstallationen (www.gira.de).

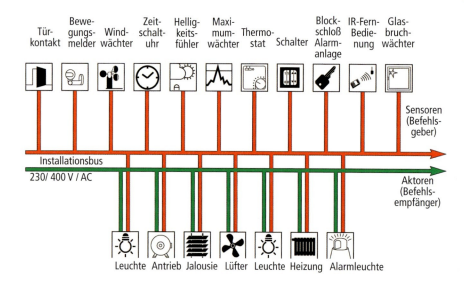

13.4: Prinzipdarstellung eines Bussystems. Quelle: www.hea.de

13.2 Stromverbrauch und Sparpotentiale

Beim Stromverbrauch hat es in den zurückliegenden Jahren entscheidende strukturelle Veränderungen gegeben, die tendenziell zu einem Mehrverbrauch geführt haben:

- zunehmende Ausstattung mit technischen Geräten und deren intensiver Nutzung,
- erhöhter Komfort- und Hygieneanspruch,
- Gewöhnung an die sofortige Verfügbarkeit der Energie zu jeder Zeit.

Strom kann im Haushalt auf verschiedenen Ebenen eingespart werden. Zum Einen lässt sich ein großer Teil durch den Austausch von Geräten und Leuchtmitteln gegen energiesparende Varianten einsparen, zum Anderen sind aber auch durch einen sorgfältigen Umgang spürbare Reduktionen möglich. Auch durch das Ausweichen auf andere Energieträger (Gas/Solar z.B. beim Warmwasser und Trockner) lässt sich der Stromverbrauch auf ca. 1/3 reduzieren (siehe Tabelle 13.1).

Haushaltsgeräte

Die Haushaltsgeräte haben am Gesamtstromverbrauch eines Haushaltes mit Abstand den höchsten Anteil. Bedenkt man, dass für die Umstellung auf die marktbesten Geräte (Effizienzklasse A++, A+++) keinerlei bauliche Maßnahmen notwendig sind, kann eine schrittweise Umstellung unabhängig von der baulichen Sanierung des Hauses erfolgen. Abb. 13.5 und Tabelle 13.1 zeigen, dass eine Halbierung des bisherigen Stromverbrauches ohne Komfortverzicht erreichbar ist. Die Investition in einen energiesparenden Kühlschrank ist zwar unspektakulär, amortisiert sich aber doppelt so schnell wie die Investition in eine Fotovoltaik-Anlage.

Elektrische Antriebe

Warmwasserzirkulationspumpe

Bei einem Einfamilienhaus sind die Wege zwischen Warmwassererzeuger und Zapfstellen in der Regel so kurz, dass bei gut gedämmten Warmwasserleitungen auf eine Zirkulationspumpe verzichtet werden kann. Wenn eine Zirkulation vorhanden ist, lässt sich durch Abschalten der Pumpe feststellen, ob man ohne Zirkulation unzumutbar lange warten müsste, bis warmes Wasser aus dem Wasserhahn fließt. Vorraussetzung ist jedoch eine gut gedämmte Warmwasserleitung, welche die schnelle Abkühlung des Wassers verhindert.

Ist eine Zirkulationsleitung aus Komfortgründen erforderlich, dann empfiehlt es sich, bei Neuinstallation eine möglichst kleine, zeit- oder temperaturgesteuerte Zirkulationspumpe eingebaut werden. Dabei genügt meist eine Anschlussleistung von 10 - 20 Watt für ein Einfamilienhaus.

Über eine Zeitschaltuhr kann die Pumpe so geschaltet werden, dass sie entweder nur in Spitzenlastzeiten (morgens, mittags, abends) läuft oder stündlich ein- bis zweimal warmes Wasser in das Rohrnetz schickt. So wird die Laufzeit reduziert, und dennoch ist – zumindest bei wärmegedämmten Warmwasserrohren – immer eine komfortable Versorgung gegeben.

Temperaturgesteuerte Warmwasserzirkulationspumpen schalten erst dann ein, wenn die Temperatur in der Zirkulationsleitung unter eine definierte Mindesttemperatur sinkt.

Heizungs-Umwälzpumpen

Ungeregelte Heizungspumpen, die beim nicht sanierten Altbau pro Jahr bis ca. 5.000 Betriebsstunden laufen, sind mitunter der größte Stromverbraucher im Haus (5000 h/a · 80 W = 400 kWh/a). Eine elektronisch geregelte Heizungspumpe der neuesten Generation (siehe Kap.10.5) senkt die Energiekosten um bis zu 80% entsprechend ca. 70 - 100 €/Jahr.

Durch die nach Bedarf regulierte Pumpenleistung wird – abgesehen von der Stromeinsparung – auch die Betriebsdauer reduziert und dadurch die Lebensdauer der Pumpe erhöht. Eine Autopilotfunktion sorgt für automatische Absenkung des Fördervolumens in allen Schwachlastperioden (z.B. nachts), und die elektronische Differenzdruckregelung verhindert störende Thermostat-Ventilgeräusche.

Der Dämmstandard eines Hauses bestimmt die Länge der Heizperiode und die Pumpenlaufzeit. Die Mehrkosten für eine elektronisch geregelte Pumpe amortisieren sich in weniger als 5 Jahren.

Lüftermotoren

Wenn man im Rahmen der Sanierung eine kontrollierte Lüftungsanlage als Abluftanlage oder Zu-/Abluftanlage mit Wärmerückgewinnung (vgl. Kap. 11) einsetzt, lohnt sich

Tabelle 13.1
Stromverbrauch eines 3-Personenhaushaltes, Einsparpotenziale und Handlungsfelder.

Stromverbrauch, Einsparpotenzial und Handlungsebenen in einem 3-Personen-Haushalt					
	Verbrauch vorher	Bessere Technik	Sparsamer Umgang	Kompensation Gas/Solar	Verbrauch nachher
Warmwasser	1000 kWh/a	+	+	+	–
Gefrieren	360 kWh/a	+			160 kWh/a
Kühlen	270 kWh/a	+			120 kWh/a
Kochen	440 kWh/a			+	–
Spülen	300 kWh/a	+		+	180 kWh/a
Trocknen	440 kWh/a	+	+	+	170 kWh/a
Waschen	280 kWh/a	+		+	180 kWh/a
Licht	300 kWh/a	+	+		130 kWh/a
TV/PC	260 kWh/a	+	+		150 kWh/a
Pumpen	180 kWh/a	+			40 kWh/a
Sonstige	220 kWh/a	+	+		120 kWh/a
Summe	**4.050 kWh/a**				**1.250 kWh/a**

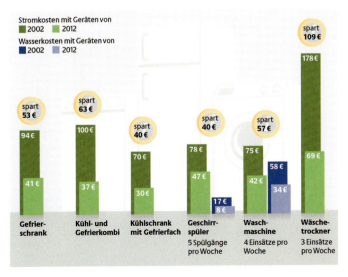

13.5:
Vergleich der jährlichen Strom- und Wasserkosten typischer Haushaltsgeräte von 2002 und energieeffizienter Geräte von heute (Strompreis 26 ct/kWh). Quelle: Initiative Energieeffizienz, dena, Stand 01/2013

der Vergleich der elektrischen Leistungsaufnahme sowie der Kennlinien der einzelnen Geräte. Die zurückgewonnene Wärmemenge sollte mindestens fünfmal so groß sein wie der eingesetzte Strom für die Gebläse. Voraussetzung hierfür ist ein optimal ausgelegtes, möglichst kompaktes Kanalnetz sowie dessen regelmäßige Wartung. Während des Betriebes der Anlagen setzt sich Schmutz an den Lüfterradschaufeln und den Filtern ab, wodurch entweder der Stromverbrauch um bis zu 50% steigt, sofern die Minderleistung des Motors durch eine höhere Drehzahl kompensiert werden kann. Anderenfalls nimmt der Luftvolumenstrom ab und eine ausreichende Lüftung der Wohnung ist nicht mehr gewährleistet. Auch ein Erdwärmetauscher erhöht den Stromverbrauch des Gerätes um ca. 20%.

Beleuchtung

Auch wenn die Beleuchtung im Haushalt nur ca. 10 - 15% des durchschnittlichen Stromverbrauches ausmacht, so lässt sich in diesem Bereich der Verbrauch auf 25% reduzieren. Setzte die konventionelle Glühlampe gerade einmal 5% des Stroms in Licht um (der Rest kann als Stromheizung betrachtet werden), so verfügen Leuchtstofflampen und LED über einen Wirkungsgrad von 30 bis 40% bei gleicher Beleuchtungsstärke.

13.6
Lichtausbeute verschiedener Leuchtmittel.

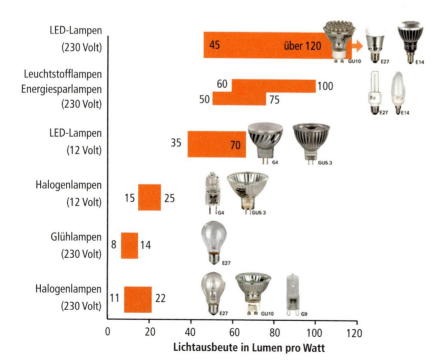

Stromsparlampen

Seit dem stufenweisen EU-Verbot von 2009 gehört die traditionelle Glühlampe der Vergangenheit an. Stromsparende Kompaktleuchtstofflampen (Energiesparlampen) und LED-Lampen sind zum Standard geworden. Sie sind in vielfältigen, z.T. sehr kompakten Bauformen erhältlich, so dass nahezu alle Leuchten ohne weiteres damit ausgestattet werden können.

Kompakt-Leuchtstofflampen funktionieren technisch nach dem gleichen Prinzip wie Leuchtstoffröhren, sind im Einsatz jedoch wesentlich komfortabler und vielseitiger. Sie sind heute mit elektronischen Vorschaltgeräten ausgerüstet, die weniger Strom verbrauchen als die alten induktiven Vorschaltgeräte, kürzere Schaltzyklen vertragen sowie einen flackerfreien Start und Betrieb bei gleichzeitig hoher Lebensdauer gewährleisten. Die Lampen verfügen über genormte Schraubsockel, lassen sich also überall anstelle der alten Glühlampen einschrauben.

Leuchtstofflampen erreichen erst nach einer Brenndauer von wenigen Sekunden die optimale Betriebstemperatur und damit ihre volle Helligkeit. Sie eignen sich somit eher für einen Dauerbetrieb als für Kurzzeitanwendungen (z.B. Beleuchtung Abstellraum).

Eine Leuchtstofflampe mit Vorschaltgerät kostet heute kaum mehr als früher eine Glühlampe, sie bringt dennoch bei recht niedrigen Investitionen viel Licht bei geringem Stromverbrauch. Die Sparlampen erreichen, allerdings nur bei langen Leuchtintervallen, eine lange Lebensdauer von 6.000 bis 10.000 Stunden gegenüber rund 1.000 Stunden einer normalen Glühlampe.

Halogenlampen

Halogenlampen haben ebenso wie konventionelle Glühlampen einen Glühfaden aus Wolframdraht. Das Füllgas in ihren Kolben enthält jedoch Spuren von Brom oder Jod (Halogene). Dadurch halten diese Lampen etwa doppelt so lange wie normale Glühlampen.

Halogenlampen sind nur wenig stromsparender als traditionelle Glühlampen, auch ihnen droht ein EU-Verbot (2016). Niedervolt-Lampen (12/24 Volt) überzeugen durch geringe Größe und sind aufgrund ihrer geringen Spannungen vielseitig einsetzbar. Ein Trafo wandelt die Netzspannung von 230 V auf 24 oder 12 V Lampenspannung herab. Der Ein-Aus-Schalter sollte jedoch zwischen Trafo und Netzanschluss angeordnet sein, um bei ausgeschalteter Lampe die Umwandlungsverluste des Trafos zu vermeiden.

LED-Lampen

LED (Light Emitting Diode) Lampen bestehen aus einem Bündel Leuchtdioden oder einzelnen großflächigen Hochleistungschips, also Halbleiter-Bauelementen. Sie haben sich in den letzten Jahren zunehmend als attraktive Alternative zur herkömmlichen Energiesparlampe etabliert und übertreffen diese heute hinsichtlich Helligkeit, Lichtfarbe, Langlebigkeit und Schaltfestigkeit (Anzahl der Ein- und Ausschaltungen). Die Netzteile sind dabei deutlich empfindlicher als die LED selbst.

LED-Lampen sind bereits heute in einer vor wenigen Jahren undenkbaren Vielfalt erhältlich, die Preise werden weiter sinken. Für 2020 wird ein Marktanteil von 70% an der Leuchtmittelproduktion erwartet.

16.7
Heutige LED-Lampen sind für die gängigen E14 und E27 Schraubfassungen geeignet

13.3 Fotovoltaik-Anlagen

Fotovoltaik-Anlagen wandeln die Sonnenstrahlung auf physikalischem Weg in elektrische Energie um. Die Basis bildet eine ca. 10 x 10 cm bzw. 15 x 15 cm große Siliziumzelle (in kristalliner oder amorpher Form). Mehr als 100 solcher Zellen werden in einem Modul zu handhabbaren Baueinheiten (Solarmodulen) zusammenfasst, die bei Bestrahlung elektrischen Gleichstrom erzeugen. In Inselsystemen (für Anwendungen wie z.B. Berghütten, Segelboote, Notrufsäulen etc.) wird dieser Gleichstrom in Batterien gespeichert und verbraucht. Verbreiteter ist der sogenannte Netz-Parallelbetrieb. Überall dort, wo das öffentliche Stromversorgungsnetz erreichbar ist, wird der Gleichstrom von den Solarmodulen über einen Wechselrichter in 230 V Wechselstrom umgewandelt und in das Netz eingespeist.

Fotovoltaikanlagen auf Wohnhäusern werden ausschließlich im Netzverbund betrieben. Die aktuelle Gesetzgebung und Einspeisevergütung legt mittlerweile jedoch eine möglichst hohe Eigenverbrauchsquote nahe. Auch wenn die Anlagen nicht mehr so privilegiert gefördert werden wie noch vor wenigen Jahren, so ist die betriebswirtschaftliche Amortisation aufgrund der für 20 Jahre gesetzlich abgesicherten Vergütung des eingespeisten Stroms immer noch gegeben.

Eine verschattungsfreie Anordnung ist dabei fast wichtiger als die optimale Ausrichtung. Die höchsten Erträge lassen sich mit einer nach Süden ausgerichteten Anlage bei einer Neigung zwischen 20 und 50° erzielen, wobei flachere Neigungen insgesamt höhere Erträge liefern. Unter 15° Neigung findet jedoch keine ausreichende Selbstreinigung durch Niederschläge statt. Bei den sehr geringen Modulpreisen lohnt es sich auch, bei Ost- und Westdächern über eine photovoltaische Nutzung nachzudenken. Nahezu jedes Einfamilienhaus verfügt über genügend fotovoltaiktaugliche Dach- und Wandflächen, um eine in der Jahresbilanz ausgeglichene Bilanz von erzeugtem und verbrauchtem Strom zu erreichen.

Anlagenkomponenten

Im Vergleich zu einer thermischen Solaranlage ist die Photovoltaik mit wesentlich weniger Installationsaufwand verbunden, da die Module bei gleicher Größe um ca. $^2/_3$ leichter sind als ein Sonnenkollektor und obendrein nur ein paar Kabel verlegt werden müssen. Der Platzbedarf im Haus für die Übergabe ins öffentliche Netz (Wechselrichter, Sicherungen, Einspeisezähler) entspricht dem eines normalen Elektrohausanschlusses. Die Anlage bedarf im Gegensatz zur thermischen Solaranlage keinerlei Wartung und muss nicht auf die übrige Haustechnik und den individuellen Verbrauch abgestimmt werden.

Module

Das Marktangebot an Solarmodulen ist sehr groß, die Qualitätsunterschiede bei Produkten namhafter Hersteller sind vergleichsweise gering: Die Größe der Module für netzgeführte Anlagen liegt heute überwiegend zwischen 250 und 330 Watt$_{peak}$ (max. Leistung bei voller Sonneneinstrahlung) bei einer Standard-Modulgröße von ca. 1,0 x 1,6 m². Je größer das Modul, desto höher ist die flächenbezogene spezifische Leistung (in W/m²) und umso geringer sind auch die spezifischen Kosten.

Polykristalline Module erreichen eine Spitzenleistung von etwa 160 W/m², *monokristalline* Module erreichen bis zu 200 W/m². Die teureren monokristallinen Zellen wirken eleganter und sind fast 20% platzsparender. Der Stromertrag einer Fotovoltaikanlage variiert je nach regionaler Sonneneinstrahlung und liegt in Norddeutschland bei 800 - 900 kWh/a je installiertes kW Nennleistung, im Süden kann eine Ausbeute von über 1000 kWh/a erzielt werden.

13.8
Befestigungssystem, hier für die Aufdachmontage von PV-Modulen.
Quelle: Osmer Solartechnik, Lilienthal

13.9 unten
Einfluss von Neigung und Ausrichtung des Solargenerators auf den Jahresertrag. Quelle: Henze, Hillebrandt: Strom von der Sonne

13.10 rechts
Schema einer Fotovoltaikanlage mit Netzverbund und Batteriespeicherung. Quelle: SMA

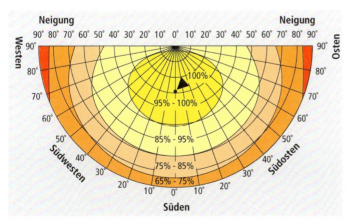

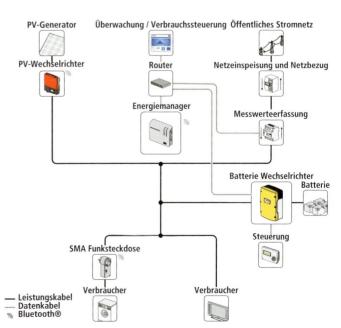

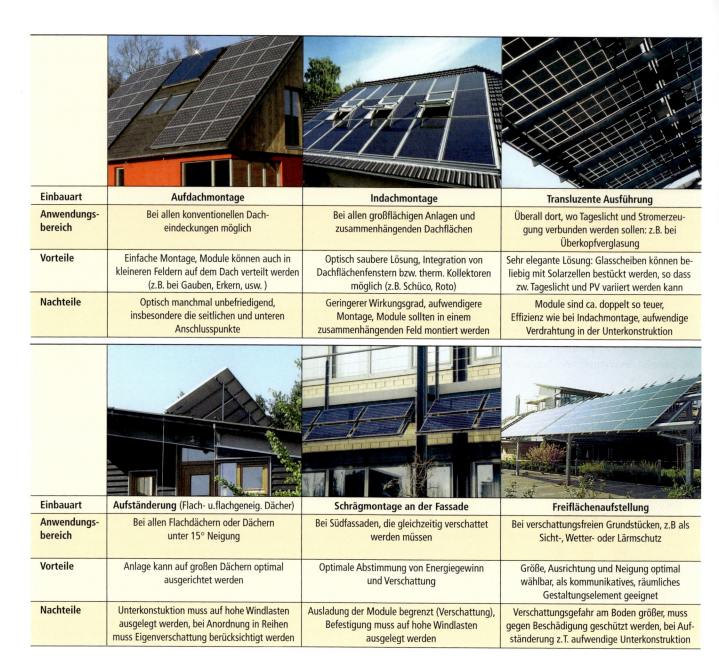

Tabelle 13.2
Ein- und Anbausituationen von Fotovoltaikanlagen. Es sollten in der Planungsphase verschiedene Alternativstandorte in Betracht gezogen werden und alle energetischen, gestalterischen und konstruktiven Aspekte sorgfältig abgewogen werden. Die kommunikative Komponente der Solartechnik sollte dabei nicht unterschätzt werden.

Befestigungssystem

Die am häufigsten praktizierte und bewährte Einbauart ist die *Aufdachmontage*. Die vorhandene Dachhaut (Ziegel etc.) bleibt unangetastet und dient weiterhin als wasserführende Schicht. Die Module werden in der Regel auf einer Unterkonstruktion aus Aluminium-U-Profilen und Abstandshaltern mit den Dachsparren verschraubt, so dass die Module etwa 6 bis 10 cm über der Dachhaut mit ca. 1 cm Abstand zueinander liegen. Die Module werden so allseitig belüftet und gekühlt, was sich günstig auf den Stromertrag auswirkt, da der Wirkungsgrad der Fotovoltaikmodule bei Erwärmung zurückgeht.

Eine Alternative stellen die dachintegrierte Anlagen dar, bei denen die Module gleichzeitig die dichtende Dachhaut bilden. Diese Anlagen wirken optisch eleganter. Wenn das Dach ohnehin neu eingedeckt wird, lässt sich zwar bei großen Anlagen ein Teil der konventionellen Dacheindeckung einsparen, allerdings sinkt die Effizienz aufgrund der Überwärmung der Zellen, so dass die Aufdachmontage in der Bilanz günstiger ausfällt. Die Vor- und Nachteile verschiedener Einbausituationen sind in Tabelle 13.2 gegenübergestellt.

Wechselrichter

Ein einzelnes Modul produziert in der Regel eine Spannung zwischen 12 und 30 Volt. Je nach Bauart des Wechselrichters werden zwischen 6 und 20 Module zu Strängen zusammengeschaltet, um eine für den Wechselrichter passende Gleichspannung zwischen 100 und 600 Volt zu erzeugen. Im Wechselrichter wird diese Gleichspannung auf 230 Volt Wechselspannung (50 Hz Netzspannung) umgewandelt und anschließend ins Netz eingespeist.

Moderne Wechselrichter erreichen Wirkungsgrade von bis zu 97% und arbeiten überwiegend tranformatorlos, geräuscharm und wartungsfrei. Im Leistungsbereich von 1000 bis 6000 W sind zahlreiche Produkte erhältlich, für größere Anlagen werden diese zu Gruppen zusammengeschaltet.

Batteriespeicherung

Da die Einspeisevergütung für Solarstrom mittlerweile nur noch bei etwa 40% des Preises für den Strombezug aus dem öffentlichen Netz liegt, gilt es, die Anlage auf eine möglichst hohe Eigenverbrauchsquote hin auszulegen. Da solares Angebot und Verbrauch zeitlich um mehrere Stunden versetzt sind, kann ein Batteriespeicher die Eigenverbrauchsquote etwa verdoppeln (bis ca. 80% Autarkiegrad). Eine völlige Netzunabhängigkeit ist in absehbarer Zeit mit vertretbaren Kosten nicht zu erreichen.

Ende 2017 gibt es in Deutschland bereits ca. 70.000 stationäre Batteriespeicher in Verbindung mit Fotovoltaikanlagen.

Am Markt haben sich zu 90% Lithium-Ionen Speicher durchgesetzt, deren Wirkungsgrad und Anzahl der Ladzyklen wesentlich höher ist, als Blei-Gel Batterien. Diese hatten sich aus den herkömmlichen Autobatterien entwickelt. Es werden z. Zt. Batteriespeicher bis ca. 20 KWh Speicherkapazität angeboten, die Systempreise einschließlich Energiemanagement liegen bei ca. 900-1600 /kwh Speicher (Stand 11/2017). Die KfW fördert die Batterien noch bis zum 31.12.2018 mit einem zinsgünstigen Darlehn und 10% Tilgungszuschuss, aber auch ohne Förderung ist Wirtschaftlichkeit der Systeme bereits gegeben, wenn man von einer Regellebens-dauer der Batterien von 15 Jahren ausgeht. Zur Zeit liegen die Kosten bei ca. 18-25 cent/ gespeicherter Kilowattstunde. Die Preise für Hausbatteriesysteme liegen aber aufgrund der geringen Stückzahlen noch etwa beim Doppelten der Elektroauto-batterien. Eine Anpassung ist in den nächsten Jahren zu erwarten. Damit werden Batteriespeicher zur Standardausstattung jeder Fotovoltaikanlage gehören.

13.11
Wechselrichter sind kaum größer als ein Hausbriefkasten und können auch im Freien montierte werden. Funkgesteuerte Fernanzeigen ermöglichen eine kontinuierliche Leistungskontrolle. Foto Fronius

13.12:
Lithium-Ionen-Speicher mit einer Speicherkapazität von ca. 8 kWh. Größe: 34 x 60 x 90 cm. Quelle: www.sonnenschein-batterie.de

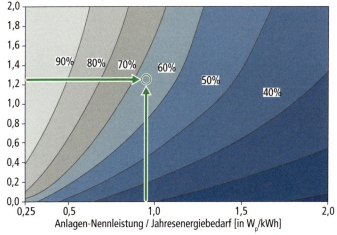

13.13
Anpassung einer Fotovoltaik-Anlage mit Batteriespeicher an das Verbrauchsprofil eines Hauses. Der Speicher führt im günstigsten Fall zur Erhöhung der Eigenverbrauchsquote auf 70%. Dabei wird der Batteriespeicher tagsüber geladen und in den Abendstunden entladen. Nur in den frühen Morgenstunden ist ein Netzbezug notwendig, der geringer sein sollte, als der tagsüber ins Netz eingespeiste Strom. Daraus ergibt sich etwa 1 Lade-Entlade-Zyklus pro Tag.

13.14: Abschätzung der Eigenversorgungsquote bei Batteriespeicherung. Zur Berechnung der Eigenversorgungsquote sind folgende Angaben erforderlich:
- Nennleistung der Fotovoltaikanlage: hier z.B. 4.800 W_{peak}
- Jahresenergiebedarf: hier z.B. 5.000 kWh/a
- nutzbare Batteriekapazität: hier z.B. 6.000 Wh

Daraus ergeben sich folgende Parameter für die Grafik:
- Anlagen-Nennleistung (in W_{peak}) / Jahresenergiebedarf (in kWh) = 4800 /5000 = 0,96
- nutzbare Batteriekapazität (in Wh) / Jahresenergiebedarf (in kWh) = 6000 /5000 = 1,25

Aus dem Diagramm lässt sich die Eigenversorgungsquote ablesen, hier sind es 67%. Quelle: SMA

Dimensionierung

Konnte man noch bis vor wenigen Jahren eine Fotovoltaikanlage nach dem Prinzip dimensionieren „so groß wie möglich", so heißt die Prämisse heute „so viel Eigennutzung wie möglich!". Da die Einspeisevergütung zur Zeit gerade einmal halb so hoch ist, wie die Kosten für den aus dem Netz bezogenen Strom, gilt es, die Anlage so zu bemessen, dass möglichst viel Strom selbst verbraucht werden kann.

Um in der Jahresbilanz den Stromverbrauch eines Einfamilienhauses zu decken, ist eine Anlagengröße von ca. 4 - 5 kW_{peak} (entsprechend 20 - 30 m² Modulfläche) erforderlich, in Verbindung mit einem *Effizienzhaus-55-Standard* lässt sich bereits mit weniger als 10 kW_{peak} installierter Leistung (entsprechend 50 - 65 m² Modulfläche) in Verbindung mit einer Erdwärmepumpe ein sogenanntes *Energie-Plus-Haus* erreichen.

Kosten

Die Qualität der Fotovoltaikanlagen ist ausgereift, das Angebot an Modulen (Leistungsgarantie in der Regel 20 Jahre) und Wechselrichtern so groß wie nie. Die Kosten einer PV-Anlage sind in den letzten Jahren rapide gefallen, was vor allem durch die Dumpingpreise asiatischer Hersteller zu erklären ist. Die Einspeisevergütungen sind dementsprechend angepasst worden und liegen zur Zeit bei 12,20 ct/kWh (Stand 12.2017). Einen interaktiven Solarrechner, mit dem man die Wirtschaftlichkeit für die nächsten 20 Jahre ermitteln kann, findet man im Internet unter www.ea-nrw.de. Eine zinsgünstige Finanzierung kann über das Solarstrom-Programm 275 der KfW (www.kfw.de) erfolgen.

Kostenrichtwerte für kleinere Photovoltaikanlagen

Komponente	Bauteil- bzw. Anlagen-Kosten (netto ohne Mwst.)		
	spezifisch	2 kW_p-Anlage	10 kW_p-Anlage
Module a 275 W	0,65 - 0,80 € /W_{peak}	1.500 €	7.200 €
Befestigungssystem	0,15 - 0,20 € /W_{peak}	400 €	2.000 €
Wechselrichter	0,20 - 0,50 € /W_{peak}	1.000 €	2.000 €
Installation/Montage	0,15 - 0,30 € /W_{peak}	600 €	1.500 €
Gesamt	**1,20 - 1,80 € /W_{peak}**	**3.500 €**	**12.700 €**

Tabelle 13.4: Richtpreise für Fotovoltaik-Komponenten und Anlagen im Leistungsbereich 2 -10 kW.

Gestaltung

Aufgrund der mittlerweile sehr günstigen Preise sollte es möglich sein, die Systementscheidung auch zu Gunsten einer gut gestalteten Dachfläche zu treffen. Viele Fotovoltaik-Anlagen wirken wie Fremdkörper auf den Dächern. Das liegt zum einen daran, dass die Installationsbetriebe oft nicht über das notwendige Feingefühl verfügen. Vor der Installation sollte man einige grundsätzliche Überlegungen anstellen und vor der Sanierung des Daches einen Gestaltungsplan der Dachfläche mit Dachflächenfenstern und Solarflächen erstellen. Denken Sie daran: Ihr Dach sehen Sie als erstes, wenn Sie nach Hause kommen. Dachhaut und Solarmodule sollten farblich zueinander passen. Ein dunkler, glatter Dachstein (z.B. Braas-Tegalit) passt farblich oft besser als ein hellrotes Ziegeldach. Schwarze, amorphe oder monokristalline Module wirken eleganter, als die optisch unruhigen, polykristallinen Zellen.

Es ist eventuell sinnvoll, auch vorhandene Dachflächenfenster umzusetzen, auszutauschen und vergrößern, um eine klar gegliederte Dachfläche zu erhalten.

Internetadressen

www.solaranlagen-portal.com
www.solarwirtschaft.de

13.15
Außergewöhnliche Integration einer Fotovoltaikanlage in ein Gebäude. Die Anlage kann auf Schienen um 90° um die Gebäudeecke geschwenkt und so der Sonne nachgeführt werden.

Beispiel 11: Sanierung eines Wohnhauses in Oldenburg

Karen Gabriel

Das traufständige Siedlungshaus von 1955 mit steilem Satteldach und Hochkeller liegt stadtnah in einer Wohnstraße Oldenburgs. Das kleine, kompakte Gebäude mit knapp 60 m² Grundfläche wirkte etwas verloren zwischen der überwiegend aus Mehrfamilienhäusern und Wohnblocks bestehenden Bebauung der Umgebung.

Während einer ersten Sanierung wurden 1994 die Fenster, die Bäder sowie Elektroinstallation und Ölheizung vollständig erneuert. 2007 wurde das Gebäude verkauft und die neuen Besitzer entwickelten zusammen mit den Architekten ein Sanierungskonzept. Es gab ein bewusst gesetztes Gesamtbudget für den Hauskauf und die erste Bauphase mit dem Ziel, die finanzielle Belastungen der bis dato zur Miete wohnenden neuen Hausbesitzer in einer überschaubaren Größenordnung zu halten. So ist es ihnen möglich, Erfahrungen mit der neuen Wohn- und Lebenssituation zu machen und sich gewohnte finanzielle Freiräume auf anderen Ebenen zu erhalten.

Die im Zuge der Planung erarbeitete Wunschliste enthielt sowohl räumliche Veränderungen als auch Maßnahmen zur energetischen Verbesserung der Gesamtsituation und gab einen Überblick über alle anfallenden Kosten. Parallel wurde das spezielle Anforderungsprofil analysiert:

- Das berufstätige Ehepaar nutzt das Gebäude vorwiegend abends und am Wochenende.
- Beide haben ein ausgeprägtes Energieverbrauchs-Bewusstsein, das zu insgesamt unterdurchschnittlichen Verbräuchen und geringem persönlichem Wärmebedarf führt. Daher ist ein flexibles Heizsystem erforderlich, das eine ständige Grundtemperierung gewährleistet und schnell auf einen höheren Wärmebedarf reagieren kann. Praktisch ist in dieser Situation der kleine Stückgutofen, der zu allen Jahreszeiten als schnell wirksame Heizungsunterstützung genutzt werden kann.
- Ziel der Besitzer war es, das Gebäude Schritt für Schritt energetisch verbessern zu können, ohne gleich in der ersten Phase für jedes Bauteil das energetische Optimum herstellen zu müssen. Bei dem vorhandenen energetischen Standard, verbunden mit dem eher niedrigen individuellen Verbrauch, fällt das Einsparpotential ohnehin geringer aus als bei einem energetisch schlechten Gebäude und einem „normalen" Nutzerprofil, wie es der EnEV-Berechnung zugrunde liegt.

Im Rahmen der Kosten-Nutzen-Analyse wurde deutlich, dass der vorhandene energetische Standard zwar an vielen Stellen verbesserungsfähig ist, der insgesamt gute Zustand der inneren Oberflächen erhöhte aber die persönliche Hemmschwelle der Besitzer, das Gebäude zu diesem Zeitpunkt einer Komplettsanierung im klassischen Sinne zu unterziehen. In einer ersten Phase sollten daher die baulichen Maßnahmen an Außenwand und Dach überwiegend von der Außenseite her durchgeführt werden, um die Innenflächen zu erhalten. Gleichzeitig lassen die vorgesehenen Maßnahmen ausreichend Zukunftsoptionen offen, da den Bauherren eine endgültige, halbherzige Energielösung zugunsten von „Luxusmaßnahmen" nicht in den Sinn gekommen wäre.

Ebenfalls in der ersten Phase durchgeführt wurden alle schmutzverursachenden Umbauarbeiten im Innenbereich, die überwiegend aus dem Wunsch nach räumlichen Veränderungen und Erhöhung des Wohnkomforts resultierten: Die Badezimmer-Komplettsanierung im Dachgeschoss oder die Veränderung der Küche einschließlich des Umlegens von Leitungen, Abschlagens von Fliesen etc. würde später im bewohnten Zustand aus Vernunftsgründen oder aus Angst vor erneutem Lärm, Staub und Dreck wohl eher entfallen oder lange aufgeschoben.

Andere Maßnahmen wie das Austauschen der Heizungsanlage oder die Änderung der Verglasungen sind auch im bewohnten Zustand nachträglich problemlos und fast dreckfrei möglich. Werden irgend-

Das Siedlungshaus wurde 1994 teilsaniert.

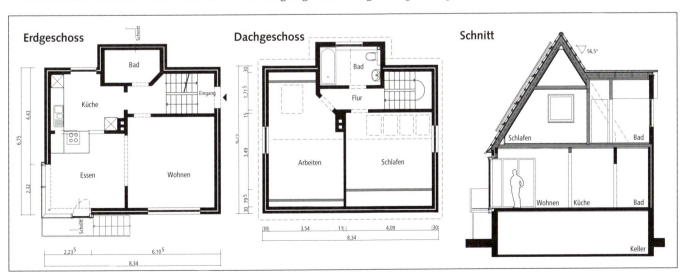

wann die Tapeten erneuert, kann man außerdem noch über eine Dämmung der Leibungen nachdenken usw. Ein nachträgliches weiteres Dämmen der Fassade könnte von außen erfolgen und wäre unproblematisch. So entstand das folgende Maßnahmenprogramm für die Bauphase *vor dem Einzug*.

Bauliche Veränderungen im Innenbereich

Das Erdgeschoss soll als offen gestalteter Haupt-Lebensraum genutzt werden. Zwischen Küche und Esszimmer wurde die vorhandene Tür zu einem großen Durchbruch erweitert, um die beiden kleinen Räume optisch und funktional zu verbinden. Zur besseren Belichtung wurde die auf der Straßenseite bestehende bodentiefe Öffnung um die Raumecke herum vergrößert. Über einen vorgestellten leichten Stahlbalkon mit Treppe wird der Außenraumbezug hergestellt und die Fassade gegliedert. Die beiden Individual-Räume im Dachgeschoss wurden baulich nicht verändert. Sie werden als Schlafzimmer und als kombiniertes Arbeits- und Gästezimmer genutzt.

Energetische Sanierungsmaßnahmen

Dämmung der Kellerdecke: Der Keller wird derzeit als Lager-, Vorrats- und Technikfläche genutzt und nur mäßig beheizt. Die Unterseite der Kellerdecke wurde in Eigenarbeit mit Styrodurplatten (WLG 035, d = 40 mm) gedämmt.

Dämmung des Daches: Um die inneren Oberflächen im Dachgeschoss erhalten zu können und die ohnehin geringe Wohnfläche nicht noch weiter zu reduzieren, wurden die Sparren nach außen aufgedoppelt. Die vorhandene Dacheindeckung wurde inklusive der Unterkonstruktion und alter, alukaschierter Dämmung abgetragen und entsorgt. Die neuen Sparrenfelder wurden mit einer feuchtevariablen Folie (Klimamembran) ausgekleidet, mit Mineralfaser (WLG

Links: Dämmung des Daches von außen mit Sparrenaufdopplung (24 cm Dämmstoff) und Neueindeckung.

Unten: Das Erscheinungsbild wurde durch den Umbau deutlich aufgewertet.

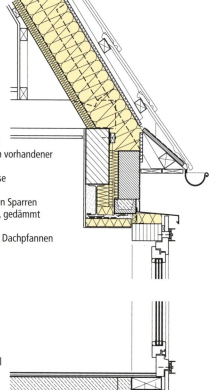

Dachaufbau
Bestehender Aufbau
(von innen n. außen):
- Gipskartonplatte
- Lattung
- Sparren

Sanierungsmaßnahme
- Dämmmatte im Bereich vorhandener Verbindungsmittel
- Sanierungsdampfbremse (mit flexiblem s_d-Wert)
- Dämmung zwischen den Sparren
- Aufgedoppelte Sparren, gedämmt
- DWD-Platte
- Konterlattung, Lattung, Dachpfannen

Wandaufbau
Bestehender Aufbau
- Innenputz
- Hintermauerwerk
- Hohlschicht
- Vormauerwerk
- Anstrich

Sanierungmaßnahme
- Hohlschicht mit Rigiperl ausgefüllt

Bodenaufbau
Bestehender Aufbau
- Parkett
- Trennlage
- Stahlbetondecke

Sanierungsmaßnahme
- PS-Dämmplatten kellerseitig in Eigenleistung

Südwest-Ansicht nach der Sanierung

Küche mit Essplatz am Eckfenster

035, d=240 mm) gedämmt und das Dach neu eingedeckt.

Dämmung der Außenwand: Die Außenwand besteht aus einem zweischaligen Mauerwerk mit einer Hohlschicht von 6 - 7 cm, die mit Rigiperl WLG 035 verfüllt wurde. Eine vollflächig aufgebrachte Außendämmung wurde für die erste Sanierungsphase verworfen. Zu dieser Entscheidung führten einerseits die relativ hohen Kosten für ein durch entsprechend qualifizierte Malerfirmen angebrachtes WDVS mit allen Nebenarbeiten, andererseits sollte die Option offengehalten werden, zu einem späteren Zeitpunkt ohne Zeitdruck eine Außendämmung über Kanthölzer und eine Holz- oder Plattenwerkstofffassade in Eigenleistung zu realisieren. Die Details am Dachrand, an der vorspringenden Über-Eck-Verglasung sowie am neu vorgestellten Stahlelement wurden so geplant, dass diese Dämm-Maßnahmen im Nachhinein problemlos möglich sind.

Fenster und Verglasungen: Die bestehenden Fenster wurden 1994 saniert und sind

Dämmung der Kellerdecke in Eigenleistung

in einem guten Zustand. Die 2-fach-Wärmeschutzverglasung verfügt über einen U_g-Wert von 1,1 W/m²K. In das neue Fenster/Verglasungs-Eckelement wurde eine 3-fach-Wärmeschutzverglasung mit einem U_g-Wert von 0,6 W/m²K eingebaut.

Haustechnik: Die 1994 erneuerte Öl-Heizung wurde durch einen Pelletkessel mit 400 l Puffferspeicher ersetzt. Die Warmwasserbereitung läuft im Winter über die Heizung, in den Sommermonaten genügt ein Durchlauferhitzer. Der Einbau einer thermischen Solaranlage wurde aufgrund des eingeschränkten Warmwasserbedarfs für 2 sparsame Personen verworfen.

Stattdessen wurde eine annähernd dachflächengroße Photovoltaik-Anlage mit 5,4 kW_p eingeplant und auf der zur Straße orientierten Süddachfläche platziert. Diese liefert jährlich ca. 4.590 kWh elektrischen Strom. Bei einer EnEV-bezogenen Gebäude-Nutzfläche von 105 m² ergibt das einen Energiegewinn von 43,7 kWh/m²a, der in der persönlichen Bilanz den Heizenergiebedarf von 112 kWh/m²a teilweise kompensiert. Diese technische Maßnahme ermöglichte den Besitzern das Akzeptieren von zunächst bleibenden baulichen Unzulänglichkeiten des Gebäudes und stellt als Mischkalkulation aus Verbrauch und Energiegewinnung einen glaubwürdigen, vertretbaren energetischen Gesamtansatz dar.

Zustand nach der Sanierung

Das Gebäude wurde neu gestrichen und bekommt trotz der nur geringen baulichen Veränderungen und durch die sehr prägnante PV-Anlage einen vollständig veränderten Charakter.

Das zunächst etwas klein und verloren wirkende Siedlungshaus aus einer eigentlich vergangenen Zeit behauptet sich plötzlich gegen die wesentlich raumfüllendere Bebauung der Umgebung und entwickelt durch seine neu gegliederte Fassade und Dachgestaltung ein eigenes Profil.

Projekt: Widukindstraße 27, Oldenburg
Architekt: Gabriel Architekten, Oldenburg
Baujahr: 1955, 1. Teil-Sanierung 1994
2. Sanierung 2007

Bauteil Bestand	U-Wert W/m²K	Sanierungsmaßnahme	U-Wert$_{san}$ W/m²K
Außenwände zweischaliges Mauerwerk mit Hohlschicht	1,32	Verfüllen der Hohlschicht (6,5 cm) mit Schüttdämmung WLG 035	0,44
Dach Sparrendach, 12 cm Sparrenhöhe, gefüllt mit 12 cm Mineralfaser WLG 040	0,38	Aufdopplung der Sparren um 12 cm u. Dämmung mit 24 cm Mineralfaser WLG 035	0,17
Kellerdecke Stahlbetondecke	2,25	Dämmung der Deckenunterseite mit 4 cm Dämmplatten WLG 035	0,63
Energiebilanz bei aktueller Nutzung			
Wärmeerzeug.: 90% Pelletkessel + 10% Stückgutofen		Jahres-Primärenergiebedarf =	89 kWh/m²a
Einspeisung PV-Anlage:	4.590 kWh/a	bei 105 m² Nutzfläche nach EnEV	– 44 kWh/m²a
Effekt. Primärenergieverbrauch = Differenz aus Energie-Gewinn und -verlust			45 kWh/m²a

14 Die AutorInnen

Ingo Gabriel
Eibenweg 26, 26131 Oldenburg,
ingo.gabriel@gabriel-architekten.de
Prof. Dipl.-Ing.; freischaffender Architekt

Heinz Ladener
Bötzenstr. 10, 79219 Staufen,
heinz.ladener@oekobuch.de
Dipl. Phys.; Verleger, Herausgeber u. Autor

Ulf Brannies
Architekturbüro team-3, Dragonerstr. 38, 26135 Oldenburg; mail@team-3.de
Dipl.-Ing., freischaffender Architekt

Martin Endhardt
Frauengasse 7, 89312 Günzburg,
08221-33807
Dipl.-Ing., freischaffender Architekt

Michael Felkner
Niedersonthofener Str. 8,
87448 Waltenhofen-Oberdorf,
info@architekt-fekner.de
Dipl.-Ing. Univ., freischaffender Architekt

Karen Gabriel
Eibenweg 26, 26131 Oldenburg,
0441-506570
Dipl.-Ing., Architektin in Oldenburg

Herbert Hanser
Arnikaweg 75, 87527 Sonthofen / Allgäu
hanser@eza-allgaeu.de

Dieter Herz
Herz & Lang GmbH,
Ritzensonnenhalb 5a, 87480 Weitnau,
dieter.herz@herz-lang.de
Dipl.-Ing. (FH),

Florian Lichtblau
F.+W. Lichtblau, Dipl.-Ing. Architekten BDA
Soetlstr. 14, 81545 München
Dipl.-Ing., freischaff. Architekt in München.

Martin Sambale
eza! Energie- & Umweltzenrtum Allgäu
Burgstr. 26, 87435 Kempten,
Dipl.-Ing.

Karl Viridén
Viridén + Partner, Zweierstr. 35,
CH-8004 Zürich, Tel.: 0041-43 456 80 80
Dipl.-Ing., freischaffender Architekt

Werkgruppe Freiburg
Werner Miller, Architekt,
Hummelstr. 17, 79100 Freiburg
info@werkgruppe-freiburg.de

15 Herstelleranschriften
(unvollständige Auswahl)

Dämmstoffe

Baumwolle
- Isocotton GmbH, Hauptstr. 101 02899 Ostritz / OT Leuba Tel: 035822 312218

Blähkork, Kokosfaser
- Henjes GmbH + Co KG, Postfach 1155 28871 Oyten, 04207-698-0
- emfa Baustoff GmbH, Stockerweg 10, 89331Burgau, 08222-9662-0

Blähperlite
- Perlite-Dämmstoff GmbH & Co. (Knauf), Postfach 103064, 44030 Dortmund, 0231-998001, www.perlite.de

Blähton
- Leca Deutschland GmbH, Nienhöfener Str. 29, 25421 Pinneberg, 04101-699900
- Liapor GmbH + Co KG, Industriestr. 2, 91352 Hallerndorf, 09545-4480, www.liapor.com

Dämmplatten aus Holz
- Gutex-Holzfaserplattenwerk, H. Henselmann GmbH + Co KG, Postf. 201320, 79753 Waldshut-Tiengen, 07741-6099-0, www.gutex.de
- Pavatex GmbH, Wangener Str. 58, 88299 Leutkirch, 07561-9855-0, www.pavatex.de

Hanf und Flachs
- MEHA Dämmstoff GmbH, Böhlerweg 6 - 10, 67105 Schifferstadt, 06235-9255-0, www.meha.de

Holzwolle-Leichtbauplatten
- Heraklith GmbH, jetzt: Knauf Insulation GmbH, Postfach 1120, 84353 Simbach a. Inn, 08571-40440, www.heraklith.de

Mineralfaser-/Polystyrolschaumdämmstoff
- BASF SE, 67056 Ludwigshafen, 0621-60-42887, www.styrodur.de
- Deutsche Rockwool GmbH & Co KG, Postfach 207, 45952 Gladbeck, 02043-4080, www.rockwool.de
- Saint Gobain Isover G+H AG, Postf. 210565, 67005 Ludwigshafen, 0621-5010, www.isover.de

Schafwolle
- doscha Wolle, Fritz Doppelmayer GmbH, Am Petzenbühl 3, 87439 Kempten/Allg., 0831-59219-0; www.doschawolle.de

Schaumglas
- Deutsche FOAMGLAS® GmbH, Eisfelder Str. 16; 98724 Neuhaus am Rennweg, Tel. 02103-24957-21, www.foamglas.com

Schilfrohr
- Sterfinger & Sohn, Burghausener Str. 29 84558 Kirchweidach/Obb, Tel.: 08623-985 187, www.schilfrohr-sterflinger.de

Zellulose (Flocken/Platten)
- ISOFLOC, Markgrafendamm 16, 10245 Berlin; Tel. 030-293940, www.isofloc.de
- Homann GmbH & Co. KG, Ahornweg1, 06536 Berga, www.homatherm.com
- WARMCEL/INTERCEL, GEKO Dämmsysteme, Breite Straße 10A, 31319 Sehnde Tel.: 05138-132, www.warmcel.co.uk
- DOBRY GmbH, Dauner Str. 23, 54552 Dockweiler, 06595-90093-0 www.dobry-daemmsysteme.de

Bauplatten, Baupapiere

Gipskartonplatten
- Saint Gobain Rigips GmbH, Postfach 110948, 40509 Düsseldorf, 0211-55030, www.rigips.de
- Knauf Westdeutsche Gipswerke, Postfach 10, 97343 Iphofen, 09323 / 31-0, www.knauf.de

Gipsfaserplatten (FERMACELL)
- Fermacell GmbH, Düsseldorfer Landstr. 395, 47259 Duisburg, www.fermacell.de

Luftdichtungsbahnen
- Moll bauökologische Produkte GmbH, Rheintalstr. 35 - 43, 68723 Schwetzingen, 06202-2782-0

Zementspanplatten
- Eternit AG, Im Breitspiel 20, 69126 Heidelberg, 06224-7010, www.eternit.de

Wärmedämmverbundsysteme
- BASF SE, 67056 Ludwigshafen, 0621-60-42887, www.styrodur.de
- Bayosan Wachter GmbH + Co KG, Reckenberg 12, 87541 Hindelang, 08324-921-0, www.bayosan.de
- Deutsche Rockwool GmbH & Co KG, Postfach 207, 45952 Gladbeck, 02043-4080, www.rockwool.de
- Gutex-Holzfaserplattenwerk, H. Henselmann GmbH + Co KG, Postf. 201320, 79753 Waldshut-Tiengen, 07741-6099-0, www.gutex.de
- Marmorit: Knauf Gips KG, Postfach 10, 97343 Iphofen, 09323-31-0, www.knauf.de
- Saint Gobain Isover G+H AG, Postf. 210565, 67005 Ludwigshafen, 0621-5010, www.isover.de
- Sto AG, Ehrenbachstr. 1, 79780 Stühlingen, 07744-570, www.sto.de

Verglasungen
Wärmeschutzglas
- FLACHGLAS Wernberg GmbH, Nürnberger Str. 140, 92533 Wernberg-Köblitz 09604-48-0, www.flachglas.de
- Interpane Glas Industrie AG, Sohnreystr. 21, 37697 Lauenförde, 05273-8090 www.interpane.com
- Pikington Bauglas GmbH, Hüttenstr. 33, 66839 Schmelz, 06887-3030, www.pilkington.com
- VEGLA Vereinigte Glaswerke GmbH, Viktoriaallee 3-5, 52066 Aachen, 0241-5160, www.glaswelt.de

Transparente Wärmedämmung
- Okalux Kapillarglas, Am Jöspershecklein 1, 97828 Marktheidenfeld, 09391-9000 www.okalux.de
- Schüco International, Postfach 102553, 33525 Bielefeld, 0521-783-0, www.schueco.de
- Sto AG, Ehrenbachstr. 1, 79780 Stühlingen, 07744-570, www.sto.de

Haustechnik
Heizkessel
- Brötje GmbH + Co KG, Postfach 1354, 26171 Rastede, 04402-800, www.broetje.de
- Buderus: Bosch Thermotechnik GmbH, Sophienstr. 30 - 32, 35576 Wetzlar, 06441-4180, www.buderus.de
- De Dietrich, De Dietrich Thermique, 57 rue de la Gare, F-67580 Mertzwiller; www.dedietrich-heiztechnik.com
- Elco Klöckner Heiztechnik, ELCO GmbH, Dreieichstr. 10, 64546 Mörfelden-Walldorf, 06105-968-0, www.elco.de
- Fröling Heizkessel- und Behälterbau GmbH, Industriestraße 12, A-4710 Grieskirchen, 0043-7248-606-0, www.froeling.com
- Paradigma, Ritter Energie- und Umwelttechnik GmbH & Co KG, Kuchenäcker 2, 72135 Dettenhausen, 07157-5359-1200 www.paradigma.de
- Stiebel Eltron GmbH, Dr. Stiebel-Str., 37603 Holzminden, 05531-7020, www.stiebel-eltron.de
- Unical Kessel und Apparate GmbH, Heilbronner Str. 50, 73728 Esslingen, 0711 45989-0, www.unical-deutschland.de
- Vaillant GmbH + Co KG, Berghauserstr. 40, 42859 Remscheid, 02191-5767920, www.vaillant.de
- Viessmann GmbH, Postfach 10, 35107 Allendorf, 06452-700, www.viessmann.de
- Weishaupt GmbH, Max-Weishaupt-Straße 14, 88477 Schwendi, 07353-830, www.weishaupt.de
- Wolf Klimatechnik, Postf. 1380, 84048 Mainburg, 08751-740, www.wolf.eu

Abluftanlagen, Lüftungsanlagen mit Wärmerückgewinnung
- Aereco GmbH, Robert-Bosch-Str. 9, 65719 Hofheim-Wallau, 06122-9276830, www.aereco.de
- AEREX HaustechnikSysteme GmbH, Steinkirchring 27, 78056 Villingen-Schwenningen, 0 7720-694880, www.aerex.de
- Brink Klimaheizung: Brink Climate Systems B.V., Wethouder Wassebaliestraat 8, NL-7951 SN Staphorst, www.brinkclimatesystems.nl/de
- Exhausto by Aldes GmbH, Mainzer Str. 43, 55411 Bingen, 06721-9178-0 www.exhausto.de
- Helios Ventilatoren GmbH + Co KG Lupfenstr. 8; 78056 VS-Schwenningen 07720 6060, www.heliosventilatoren.de
- Lunos-Lüftung GmbH + Co Ventilatoren KG, Wilhelmstr. 31-34, 13593 Berlin, 030-3620010, www.lunos.de
- Maico Elektroapparate-Fabrik GmbH, Steinbeisstr. 20, 78056 Villingen-Schwenningen, 07720-6940, www.maico-ventilatoren.com
- Paul-Wärmerückgewinnung, August-Horch-Straße 7, 08141 Reinsdorf, 0375-3035050, www.paul-lueftung.de
- Schrag GmbH, Postfach 1366, 73057 Ebersbach/Fils, 07163-170, www.schrag.de
- Viessmann GmbH, Postfach 10, 35107 Allendorf, 06452-700, www.viessmann.com
- Westaflex Werk GmbH, Postfach 3255, 33262 Suerenheide, 0524-14013200, www.westaflex.com

Regenwassernutzung
- Zapf GmbH + Co, Nürnberger Str. 38, 95440 Bayreuth, 0921-601-367

Sanitärinstallation
- Geberit GmbH + Co KG, Postfach 1120, 88617 Pfullendorf, 07552-934-01, www.geberit.de

Solarenergie
- Buderus: Bosch Thermotechnik GmbH, Sophienstr. 30 - 32, 35576 Wetzlar, 06441-4180, www.buderus.de
- ELCO GmbH, Dreieichstr. 10, 64546 Mörfelden-Walldorf, 06105-968-0, www.elco.de
- Osmer Elektrotechnik GmbH, Wörpedorfer Ring 11, 28879 Grasberg, 04208-919700, www.osmer-solar.de
- Paradigma Ritter GmbH & Co KG, Kuchenäcker 2, 72135 Dettenhausen, 07157-5359-1200, www.paradigma.de
- Schüco International, Postfach 102553, 33525 Bielefeld, 0521-783-0, www.schueco.de
- Solvis Energiesysteme GmbH + Co KG, Grotian-Steinweg 12, 38122 Braunschweig, 0531-289040, www.solvis.de
- Viessmann GmbH, Postfach 10, 35107 Allendorf, 06452-700, www.viessmann.de
- Wagner & Co. Solartechnik, Industriestr. 10, 35091 Cölbe, 06421-8007-0, www.wagner-solar.com

16 Literatur

Ahnert, R; Krause, K.H.: Typische Baukonstruktionen von 1860-1960. Bd. 1 1994; Bd. 2 1993, Bauverlag, Wiesbaden und Berlin

Böse, K-H.: Regenwasser für Garten und Haus. Staufen 2011

Brändle, Evemarie: Sanierung alter Häuser. 2. überarbeitete Aufl., BLV, München 1991

Forum Energieeffizienz: Heizungs-Check. Berlin 2011

Fraefel, R; Humm, O.: Heizen und Lüften im Niedrigenergiehaus. Staufen, 2000, ökobuch Verlag

Gerner, Manfred: Fachwerk. 7. völlig neu bearb. Aufl., DVA, Stuttagrt 1994

GRE Gesellschaft für rationelle Energieverwendung e.V., Hrsg.: Energieeinsparung im Gebäudebestand – Bauliche und anlagentechnische Lösungen. Baucom Verlag, Böhl-Iggelheim, 2002

Haefele, Oed, Sabel: Hauserneuerung. 12. Auflage, ökobuch Verlag, Staufen 2012,

Haupt, A.; Wiktorin, A.: Wintergärten - Anspruch und Wirklichkeit. Staufen bei Freiburg 1996

Humm, Othmar: Niedrigenergie- und Passivhäuser. Staufen 1998

Krusche, P. u. M; Althaus, D; Gabriel I.: Ökologisches Bauen. Wiesbaden und Berlin 1982, Bauverlag

Pistohl, W.: Handbuch der Gebäudetechnik. Band 1 und 2. Düsseldorf 2010, Werner Verlag

Rau, O; Braune, U.: Der Altbau. Leinfelden-Echterdingen, 7. Aufl. 2004, Verlag A. Koch

RWE-Bauhandbuch: 15. neu bearbeitete Auflage. Frankfurt 2012

Schulz, M.; Westkämper, H.: Die neue Heizung – umweltfreundlich und wirtschaftlich heizen mit Gas, Holz, Strom und Sonneneenergie. 2. Auflage, Staufen 2013,

Späte, Ladener, Hrsg.: Solaranlagen. 11. Auflage 2011, ökobuch Verlag, Staufen

Verbraucher-Zentrale (Hrsg.): Wärmedämmstoffe und ihre Anwendung. Düsseldorf 1992/1997

Zwiener, G.: Ökologisches Baustoff-Lexikon. C.F. Müller Verlag, Heidelberg 1994

17 Stichwortverzeichnis

3-Liter-Haus 27
50er Jahre-Haus 17
60er Jahre-Haus 77

Abbruch 9, 152
Abgasanlage 143, 144
Abgasleitung 143
Abgastemperatur 143
Abluftanlage 129, 165
Abluftsystem 166
Abluftwärmepumpe 166
Abluftzonen 167, 168
Abseite 101
Abstände der Kaminöffnung 145
Abwasserleitungen , 182
Altbaumodernisierung 12, 33
Aluminium-Holz-Fenster 112
Amortisationszeiten 42
Anbau 77
Angebot 22
Anlagenaufwandszahl 31, 34, 36
Anlagenplanung 137, 167
Anordnung von Wintergärten 119
Anschaffungskosten 6
Anschluss Betondecke 102
Anschluss Dach-Trennwand 86
Anschlussfuge 112
Anschluss Kehlbalkenlage 101
Anschlusspunkte 20
Anschluss Trennwand 101
Architekt 15, 16, 22

Attika 71
Aufdachdämmung 86, 87, 91
Aufdachmontage 188
Aufständerung 188
Auftragsvergabe 12
Ausbaukonstruktion 7, 82
Ausbauzustand 10
Auskragende Balkonplatte 71
Ausrichtung 118, 187
Außenbauteile 34
Außendämmung 71
Außenfassade 112
Außenraumerschließung 17
Außenwand 50, 59, 64
Außenwand-Dämmsysteme 17, 68
Außenwand-Regelkonstruktionen 56

Badezimmer 174
Balkon 71
Batteriespeicherung 189
Bauabschnitte 15
Baualtersklasse 38
Bauernhaus 72
Bauordnung 101
bauphysikalischer Nachweis 71
Baustandard 26, 29
Baustoffklasse 64
Bausubstanz 14
Bauteilbeschreibung 13, 14

Bauteilkosten 15
Bauteilverfahren 33, 34
Befestigungssystem 188
Begriffsdefinitionen 32
Behaglichkeit 23
Beleuchtung 186
Belichtung 112
Belüftung 112
Beschichtung der Glasscheiben 106
Bestandsaufnahme 12, 13, 14
Betondecke 101
BHKW-Förderung 142
Bilanzierungsgrenzen 32
Bio-Brennstoffe 137
Blockheizkraftwerke 138
Blower-Door-Test 52
Bodenplatte 97
Brandschutz 64, 101, 171
Brauchwassersolaranlage 178
Brennstoffauswahl 132, 134
Brennstofflager 136
Brennstoffzelle 137, 138, 141
Brennwertkessel , 137, 138, 1349
Bussystem 184

CO_2-Emissionen 37, 134, 162
CO_2-Konzentration 162

Dachabdichtung 90, 91
Dachanschlüsse 82
Dachdurchführung 145

Dacheindeckung 19, 82
Dachflächenfenster 89
Dachgauben 89
Dachhaut 90
Dachschräge 50
Dachterrasse 120
Dachwärmedämmung 82
Dämmschüttungen 96
Dämmstärke 27, 49, 57, 83, 94, 102
Dämmstoffe 53, 101
Dämmung Flachdach 90
Dämmung auf der Bodenplatte 101
Dämmung auf der Decke 101
Dämmung auf der Kellerdecke 96, 101
Dämmung auf Holzbalkendecke 96
Dämmung bei fehlender Bodenplatte 97, 101
Dämmung der Außenwand 193
Dämmung der Kellerdecke 192
Dämmung d. Zwischenraumes 95
Dämmung oberhalb der Sparren 50
Dämmung oberseitig 95
Dämmung unter dem Estrich 101
Dämmung unter den Sparren 50
Dämmung unter der Kellerdecke 101

Dämmung unterseitig 95
Dämmung von außen 85
Dämmung von innen 88
Dämmung von Kellerdecken 95
Dämmung von unten 92
Dämmung zwischen Deckenbalken 100
Dämmung zwischen Holzbalken 101
Dämmung zwischen Sparren 50
Dampfbremse 25, 71
Dampfdiffusion , 25, 66, 71
Decken 96, 101
Deckenbalken 96
Decken zu unbeheizten Dachgeschossen 101
denkmalgeschütztes Bürgerhaus 18, 155
Denkmalschutz 15,18
Detailplanung 20
dezentrale Heizkostenverteiler 143
Dichtheit 41
Diffusionslänge 83
Dokumentation 22
Dreischeibenwärmeschutzglas 105
Drempel 100
Dunstabzugshaube 172
Durchfeuchtung 25

Edelstahlrohr 145
Effizienzhaus 29, 167
Eigenschaften Energieträger 133
Eigenschaften Verglasungen 106
Einbau von Fenstern 112
einbindende Bauteile 66
Eindeckung 82
Einregulierung Heizung 173
Einrohrheizungen 145
Einspeisezähler 187
Einzelöfen 152
Elektrische Antriebe 185
Elektroinstallation 127, 129, 80
empfundene Temperatur 148
Endenergie 29
energetische Amortisationszeit 42
energetische Auswirkungen 110
energetische Verbesserung 7, 13, 16
Energieausweis 37
Energiebedarfsausweis 36
Energieberechnung 43
Energiebilanz , 14, 14, 112, 114
Energiebilanz Fenster 112
Energieeffizient Sanieren 41
Energieeffizienzklasse 29
Energieeinsparung 7
Energieeinsparverordnung 16, 18, 35, 34
Energiegewinne 20, 112
Energiegutachten 13
Energieinhalt 37
Energiepreis 5, 49
Energiestandards 49, 83, 90, 106
Energieträger 37, 132, 136, 143
Energieverbrauch 13, 30, , 127, 128, 174
Energieversorgungssytem 32
EnEV 27, 32, 33, 112
Entscheidungsfindung 6
Entwurfsplanung 16

Erdgas 132, 141
Erdwärmetauscher 170
Erweiterungsmaßnahmen 14

Fachwerkwände , 71
Fassade 56, 64, 78
Fassadenbegrünung 56
Fassadendämmung 78
Fassadenelemente 60
Fassadenkollektor , 17
Fassadensanierung 58, 61
Fenster 19, 112
Fensteranschluss 59, 62
Fenstererneuerung , 104, 6
Fensterfläche 17
Fensterflächenanteil 74, 112
Fensterleibungen 67
Fensterlüftung 165
Fensteröffnung 104, 112
Fensterrahmen 107
Fenstervergrößerung 104
Fern- und Nahwärme 133
Festbrennstoffkessel 140
Festverglasung 112
Feuchtebelastung 163
Feuchtevariable Dampfbremse 83, 87
Feuchtigkeit 23, 57, 101, 162
Feuchtigkeitssperre 101
Feuchtigkeitsveränderungen 65
Filterklassen 170
Finanzierungskonzept 15
Flachdachdämmung 50, 71, 90
Flachdächer 91
Flachdachtypen 92
Flächenanteile 109
Flächenheizungen 148
Flachkollektoren 177
Fördermittel 15, 16
Fotovoltaik 19, 179, 187
Freie Lüftung 164
Freiflächenaufstellung 188
Frischluftbedarf 162, 163
Fugendichtheit 112
Fußböden gegen Erdreich , 101
Fußbodenheizung 148, 149

Gasanschluss 136
Gasbrennwertkessel 139, 157
Gebäudeausweis 33
Gebäudeerweiterungen 34
Gebäudehülle 19, 49, 168
Gebäudesanierung 5, 112
Gebäudetechnik 30
Gefälledämmung 93
geneigte Dächer 82, 84
Geschossdecke 50
Gestaltungsmöglichkeiten 64, 104
Glasanbau 103, 118, 120
Glasscheiben 105
Gleichstromventilator 172
Grauwasser 182
Grundrissgestaltung 17

Hackschnitzel 135
Halogenlampen 186
Hartschaumplatten 71
Hausanschlussschrank 136
Haushaltsgeräte 185
Hauskauf-Ratschläge 10

Haustechnik 45, 79, 127, 128, 153, 153
Haustypologie 38
Heizenergiebedarf 24, 32
Heizkörper 131, 150
Heizkörperauslegung 150
Heizkörpernische 71, 131
Heizkurve 150, 151
Heizleistung 137
Heiztechnik 30, 137
Heizung 14, 35, 127, 130
Heizungsanlagenverordnung 149
Heizungscheck 131
Heizungspumpe 131, 147
Heizungssteuerung 19, 150
Heizungs-Umwälzpumpe 185
Heizungsunterstützung 47, 135
Heizzentrale 143
Herstellungs-Energieaufwand 106
hinterlüftete Fassade 58, 59
hinterlüftetes Mauerwerk 71
Hinterlüftung 90
Hohlraumdämmung 65
Holz-Aluminium-Fenster 107
Holzbalkendecke 93
Holzfaserdämmplatten 67
Holzfenster 112
Holzheizung 134
Holzofen 150
Holzpellets 133, 135
Holzpellet-Heizung 133
Holzspeicherofen 154
Holzverschalung 69
Holzweichfaserdämmplatte 62
horizontale Abdichtung 57, 101
Hüllkonstruktionen 13
hydraulischer Abgleich 131, 146

Indachmontage 188
Innendämmung 50, 57, 25, 66, 71
Innenwandanschluss 96
Innenwände 101
Installation 18
Installationsplan 168, 183
Investitions- und Verbrauchskosten 132

Jalousien 116

Kaltdach 93
Kamin 143
Kaminsanierung 143
Kanalführung 168
kapillaraktive Innendämmung 68
Kastenfenster 113
Keller 71
Kellerdecke 50, 70 ff., 101
Kellerlichtschacht 70
Kellerwände 71, 101
Kerndämmung 71
Kesselerneuerung 137
Kesselnutzungsgrad 138
Kesselregelung 150, 151
KfW-Effizienzhaus 29, 37
KfW-Förderung 41
Klappladen 114
Klein-BHKW 137, 141
Klinkerfassade 64
Kohlendioxid 162
Komfortlüftungsanlage 157, 166

Komfortverbesserung 7
Kompaktgeräte 172
Kondensatausfall 67
Konstruktionsstandards 83
Konvektoren 148
Korrosionsschäden 146
Kosten 16, 117, 176, 190
Kosten der Warmwasserbereitung 176
Kosten einer PV-Anlage 129, 190
Kostenschätzung 16
Kosten Lüftungsanlage 173
Kraft-Wärme-Kopplung 137
Kunststoff-Fenster 112
Kunststoffrohre 169
Kupferrohr 145, 182

Lagerraum 132, 136
Lagervolumen 136
LAS Luft-Abgas-System 144, 145
LED-Lampen 186
Legionellen 178
Leistungsaufnahme Lüftungsanlage 168
Leistungssteuerung 150
Leistungsverzeichnis 22
Leitungserneuerung 179
leitungsgebundene Energieträger 136
luftdichte Abklebung 56, 179
luftdichte Gebäudehülle 53ff., 162
Luftdichtheit 20, 51, 56, 87, 100, 168
Luftdichtungsbahn 100
Luftdurchlässe 165
Luftfeuchte 162
Luftfilterung 165, 170
Luftgeschwindigkeit 169
Luftkanäle 168
Luftmengen 168
Luftqualität 162
Luftschadstoffe 162
Luftschicht 65
Lüftung 120, 127, 162ff.
Lüftungsanlage m. WRG 74, 129, 166 ff.
Lüftungselemente 120
Lüftungsgerät 153, 171
Lüftungskonzept 164
Lüftungssysteme 167
- m.Wärmerückgewinnung 80, 166
lüftungstechnische Maßnahmen 128, 164, 167
Lüftungswärmetauscher 172
Lüftungswärmeverluste 24, 170
Luftverteilung 168
Luft-Wasser-Wärmepumpe 153
Luftwechsel 162, 166
λ-Werte 28

Markise 116
Massenermittlung 15
Mauerwerksbrüstung 17
Mauerwerksentfeuchtung 57, 73
mechanische Lüftungsanlage 162
Mehrfamilienhaus 61, 77, 100, 152
Mineralsteinplatten 156
Mini-BHKW 138 ff.
Modernisierungsideen 8, 12

197

Nacherwärmung 170
Nachrüstpflichten 35, 101
Nachtabsenkung 150
nachträgliche Kerndämmung 50
Neigung 118, 187
Nennvolumenstrom 163
Niedertemperaturheizung 151
Niedertemperaturkessel 137, 138, 144
Niedrigenergiehaus 16, 18, 135, 152, 162
Niedrigenergiehaus-Standard 64, 152
NO_x 137
Nutzereinweisung 173
Nutzungsprofil 16

Oberflächentemperatur 23, 162
oberste Geschossdecke 101
ökologische Materialien 154
Öl-Brennwertgeräte 139
Ölkessel 139, 140

Passivhaus 26, 29, 152
Passivhaus-Fenster 108, 112
Passivhausstandard 152
Pelletkessel 134, 135, 140
Pellet-Öfen 134, 140
Perimeterdämmung 71
Pfosten-Riegel-Konstruktion 120
Photovoltaik-Anlage 187
Planungshinweise 21, 167
Planungsziele 21, 104
Planunterlagen 13
Plattenheizkörper 148
Primärenergiebedarf 26, 29, 30, 130
Primärenergiefaktor 31, 35, 37
Primärenergieverbrauch 154
Pufferspeicher 142
Pumpenwarmwasserheizung 145

Rahmenanteil 112
Rahmenwerkstoffe 107, 112
Randverbund 112
Raumhöhe 95
Raumluftqualität 163
Raumthermostate 150, 151
Referenzgebäude 32
Regelkonstruktionen 84, 90
Regelung 172
Regenfallrohr 71, 182
Regenwasser 182
Regenwassersammelanlage 182
Reihenendhaus 46
Reihenhausfassade 56
Reihenmittelhaus 80
Richtwerte für Dämmstärken 97
Rohbauarbeiten 22
Röhrenheizkörper 148
Rohrleitungen 20, 145, 181
Rolladen 71, 115, 116
Rücklauftemperatur 137, 150
Rücklauftemperaturbegrenzung 149

Sanierung 6 ff., 77, 113, 152
Sanierung der Heizungsanlage 143
Sanierungsmaßnahme 7, 8, 17, 101

Sanitäreinrichtungen 80
Sanitärinstallation 127, 129, 181
Schadstoffbelastung 162
Schallschutz 64, 101, 113, 146, 171
Schaumglas 101
Scheibenzwischenraum 105
Schiebeläden 115
Schimmelbildung 21, 23, 24, 92
Schornsteinsanierung 143, 144
Schrägmontage 188
Schüttdämmstoffe 157
Schwind- u. Setzungsrisse 21
Siedlungshaus , 17
Sockel 59, 63
Solaranlage 19, 129, 139 ff. 150, 177ff.
Solaranlagen zur Trinkwassererwärmung 177
Solare Heizungsunterstützung 139, 140, 141
Solarmodule 187
solarthermische Systeme 19, 135ff.
sommerlicher Wärmeschutz 25, 115
Sonderbauteile 71
Sonnenschutz 115, 116
Sparpotentiale 185
Speichermasse 112, 120
Sperrschicht 70, 101
Stockwerksheizung 143
Straßenfassade 152
Stromnetz 133 ff., 184 ff.
Stromsparlampen 186
Strömungsgeräusche 147
Stromverbrauch 185
Stückholzkessel 134 ff., 140
Super-Wärmedämmung 80
Systemaufbauten 22
Systemkosten 20

technische Gebäudeausrüstung 19
temporärer Wärmeschutz 114
Thermographieaufnahme 77, 81, 131
Thermostatventile 147, 150
Toilettenspülung 182
Tragkonstruktion 82
transluzente Ausführung 188
Transmissionswärmeverlust 24, 31, 34, 77
transparente Außenwandflächen 112, 118 ff.
Traufenausbildung 60, 85
Trennwand 102
Trinkwasserleitungen 179, 180
Trinkwasser sparen 181, 182
Trittschalldämmung 67

Überkopfverglasung 120
Überströmzone 168
Umweltwärme 136
unbeheizte Räume 94
Undichtheit 52
Unterdach 83
Unterdeckung 83
Unterkonstruktion 60
Unternehmer-Erklärung 33
Unterspannung 83
Untersparrendämmung 88

Untersuchungsmethoden 14
Unterverteilung 183
U-Wert 27, 28, 65, 110, 112

Vakuum-Dämmelemente 80
Vakuumglas 114
Vakuum-Isolationspanel 80, 81
Vakuum-Röhren-Kollektoren 177
Ventilator 165, 168 ff.
Ventilatorgestützte Lüftung 165
Verblendmauerwerk 64
Verbrauchsberechnungen 14
Verbrauchskosten 14, 132, 133
Verfügbarkeit 134
Verglasung 50, 105, 110, 118
Verglasungsaustausch 50
Vergrößerung der Fensterflächen 110
Verklinkerung 64
visueller Kontakt 112
Volumenstrom 166, 168
Vordächer 115
Vorgehensweise 7
Vorhangfassade 50, 58
Vormauerschale 64
Vor-Ort-Beratung 13

Wandduchdringung 101
Wandflächen 148
Wandheizung 75, 148, 149
Warmdach 93
Wärmebrücken 24, 49, 15, 20, 67, 71, 96
Wärmedämmstandard 29, 167
Wärmedämmung d. Heizungsrohre 132
Wärmedämmung d. Rohrleitungen 146, 180
Wärmedämmverbundsystem 50, 61, 64
Wärmedurchgangskoeffizienten 34
Wärmeerzeugung 137
Wärmeleitfähigkeit 28
Wärmemengenzähler 143
Wärmepumpe 134, 148, 150
Wärmerückgewinnung 153, 166
Wärmeschutzmaßnahmen 25, 30, 49, 50, 64
Wärmeschutzverglasung 112
Wärmeschutzverordnung 23
Wärmeströme 84, 118
Wärmeübertragung 147
Wärmeverluste 146
Wärmeverteilung 145
Warmwasserbereitung 140, 174ff.
Warmwasserverbrauch 174
Warmwasserzirkulationspumpe 185
Wartung 151, 173
Wasserbehandlung 182
Wasserdampfströme 25
Wasserqualität 182
Wassersparende Armaturen 182
Wasserverbrauch 182
Wechselrichter 187, 188
Weitwurfdüse 169
Werkplanung 22
Wickelfalzrohre 169
Wintergärten 118

Wirkungsgrad 135
Wirtschaftlichkeit 20, 42, 138, 173
Wirtschaftlichkeit v. Lüftungsanlagen 173
witterungsgeführte Kesselregelung 150
Wohnflächenverbrauch 5
Wohnkomfort 6
Wohnqualität 104
Wohnungslüftung 46, 164 ff.
Wohnungslüftungsanlagen 168
Wohnungstrennwände 86

Zähler 183
Zielsetzungen 5, 16
Zirkulationsleitungen 175
Zuluft-Abluft-Anlage 173
Zuluftelement 165
Zulufträume 168
Zuluftventil 169
Zuluftzonen 167
Zweirohranlage 145
zweischaliges Mauerwerk , 71
Zweischeibenverglasung 113
Zwischenwände 100

Weitere Bücher im ökobuch Verlag

G. Häfele, W. Oed, L. Sabel
Hauserneuerung
Instandsetzen – Renovieren – Modernisieren: Das Handbuch zeigt, worauf es bei der umweltverträglichen u. kostengünstigen Renovierung ankommt. Mit Anleitungen zur Selbsthilfe, Baustoffkunde u. Kostenübersicht. 255 S. m.v.Abb., 16. Aufl. 2017, geb. 28,90 €

Ingo Gabriel
Praxis Holzfassaden
Material, Planung, Ausführung. Das Buch zeigt die gestalterischen Möglichkeiten moderner Holzfassadenund stellt viele vorbildliche Beispiele und Detaillösungen mit Ecken, Sockel, Dach- und Fensteranschlüssen vor. 6. Aufl. 2017, 113 S.m.v.farb. Abb., geb. 28,- €

Irmela Fromme, Uta Herz
Lehm- und Kalkputze
Mörtel herstellen, Wände verputzen, Oberflächen gestalten. Das Buch vermittelt die Materialkenntnisse und gibt umfassend Anleitungen zur Verarbeitung von Lehm- und Kalkputzen. 158 S. m.v.farb. Abb., 3. Aufl. 2015, geb. 36,00 €

Gernot Minke, Benjamin Krick
Handbuch Strohballenbau
Ein Konstruktions-Handbuch, das Konzeption, Bautechnik und alle Details beschreibt, um aus Strohballen gut gedämmte, dauerhafte Häuser zu bauen. m.vielen Konstruktionsdetails und Beispielen. 3. Aufl. 2014, 150 S.m.vielen farb. Abb. 29,90 €

Herbert und Astrid Gruber, Helmuth Santler
Neues Bauen mit Stroh in Europa
Bauen mit großformatigen Quadern aus gepreßtem Stroh: gebaute Beispiele, erprobte Bauformen und Konstruktionen, Besonderheiten, neue Projekte und Forschungen. 4. erweiterte Aufl. 2012, 112 S. m. vielen z.T. farb. Abb., 14,95 €

Gernot Minke
Handbuch Lehmbau
Umfassendes Lehrbuch und Nachschlagewerk, das die ganze Vielfalt der Einsatzmöglichkeiten und Verarbeitungstechniken des Baustoffes Lehm zeigt und die materialspezifischen Eigenschaften praxisnah erläutert. 9. Aufl. 2017, 220 S.m.v. z.T. farb.Abb. geb. 38 €

   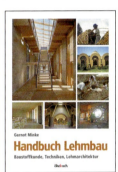 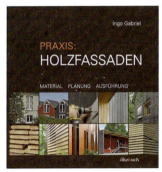

Marion Schulz, Hubert Westkämper
Die neue Heizung
Umweltfreundlich und wirtschaftlich heizen mit Gas, Holz, Strom und Sonnenenergie. Die besten und umweltverträglichsten Energieträger und Heizungssysteme für Neubauten und sanierte Altbauten finden. 2. Aufl. 2013, 229 S. m. vielen farb. Abb. geb. 29,90 €

Karl-Heinz Böse
Regenwasser für Garten und Haus
Ein kompetenter Ratgeber für Planung und Bau von Regenwassersammelanlagen nach dem Stand der Technik: Bemessung, Genehmigung, Speichertanks, Pumpen, Rohrleitungen, Zubehör. 92 S. m.v.Abb., 17x24 cm, 7. verbess. Aufl. 2014 12,95 €

Phillipp Brückmann
Autonome Stromversorgung
Auslegung, Aufbau und Praxis autonomer Stromversorgungsanlagen mit Batteriespeicher (Gleichstrom-Kleinspannung) für Beleuchtung ebenso wie für netzferne Handwerks- und Landwirtschaftsbetriebe. 4. Aufl. 2015, 110 S. m. v. Abb., 17x24 cm 15,90 €

Horst Crome
Handbuch Windenergie-Technik
Prinzipien der Windenergienutzung und Schritt-für-Schritt-Anleitung zum Bau leistungsfähiger Windkraftanlagen (200 W - 5 kW, 2 - 7 m Rotor ø). 4. Aufl. 2012, 208 S. m.v. Abb., geb. 29,90 €

Rolf Behringer, Michael Götz
Kochen mit der Sonne
... in Mitteleuropa. Beschreibung käuflicher Solarkocher sowie Bauanleitung für einen Solarofen. Mit Tipps aus der Praxis u. vielen erprobten Koch- u. Backrezepten. 87 S. m.vielen farbigen Abb., 2. Aufl. 2012 13,95 €

Thorsten Beimgraben
Heizen mit Holz
Günstiger Holzeinkauf, Zurichten des Waldholzes, Lagerung und Trocknung, Anforderungen an Feuerstelle und Schornstein, die Ofentypen und ihre Einsatzbereiche. Ein umfassender Ratgeber für alle, die mit Holz heizen 160 S. m.v.Abb., 16. Aufl. 2017 13,95 €

Gernot Minke
Dächer begrünen – einfach und wirkungsvoll
Der Ratgeber zeigt, wie Wohn- und Bürogebäude, Garagen und Carports mit einem Gründach ausgestattet werden. Mit Konstruktionsdetails von Dachaufbauten, Begrünungssystemen, Kosten und Hinweisen für den Selbstbau. 5. überarb. Aufl. 2016, 94 S.14,95 €

David Stiles
Kleine Baumhäuser und Hütten
... kinderleicht gebaut. Das Buch zeigt den Bau von Baum- und Stelzenhäusern. Mit Anleitungen für verschiedene Konstruktionen u. Bildern realisierter Beispiele. 93 S. m.v.Abb., 5.A. 2016 12,95 €

Wolfgang Berger
Kompost-Toiletten für Garten und Freizeit
Umfassende Abhandlung über Grundlagen, Konzepte und Beispiele wasserloser Sanitärtechnik und verschiedener Komposttoilettensysteme. 2. Aufl.2017, 102 S. m.farb.Abb., geb. 17,95 €

Jon Warnes
Mit Weiden bauen
Die Anleitungen für Zäune, Laubengänge, Wigwams, Sitzplätze u. grüne Kuppeln zeigen, wie sich schöne, nützliche Dinge aus Weiden herstellen lassen. 8. A. 2014, 60 S. m.v.farb. Abb., geb. 12,95 €

Hermann F. Block
Wir pflanzen eine Laube
Beginnend bei den Grundlagen des Bauens mit lebenden Gehölzen wird gezeigt, wie im Hausgarten eine Laube mit stabilem Dach und Fenstern wachsen kann. Mit Anleitungen für das Formen von Bänken und Tischen. 2. Aufl. 2014, 101 S. m.v.farb. Abb., 15,90 €

Claudia Lorenz-Ladener, Hrsg.
Lauben und Hütten
Einfache Paradiese zum Selbstbauen. Bauanleitungen für einfache Behausungen (Tipi, Baumhaus, Kuppelbau etc.), sowie leicht zu errichtende Lauben im Garten. 5. Aufl. 13, 190 S. m.v.Abb., 22,90 €

Heidi Howcroft
Richtig pflastern
... vermittelt Fachleuten und handwerklich Interessierten alles Wissenswerte über Materialien, Steinarten und Werkzeuge sowie praktische Verlegeanleitungen. 151 S.m.v.Abb., 1. Aufl. 2015, 28,00 €

Peter Himmelhuber
Gestalten mit Stein im Garten
Wege, Terrassen, Treppen, Mauern und Einfassungen. Anleitungen und Gestaltungsideen für Nützliches und Dekoratives aus Stein rund ums Haus. 125 S. m.v. farb. Abb., 2. Aufl. 2017 15,95 €

Peter Himmelhuber
Terrassen und Decks aus Holz selbst gebaut
Planung, Konstruktionen und Ausführung von kleinen und größeren Holzdecks mit Kostenüberlegungen. Viele Beispiele und Schritt-für-Schritt-Fotos vermitteln das Wissen, um selbst schöne Holzdecks zu bauen. 102 S. m.v. farb. Abb., 3. Aufl. 2015 14,95 €

Claudia Lorenz-Ladener, Hrsg.
Holzbacköfen im Garten
Verschiedene Bauanleitungen vom einfachen Lehmofen bis zum Brotbackhäuschen. Mit Erfahrungen und Ratschlägen sowie pfiffigen Tipps u. Rezepten. 125 S.m.v.farb. Abb., 17.A. 2014 15,95 €

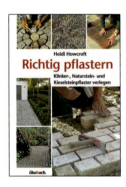   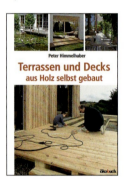 

Terre Vivante, Hrsg.
Natürlich konservieren
Die 250 besten Rezepte, um Gemüse und Obst möglichst naturbelassen haltbar zu machen und ein Maximum an Vitaminen, Nährstoffen und Geschmack zu erhalten. 157 S. m.vielen Abb., geb. 8. Aufl. 2015 13,90 €

Margit Rusch
Anders gärtnern
Permakultur-Elemente im Hausgarten: Ob Kräuterspirale, Hochbeet, Kartoffelturm, Wurmfarm oder Erdgewächshaus mit Hühnerstall, bei allem dient die Natur als Vorbild. Mit vielen Anleitungen für einen Hausgarten. 6. A. 2016, 94 S. m.v.farb. Abb., 13,95 €

Claudia Lorenz-Ladener (Hrsg.)
Trocknen und Dörren mit der Sonne
Bau & Betrieb von Solartrocknern: Für alle, die funktionstüchtige Solartrockner selbst bauen möchten, um Obst, Gemüse und Kräuter natürlich haltbar zu machen. Außerdem: Praxis des Trocknens mit vielen Tipps. 5. Aufl. 2015, 95 S., farbig, 17x24 cm, 13,95 €

Claudia Lorenz-Ladener
Milchsauer eingelegt
Gemüse gesund und schnell haltbar machen durch milchsaures Einlegen. Mit Kurzporträts von über 30 geeigneten Gemüsearten und vielen Rezepten. 3. Aufl. 2017, 117 S. m.v. farb. Abb., geb. 16,95 €

Claudia Lorenz Ladener
Naturkeller
Grundlagen, Planung und Bau von naturgekühlten Lagerräumen im Haus oder Freiland, um für Obst u. Gemüse Überwinterungsmöglichkeiten zu schaffen. 138 S. m.v.Abb., 14. Aufl. 2014 19,90 €

Kurt Forster
Mein Selbstversorgergarten am Stadtrand
Permakultur auf kleiner Fläche.Der Autor zeigt, wie er im Hausgarten Obst u. Gemüse nach Permakulturprinzipien anbaut, so dass sich 2 Personen fast vollständig mit Nahrung versorgen können: Früchte, Kräuter, Pilze, Gemüse, Salat u.v.m. Mit Tipps zur Vermehrung und Anzucht. 2. Aufl. 2014, 125 S. m.v. farb. Abb., 15,95 €

Preisstand: 1.2.2018 – Änderungen vorbehalten!

... noch mehr interessante Bücher finden Sie in unserem Gesamtkatalog, den wir Ihnen gern kostenlos zusenden. Wir freuen uns aber auch, wenn Sie unsere Webseite www.oekobuch.de besuchen.

Postfach 1126 · 79219 Staufen ✆ 07633-50613 ✉ 07633-50870
Email: oekobuch@t-online.de · http://www. oekobuch.de